KB124585

TSL

가족치료와 가족복지

고맙습니다(T) · 미안합니다(S) · 사랑합니다(L)

김재엽 저

학지사

인간이 진정으로 행복할 수 있는 것은 사랑하는 가족이 있기 때문입니다. 가족은 개인 삶의 근간입니다. 가족은 매우 소중하고 중요한 존재입니다. 대부분의 사람이 가족의 소중함을 인정하며 자신의 삶에 있어 최우선 순위가 가족이라고 대답합니다. 각박한 현대사회에서 낯선 사람들과 부대끼고 경쟁하며 살아가야 하는 우리는 더더욱 가족으로부터 위로와 지지, 따뜻함을 기대합니다. 하지만 너무나 중요한 가족이기에, 그만큼 큰 기대를 하게 되기에 더 많은 상처를 받기도 합니다. 우리는 가족들과 매일 얼굴을 맞대고 살아가지만, 가족에게 느끼는 소중함과 감사함 또는 화나는 일이나 상처 등을 잘 표현하지 못합니다. 그러면서 가족은 감흥이 없는 '일상'이 되어 버리고, 우리는 '행복한 가족'을 먼 이야기로 느끼게 됩니다.

이 책은 이러한 관점에서 시작되었습니다. 너무나 소중하지만, 고통을 주기도 하는 가족을 어떻게 이해해야 하는지, 생기와 행복을 잃어 가는 가족관계를 어떻게 하면 회복할 수 있는지에 대한 고민에서 시작된 것이지요. 가족복지 혹은 가족에 대한 이해를 도울 수 있는 다양한 이론이 있지만, 현실에서 더 쉽게 이해하고 적용할 수 있는 방법을 모색하기 위해 이 책을 쓰게 되었습니다.

'왜 우리는 소중한 가족 내에서 서로 반목하고, 상처받고, 갈등하고 심지어 폭력까지 사용하게 되는 걸까? 그리고 이를 해결하는 방법은 무엇일까?' 하는 고민에서 이 책은 출발했습니다. 이 책은 가족에 대해 처음부터 차곡차곡 돌아보면서 자신과 가족을 이해하는 데 도움을 주고자 합니다. 이를 통해 가족관계에 활력을 주고, 자신의 삶에도 변화를 주려고 하는 것이지요.

우리는 종종 '나는 가족관계를 잘해 보려고, 스스로 변화하려고 노력하는데 그 사람은 변하지 않아.'라고 불평합니다. 또한 상대방이 참으로 독특하다며 불평하기도 하지요. 물론 상대방은 여러분과 다른 점이 있을 것이고 단점도 있을 것입니다. 하지만 그것에 대해 불평한다고 관계가 회복되지는 않지요. 가족관계를 회복하기 위해서는 여러분 자신의 삶에 대한 태도와 관점을 바꾸는 것이 중요합니다. 여기에서 핵심은 여러분이 삶을 살아가는 태도와 가족을 대하는 태도의 방향을 바꾸는 데 있습니다. 즉, 우리가 현재 가지고 있거나 누리고 있는 것에 대해 감사하지 못하는 것을 성찰하는 데서 출발하여, 이러한 것들에 대해 감사하고 스스로 변화를 위한 노력을 할 때만이 진정한 가족치료가 이루어질 수 있음을 강조합니다.

이러한 시각에서 가족치료나 가족복지에 대한 기초 지식이 없는 독자도 쉽게 읽고 실천할 수 있도록 이 책을 디자인하였습니다. 이 책은 직접 실천할 수 있는 과제들을 다룰 뿐 아니라, 가족이나 가족관계를 이해할 수 있는 이론들을 쉽게 설명하고 있습니다. 여러분은 이 책을 읽어 나가면서 독자 스스로 실천하거나, '임상 현장에서 개별 가족치료' 혹은 '여러 가족이나 부부를 대상으로 하는 집단프로그램 또는 가족 관련 강의'를 위해 활용할 수도 있을 것입니다.

초판(1판) 출간 이후, 임상 과정에서 개인이 성취하는 TSL 발달단계 데이터가 축적되었고 이를 근거로 TSL 발달단계에 대한 이론을 정리하였습니다. 그와 관련된 내용이 개정판(2판)에서 주요하게 다루어졌고 독자는 책을 통해 본인의 실천 과정을 스스로 점검할 수 있게 되었습니다. 더불어 개정판에서는 프로그램, 강의 및 수업을 통해 발전된 이론과 실제 사례들을 보강하였습니다.

이 책이 나오기까지는 오랜 시간 동안 여러 사람의 도움이 있었습니다. 우선 이 책의 아이디어는 가정폭력 행위자와 피해자를 대상으로 하는 집단프로그램, 가족을 주제로 하는 임상프로그램, 직장인을 대상으로 하는 강의와 대학생, 대학원생을 대상으로 한 수업을 진행하면서 얻은 것입니다. 가족 때문에 행복감과 고통을 느끼는 많은 사람을 보며 그 원인이 무엇인지, 근본적인 해결 방법이 무엇인지에 대해 고민했던 결과이지요. 이 책에 나오는 사례들은 저와 함께 프로그램과 강의, 수업에 참여한 많은 사람의 이야기를 개인의 사생활이 보호될 수 있도록 수정하여 정리한 것입니다. 다양한 직업과 계층, 연령층을 어우르는 이 분들은 실제 자신들의 경험을 프로그램과 강의, 수업에서 충실히 나누어 주었습니다. TSL치료의 아이디어를 주고, TSL을 실천하면서 그 효과를 직접 보여 준 함께했던 모든 '참여자' 분들께 감사드립니다.

또한 지난 십수 년간의 경험인 TSL치료를 정리하고, 책으로 만드는 과정에서 여러 학생의 도움이 있었습니다. 이 책을 위해서 수고한 최지현에게 가장 큰 고마움을 느낍니다. 최지현의 도움이 있었기에 이 책이 잘 만들어질 수 있었습니다. 그리고 이 책을 쓰는 데 도움을 준 이진석과 남석인, 최선아를 비롯한 많은 제자에게 감사함을 표합니다.

이 책 전반에서 다루는 TSL의 치료이론과 방법은 어느 한순간에 완성되는 것이 아닙니다. 존재에 대한 감사와 진심에서 우러나오는 사과, 이를 통해 완결되는 사랑은 지속해서 노력할 때 이루어지는 것입니다. '사랑'에는 완성이나 끝이라는 것이 없습니다. 오직 노력할 때 지속될 수 있고, 성공할 수 있지요. 이 책을 쓴 저 역시 TSL실천을 잘하고 싶지만, 그것이 쉽지만은 않습니다. 다만 끝없이 TSL을 실천하려는 의지를 갖추고 노력하고 있습니다. 가족의 행복은 멀리 있는 것이 아니라 여러분 자신의 변화로부터 오는 것이기 때문에 여러분이 실천하려는 의지를 갖추고 노력하시길 바랍니다. 아무쪼록 이 책이 여러분 가정에 행복을 전달해 주는 데 조금이나마 기여할 수 있기를 바랍니다.

2023년 10월
연세대학교 연희관에서
김재엽

🏠 차례

Part 1

가족의 소중함을 인식하라

가족이란

'가족'의 의미

'가족하면 생각나는 것이 무엇입니까?'라는 물음에 아마도 여러분은 너무나 간단한 질문이라고 생각할 것입니다. 이 질문에 사람들은 보통 '사랑' '따뜻함' '신뢰' '결혼' '부모와 자녀' '책임' 등과 같은 많은 단어와 이미지를 떠올릴 것입니다. 대부분 사람이 떠올리는 것처럼 가족은 사랑의 집단이기도 하지만 상처와 불만의 시작이 될 수도 있습니다. 개인의 가족에 대한 이미지들이 비슷해 보이기도 하지만 사람들은 가족에 대해 각각 다른 생각을 하고 있습니다. 그리고 가족에 대한 정의는 시대나 문화권에 따라 다양하게 존재하기도 합니다. 따라서 사람들이 각자 가지고 있는 생각들을 모두 모아서 가족을 한마디로 정리하는 것은 매우 어렵습니다.

가족을 한마디로 표현하기는 어렵지만, 가족은 여러분이 태어나면서부터 함께한, 그리고 여러분에게 가장 중요한 존재라는 것에는 모두 동의할 것입니다. 가족을 떠난 인간의 생활은 생각할 수 없지요. 우리는 흔히 '인간은 사회적 동물'이라고 말합니다. 모든 인간은 홀로 살아갈 수 없고, 다른 사람과의 관계 속에서 존재한다는 것입니다. 여러분을 존재하게 하고, 모든 인간이 속한 가장 작은 사회는 바로 가족입니다. 여러분은 홀로 살아가는 것이 아니라, 가족으로부터 태어나서, 성장하고, 관계를 맺으며 살아갑니다. 그래서 종종 우리는 가족을 자신의 뿌리라고 말합니다. 인간은 가족에서 태어나서 가족들과 함께 살다가 생을 마감하지요. 인간은 가족과 분리시켜서 생각할 수 없는 존재입니다. 가족은 바로 나의 일부이고, 나는 가족의 일부입니다.

여러분은 누구나 태어나면서부터 어느 가족의 구성원이었습니다. 다시 말해서, 가족은 여러분 인생의 발원지입니다. 여러분이 아침에 일어나서 제일 먼저 인사하는 사람도, 잘 때 인사하는 사람도 가족입니다. 이렇듯 가족은 인생에서 가장 많은 시간을 함께 보내는 사람들입니다. 여러분이 성장할 때, 원가족으로부터 독립하였을 때, 그리고 결혼 생활을 할 때도 순간마다 가장 많이 생각나고 같이 있고 싶은 사람은 가족입니다. 이렇게 가족은 우리의 삶의 중심이지요.

가족의 어원

가족(家族, Family)이라는 단어는 다양한 어원을 가지고 있습니다. '家族'이라는 한자 단어의 '집 가(家)' 자는 울타리 안에 돼지가 모여 있는 형상으로 만들어졌습니다. 그 의미는 한 집 안에 돼지와 같이 여러 명의 가족이 산다는 의미도 있지만, 한편으로는 집 안에서 가축을 기르고 있는 농장의 의미도 있습니다. 한 울타리 안에 사는 사람들이 바로 '家'의 의미이며 한 울타리는 삶·생산·소비의 의미를 같이 가지고 있습니다. 이것이 동양에서의 가족의 의미라고 할 수 있습니다. 한편, Family는 파물루스(Famulus) 혹은 파밀리아(Familia)에서 유래되었다고 합니다. 파물루스는 가내 노예를 의미하고, 파밀리아는 한 개인에게 속한 모든 노예를 의미하지요. 가이우스 시대에 파밀리아는 재산으로서 가치가 있어 유언을 통해서 상속되었습니다. 따라서 파밀리아는 한 가정의 가장이 아내와 자녀뿐 아니라 다수의 노예에 대한 모든 권리를 행사하던 부계사회를 표현하는 단어입니다. 동양과 서양의 언어는 다르지만 이렇듯 전통적으로 가족의 의미는 공동생산과 공동소비를 하는 운명공동체를 뜻합니다.

현대에 와서 가족에 대한 정의는 "가족은 함께 사는 사람들로 이루어져 있다." "혈연적 관계이다." "법적으로 얽힌 관계이다." "가족은 어떠한 역할을 해야 한다." 라는 등 학자들에 따라 매우 다양하게 제시되고 있습니다. 최근 미국 사회복지사협회(NASW, 1999)에서는 가족을 "자신들 스스로 가족으로 생각하면서 전형적인 가족의 의무와 책임을 수행하는 2인 이상의 사람들"로 정의하였습니다. 여기에는 '가족은 결혼, 출산, 입양 등으로 이루어진 것이다.'이거나 '가족은 같이 사는 것이다.'와 같은 가족에 대한 고전적 설명이 빠져 있습니다. 가족의 범위를 더 넓게 보고, 다양한 가족의 형태를 인정하는 추세입니다.

　마지막으로 정리하면, 과거나 현재의 가족에 대한 여러 정의를 종합적으로 살펴볼 때 가족은 개인 혼자가 아닌 특별한 관계를 맺은 두 사람 이상이 있어야 하고 이들은 함께 무엇인가를 하는 중요한 사람들입니다. 즉, 가족을 정의함에 있어 한 개인과 가장 밀접한 관계를 맺은 사람들의 모임이라는 것이 핵심적인 내용입니다.

가족은 삶의 원천 & 고통의 굴레

　여러분은 가족이 소중하고 중요한 사람이라는 것에 분명 고개를 끄덕였을 것입니다. 앞서 우리는 보편적이고 넓은 의미에서 가족의 의미를 알아 보았습니다. 이번에는 사회제도 내에서 가족은 어떤 의미와 기능을 갖는지 좀 더 구체적으로 살펴보겠습니다. '가족'은 사회적 제도 내에서 다음과 같은 세 가지 차원으로 이해될 수 있습니다.

　첫째, 모든 가족은 구조가 있습니다. 구조는 가족이 유지되기 위한 가장 기본단위이며 가족의 외형적 형태입니다. 가족은 결혼, 혈연, 입양 등에 의해 맺어진 관계로 그 관계는 법적으로 보호를 받으며 영속적입니다(김윤재 외, 2008). 가족구조의 시각에서 볼 때, 가출이나 혼전 동거, 별거는 가족의 안정적인 구조적 형태로서 인정받지 못합니다. 그리고 만약 이혼을 통해 결혼 관계의 영속성이 단절되어도 혈연관계로 이어진 부모-자녀 관계는 영원히 계속되는 것이지요. 따라서 가족의 구조는 외부의 사람들이 가족 안에 들어갈 수는 없는 폐쇄성을 가지며, 입양, 출산, 자녀의 혼인 등 가족생활주기에 따라 모습이 변화할 수 있는 융통성도 가지고 있습니다. 가족에게 일정부분의 폐쇄성이 요구되는 이유는 폐쇄성이 한 가족의 공동체적 특성을 나타내기 때문입니다. 예를 들어, 한 개인이 임의로 A씨 가족의 구성원이 되었다가 탈퇴하기를 반복할 수는 없으며, 원한다고 해서 누구나 A씨의 가족 구성원이 될 수도 없습니다. 이러한 가족구조가 가진 일정부분의 폐쇄성을 기반으로 각 구성원은 각자의 지위와 역할을 갖게 됩니다. 성인 남성과 여성이 결혼하여 부부라는 구조를 만들면 이 구조 내에서 각자 하고 싶은 또는 기대되는 역할이 있게 됩니다. 그리고 가족구조에서 지위와 역할은 일정부분 고정되어 있으나, '건강한 가족'이라면 가족의 생활주기나 가족 구성원의 위기가 발생할 때 융통성 있게 각자의 지위와 역할을 조정하며 적응하게 되지요.

둘째, 가족은 고유의 기능이 있습니다. 구조가 가족의 형태라면, 기능은 가족의 내용이지요. 가족은 가족원들이 가족 안에서 기본적인 욕구를 충족하고, 성장하고 발전할 수 있도록 합니다. 가족의 기능은 시대와 사회문화적 배경에 따라 다소 다를 수 있지만, 가족이란 제도가 만들어진 이후 주요 기능은 비슷하게 유지되고 있지요. 가족은 가족 구성원들의 기본적인 욕구인 의식주 및 안전과 사랑을 제공하며, 사회 문화의 학습을 돕는 기능이 있습니다. 이처럼 많은 학자가 공통으로 말하는 가족의 기능을 본서에서는 다음의 [그림 1-1]과 같이 네 가지 기능으로 정리하였습니다.

먼저, '성적 욕구 충족과 재생산의 기능'은 인간의 본능적인 성적 욕구를 충족하고 종족 유지를 위해 자손을 재생산하는 기능입니다. 이러한 기능은 가족을 통해서만 사회적이고 공식적으로 인정됩니다. 대부분 사회에서 가족의 핵심적인 기능으

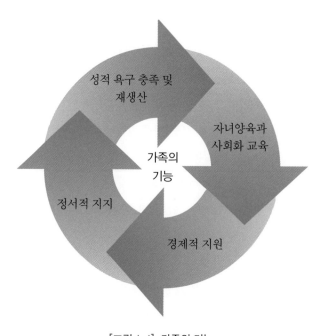

[그림 1-1] 가족의 기능

로 인식되고 있지요. 그리고 '자녀양육과 사회화 교육의 기능'은 사회로부터 가족에
게 위임된 권력입니다. 가족은 가족 구성원들의 인격이나 지식 형성을 도와주고, 원
만한 대인관계의 지도 및 방향을 제시해 주는 기능을 수행합니다. 다음으로 '경제적
지원의 기능'은 가족이 경제주체로서 가지고 있는 기능입니다. 가족은 소득을 창출
하고, 이러한 소득을 가족 내에서 분배하는 기능을 수행합니다. 또한 가족 구성원들
이 소비할 수 있도록 자원을 제공하고, 자녀 양육에 드는 비용이나 노후를 보장하는
등 경제적 기능을 수행하지요. 마지막으로 '정서적 지지의 기능'은 현대사회에서 가
족이 가지고 있는 가장 중요한 기능이며, 다른 곳에서는 얻을 수 없는 독특한 기능
중 하나입니다. 가족은 구성원들이 정서적 에너지를 교류하고, 안정감을 느끼며, 기
쁨을 같이 나누고, 서로 어렵거나 고통스러운 사건이 있을 때 완충작용을 하는 기능
을 합니다. 이러한 가족의 기능이 원만하게 작동될 때 건강한 가족관계로 나타날 수
있습니다.

 셋째, 가족관계는 가족 구성원들의 구조와 기능으로 설명될 수 있습니다. 한 가
족의 구성원들은 다양하고 복잡한 가족관계 속에서 가족의 규칙을 만들고 행동을
통제합니다. 가족관계는 앞서 언급한 가족의 구조와 기능이 잘 적용되는지를 판가
름해 주는 것입니다. 예를 들어, "너 어머니랑 관계가 어떠니?"라는 질문을 했을 때,
"나 엄마랑 친해."라는 식으로 대답하는 것은 가족관계가 원활하고 건강하게 유지
되고 있다는 것을 의미합니다. 반면, "아버지가 나를 경제적으로 지원하기는 하지

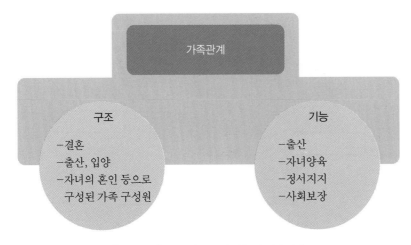

[그림 1-2] 가족의 구조와 기능과 가족관계

만 우리는 참 대화가 없어." "나의 아내와 나는 이제 더는 성적으로 매력을 느끼지 못해."라는 식의 말을 하는 것은 가족의 기능이 잘 돌아가고 있지 못하다는 것을 의미하며, 특정 부분의 기능은 잘 수행되나 그렇지 못한 부분이 존재한다는 것을 의미합니다. [그림 1-2]처럼 안정적 구조와 건강한 기능을 수행할 때 좋은 가족관계라고 설명할 수 있습니다.

가족구조와 기능이 잘 수행된다면 정말 행복한 가족관계가 성립되겠지요. 하지만 가족의 구조나 기능에 문제가 있어 가족관계가 잘 이루어지지 않는다면 어떨까요? 그 가족들은 서로 갈등하고 상처를 줄 수 있을 것입니다.

가족이 서로에게 소중하고 중요한 사람들임을 알고 있음에도 좋은 관계를 맺는 일은 쉽지 않습니다. 그 이유는 각자가 가족 구성원들에 대하여 가지고 있는 관점이 서로 다르기 때문입니다. 남편이 자신의 관점에서 옳다고 생각해서 했던 행동이 부인의 관점에서 보면 전혀 옳지 않은 일이 될 수 있습니다. 이처럼 남편이 생각하는 적절한 구조와 기능, 아내가 생각하는 적절한 구조와 기능이 상충하기 때문에 서로를 비난하게 되는 것입니다. 그래서 가족은 행복의 원천인 동시에 고통의 굴레입니다. 가장 가까운 사람이지만 가장 상처를 많이 주는 사람이기도 한 것이지요. 다음의 [그림 1-3]에서 볼 수 있듯이 가족이라는 뿌리에서는 행복의 나무와 고통의 나무가 함께 자랍니다. 일반적으로 사람들은 가족을 이야기할 때 고통의 나무는 제외하고, 행복의 나무만을 이야기합니다. 하지만 행복의 나무뿐 아니라 고통의 나무도 언

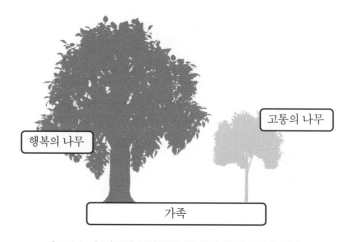

[그림 1-3] 가족의 본질 관련 행복의 나무와 고통의 나무

제든 성장할 수 있지요. 고통의 나무가 자라면 행복의 나무가 잘 크지 못하므로 행복의 나무가 더 건강하게 자랄 수 있도록 고통의 나무를 덜 자라게 하고 잘라내야만 하는 것입니다. 이때 고통의 나무를 한 번 잘라 낸다고 없어지는 것이 아니기 때문에 꾸준한 노력이 필요한 것이지요. 이렇게 꾸준한 노력을 통해 고통의 나무를 잘라내어 행복의 나무를 키워 나가야 합니다. 결국 가족관계의 변화는 내 자식, 내 아내를 위해서가 아니라 먼저 나 자신의 행복을 위해 필요한 것이지요.

가족은 인간에게 큰 힘을 발휘하게 합니다. 세계적인 기업가나 정치가, 예술가, 스포츠 선수 등이 되는 것은 모두 훌륭한 어머니와 아버지, 배우자를 만나서 가능한 것이지요. 여러분이 잘 알고 있는 운동선수들인 손흥민 축구 선수나 김연아 피겨스케이팅 선수가 세계적인 선수가 되기까지 부모님의 힘이 컸다고 알려져 있습니다. 이는 비단 스포츠뿐 아니라 학문, 정치, 경제, 문화 각 분야에서 공통된 사항입니다. 가족은 개인의 업적뿐 아니라 정서적인 안정을 주는 데에도 굉장히 중요한 역할을 합니다. 가족은 유형적 업적뿐 아니라 무형적 행복감을 느끼게 하는 것에도 큰 힘이 되는 것이지요. 박민자(2006)의 연구에 따르면 우리나라 사람들은 건강 이외에 신뢰, 이해, 인정 그리고 존중을 행복한 가정이 되기 위한 질적 조건으로 본다고 합니다. 이러한 조건이 갖추어질 때 가정에서 편안함을 느끼고 정서적으로 위안을 받는다는 것이지요. 즉, 가정에서의 신뢰, 이해, 존중 등이 개인의 편안함이나 정서적 위안에 영향을 미친다는 연구 결과입니다. 이렇듯 가족은 개인 삶의 원천이 되는 것입니다.

한편, 가장 소중한 존재인 가족에게 상처를 주는 가장 극단적인 방법은 바로 가정폭력입니다. 실제로 서로 사랑한다고 생각하는 많은 가족 안에서 수많은 폭력이 발생합니다. 연구 결과들을 보면 약 25~50%의 부부가 폭력을 경험하고 있는 것으로 나타납니다. 2016 전국가정폭력실태조사(여성가족부, 2016) 결과에 따르면, 부부폭력률은 41.5%로 나타나 다섯 쌍 중 두 쌍의 부부가 언어, 정서, 경제, 성적, 통제 폭력을 경험하고 있음을 알 수 있습니다. 이렇게 가장 가깝고 소중한 관계인 가족 내에서 여러분이 생각하는 것 이상의 폭력이 발생하고 있습니다.

이렇듯 가족은 사랑과 고통이 동시에 존재하는 양면성을 가지고 있습니다. 따라서 가족들 간의 관계를 행복하게 만드는 것이 곧 자신의 행복 수준을 높이는 과정이 될 수 있습니다.

'TSL치료'의 소개

TSL의 개념

가족과 관련된 연구를 진행하면서 한국 사람들은 가족의 대화가 극히 적고, 표현을 잘하지 못하는 어려움을 가지고 있는 것으로 나타났습니다. 한국인의 감정표현을 다룬 허(Hurh, 2009)는 한국인과 결혼한 미국 여성들의 사례를 통해 한국인 남편들이 무뚝뚝하다는 것과 남편들의 감정과 사랑이 말없이 표현된다는 것을 설명하였습니다. 물론 부정적인 감정의 표현은 자제하는 것이 좋지만, 긍정적 표현은 자주할 수 있도록 노력해야 합니다. 긍정적 표현은 나 자신뿐 아니라 상대방에게도 힘이되기 때문입니다. 우리가 인간관계에서 할 수 있는 가장 중요한 긍정적 표현은 '고맙습니다' '미안합니다' '사랑합니다'입니다. 그런데 한국 사회에서는 가족 간에도 서로에게 이러한 긍정적 표현을 많이 하지 않습니다. 일상에서 가족과 다양한 대화를 주고받는 것 같지만 [그림 1-4]의 왼쪽 그림처럼 가장 중요한 핵심 단어 세 가지는 잘 표현하지 못하는 것이지요. 이 핵심 단어 세 가지를 끌어내어 [그림 1-4]의 오른쪽 그림처럼 원만한 가족관계를 유지하도록 하는 것이 '고맙습니다(Thank you)' '미안합니다(Sorry)' '사랑합니다(Love)'(이하 T, S, L)를 언어적으로 표현하고 실천하는 TSL치료입니다.

가장 중요하면서도 단순한 말인 '고맙습니다' '미안합니다' '사랑합니다' 이 세 가지 표현은 원만한 인간관계와 행복하고 평온한 삶을 유지하는 강력한 도구입니다. 이 세 단어는 관계를 개선하고 친밀감을 회복시켜 주는 치유의 힘을 가지고 있습니다. '이런 말들만 하면 저절로 관계가 좋아지나?'라는 질문을 하는 사람도, '그런 말은 항상 하는데, 우리 관계는 좋지 않아.'라고 말하는 사람도, '그게 그렇게 간단하게 할 수 있는 게 아니야.'라고 말하는 사람도 있겠지요. 물론 기계처럼 이 단어들을 말한다고 해서 관계가 회복되는 것은 아닙니다. 또는 어떤 관계에서는 이 단어들이 쉽게 나오지 않을 수도 있습니다. 'TSL치료'가 쉽다거나 혹은 조건 없는 처방이라고 말하고자 하는 것이 아닙니다. 하지만 자신과 타인과의 관계에 대한 깊은 성찰과 변화하고자 하는 의지와 노력에서 나오는 진정한 '고맙습니다' '미안합니다' '사랑합니다'라는 단어는 어렵지만 분명히 관계 개선에 도움이 될 것입니다.

[그림 1-4]에서 보는 바와 같이 사람들이 가족과의 관계에서 얼마나 많은 양의 대화를 하고 있는가보다는 어떤 종류의 대화를 하고 있는가가 중요하다는 것을 알 수 있습니다. 즉, 같은 내용을 말하더라도 TSL이 근간이 되고 그것을 표현하는 가족은 가족관계를 해치지 않으면서 각자의 생각과 의도를 적절하게 주고받을 수 있지요. 그래서 치료의 주안점은 사람들이 스스로의 변화를 통해서 가족의 소중함을 깨닫고, TSL이 자신의 삶과 대인관계의 근간이 되도록 하는 것입니다. TSL치료는 삶을

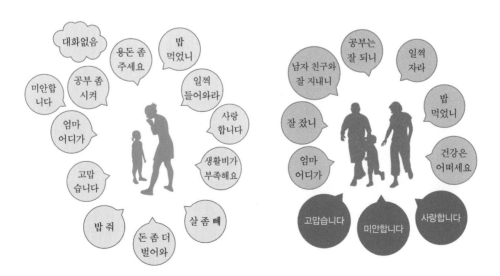

[그림 1-4] TSL을 하지 않는 가족 vs. TSL이 삶의 근간이 되는 가족

바라보는 마음이나 생각의 변화를 통해서 가족의 소중함을 인식하고 감사와 미안함을 전하고 서로 용서하고 사랑을 표현하도록 합니다. 이러한 과정을 통해 스스로 변화하여 가족관계를 개선하게 됩니다.

미사고치료 시작

TSL치료는 부부갈등이 극단적으로 표출된 사례로 볼 수 있는 가정폭력 가해자와 피해자 상담을 진행하면서 실천적으로 깨닫게 된 방법입니다. 연세대학교 가족복지 팀(김재엽 외)은 아시아권 최초로 1997년에 심층적인 전국 가정폭력 실태조사와 원인분석을 실시했습니다. 이 연구가 기반이 되어 한국「가정폭력특별법」이 제정되었습니다(조선일보, 1998). 「가정폭력특별법」의 취지는 건강한 가정육성이며, 이를 위해 국내 관련 법 최초로 가해자 강제 치료를 포함시켰습니다. 그리고 연세대학교 가족복지 팀은 가정폭력 가해자 및 피해자 치료프로그램을 개발하고 실시했습니다. TSL치료는 김재엽 교수가 이 과정에서 가정폭력을 경험한 가족의 치료를 위해 개발한 것이지요. 아내와의 관계를 회복하기 위해서는 먼저 가해자인 남편들이 자신의 행동에 대해 잘못을 인정하고, 미안하다고 사과하고, 그것을 상대방이 느낄 수 있도록 표현하며, 그런 행동을 지속해서 보여 주어야 합니다. 그래서 '미안합니다' '사랑합니다' '고맙습니다'를 인정하고 표현하도록 하는 '미사고'치료를 설계했습니다. 미사고치료는 이들 세 단어를 의미할 뿐 아니라, '美思考', 즉 아름다운 생각이라는 의미로 가족관계를 개선하기 위한 아름다운 생각 세 가지를 의미합니다.

하지만 미사고치료를 실시한 결과 남성들은 첫 단계인 '미안합니다'부터 표현하는 것을 불편해했습니다. 그 이유를 분석해 보니, 많은 남편이 자신이 잘못한 행동에 대해 미안하기는 하지만 자신도 아내나 가족에 대해 많은 섭섭함과 억울함을 가지고 있었기 때문입니다. 폭력을 행사한 남편들이 아내와의 관계 개선을 바라고 있지만, 자신이 가지고 있는 깊은 상처 때문에 관계가 잘 회복되지 않았던 것이지요. 이들은 자신이 당한 것을 보상받기 이전에는 미안하다고 말하는 것이 너무 억울하다고 생각합니다. 이런 이유로 미사고치료가 잘 적용되지 않는 것처럼 보였습니다.

그러나 이들 중 소수의 사람이 변화하는 것을 발견할 수 있었습니다. 대부분 사

[그림 1-5] TSL치료의 변화과정

람은 '미안합니다'를 표현하기 어려워하고 미사고치료가 잘 적용되지 않는 것처럼 보였으나, 소수의 참여자가 변화했던 것이지요. 연구팀이 그들의 특성을 분석해 보니, 현재 배우자에게 고마워하는 마음을 가진 사람들이 미안하다는 표현을 빨리 시작하고 관계 회복을 위해 노력한다는 것이 발견되었습니다. 미안하다는 말보다는 먼저 자신이 가지고 있는 것에 대한 고마움을 인정할 때 생이 바뀔 수 있다는 것을 알게 되었습니다. 이 점에 착안하여 '고미사'의 순서로 치료 방법을 바꾸었습니다. '고미사'치료, 즉 '고맙습니다(Thank you)' '미안합니다(Sorry)' '사랑합니다(Love)'를 TSL치료로 정리하였습니다([그림 1-5] 참조).

기존의 부부 상담에서 다루어지는 의사소통 기술, 스트레스 관리, 분노 조절, 문제 해결 방법, 성 역할 이해 등의 가족치료 방법들도 중요하고 TSL과 함께 활용될 수 있습니다. 하지만 TSL치료는 먼저 자신의 삶을 돌아 보고 자신과 자신을 둘러싼 환경에 대한 감사와 미안함, 사랑을 깨달으면서 세상에 대한 관점 변화가 일어납니다. 세상을 바라보는 관점이 변하면서 나 자신이 바뀌고 대인관계에서도 변화가 생기게 되는 것이지요. 즉, 가족관계나 인간관계의 근본적 치료는 '고맙습니다' '미안합니다' '사랑합니다'를 이해하고 적용하는 데 있습니다.

TSL의 진행 방법

진행 과정

T(Thank you)는 나를 존재하게 하는 가족의 존재에 대해 그 소중함을 인정하고 고마움을 표현하는 것입니다.

S(Sorry)를 통해 여러분이 상처를 준 가족에게 진심으로 사과하고, 여러분에게 상처를 준 가족을 진심으로 용서(Forgive)함으로써 원만하고 진정한 관계를 형성할 수

있습니다.

L(Love)은 T와 S를 통해 깨달은 사랑의 마음을 가족들에게 표현하고, 시간과 물질을 공유하면서 TSL의 정신을 유지하는 단계입니다.

T와 S가 말과 행동으로 표현하는 것에 중점이 있다면, L은 나누는 것에 초점이 있습니다. T와 L의 표현이 성립되면 그 다음 단계로 넘어가는 것이 사랑의 완성이지요. L은 시간과 물질과 에너지의 공유입니다. 사랑의 본질은 정서, 물질, 애정을 모두 나누는 것에 중점을 두고 있기 때문이지요.

중요한 것은 TSL의 각 단계는 별개로 이루어지거나, 한 단계가 끝나면 이전 것은 잊고 다른 단계를 시작하는 것이 아니라는 점입니다. TSL은 항상 같이 이루어져야 하며, 먼저 T를 시작하고, S를 실천하여, L을 나누게 하는 것입니다.

TSL 철학(TSL Perspective)

긍정적이고 행복감을 느끼는 건강한 삶을 살기 위해서는 어떻게 해야 할까요? 지금까지 사람들은 건강한 삶을 이루기 위해 명상, 기도, 에니어그램, 스트레스 관리, 프로이트 이론에 근거한 치료 등 많은 심리치료를 통해 자기 자신을 변화시키고자 노력해 왔습니다. 이 같은 기존의 심리치료기법들은 자기중심적인 변화를 특징으로 합니다. 하지만 [그림 1-6]과 같이 삶(Life)이라는 기차가 달리기 위해서는 '나(I)'라는 레일과 '타인(Others)'의 레일이 함께 있어야 합니다. 즉, '건강한 삶'이 존재하기 위해서는 '나'뿐 아니라 '타인'이 절대적으로 필요합니다. 타인이 없으면 나도 존

[그림 1-6] TSL 철학: 공존과 공영-기차 레일

재할 수 없지요. TSL은 생태학적 관점에 근거하여 환경 속의 인간을 대상으로 '타인' 과의 교류를 전제로 변화가 일어나는 치료입니다. 즉, TSL의 철학(Perspective)은 공 존(Co-existence)과 공영(Co-prosperity)이라고 할 수 있습니다. TSL은 자기중심적 변화가 아닌 타인과 소통하며 서로를 도와 함께 건강해지는 것을 추구합니다. 이를 정리하면, TSL의 주된 목적은 공존과 공명을 통해 TSL의 에너지를 키우는 것으로 대화의 기술 향상, 관계 개선은 부차적인 것입니다.

TSL 행복론

우리 인간은 행복해지기를 원합니다. 보통 돈, 명예, 건강, 자손 번성 등을 가진 사람을 행복하다고들 합니다. 그러나 눈에 보이는 유형적인 것만이 행복의 척도가 될 수 없습니다. 물질적인 것만이 행복한 것이라면 1960년대보다 2020년대에 사는 현재가 훨씬 더 행복해야 하겠지요. 하지만 현실은 그렇지 않아 보입니다. 부자나 사회적 지위가 높은 사람, 젊은이들, 자녀를 얻은 사람도 매일 걱정과 고통, 우울 속 에 살아가고 있습니다. 그것은 바로 인간이 물질적인 것만이 아닌 정신적으로 만족 된 삶을 살아야 하기 때문이지요. 아리스토텔레스는 '행복은 삶과 인간 존재의 목적 이며 이유'라고 했고, 스피노자는 '인간의 행복은 내면의 진정한 자각에서 온다'라고 했으며, 달라이 라마는 행복은 '인간의 내면으로부터 온다'라고 했습니다. 이처럼 인간은 삶의 가치에 의미를 부여할 때 행복을 느낍니다. [그림 1-7]과 같이 보편적 으로 어느 정도의 유형적인 것과 무형적인 내면의 세계가 만족할 때 행복하다고 할

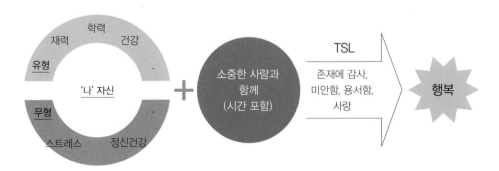

[그림 1-7] TSL 행복론

수 있겠죠. 하지만 어느 정도가 상당히 주관적이라 맞추기가 어렵고 설령 가졌다 하더라도 자신의 주위에 사람이 없다면 행복할 수 없습니다. 소중한 사람과 함께하는 시간이 더해지는 것이 중요한 것이죠.

그렇다면 우리는 어떻게 진정한 행복을 찾을 수 있을까요? 행복한 삶을 구현해 가는 방법은 삶 속에 존재하는 것에 감사하며, 미안해하고, 용서하고, 사랑하며 기쁨을 누리는 것이지요. 이를 가족(이웃)과 함께할 때 우리는 행복해질 수 있습니다. 이것이 'TSL 행복론'입니다.

TSL치료는 집을 짓는 것과 같습니다

한편, TSL치료의 기본개념은 [그림 1-8]과 같습니다. 집은 벽과 창문, 지붕으로 구성되어 있지요. TSL치료의 기본개념은 여러분이 생각하는 집과 유사합니다. 집에서의 벽, 즉 뼈대와 골격은 T입니다. 집을 지탱하는 가장 중요한 구조인 벽처럼 T는 관계에서 가장 중요한 기초가 되기 때문입니다. 벽이 무너지면 집이 도저히 설수가 없는 것처럼, 고맙다는 표현이 없다면 지속적인 인간관계를 성립하기 어렵습니다. 집에서의 문은 S입니다. 문은 드나들거나, 공기를 정화하는 환기역할을 하지요. 미안하다는 표현과 용서는 삶에서 좋지 않은 것을 버리고, 사람과 사람의 관계를 소통시켜 주는 문과 같은 역할을 합니다. 집에서의 지붕은 L입니다. 지붕은 집의

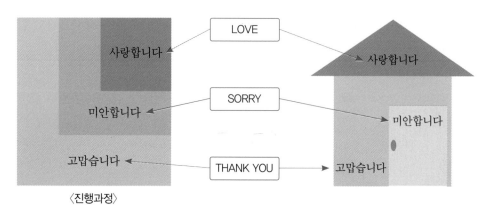

[그림 1-8] TSL치료의 진행과정과 TSL치료의 기본개념: 집짓기

형태를 완성하고, 집 전체를 덮어줌으로써 포근함과 따뜻함, 안락함을 줍니다. 인간관계를 완성시키고 따뜻함을 주는 것이 바로 사랑한다는 표현인 것처럼 말이지요. TSL치료는 이처럼 T에서 시작해서, L로 완성되는 것입니다. 관계에서 고맙다는 뼈대를 세우고, 사랑한다는 말과 실천으로 완성하는 것이지요. T, S, L 이 세 가지 단어가 모두 있어야 집이 존재할 수 있습니다. 그리고 집을 하루아침에 지을 수 없는 것처럼 TSL치료도 시간을 요구합니다. TSL치료는 이 책을 읽고 한꺼번에 이해하고 진행하는 것이 아닙니다. 예를 들어, 이 책을 하루에 다 읽고 TSL을 한 번에 실시해 보자고 생각한다면 좋은 반응이 있을 수도 있지만, 그 효과가 금방 사라질 것입니다. 현재 우리의 관계는 하루아침에 생긴 것이 아니므로 변화도 시간이 필요합니다. 그러므로 반드시 순서에 따라 14회를 해야 합니다. 그 과정 속에서 여러분은 변화를 서서히 그러나 제대로 느낄 수 있을 것입니다.

5Re의 개념

TSL을 계속 유지할 수 있는 소프트웨어는 바로 5Re입니다. TSL치료는 5Re를 실천함으로써 완성되는 것이지요. 다음과 같이 5Re는 TSL실천의 5단계 과정으로서, 회상하기(Recall), 인정하기(Recognize), 실현하기(Realize: Action), 강화하기(Reinforcement), 재충전하기(Refreshment/Return)입니다.

회상하기(Recall)−사건을 회상하고 고마움과 미안함을 떠올리기

인정하기(Recognize)−그것을 인지하고 인정하기

실현하기(Realize: Action)−인정한 것을 말과 행동으로 옮기기(언어표현 강조),

강화하기(Reinforcement)−그러한 말과 행동을 반복해 나가기(행동표현 강조)

재충전하기(Refreshment/Return)−자신의 새로운 행동에 만족을 얻고, 재충전하여 다시 해야겠다고 생각하면서 회상하기(Recall) 세션으로 돌아가겠다는 의지를 갖기(Return)

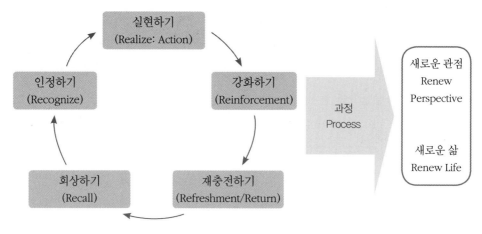

[그림 1-9] 5Re 실천의 반복과 과정(Process)

[그림 1-9]처럼 단어의 앞에 Re를 붙이는 이유는 끊임없이 순차적으로 반복하라는 의미입니다. 회상하고, 인정하고, 실천하고, 강화하고, 다시 시작하는 것을 끊임없이 반복하려는 의지를 갖자는 것이지요. 이러한 과정을 통해 새로운(Renew) 관점과 삶을 갖게 됩니다. 새로운 관점은 상대방이 바뀌는 것이 아니라 자신이 새로운 감사, 미안함, 용서, 사랑(TSL)을 계속 생각하고, 말하고, 행동함으로써 새롭게 기쁜 삶을 이끌어 갑니다.

과정 모델과의 차이점

TSL의 5Re는 용서 연구 중 대표적인 용서 모형 연구인 인라이트(Enright)와 피츠기번(Fitzgibbon, 2000)의 과정 모델(Process-based model)과 워싱턴(Worthington Jr, 1998)의 피라미드 모형(Pyramid Model to REACH Forgiveness)을 참고하여 새롭게 정리한 것입니다. 기존의 과정 모델과 피라미드 모형은 사건을 회상하고, 용서의 의지를 다지며, 용서함을 표현하고 유지하는 등 용서에 이르기 위한 단계를 거치는 것으로 되어 있습니다. TSL의 5Re도 배우는 과정에서는 두 학자의 용서 모형과 일정 부분 유사한 점이 있을 수 있으나, 실제 적용할 때는 동시성, 반복성, 구조적 연결성에서 차이점이 존재합니다. 첫째, 5Re는 각각 일어나는 것이 아니라 동시에 일어나도록 노력하는 것입니다. [그림 1-10]과 같이 톱니바퀴가 서로의 톱니를 통해 돌아가는 것처럼, 5Re는 동시성을 갖고 있어서 T에서 회상의 바퀴가 돌아가면 인정, 실현, 강화, 재충전의 바퀴도 순차적으로 돌아갑니다. 예를 들어, 내 곁에 고마운 사람을 항상 떠올리고 인정하며, 고마움을 표현하고 에너지를 나누며 더 잘하겠다고 의지를 갖는 것이 동시에 일어나면서 매일 실천할 수 있도록 노력하는 것입니다. 둘째, TSL이 강조하는 점은 T단계에서 5Re, S단계에서 5Re, 그리고 L단계에서의 5Re를 반복적으로 매일 실천하는 것입니다. 반복적으로 톱니바퀴가 돌지 않으면 감사한 마음이 줄어들거나 사라져버려 감사의 기쁨이 없어집니다. 따라서 매일 감사한 일을 계속 찾아서 말과 행동으로 실천할 때 감사의 기쁨이 유지되고 더욱 강해집니다. 마지막으로 TSL은 구조적으로 연결되어 있어서 T가 기본적으로 체득되어 있지 않으면 S와 L의 5Re를 실천하기 어렵습니다. 상대방이 소중하고 고마운 존재이기 때문에 S와 L의 5Re가 실천 가능한 것입니다.

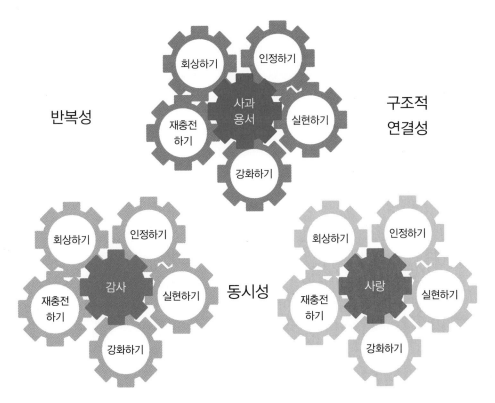

[그림 1-10] 5Re의 특징: 동시성, 반복성, 구조적 연결성

TSL치료에서는 T와 S없이는 용서(F)하기 어렵다는 것이지요. 이것이 앞서 용서의 과정 모델과 가장 큰 차이입니다.[1]

TSL은 매일 반복하는 것이며, 특히 T와 L은 매일 반복해야 합니다. 물론 잘못한 것이 없을 때는 S를 매일 표현할 필요는 없지만, 만약 그런 일이 발생했다면 즉각적으로 표현해야 합니다. 그러한 의지가 있어야 합니다.

TSL의 효과

집을 짓는 것과 같이 T, S, L을 차례로 표현하고, 5Re를 통해 유지하고 실천하면서 많은 사람이 개인의 삶과 가족관계의 변화를 겪었다고 이야기합니다. 수업에 참여했던 한 남학생은 TSL에 대해 다음과 같이 평가했습니다.

😀 사례 1-1 남, 26세, 대학생

'고맙습니다' 그리고 '안아 주기' 과제의 반복을 통해서 '생존본능'을 줄여 나갈 수 있었다. 그래서 자연스럽게 '사랑합니다'의 표현까지 할 수가 있었다. '고맙습니다' '미안합니다'의 반복이 일상의 관계에서 얼마나 중요한지 확인할 수 있었다. 처음 과제를 시작하면서는 나의 사랑의 마음을 상대방에게 표현해 줌으로써 상대방을 기쁘게 하고, 또 내 마음을 확인시키는 것이라는 생각이 들었는데, 오히려 시간이 지나면서는 '사랑합니다'라는 말을 표현함으로써 나 자신이 더 크게 감동하고 기쁜 마음이 들기 시작했다. 결국 '사랑합니다'라는 말을 표현함으로써 그것이 내 안에 더 큰 긍정적인 에너지로 돌아오게 되는 것을 발견하게 되었다.

물론 TSL을 듣기 전 가족에게 가지고 있었던 부담감이 전혀 없어진 것은 아니다. 그러나 TSL을 시작할 때는 그런 부담감이 부정적 요소라는 생각이 들었지만, 이제는 오히려 가족을 통해서 내가 더 많은 에너지를 공급받고 있다는 것을 알게 되었다. 그리고 그것을 표현할 때 부정적인 감정들을 줄여나가고 긍정적인 에너지와 감정들로 나 자신을 채우게 됨을 발견하게 되었다.

---

[1] 이 부분은 Chapter 10에서 더 논의할 것입니다.

아직 가족 간에 상호작용이 활발하게 이루어지는 것 같지는 않다. 그러나 개인적으로 그간의 아버지와의 관계에 있어서 아버지의 상처를 이해하고 아버지의 삶의 태도에 대해 이해하는 폭이 넓어졌다고 생각한다. 또한 형제들이 '고맙다' '사랑한다'라는 표현을 하기 시작하였고, 전화도 자주 걸어오는 등 변화의 모습을 보여 주고 있다. 이번 학기 TSL실천을 통해서 가족이라는 존재 그 자체가 나에게 있어서 얼마나 소중하고 사랑스러운 존재인지를, 그리고 나의 에너지의 근원은 바로 가족으로부터 시작되고 있음을 발견할 수 있었다. 결국 TSL은 가족의 변화이기 이전에 바로 나 자신의 변화를 이끌어 준 것이다.

이렇게 〈사례 1-1〉에서 참여자가 평가한 것에서 볼 수 있듯이, TSL을 꾸준히 진행하며 내가 실천한 '고맙습니다' '미안합니다' '사랑합니다'가 자신에게 긍정적 에너지로 돌아오고, 자기 자신과 가족의 변화를 이끌었다는 것을 알 수 있습니다. TSL의 이러한 효과는 개인의 평가뿐 아니라 실제 연구결과를 통해서도 나타나고 있습니다. 2008년에 연세대학교 가족복지 팀이 1,015명의 일반인을 대상으로 한 조사(이하 '일반인 조사')에서 TSL을 매일 사용하는 사람들과 1년에 한 번도 사용하지 않는 사람들의 부부갈등을 [그림 1-11]과 같이 비교해 보았습니다. 가정폭력은 가족의 갈등관계가 가장 극단적으로 표현되는 방법이지요. 두 집단을 비교해 본 결과, TSL을 매일 사용하는 사람의 가정은 신체적 부부폭력 발생률이 12.8%인데 비하여, TSL

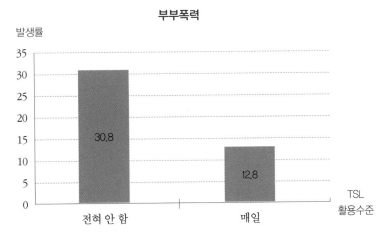

[그림 1-11] 일반가정의 TSL 활용 수준과 부부폭력 발생률

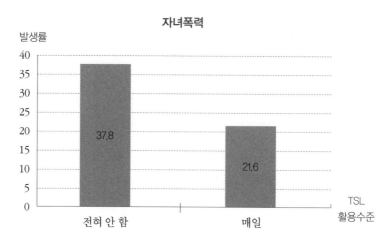

[그림 1-12] 일반가정의 TSL 활용 수준과 자녀폭력 발생률

을 전혀 사용하지 않는 사람의 가정은 30.8%의 부부폭력이 발생하여, 2배 이상 더 많은 부부폭력이 나타나는 것을 볼 수 있었습니다.

또한 자녀에 대한 신체적 학대인 자녀폭력에서도 [그림 1-12]와 같이 TSL을 매일 사용하는 사람의 가정은 21.6%지만, TSL을 전혀 사용하지 않는 사람의 가정은 37.8%의 자녀폭력이 나타나, 1.75배 더 많은 자녀폭력 발생률을 보이고 있습니다.

이 책에서는 가정폭력 발생 가족 중에서 TSL을 매일 사용하는 가정과 전혀 사용하지 않는 가정에 대한 비교분석 결과를 여러 Chapter 및 Practice에 걸쳐 수록했습니다. 여기서 중요한 것은 가정폭력이 중단된 상태에서 TSL이 실천되는 것을 의미하며, 가정폭력이 진행되고 있는데 TSL을 실천한다고 가족이 행복해진다는 것은 아니라는 점입니다. 즉, 이 책 전반에서 다루고 있는 관점은 가정폭력이 계속 진행되는 상태에서 TSL을 실천하는 것은 심각한 문제로 보며, 그 내용은 반드시 폭력이 중단된 상태에서 TSL을 실천하는 것을 기반으로 합니다.

가정폭력 발생 가족 116가구에 대한 조사에서는 TSL을 매일 사용하는 가족과 1년에 한 번도 사용하지 않는 가족의 가족일치감과 결혼만족도를 비교해 보았습니다. 가정폭력을 경험한 가족에게 TSL 사용이 어떤 영향을 미치는지를 알아보고자 한 것입니다. 두 집단을 비교해 본 결과, [그림 1-13]과 같이 TSL을 매일 사용하는 가족은 가족에 대한 소속감과 자부심을 나타내는 가족일치감이 평균 2.50인데 비하여, TSL을 전혀 사용하지 않는 가족은 가족일치감이 평균 1.62로 나타나, TSL을 매일 사용하는 가족의 가족일치감이 1.5배 더 높은 것을 볼 수 있었습니다.

또한 부부관계의 질적 수준을 보여 주는 결혼만족도에 있어서도 [그림 1-14]와 같이 TSL을 매일 사용하는 가족은 결혼만족도가 평균 1.84인데 비하여, TSL을 전혀 사용하지 않는 가족은 결혼만족도가 평균 0.80으로 나타나, TSL을 매일 사용하는 가족의 결혼만족도가 2배 이상 더 높은 것을 알 수 있었습니다.

이것은 가정폭력이라는 극심한 고통을 극복하는 과정에 있어서, TSL을 사용함이 가족 이해와 결혼만족도 회복에 긍정적인 영향을 미치고 있음을 의미하는 것입니다. 이렇게 TSL을 실천하는 일은 여러분 자신이나 여러분 배우자의 행동에 영향을

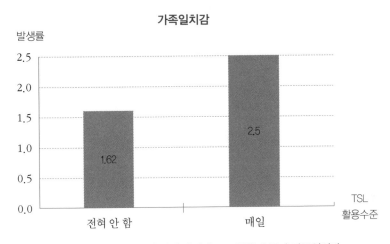

[그림 1-13] 가정폭력 발생 가정의 TSL 활용 수준과 가족일치감

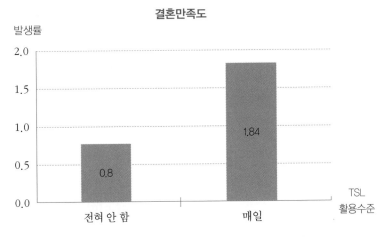

[그림 1-14] 가정폭력 발생 가정의 TSL 활용 수준과 결혼만족도

미치며, 가족관계를 더 긍정적으로 바꾸는 힘을 가지게 합니다.

다음 〈사례 1-2〉는 가족복지론 강의에 참석하여 TSL을 한 학기 경험한 학생의 배우자가 직접 쓴 편지입니다. 가족에 대한 진심을 가지고 TSL을 실천한 후의 이러한 변화를 여러분 개인과 가족 모두 경험할 수 있게 될 것입니다.

사례 1-2 여, 60대, 주부

남편이 대학원에 입학한 지도 벌써 2년이나 지났다. 60이 넘은 나이에 하루도 거르지 않고 학교에 다니는 것을 보면 감사하고 배울 점이 많다고 생각한다. 더더욱 감사한 것은 TSL을 하면서 어딘가 모르게 많은 변화가 왔다는 것을 피부로 느낀 것이다.

크게 세 가지로 요약해서 말씀드리면, 우선 다른 사람을 먼저 배려하는 것이 눈에 뜨인다. 전에는 대화를 싫어했던 편인데 이제는 먼저 말을 꺼내서 상대방에 대한 이해심을 보여 주고, 부족한 부분에 대해서는 소상하게 말해 주고, 칭찬을 전보다 100% 이상으로 하게 되었다고 평가하고 싶다. 우리 부부관계는 정말 향상되었다고 나 스스로 말을 하고 싶다. 전에는 약간 욱하는 성질이 있었는데 그것도 해소되었고, 자식들에 대한 애정, 칭찬, 뒤에서 밀어 주는 것이 확연히 달라졌다고 생각한다. 다시 한번 감사드린다.

의생명 사회과학적 관점과 TSL치료 실험연구 효과성

최근에 인간을 탐구하는 학문 분야에서는 사회복지와 생물학, 신경학, 심리학 등 여러 학문을 융합하여 접근해야 한다는 시각이 등장하고 있습니다. BMS(Bio-Medical-Social)라는 용어는 인간을 이해하고 도와주는 데 의학, 생물학, 화학, 사회복지학이 같이 연구하자는 관점으로 연세대학교 가족복지연구 팀에서 명명하였습니다(김재엽, 2010). 사람을 이해하거나 개입할 때는 하나의 학문 분야에서가 아니라 다양한 분야에서의 접근이 필요한 것이지요. 가족의 관계를 변화시키려는 노력이나 사회복지실천에서도 이러한 BMS적 방식을 적용하려는 노력이 이루어지고 있습니다.

개인이 자신의 관점을 바꾸고, 가족관계가 변화할 때 어떤 정신적·의학적·사회적 변화가 일어나는지 살펴볼 때, 그것을 과학적으로 검증할 수 있습니다. 혹은

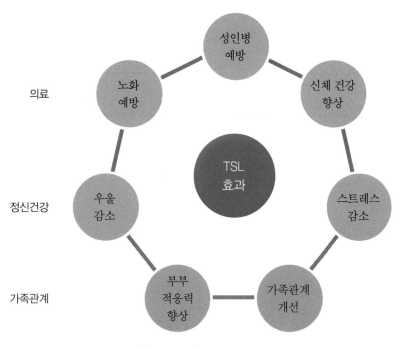

[그림 1-15] TSL의 효과

어떤 생물학적 특성이 개인의 관점이나 가족관계에 영향을 미치는지 파악하여 이를 변화시키도록 도울 수 있는지를 연구하고 있습니다. 이를 위해 연세대학교 가족복지연구 팀은 지난 10여 년(2009~2021)간 은퇴 노인, 중년 여성, 탈북 여성, 부모 간 폭력 목격 청소년, 남성 직장인, 일반 청소년, 자활사업 참여자, 비행 청소년, 군 장병, 탈북가정 부모, 군인 자녀 등 위기 상황의 개인과 가족에 대한 TSL치료의 효과성을 BMS 차원에서 측정하였습니다. 그 결과 [그림 1-15]처럼 정신건강과 가족관계의 개선뿐만 아니라, 신체 건강의 증진에도 도움이 되었습니다.

KBS '생로병사의 비밀-617회 행복의 비밀, 감사'(2017년 4월 5일 방영) 편에서 TSL 치료가 다루어졌습니다. 연세대학교 가족복지연구 팀이 가족과의 관계에 어려움을 겪고 있는 5명의 지원자를 대상으로 주 2회씩 5주간 TSL 프로그램을 진행한 결과 가족 간 긍정적 의사소통(TSL)이 [그림 1-16]과 같이 향상되었고 [그림 1-17], [그림 1-18]과 같이 우울감과 스트레스가 줄어들었습니다. 그뿐만 아니라 [그림 1-19]와 [그림 1-20]처럼 배려의 호르몬인 옥시토신과 인내심의 호르몬인 가바(GABA)가 증가하였습니다. 이와 같은 결과를 통해 TSL실천이 단지 가족관계를 개선하는 것에서

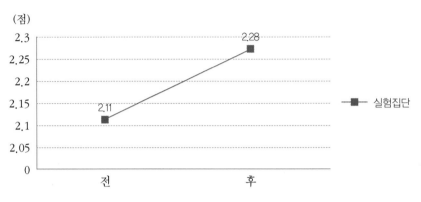

[그림 1-16] 생로병사의 비밀: 가족 간 긍정적 의사소통(TSL)

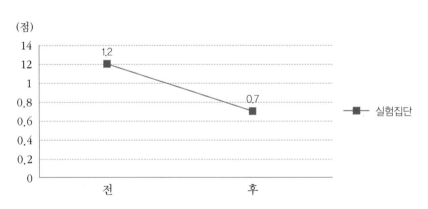

[그림 1-17] 생로병사의 비밀: 우울 변화

TSL 5주 교육 후 변화

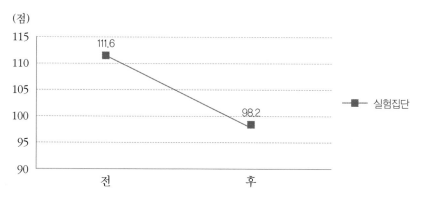

[그림 1-18] 생로병사의 비밀: 스트레스 지수 변화

TSL 5주 교육 후 변화

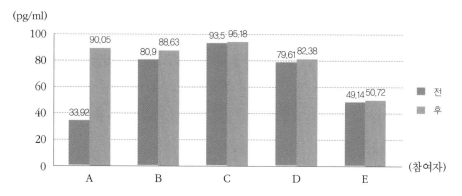

[그림 1-19] 생로병사의 비밀: 호르몬 옥시토신 변화

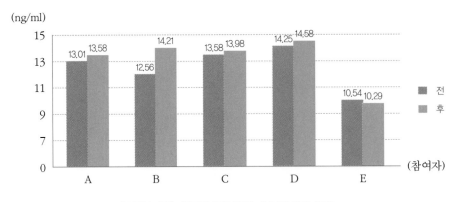

[그림 1-20] 생로병사의 비밀: 호르몬 가바 변화

만 효과를 보이는 것이 아니라, 나의 신체를 건강하게 하고 궁극적으로 나를 행복하게 하는 길임이 증명되었습니다.

방송 외에도 다양한 집단을 대상으로 TSL 프로그램을 개입하였을 때, 참여자들의 스트레스가 감소하고 면역력이 강화되었고, 그 결과 암·고혈압·당뇨·파킨슨병 등 만성질환의 발생확률이 낮아졌을 뿐만 아니라 노화가 지연되는 등의 효과가 나타났습니다(연합뉴스, 2010). 각 위기 집단과 가족에 대한 TSL치료의 효과성 분석 결과 중 이곳에서는 은퇴 남성 노인의 사례만 자세히 소개하고 그 외 연구 결과는 〈별첨〉에 첨부하였습니다.

김재엽, 김동구, 남석인(Kim, Kim, & Nam, 2012)은 은퇴로 인해 심리·사회적으로 큰 변화를 경험하는 남성 노인들의 퇴직 후 삶의 적응에 TSL치료가 효과가 있는지 살펴보는 연구를 진행하였습니다. 은퇴 남성 노인에게 7주간 총 14회기에 걸친 TSL 치료를 적용하고, 일반적 노년기 교육 프로그램에 참여한 집단(비교집단)과 어떠한 프로그램에도 참여하지 않은 집단(통제집단)을 비교해 보았습니다. 그 결과, TSL 치료 참여집단은 다른 집단에 비해 스트레스와 우울 수준이 낮아지고 부부 적응은 향상되었습니다. [그림 1-21]에서 보는 바와 같이, TSL치료 참여집단은 스트레스(8-isoprostance)가 TSL치료 종결 시점(사후특정)과 종결 한 달 후 시점(추후 측정) 모두 상대적으로 감소하였습니다. 우울 수준도 TSL치료 참여 노인이 다른 두 집단의 노인들에 비해 감소하였을 뿐만 아니라 치료 종결 후에도 일정 기간 그 수준이 유지

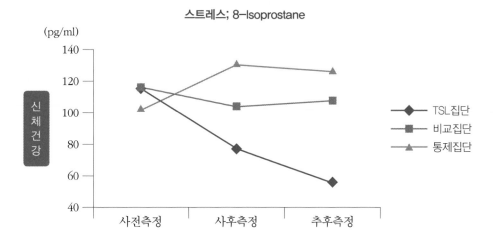

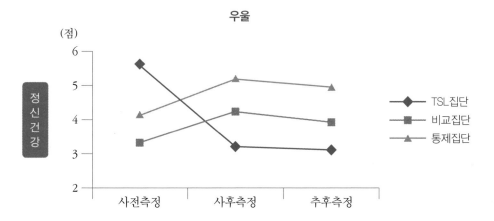

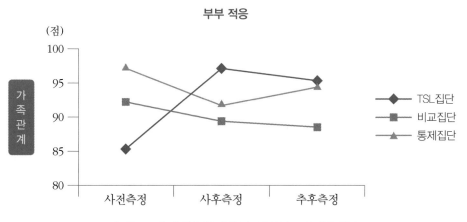

[그림 1-21] 은퇴 노인 대상 TSL치료의 BMS 검증 결과

TSL치료의 효과성 연구

연구자	연구(과제) 명	연구 대상
김재엽 외 (2010)	학교폭력, 성폭력 Free-Zone 사업. 서울:서대문구	초등·중학생
송향주 (2012)	중년여성의 정신건강 및 신체건강 향상을 위한 TSL 프로그램 효과: 뇌생명사회과학적 검증'	중년 여성
이근영 (2013)	가정폭력 노출청소년의 정신건강 증진과 공격성 감소를 위한 TSL 프로그램 효과 연구: 의생명사회과학적 관점을 중심으로	청소년
장용언 (2013)	자활사업 참여자의 정신건강과 자활의지 활성화를 위한 TSL 가족 프로그램 개입 효과: 의생명사회과학적 관점을 중심으로	자활사업 참여자
이진석 (2014)	직장 TSL 프로그램의 다중역할 충실화와 정신건강 및 신체건강 향상효과: 기혼 남성근로자에 대한 의생명사회과학적 검증	기혼 남성
김희진, 김재엽, 김동구(Kim, Kim, & Kim, 2016)	"Thank You, Sorry, Love" (TSL) Therapy With North Korean Refugee Women: A Pilot Study	북한이탈여성
김재엽 외 (2016)	암과 치매 해결을 위한 학제 융합적 가족 서비스. 서울: 연세대학교	암·치매 환자 및 가족
이동은 (2016)	비행청소년의 정신건강 증진과 자기통제력 향상을 위한 TSL 가족 프로그램 개입 효과: 소년원 청소년의 부모-자녀교육을 중심으로	소년원 청소년
최장원 (2016)	사회복지생활시설종사자의 대인관계 기술과 직무스트레스가 직무몰입에 미치는 영향 연구: TSL program (for workers in social services; TSL-JSM) 을 중심으로	사회복지생활 시설 종사자
서정열 (2016)	군(軍)장병의 폭력성 감소를 위한 TSL-MIL프로그램 개발과 효과성 검증: 의생명사회과학적 관점을 중심으로	군인
최권호, 김재엽 (Choi & kim, 2018)	Evaluation of the TSL® Program for Parents of Children With Cancer	소아암 환자 부모
황현주 (2018)	연예인의 정신건강 증진을 위한 TSL®-CEL 프로그램 개발 및 효과성 검증: 의생명사회과학적 관점을 중심으로	연예인
류원정 (2019)	탈북가정의 아동학대 예방을 위한 TSL-CPN 프로그램 개발 및 효과성 연구: 의생명사회과학적 관점을 중심으로	북한이탈여성
이현 (2020)	군인자녀의 적응 증진을 위한 TSL 프로그램 효과 연구: 의생명사회과학적 관점을 중심으로	군인 자녀

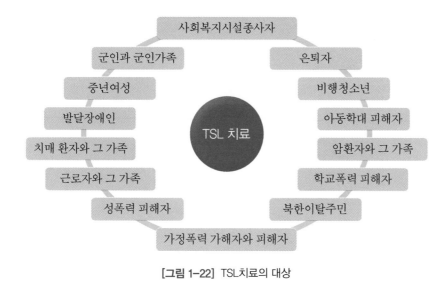

[그림 1-22] TSL치료의 대상

되었습니다. 또한 TSL치료 프로그램에 참여집단의 경우 부부 적응이 높아져 가족관계가 향상되었음을 알 수 있었습니다.

이렇게 전혀 관련 없는 영역처럼 느껴지는 사회복지학과 신경학, 생물학, 화학이 인간에 대한 이해를 위해 하나로 융합될 수 있으며, 계속적으로 그 연결고리를 찾고 있습니다. 우리는 이 연결(link)을 찾아 개인과 가족의 삶을 변화시키는 데 활용할 수 있어야 합니다. TSL실천을 통해 우리는 나 자신의 관점이 변화하고 그것을 통해 가족과의 관계가 변화하고, 그것이 다시 자신에게 긍정적 에너지로 돌아와 자신을 신체적으로나 정신적으로 더 건강하게 한다고 느낄 것입니다. 앞서 살펴본 것처럼, 개인이나 가족을 원조하는 분야들은 심리·사회적인 접근뿐 아니라 의학, 생리학, 신경학, 화학 등 인간을 설명할 수 있는 다양한 분야와의 접목을 통해 한걸음 발전할 수 있을 것입니다. TSL치료는 [그림 1-22]과 같이 BMS적 관점에서 노인 은퇴자, 암 환자, 치매 환자, 중년 여성, 비행 청소년, 군인 등 다양한 위기 집단들에 대한 치료 효과성이 발견되었습니다.

이 책은 'TSL치료'를 소개하고, 단계별 실천과제를 제시함으로써 여러분의 신체·정신건강 그리고 부부관계나 가족관계를 변화시킬 수 있는 지침서가 되고자 합니다. 실제 변화를 경험하기까지의 과정은 단기간에 되지 않고 오랜 시간이 걸리겠지만, TSL치료 과정을 충실하게 실행하고 따라온다면 14주가 지난 뒤 여러분 스스로 변화한 자신과 가족의 모습을 발견할 수 있을 것입니다.

T 회상하기: 'Who am I?'

여러분은 지금 조용한 장소에서, 편안한 자세로 앉습니다.

지금부터 1분간 눈을 감고, 깊게 심호흡을 하며 자신에 대해 '나는 누구인가?'를 생각해 봅시다. 그리고 글로 적어 보세요.

과제 1. 나는 누구인가?

이 질문을 받았을 때 처음 1분간 떠오르는 것들을 정리해 보세요. 가장 먼저 드는 생각은 무엇이었나요. 매우 짧은, 하지만 소중한 1분간 먼저 떠오르는 생각들이 여러분에게 있어 가장 중요한 내용입니다.

아마도 대부분 '태어난 곳' '누구의 남편(아내)' '누구의 자녀' '누구의 부모' 등 가족과의 관계 속에서의 자신에 대해 떠올렸을 것입니다. 실제로 참여자들은 '나는 누구인가?'라는 질문에 대해 '나는 한 남자의 아내' '나는 두 아이의 엄마' '○○ 회사원' '우리 부모님의 자녀' 등이라고 답합니다. 이렇게 대부분 '나'는 홀로일 수 없고, '가족'과의 관계 속에서 존재합니다.

여러분은 '나'라는 개념이 상대적인 개념이라고 생각하십니까, 아니면 절대적인 개념이라고 생각하십니까? '나'는 상대적인 개념입니다. 내가 존재하기 때문에 다른 사람들도 존재하는 것이고, 상대방이 있으므로 '내'가 있는 것입니다. 내가 어떤 모습이 되고 싶고, 어떤 것들을 바라는 것은 다른 사람이 있기 때문입니다. 결국 '나는 누구인가?'라는 질문은 관계성 속의 '나'를 발견하는 과정입니다. 나와 관계있는 사람들을 떠올려 보면서 '나'를 찾아가는 것이지요.

참여자 중 33세 남성 직장인은 '나는 누구인가'라는 질문에 관한 생각을 〈사례 1-3〉과 같이 정리했습니다. 이 사례에서 볼 수 있듯이 '나는 누구인가?'를 설명하는 데 가족을 제외하고 설명하기는 어렵습니다. 〈사례 1-4〉나 〈사례 1-5〉에서도 마찬가지로 사람들은 자신을 정의하는 데 가족이나 가족과의 관계를 가장 먼저 떠올리게 됩니다. 이렇게 가족은 '나'를 설명하는 데 없어서는 안 될 존재이며, 개인의 행복에 영향을 미치는 존재라고 할 수 있지요. 가족은 여러분을 있는 그대로 받아들이고, 가장 편안하며, 여러분의 모든 것을 줄 수 있는 유일한 존재라고 할 수 있습니다.

사례 1-3 남, 33세, 직장인

가족이란 내 삶에 있어서 가장 중요한 의미를 지니며 또한 내가 형성되는 데 가장 지대한 영향을 미친 것이라고 말할 수 있다. 현재의 '나'라는 사람이 형성되는 데는 가족뿐 아니라 학교, 친구, 종교 등 많은 것이 영향을 미쳤다. 하지만 그중에서도 가족의 영향이 대부분이라고 생각한다. 또한 나의 어떠한 모습도 다 받아줄 수 있고, 이해해줄 수 있고, 가장 편하게 쉴 수 있는 곳이 바로 가족이다. 아무리 친한 친구나 사랑하는 연인 사이라도 이들이 가족보다 더 편안하지는 않다.

사례 1-4 남, 29세, 학생

대구 남자, 2남 1녀 중 장남, 학생

아버지의 희망

쿨한 어머니의 쿨하지 못한 아들

사례 1-5 여, 25세, 회사원

가족이 행복해야 세상이 행복하다는 말을 늘 마음에 새기고, 어떻게 하면 가족이 행복해질 수

있을까 고민하고 앞으로 나아가는 사람

따뜻한 사람, 말하는 것을 좋아하는 사람, 긍정적인 사람

　앞과 같은 사례들에서 살펴볼 수 있듯이 우리는 가족과의 관계가 어떻든지 간에 '가족' 안에서의 '나'를 떠올리게 됩니다. 여러분이 '나는 누구인가'에 대해 1분간 생각할 때 떠오른 것들은 여러분 삶에 있어 소중한 부분을 차지하는 것들입니다. 가장 소중한 것은 '나'와 가장 중요한 관계를 맺고 있는 '가족'이라는 것이지요. 그러므로 '나'에게 있어 가족은 매우 중요한 존재인 것을 알 수 있습니다. '가족'은 지금 여기 있는 '나'를 구성하고, '나'의 존재를 설명해 줍니다. '나'는 가족과의 관계 속에서 존재합니다. 나를 설명할 때 가장 중요한 가족은 나로부터 분리될 수 없습니다.

　다음으로 1분간 여러분의 가족에 대해 생각해 봅시다. 여러분의 가족은 누구입니까? 여러분의 가족에 대해 떠오르는 대로 적어 보세요. 예를 들어, 우리 가족 구성원은 어떤 성격이며, 서로 관계를 잘 맺고 있는지, 물질적이나 시간적인 공유가 잘 이루어지는지, 부부간 성적인 관계가 원만한지 등 여러분의 가족에 대해 생각나는 것들을 짧게 적어 보세요.

과제 2. 나의 가족은 누구인가?

> (빈 칸)

  아마도 여러분은 '나의 가족은 누구인가?'라는 질문에 대한 대답을 생각하는 짧은 순간에도 여러분의 가족에게 있어 잘 되는 부분과 잘 안 되는 부분이 있다는 것을 발견했을 것입니다. 실제로 참가자들은 나의 가족은 누구인가에 대한 질문에 다음과 같이 답변했습니다.

사례 1-6 여, 50세 자영업

  남편과는 비교적 많은 대화를 나누며 지낸다고 생각했는데 곰곰이 생각하니 남편이 기본적으로 원하는 것조차 제대로 해 주지 못한 것 같아 반성하게 되었다. 큰딸과는 많은 대화를 나눠 본 적이 없는 것 같아 몹시 안타까웠고, 서로 가족이라는 이름만 달고 있었지, 모녀 간의 애틋한 정이 부족했던 것 같아 측은하고 안쓰러웠다. 큰애가 바라는 것이 어려운 것도 아닌데 그 아이의 마음에 큰 상처를 준 것 같아 마음이 몹시 아팠다. 이제는 큰딸로서 신뢰하고 존중해 주어야겠다는 생각이 든다.

사례 1-7 여, 50세, 자영업

  가족이라는 말은 듣기만 해도 마음이 설렌다. 따뜻함, 고마움, 그리움, 안타까움과 미안함, 늘 곁에 있다는 생각에 무덤덤함까지 많은 감정이 한꺼번에 소용돌이친다.

사례 1-8 여, 28세, 학생

나에게 가족은 소중하다. 이렇게 소중한 가족이 없어도 혼자 살 수 있도록 나를 성장시켜 준 이들이 바로 가족이다. 가족을 떠올리면 안락함, 따뜻함, 포근함과 편안함이 먼저 떠오른다. 가족은 또 다른 나인 것 같다. 내가 나한테 피로하고 실망할 수 있듯이 가족에게도 똑같이 피로를 느끼고 실망을 경험할 수 있는 것 같다. 그러한 피로감보다 가족이 주는 기쁨이 더 크다는 사실만으로 가족은 의미 있는 것 같다.

가족의 재발견

〈사례 1-6〉을 살펴보면 참여자가 '평소에 우리 가족은 잘 지내고 있는데…….'라고 생각했지만, 막상 가족에 대해 떠올려 보니 자녀를 양육하는 기능은 하고 있지만, 그 속에서 자녀와의 정서적 교류가 적었다는 점을 깨닫게 되었습니다. 〈사례 1-7〉과 〈사례 1-8〉에서는 가족을 생각할 때 여러 감정들이 교차하지만, 그 가운데 가족의 소중함을 인식하게 되는 것을 알 수 있습니다. 앞의 사례처럼 여러분도 가족을 떠올리면서 가족과 관련된 다양한 일과 관계들이 머릿속에 스쳐 지나갔을 것입니다.

우리는 일반적으로 가족에 대해 생각할 때 원만하지 않은 부분에 대해 언급하지 않는 편입니다. 그러면서 가족과 잘 지내고 있는데 이유도 없이 외롭거나 슬프다는 느낌을 종종 받게 되지요. 이렇게 여러분 가족에 대해 잠시 생각을 해 보면 진정으로 여러분의 가족이 잘 기능하고 있는지, 잘 교감하고 있는지, 서로에게 관심이 있는지, 여러분에게 만족을 느끼고 있는지에 대해 명확하게 답변하기 어려울 것입니다. 여러분이 가족과 잘 지내면서도 이렇게 느끼는 이유 없는 외로움과 슬픔 역시 가족에게서 올 수 있다는 것이지요.

결론적으로 여러분은 소중한 가족으로부터 고통을 경험하기도 한다는 것을 이해할 것입니다. 여러분이 가족에 대해 생각했을 때 부족하거나 잘 이루어지지 않는 부분이 변화되어야 여러분 자신 그리고 가족 모두가 행복해질 수 있습니다. 앞서 Chapter 1의 내용에서 살펴본 것처럼 가족의 구조와 기능이 원활히 이루어질 때 원만한 가족관계가 이루어지기 때문이지요. 구조와 기능이 잘 이루어질 수 있도록 변화할 때 가족관계가 궁극적으로 변화합니다. 가족은 여러분 삶의 중심이기 때문에 가족이 행복해져야 여러분이 행복해질 수 있습니다. 그리고 이러한 변화는 여러분이 먼저 시작해야 합니다. 우리 자신이 변해야 합니다. 특히 내가 먼저 바뀌어야 합니다. 여러분 삶의 근간인 가족의 행복을 위해, 가족이 원활한 구조와 기능을 기반으로 가족관계를 잘 맺게 하려면 여러분 자신부터 변해야 하지요.

우리는 지갑, 핸드폰 등 없어서는 안될 중요한 것들은 늘 몸에 지니고 다닙니다. 그것들이 없어서는 안 될 중요한 것이기 때문이지요. 하지만 기억과 같이 무형적으로 중요한 것들은 보이지 않으면서도 우리의 삶을 지배하고 있습니다. 핸드폰이 대중화되면서 사람들은 유행이 지나버린 호출기를 버렸습니다. 핸드폰을 가지고 다니게 되면서 호출기를 계속 가지고 있는 것이 불편했기 때문이지요. 이렇게 유형의 중요한 물건들은 쉽게 버릴 수 있지만, 무형의 나쁜 기억은 버리기 어렵습니다. 우리는 마음속에는 좋은 기억뿐 아니라 나쁜 기억도 함께 존재하며, 나쁜 기억은 삶의 버거움이 됩니다. 이러한 버거움을 버려야 여러분의 삶이 행복해지고 관계가 좋아집니다. 쓸모가 없어진 호출기를 버리듯이, 여러분의 삶에 버거움이 되는 쓸데없는 나쁜 기억을 버려야 합니다. 자신이 먼저 변해야 가족이 바뀝니다. 또한 가족이 바뀌어야 여러분의 삶이 바뀔 수 있지요. TSL치료는 이렇게 가족의 소중함을 깨닫고, 자신과 가족에게 일정 부분 변화가 필요함을 깨닫는 것에서부터 시작합니다.

오늘의 과제

과제 1. 나는 누구인가?

과제 2. 나의 가족은 누구인가?

'TSL치료'의 첫 번째 과정은 가족과의 관계가 매우 중요하다는 것을 회상하는 것입니다. 초기 단계에서의 실천은 가족이 여러분 삶에서 얼마나 소중한 사람인지를 회상하고 인정하는 것입니다. 가족이 중요하다고 회상되지 않으면 다음 단계로 넘어가기 어렵지요.

자, 그럼 여러분은 '가족은 나에게 소중합니다'를 인정하십니까? 해당 사항에 ✓표 해보세요.

○ 인정합니다.   ○ 인정하지 않습니다.

이제 내 인생에 가장 소중하고 가까이 있는 사람이 가족이라는 것을 여러분은 느끼고 있습니까? 가족 구성원들을 제외하고 여러분은 행복하다고 말하기 어려울 것입니다. 가족은 여러분의 행복과 직결되는 사람입니다. 그렇다면 행복한 가족을 만들기 위해서는 반드시 우리 개인이 변화해야 합니다. 가족의 중요성을 깨닫고, 변화의 필요성을 깨닫는 것입니다. 그리고 어느 가족이든지 항상 더 행복한 삶을 위해서는 더 나은 변화가 필요합니다. 변화의 필요성에 대해서는 다음의 Practice 2에서도 느낄 것입니다.

나와 가족에 대한 이러한 변화의 필요성을 스스로 느끼는 것이 이 Practice의 목표입니다.

가족복지의 의미

가족복지의 필요성

현대 한국사회의 위기

가족복지의 필요성에 대해 답하기 위해서 다음과 같은 질문을 생각해 볼 수 있을 것입니다. 여러분은 왜 가족복지가 필요하다고 생각합니까? 가족복지는 꼭 필요한 것일까요? 가족의 문제는 가족들이 가족 안에서 풀어 가면 되는 것 아닐까요? 여러분의 생각은 어떻습니까?

물론 개인의 문제는 개인이 해결할 수 있고, 가족의 문제는 가족이 해결할 수 있습니다. 하지만 복잡해지는 현대사회에서 개인이나 가족만으로는 문제를 해결하기 어려운 경우가 많습니다. 현대 한국 가족은 다양한 위기에 봉착해 있습니다. 세계 최고 수준의 이혼율과 가정폭력률, 저출산으로 인한 인구 감소와 유례없이 빠른 고령화, 청소년 폭력률 증가 등이 현대 한국 가족이 겪고 있는 변화이며 위기라 할 수 있습니다. 다양한 위기 상황에 직면하고 있으나 개인이나 가족 차원에서 해결하기 어려우므로 사람들은 고통스러워합니다. 그 지표로 나타나는 것이 자살, 이혼 등이라 할 수 있지요. 보건복지부가 발표한 '2018년도 기준 OECD 건강 데이터'에 따르

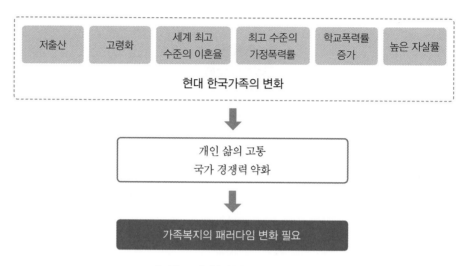

[**그림 2-1**] 현대 한국 가족의 위기

면 2017년 우리나라의 자살에 의한 사망률은 인구 10만 명당 23.0명으로 OECD 회원국 평균 11.4명에 비해 2배 이상 높으며 회원국 중 최고 수준인 것으로 나타나 우리 사회의 자살 문제가 얼마나 심각한지 보여 줍니다.

[그림 2-1]에서 볼 수 있듯이 가족의 위기는 개인의 삶에 고통을 줄 뿐 아니라 국가경쟁력을 약화시킵니다. 따라서 현대 한국 사회가 당면하고 있는 위기를 극복하기 위해서는 건강한 가족이 필요하지요. 건강한 가족은 안정된 가정환경 속에서 자녀를 양육함으로써 양질의 인력을 사회에 공급하여 국가의 생산성을 높이는 데 기여합니다. 무자본, 무자원, 무기술의 신생 독립국 중에서는 거의 유일하게 한국이 전후 50여 년 만에 세계 10위권의 경제력을 가진 국가로 성장할 수 있었던 가장 큰 이유는 바로 이와 같은 한국 사회 가족의 힘입니다.

한국의 가족을 유지하는 데 있어 아버지의 노력도 컸지만, 특히 중요한 것은 어머니의 희생과 헌신이었습니다. 결국 건강한 가정은 개인 삶의 질을 높이는 원천이며, 국가경쟁력의 원천이기도 했습니다. 하지만 21세기에 들어와 한국의 가족은 급속한 변화와 해체의 위기를 맞고 있으며 더는 이전 시대의 전통적인 가족상만을 고집할 수는 없게 되었습니다. 가족에 대한 새로운 패러다임이 필요한 시점이지요.

신가족복지 패러다임

가족에 대한 새로운 패러다임의 핵심은 국가가 가족의 건강성을 위해서 복지시스템을 만드는 것입니다. 가족의 건강성을 국가가 지원하기 위해서는 자녀 보육이나 노인 부양과 같은 복지시스템을 만들어야 하지요. 이렇게 가족과 관련된 정책이나 전달체계 외에도 가족관계를 개선하고 건강하게 유지할 수 있도록 개인뿐 아니라 사회가 함께 노력해야 합니다. [그림 2-2]는 이와 같은 가족복지의 새로운 패러다임을 나타내고 있습니다. 가족을 위한 다양한 사회보장제도를 하드웨어적 가족복지라 하면 가족의 행복감을 높이고 하드웨어적 복지시스템이 잘 작동할 수 있도록 하는 것이 소프트웨어적 가족복지입니다.

우리 사회는 그동안 하드웨어적 가족복지를 구축하는 데 힘을 쏟았습니다. 가족구성원 간 지지 혹은 행복한 가족 유지와 같은 소프트웨어적 가족복지는 늘 존재하는 것이라고 간주했기 때문이지요. 하지만 현대사회에서는 소프트웨어적 가족복지가 늘 존재하거나 원활히 이루어지지 않습니다. 개인에게 큰 원동력이 되어 주었던 '가족'의 중요성에 대해 잊음으로써 현대사회를 살아가는 개인과 가족들에게 문제가 발생하게 된 것이지요.

따라서 신가족복지 패러다임은 하드웨어적 가족복지의 구축뿐 아니라, 소프트웨어적 가족복지의 활성을 지원함으로써 가족의 건강성을 확보하는 것입니다. 즉, 사회적 안정과 국가경쟁력 향상을 위해 신가족복지 패러다임에서 국가가 가장 많은

하드웨어적 가족복지	소프트웨어적 가족복지
국가, 지방정부의 복지시스템 가족을 위한 사회보장 제도	가족관계 변화를 위한 서비스 가족치료, 가족상담

신가족복지 패러다임
건강한 가족
국가경쟁력 향상

[그림 2-2] 신가족복지 패러다임

활동을 하는 것은 '가족을 건강하게 만드는 것'이지요.

가족복지의 필요성

앞서 살펴본 것처럼 한국 사회는 여러 가지 위기에 직면해 있고, 높은 자살률과 이혼율, 저출산 등 사회적인 불안을 대표하는 지표들이 나타나고 있습니다. 이에 가족을 위한 정책이나 제도 구축 외에도 가족관계를 회복하고 가족 역량을 강화시키는 '가족'에 대한 정부의 개입이 이루어져야 한다는 필요성이 제기되고 있습니다. 이렇게 불평등과 불만 또는 위기에 있는 가족의 문제들에 하드웨어적 혹은 소프트웨어적으로 개입하여 해결을 도와주는 것이 사회복지적 관점에서의 가족복지입니다.

특히 현대사회에서는 물질의 결핍 문제와 함께 정서적인 문제 및 스트레스가 가족 문제의 화두로 떠오르고 있습니다. 가족이 경험하는 문제는 단순히 의식주의 부족에서 오는 것이 아니라, 가족 구성원 간 불화에서 빚어지는 갈등이 개인과 가족 모두의 불행이라는 것이지요. 갈등을 경험하고 있는 가족들이 변화할 수 있도록 개인을 치료하고 가족관계 향상을 도모하는 상담 서비스 역시 가족복지에서 중요한 역할로 자리 잡아가고 있습니다. 따라서 이 책에서는 가족복지의 일부인 가족치료에 주안점을 두고, 가족 구성원의 관계 변화를 도모하는 내용을 다룰 것입니다.

가족복지의 영역(역할)

이상과 같이 가족복지의 필요성이 인정된다면 가족복지는 무엇이며, 가족복지의 대상은 누구일지 생각해 봅시다. 가정생활은 청소년 문제, 노인 문제, 이혼 문제 등의 사회적인 이슈와 직접적인 관련이 있습니다. 그래서 가족이 행복하고, 가족의 역할을 잘할 수 있도록 지원하는 것이 매우 중요하지요. 가족복지는 '모든 인간이 인간다운 생활을 할 권리를 가진다.'라는 「헌법」의 이념에 근거하여 가족의 생활을 안정되게 보장하는 제도, 정책, 서비스 등 모든 사회적 노력이라 할 수 있습니다. 즉, 가족복지는 가족의 안정과 역할수행을 위해 개인이나 가족에 대한 상담, 치료 등의 직접적 서비스와 가족정책을 모두 포함합니다. 예전에는 확대가족이나 종교, 지역사회 차원에서 가족들이 안정되게 살 수 있도록 지원하였으나 사회가 점차 분화되고 복잡해지면서 이러한 역할이 사회와 국가로 이전되었다고 할 수 있지요. 예를 들어, 예전에는 부부간 불화가 있을 때 가족 내 나이 많은 어르신이나, 종교지도자가 그들의 이야기를 듣고 서로 조화를 이루고 화합할 수 있도록 도와주었으나, 현대에 와서는 이러한 역할을 사회가 가족치료나 지역사회 가족 상담 등을 통해 도와주는 것으로 이해할 수 있습니다.

그럼 가족복지의 대상은 누구일까요? 물론 넓게는 우리 사회의 모든 가족, 현재 문제가 있거나 앞으로 문제를 경험할 가능성이 있는 모든 가족이 될 것입니다. 좁게는 현재 문제를 경험하고 있는 위기 가족이 될 것입니다. 즉, 가족복지의 대상은 좁게 보면 결손가정이나 해체가족, 또는 현재 드러나는 문제를 가지고 있는 가족이며, 넓게 보면 우리 사회의 모든 가족이라 할 수 있습니다.

물론 가족사회복지가 언제나 '옳다'고는 할 수 없습니다. 때로 가족복지는 가족의 책임 의식을 약하게 하고, 가족해체를 조장한다는 비판을 받기도 합니다. 따라서 가족복지가 꼭 필요하긴 하지만 보다 적합한 곳에, 진중한 고민을 바탕으로 이루어져야 할 필요가 있습니다.

가족복지의 기능

김혜경 외(2011)는 가족복지의 기능을 세 가지 유형으로 나누었습니다. 가족복지는 가족이 역할을 잘할 수 있도록 도와주거나(지지), 가족 역할의 일부를 보완해 주거나(보충), 가족의 역할을 대신하는(대리) 역할을 합니다.

첫째, 가족이 해야 하는 역할을 잘할 수 있도록 도와주는 '가족 기능 지원사업'은 변화하는 사회 속에서 가족에게 요구되는 기능을 가족들이 스스로 더 잘할 수 있도록 지원해 주는 것입니다. 예를 들어, 가족 상담과 가족치료, 아동수당, 노인수당, 소득 지원, 주택 지원, 교육 보장, 보건 및 의료 보장과 같은 가족지원 정책, 문화 및 여가생활 지원 그리고 각종 생활 편의시설 및 정보 제공이 이 유형에 해당합니다.

둘째, '가족 기능 보충사업'은 가족 스스로가 가족의 기능을 원활하게 수행하지 못할 때 사회가 나서서 가족의 문제를 해결하고 가족이 안정을 되찾을 수 있도록 가족 기능 일부를 보충하는 것을 말합니다. 예를 들어, 장애아 놀이 집단 치료, 보육사업 및 「국민기초생활 보장법」에 근거하여 저소득층 가정에 제공되는 생계급여, 교육급여, 의료급여 등이 포함됩니다.

셋째, 가족의 역할을 대신해 주는 '가족 기능 대리사업'은 가족 스스로가 문제를 극복하거나 도저히 해결할 수 없을 때 가족의 역할을 전적으로 대리해 주는 기능을 말합니다. 예를 들어, 일시 또는 장기간의 가정 위탁 보호, 입양 및 각종 시설 보호 등이 가족 기능을 대리하는 사업이라 할 수 있습니다.

사회복지전문가는 가족복지전문가다

이렇게 가족복지는 정책이나 제도 등 하드웨어적 차원이나 가족관계에 개입하는 소프트웨어적 차원의 개입을 통해 가족의 기능을 대리, 보충 혹은 지원해 주는 역할을 합니다. 앞서 설명한 것처럼 현재의 한국을 만들어 온 가족이라는 원동력이 약해지면서, 현대사회의 변화 속에서 개인과 가족은 더 큰 어려움을 경험하고 있습니다. 신가족복지 패러다임에서 가족복지의 기능은 가족복지의 하드웨어를 구축하는 것뿐 아니라 소프트웨어적 측면을 강화시켜 주는 것입니다.

개인이 불행한 이유는 단지 혼자만의 문제는 아닙니다. 살아가다 보면 많은 가족은 부모와 자녀 간, 부부간, 노부모와 성인 자녀 간 등 여러 관계에서 섭섭함을 느끼고 불만을 느끼게 됩니다. 가족관계에서 개인과 가족 간에 갈등이 생기고 이러한 갈등에 우울이나 분노가 나쁜 영향을 미치면서 개인과 가족들은 모두 불행하다고 느끼게 되는 것이지요. 결국 '나'와 '가족'은 서로 행복뿐 아니라 갈등이나 불행을 주고받는 관계가 될 수 있습니다. 그래서 아동이나 청소년, 성인, 노인 등 개인들의 복지에 개입하기 위해서는 그 개인의 특성뿐 아니라 가족에 대한 이해가 함께 이루어져야 합니다. 개인의 문제는 그 사람의 특성에 의해서만 나타나는 것이 아니라 가족의 특성과 가족들 간의 관계에 따라 영향을 받기 때문이지요. 누구를 대상으로 하든 그의 가족을 이해하고 가족에 대한 개입이 함께 이루어져야 하며, 이런 관점에서 볼 때 사회복지전문가는 가족에 대한 전문가가 되어야 합니다.

가족의 영향력 변화

한편, 가족이 모든 개인에게 항상 똑같은 영향력을 미치는 것은 아니므로 가족복지의 개입에서 이를 고려할 필요가 있습니다. 쉽게 생각하면, 어린아이에게는 가족의 영향력이 클 수 있지만, 대학생에게는 어린아이만큼 영향력이 크지 않을 것입니다. 또한 개인적 특성에 따라 성인이 된 후에도 가족의 영향력이 큰 사람과 적은 사람이 있을 것입니다. 즉, 개인의 연령, 개인의 성격특성, 가족생활주기에 따라 개인에게 미치는 가족의 영향력 차이가 있을 수 있지요.

일반적으로 연령이 증가하면 가족의 영향력이 감소할 수 있습니다. '가족'의 영역을 다른 누군가가 채워 주기 때문이지요. 성인이 되어 가며 개인에게 가족의 영향력은 점점 감소하고, 그 영역에 친구나 직장동료 등의 영향이 증가할 것입니다. 그러나 새로운 가족을 형성하는 시기가 되면 조금 달라지지요. 개인에게 미치는 원가족의 영향력은 점차 감소하지만, 결혼을 통해 새롭게 형성된 가족의 영향력은 커지게 됩니다. 결혼적령기를 지나 미혼으로 지낼 때도 나이가 들면서 노부모님과 관계가 변화하고 원가족의 영향력이 다소 증가합니다. 이와 같은 형상을 그림으로 설명하면 다음 [그림 2-3]과 같습니다.

이렇게 개인에게 가족이 미치는 영향은 모두 다르므로 개인이나 가족에게 개입할 때 가족복지전문가는 이러한 영향력의 차이를 염두에 두고 개입방안을 마련해

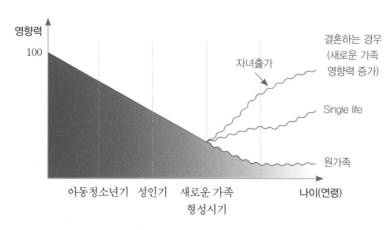

[그림 2-3] 가족의 영향력

야 할 것입니다.

행복을 나누는 것은 바람직하지만 갈등을 주고받는 것은 가족 전체를 점점 불행하게 만들 수 있습니다. 또한 가족들이 모두 행복하다고 해도, 내가 불행하고 변화하지 않으면 그러한 행복과 사랑을 받아들일 수 없습니다. 바로 '내'가 변하는 것이 중요하다는 것이지요. 내가 행복해야 가족이 행복할 수 있습니다. 내가 우울하고 불행하면 가족에게도 그 영향이 미치고, 가족 전체가 불행해질 수 있습니다. 이것은 가족의 기반을 흔드는 것이 될 수 있습니다. 개인과 가족의 문제를 해결할 수 있도록 전문적인 도움이 제공될 때 가족이 유지되고 긍정적으로 기능할 수 있게 하는 것이지요. 이 책에서는 가족복지의 필요성과 기능 중에서도 이와 같은 소프트웨어적 가족복지의 필요성과 기능에 초점을 맞추고 있다고 할 수 있습니다.

T 인정하기: '가족을 이해하기'

우리는 앞서 가족복지는 왜 필요한가를 살펴보았습니다. 개인과 가족은 상호작용을 하면서, 한 개인의 어려움이 다른 가족의 우울이나 분노 등으로 이어질 수 있음을 알았습니다. 가족원들 모두가 항상 행복할 수만은 없습니다. 다양한 변화에 대한 요구와 예기치 못한 사건 등으로 인해서 가족원은 어려움을 겪을 수 있습니다. 가족은 변화에 대처해야 건강한 가족을 유지할 수 있습니다. 대학입시를 앞둔 자녀가 있다면 가족 구성원들에게는 그 상황에 대해서 이전과는 다른 생활양식이 필요할 수 있습니다. 가족은 항상 변화의 요구를 받을 수 있고, 우리는 이것에 잘 대처해 나가야 합니다. 잘 대처하고 스스로 변화하지 않으면 행복한 가정을 이루기가 어렵습니다. 우리는 '남편이 이것만 바꾸었으면 좋겠다.' '아내가 이런 것만 변하면 좋겠다.' '우리 자녀가 이런 것만 들어 주었으면 좋겠다.' '돈을 얼마만 더 벌어 왔으면 좋겠다.' 등 다른 가족들이 변화하기를 바랍니다. 하지만 TSL치료는 다른 사람의 변화보다 자신의 변화에 초점을 둡니다. 내가 변화해야만 다른 사람이 변화한다는 전제하에 TSL치료는 진행되는 것입니다.

앞서 첫 번째 Practice를 통해 '여러분의 인생에서 가장 소중하고, 가까이 있는 사람이 가족이라는 것'을 느끼셨을 것입니다. 여러분이 '나는 누구인가?'를 고민하면서 배우자, 부모, 혹은 자녀와 관계가 좋거나 나쁘거나 상관없이 '가족'은 중요하다는 것을 깨달았을 것입니다. 가족은 중요합니다. 하지만 그것이 반드시 '좋은 것'만을 의미하지는 않습니다. 우리는 때로 '중요함'과 '좋은 것'을 혼동합니다. 가족은 중요함과 동시에 좋아야 합니다. 가족관계는 좋을 때도 있고, 나쁠 때도 있지만 그 '중요성'을 잊지 않는다면 관계는 언제나 회복될 수 있습니다. 이렇게 중요함과 좋은 것을 동시에 갖기 위해서는 가족과 끊임없이 TSL의 5Re를 실천해야 합니다.

과정별 5Re의 실천

　나를 변화할 수 있게 하는 실천의 방법은 지속적인 5Re입니다. 5Re는 삶을 새롭게 만들어 가는 과정(Renew Process)이지요. Chapter 1에서 5Re 개념을 소개했습니다. 여기서는 T, S, L 과정별 5Re에 대해 알아 보겠습니다. T과정에서의 5Re, S과정에서의 5Re, L과정에서의 5Re를 배우게 되지요. 우리가 TSL을 처음 배워나가는 과정에서는 [그림 2-4]와 같이 T과정의 5Re 중 첫 번째 회상(Recall) 세션에서 상대방의 존재 의미와 고마운 것을 회상하게 됩니다. 두 번째 인정(Recognize) 세션에서는 상대방의 존재에 대한 의미와 존재에 대한 감사를 인정하는 것입니다. 세 번째 실현(Realize: Action) 세션에서는 고마움을 표시하는 것입니다. 네 번째 강화(Reinforcement) 세션은 고마움을 더 잘 실천하기 위해서 행동과 더불어 시간 혹은 다른 에너지를 공유하면서 고마움을 강화시키는 것입니다. 다섯 번째 재충전(Refreshment/Return) 세션은 자신의 감사 행동에 기뻐하고 그 고마움을 지속적으로 표시하겠다는 에너지를 재충전하는 것입니다. 이를 통해 다음번 회상 세션이 더 자연스럽게 되는 것이지요.

　S의 5Re를 잘하기 위해서는 T에서의 5Re가 기본이 되어야 합니다. 상대방의 존재의 고마움을 인정하고 표시할 때 '미안합니다'를 잘 인정하고 표현할 수 있게 되지요. T를 기본으로 한 S의 5Re는 다음과 같습니다. 회상 세션에서는 상대방에게 준 고통과 슬픔을 회상하고, 인정 세션에서는 내가 잘못한 것을 인정하고 해결 가능한 것(Type A)과 불가능한 것(Type B)을 분류하는 것입니다. 실현 세션에서는 내가 해결할 수 있는 미안함을 해결해 주는 것이고, 그렇지 못한 미안함은 그렇다고 말로 표현하는 것입니다. 강화 세션은 미안한 감정을 시간과 에너지 등의 공유를 통해서

[그림 2-4] TSL치료의 진행순서와 단계별 5Re

표현하고, 동시에 내가 용서할 것이 있다면 용서를 하는 것입니다. 특히 용서의 단계는 고마움과 미안함이 전제되어야 합니다. 또 용서를 표현하는 것은 나에게 더는 상대방에 대한 고통이 도움이 되지 않는 것을 인정하고, 또 상대방이 당시에 정상이 아니었을 수도 있음을 인정하면서 용서를 표현하는 것입니다. 마지막 재충전 세션에서는 미안하다는 것을 내가 인정하고, 용서함의 기쁨을 기억하고 더 좋은 관계를 위해서 언제든지 미안한 일, 용서할 일이 있으면 미안함이나 용서를 표현하겠다는 의지를 다지는 것입니다.

L과정의 회상 세션은 고마움과 미안함이 전제되면서 내가 받은 사랑을 회상하고 상대방에게 무엇을 원하는지 물어보는 것입니다. 인정 세션에서는 사랑함을 인정하고 실천계획을 갖습니다. 실현 세션은 사랑의 깊이를 더 깊게 하기 위해 사랑을 표현하는 것입니다. 강화 세션은 사랑을 더 강화하기 위해서 시간과 에너지를 공유하고 사랑에 대한 관점을 바꾸는 것입니다. 그리고 재충전 세션에서는 사랑 실천의 기쁨을 기억하고 소중한 사람에게 지속해서 사랑을 표현하겠다고 의지를 다지는 것입니다. 이처럼 우리가 TSL을 배우는 과정에서는 T, S, L 과정별로 5Re를 배우게 됩니다. 하지만 이 과정을 모두 습득한 이후부터는 매일 T에 대한 5Re, S에서도 5Re, L에서도 5Re를 반복적으로 실행해야 합니다. 그렇게 과정별로 5Re를 동시에 그리고 지속해서 실행할 때 TSL을 수월하게 실천하게 되는 것입니다.

가족과 대화하기

이제, 여러분의 가족에 대해 한번 생각해 보세요.

> 여러분이 다른 사람들과 의견이 달라 힘들었을 때 '당신이 옳아요, 당신을 믿어요'라고 말해 주는 남편 혹은 아내,
> 뺨에 뽀뽀하며 안기는 자녀,
> 또는 지난밤에 크게 다툼을 하고 말도 하고 있지 않은 남편 혹은 아내,
> 학교에서 말썽을 부려 담임선생님에게서 전화가 온 자녀……

가족의 어떤 모습이 떠오르나요? 가족은 행복의 원천이자 걱정의 근원입니다.

우선 '나에게 있어 가족의 의미는 무엇인가?'를 생각해 봅시다. 나에게 가족은 어떤 의미입니까? 가족의 좋은 점, 가족과 관련된 좋은 기억, 나에게 미친 좋은 영향 등 긍정적 측면에서는 가족이 어떤 의미입니까? 또한 가족의 싫은 점, 가족과 관련

된 나쁜 기억, 가족이 나에게 미친 부정적인 영향 등 부정적 측면에서는 가족이 어떤 의미입니까?

이러한 질문에는 당연히 정답이 없습니다. 여러분 모두가 각자의 답을 가지고 있지요. 여러분의 기억에 떠오르는 것과 가족에게 '나는 당신에게 어떤 존재입니까?'라고 물어본 내용을 적어 봅시다. 물론 물어보는 당신도 쑥스러울 것이고, 대답하는 가족도 '새삼스럽게 뭘 그런 것을 묻고 그래?'라고 말하며 대답을 피할 수 있을 것입니다. 하지만 이것은 가족관계를 변화하고자 하는 의지를 가지고 하는 과제입니다. 지금 여러분에게 자신이 가족에게 어떤 의미인지를 아는 것은 매우 중요합니다. 용기를 내어 '나는 당신에게 어떤 의미입니까?'를 반드시 물어보고 그 대답을 들어 보도록 합시다. 이와 관련하여 30분 이상 대화해 보세요.

과제 1. 당신에게 나는 어떤 의미입니까?

당신에게 나는 어떤 의미입니까?

가족1. ○○○ _____

_____

_____

가족2. ○○○ _____

_____

_____

가족3. ○○○ _____

_____

_____

이번 과제를 통해 여러분은 가족에게 자신이 어떤 의미인지 물어보고, 그에 대해 서로 교류할 수 있었을 것입니다. 참여자들은 이 과제에 대해 가족들과 이야기해 보고 다음과 같이 설명합니다.

사례 2-1 여, 46세, 주부

남편: 일심동체, 너는 곧 나!!

큰아들(대학 1학년): 엄마는 나에게 혈액 같은 의미, 멀리 미국에서 엄마 생각하면 바다처럼 넓게
느껴짐

작은딸(중2): 엄마는 나의 모든 것

어머니: 배려심 깊은 큰딸, 그러기에 내가 가장 기대하는 자식

 사례 2-2 여, 37세, 회사원

남편: 생각보다 잘해 나가는 동반자임. 가끔 사고를 치지만 이제는 철이 좀 든 것 같음

딸: 사랑하는 사람, 제일 좋은 사람!!

아버지: 자주 못 만나고 전화도 자주 드리지 못하는 것에 대해 섭섭함이 있으시지만, 막내딸이
사회생활을 적극적으로 하는 것에 대한 자부심이 있으며 남편과 아이들과 열심히 잘 살
기를 바람

동생: 취미와 특기가 비슷하여 친구이지만 라이벌이기도 함. 나와 너무도 비슷하지만 때로는 다
른 모습을 보여 주는 언니는 나와 가장 가까운 사람이면서 타인이기도 함

 사례 2-3 남, 38세, 사업

　내 가족에게 "가족으로서의 나의 의미"에 관해 물어본 결과, 아내는 내가 가장으로서 누구보
다도 중요하나 자신에 대한 통제력이 약한 것이 문제라고 함. 또한 음주에 있어 통제력이 없어
자기 자신도 돌보지 못하고 있다는 점이 아쉽다고 함. 딸은 아빠를 가장으로서 중요시하며, 돈을
벌어와 더욱 중요하다고 함

사례 2-4 남, 42세, 회사원

아내: 행사 등의 날짜를 잡을 때 사전에 의논 없이 약속하지 말아 주길 바람(특히 시댁과). 일찍
　　　들어온 날이라도 아이들과의 대화를 통해 요즘 뭘 배우고 학교생활은 어떤지 등을 물어
　　　보고 긍정적인 발전을 유도해 주길 바람
큰딸(초4): 아빠가 2주에 한 번이라도 일찍 오셔서 함께 놀아 주길 바람. 술을 적게 드셨으면……
둘째 딸 (초2): 책 읽을 때 같이 읽어 주기, 일찍 들어 오기, 휴일에 가능하면 놀아 주기

사례 2-5 남, 55세, 대기업 임원

아들: 자상해서 좋음. 짜증을 많이 안 내셨으면 좋겠고, 나와 잘 놀아 주고 목욕을 함께 하거나
　　　함께 여행하면 좋겠음
아내: 자식에 대한 무한한 사랑과 아내에 대해 너그러움을 보여 주어 고마움. 정리 정돈을 잘해
　　　주고, 가족을 위해 더 많은 시간을 내주면 좋겠음

　　앞의 예에서 보듯이 '나의 모든 것' '사랑하는 사람, 제일 좋은 사람', 한편으로는
'돈을 벌어 오는 사람' '함께 있어 주지 않는 사람' 등 가족은 여러분에 대한 다양한
생각을 하고 있었을 것입니다. 〈사례 2-1〉, 〈사례 2-2〉와 같이 서로에 대해 만족
하고 사랑을 나누는 때도 있지만, 〈사례 2-3〉, 〈사례 2-4〉와 같이 가족원들 간에
서로 교류가 없는 때도 많다는 것을 느낄 것입니다. 〈사례 2-5〉와 같이 사랑하고
소중한 가족이지만 가족 구성원들이 상대방에게 바라는 서로 다른 욕구도 존재한
다는 것을 알게 되었을 것입니다.
　　이 과제를 통해 여러분이 느끼지 못하는 가족 구성원의 생각을 알게 되고, 이야기
하는 시간을 가졌을 것입니다. 이 과정은 가족 구성원 간의 상호작용을 높이는 것이
중요한 목표였습니다. '당신에게 나는 어떤 의미입니까?'라는 질문을 하면서 서로
조금은 민망했지만, 분명 즐거웠을 것입니다. 그러면서 가족과 새로운 시각에서 이
야기하게 되었을 것입니다. 또한 이러한 대화를 통해 여러분에게 있어 가족은 어떤
의미인지도 자연스럽게 이야기할 수 있었을 것입니다. '당신에게 나는 어떤 의미입

니까?'라는 질문은 너무 자주 하면 깊이 생각하지 않고 대답하게 되고, 이 질문을 거의 안 한다면 어쩌다 질문할 경우 이벤트로 인식되기 쉽습니다. 우리가 목욕탕에서 때를 벗겨 내는 것과 같지요. 때를 벗기는 일을 매일하면 피부에 안 좋지만, 어느 정도는 쌓여 있는 것들을 벗겨 내야 합니다. 가족에게 한 달에 한 번 정도 '당신에게 나는 어떤 의미입니까?'라고 물어보세요. 이 질문이 일상에서 자연스럽게, 가족 간의 대화를 유도하며 여러분과 가족에게 즐거움을 줄 것입니다.

그렇다면 여러분과 가족이 서로에게 어떤 의미인지에 대한 대화 후에 '이런 가족이 나에게 없다면······.'이라는 생각을 한번 해 보세요. 가족이 없다면 내게 어떤 일이 일어날 것인지, 가족이 없다면 내게 오는 고통은 무엇일지 생각해 보고 적어 보는 것입니다.

과제 2. 가족이 없다면 내게 오는 고통은 무엇일까요?

가족이 없다면 내게 오는 고통은 무엇일까요?

가족1. ○○○ _____

가족2. ○○○ _____

가족3. ○○○ _____

이 과제를 수행한 참여자들은 〈사례 2-6〉에서 볼 수 있듯이 가족이 없다면 현재 자신의 삶이 없을 것이며, 웃으며 지낼 수 없었을 것이라고 말합니다. 또한 〈사례 2-7〉, 〈사례 2-8〉과 같이 가족이 없다면 일상생활을 잘 수행하기도 어렵고, 무력감과 외로움을 느낄 것이라고 말합니다. 이렇듯 가족의 부재는 큰 고통이 될 것입

니다. 가족은 존재 자체로 여러분의 삶을 지탱하고, 여러분에게 웃음과 행복을 주는
존재이지요.

😊 사례 2-6 남, 40세, 회사원

아내: 아내가 없었다면 지금의 내가 있지 못했을 것이다. 회사에서 힘든 일이 있을 때 집에 와서
짜증을 내도 항상 받아 주고 격려해 주던 아내가 있어서 지금의 이 자리에 올 수 있었던
것 같다.

아들: 아들이 없었다면 이렇게 웃으며 지낼 수 없었을 것이다. 아들의 재롱만 보아도 저절로 웃
음이 나고 하루가 다르게 커 가는 모습을 보면서 나 자신에 대하여 한 번 더 반성하고 더
욱 열심히 살고자 하는 의지를 다지게 된다.

😊 사례 2-7 여, 31세, 대학원생

아버지: 마음의 가장 큰 중심을 잃은 것처럼 상실감이 클 것이다. 무조건 나의 행복을 우선해 주
고 고려해 줄 사람이 없음에서 오는 불안감과 외로움이 존재할 것이다.

어머니: 살 수 없다. 모든 주변 환경과 마음이 황폐해질 것이다. 우리 가족에게는 너무 큰 부분을
차지하고 계신다. 어머니가 안 계신다면 삶의 희망이 사라진 것에서 오는 무력감이 들
것이다.

😊 사례 2-8 남, 35세, 학생

아들: 내 분신이나 마찬가지. 아들이 없다면 너무 공허할 것 같다. 지금부터라도 아들과 더 많은
시간을 공유해야겠다.

아내: 아내가 없으면 모든 것이 엉망이 될 것 같다. 없으면 허전하다. 아내가 집안의 대들보인 것
같다. 집안이라는 시스템이 전면 중단될 것이다.

가족이 없다면 얼마나 고통스러울 것인가를 생각하면서, 여러분은 가족이 자신
에게 얼마나 소중한 존재인지 깨달았을 것입니다. 이 과정은 가족의 존재 의미를 여

러분이 직접 경험하고 설명해 보도록 한 것입니다. 가족이 소중하다고 강조하거나 교육하는 것이 아니라, 여러분 스스로 가족 존재의 의미에 대해 입증한 것이지요.

이 과정을 경험하면서 사람들은 흔히 우리 아내가 듣고, 우리 남편이 듣고, 애들이 듣고 변화했으면 좋겠다고 말합니다. 가족의 존재가 중요하니까 내가 먼저 바뀌어야겠다고 생각하는 사람들은 거의 없지요. 우리는 가족에게 '조금 더 변화했으면 좋겠다, 조금 더 잘했으면 좋겠다.'라는 생각이 있습니다. 이것은 '보통'이고 '평범'한 것입니다. 사람들은 나는 변하려고 하는데 상대방은 안 변한다고 생각합니다. 하지만 우리 모두 각자 그렇게 생각하고 있기에 부부가 한자리에 있으면 서로 안 변한다고 상대방을 비난하게 되는 것이지요. 그래서 모든 과정에서 '나'에게 초점을 두는 것입니다. 여러분 자신이 변하는 것이 첫 단계입니다. 그러기 위해서는 상대방의 존재에 대해 인정하고, 그에게 의미를 부여해야 합니다. 가족들이 여러분 자신에게 너무도 중요한 사람이라는 것을 깨달아야 하지요. 여러분은 과제를 하면서 이미 가족이 없으면 살 수 없다는 것을 인정했습니다. 그것을 가족에게 실천하고 여러분이 변화하는 것이 중요한 것입니다.

존재의 의미

여러분에게 있어 가족의 의미는 긍정적인 것이 많은가요, 부정적인 것이 많은가요? 여러분에게는 어떤 것이 더 중요합니까? 가족의 의미를 떠올려 보면서 때로는 가족이 힘들 때도 있고, 자신에게 고통을 준 일도 있지만, 그보다 더 본질적으로 가족이 가지고 있는 긍정적 의미를 되새길 수 있었을 것입니다. 〈사례 2-1〉, 〈사례 2-2〉와 같이 여러분은 현재 가족이 존재하는 것만으로도 상당히 의미를 느끼는 것을 알 수 있습니다. 이것이 중요한 것입니다. 가족이 무엇을 해 주었기 때문이 아니라, 가족이 존재한다는 것만으로도 여러분에게는 중요한 의미라는 것을 여러분은 깨달았을 것입니다. 이것이 바로 존재에 대한 감사입니다. 그 존재가 무엇을 행하고 나에게 주었는가도 중요하지만, 그 이전에 그 사람이 존재하지 않으면 어떤 행동도 하지 못합니다. 그러므로 그 사람에게 다소 섭섭하더라도 그가 존재하는 것 자체에 감사해야 합니다.

가족의 의미에 관한 질문에 대해 참여자들은 '나는 현재 건강하기에 행복하다.' '나는 직장이 있어 행복하다.' '나는 나를 사랑해 주는 아내와 두 딸이 있어 행복하다.'라는 긍정적인 응답과 '나는 직장 일로 스트레스를 받을 때면 고통스럽다.' '내 배우자는 나에게 담배를 끊으라고 계속 요구한다. 하지만 잘되지 않는다.' '아버지의 실직으로 우리 가족은 힘들다.' 등의 부정적인 대답을 하였습니다. 이 과정을 통해서 나의 행복과 고통은 나의 가족과 직결되어 있음을 알 수 있습니다. 가족 구성원의 행복에도 내가 중요한 사람이라는 것을 여러분은 알게 될 것입니다. 나의 행복에는 가족 구성원의 존재가 깊이 관여되어 있고, 가족의 행복에도 내가 깊이 관여되어 있는 것이지요. 때로는 다투고 상처를 주지만, 표면적인 감정 이면의 깊숙한 곳에서 나와 가족들은 서로에게 중요한 존재임을 깨달았습니까?

자, 그럼 그런 깨달음을 바탕으로 여러분의 가족에 대해 떠올려 보고, 고마운 점을 10가지 적어 봅시다. 여러분이 소중한 존재에 대한 감사를 인정(recognize)하고, 가족 구성원에게 감사한 10가지를 적어 보는 것이지요.

과제 3. 가족에 대하여 고마운 점 '10 감사' 적기

가족에 대하여 고마운 점 '10 감사' 적기

1. _____
2. _____
3. _____
4. _____
5. _____
6. _____
7. _____
8. _____
9. _____
10. _____

사례 2-9

1. 가족들 모두가 아프지 않고 건강하게 지내 주어 고맙다.

2. 남편이 주말이면 집안 청소를 도와주어 고맙다.

3. 아이들이 학교와 학원을 빠지지 않고 잘 다녀서 고맙다.

4. 부모님이 아직까지 건강을 유지하시는 것이 고맙다.

5. 동생이 가까운 곳에 살아 자주 만날 수 있어 고맙다.

6. 날 항상 믿어 주어서 고맙다.

7. 부모님이 부부애를 보여 주셔서 고맙다.

8. 항상 잘못해도 용서를 빌고 돌아오면 받아 주어서 고맙다.

9. 형제간에 자주 싸워도 의지가 되어서 고맙다.

10. 존재 자체로, 웃는 모습만으로도 가족들에게 기쁨을 주는 자녀에게 고맙다.

〈사례 2-9〉의 작성한 내용과 같이 가족에 대해서 고마운 점이 많다는 것을 다시 한번 확인할 수 있는 기회가 되었을 것입니다. 그동안 작고 사소하다고 생각했던 일들이 가족에게 감사할 점들이었음을 여러분은 느끼셨을 것입니다. 소중한 존재들에겐 사소한 것이란 없습니다. 또한 아마도 가족에게 감사한 점들을 생각하거나 그것에 대해 이야기 나누면서 모두 기쁨을 느끼셨을 것입니다. 이러한 기쁨을 여러분 삶에서 내내 유지하는 것이 중요합니다. 가족의 존재 의미를 느끼면서 감사하는 것이 여러분 삶에 에너지를 충만하게 하는 것입니다.

오늘의 과제

과제 1. 당신에게 나는 어떤 의미입니까?

과제 2. 가족이 없다면 내게 오는 고통은 무엇일까요?

과제 3. 가족에 대하여 고마운 점 '10 감사' 적기

앞의 연습을 통해 우리는 가족과의 관계 속에서 존재하며, 가족은 가장 가깝고 소중한 사람이라는 것을 깨달았습니다. Practice 2의 목표는 가족의 중요성을 인정하는 것입니다. 가족의 소중함을 회상하는 것을 넘어 그 중요성을 인정하는 것이지요. 존재함에 대한 고마움을 표현하는 것이 다음 과업입니다. '고맙습니다'라는 말에 진심이 담기려면 그 사람의 존재 자체에 대한 감사함이 포함되어 있어야 합니다. 진심이 담긴 '고맙습니다'라는 말이 상대방에게 감동을 일으키게 되는 것이지요.

이제 우리는 앞으로 몇 회기에 걸쳐 'TSL치료'의 첫 번째 과정인 T를 위하여, 가족 구성원에게 감동을 줄 수 있는 '고맙습니다'를 연습할 것입니다.

인성 발달과 존재에 대한 감사

인성 발달과정: 같은 소나무 씨앗도 모두 다른 형태의 소나무로 자란다

인성은 각 개인의 성격을 말합니다. 인성은 어떻게 발달하게 될까요? 우리나라의 바닷가에 가 보신 분들이라면 해안을 따라 늘어서 있는 소나무들을 본 기억이 있을 것입니다. 바닷가의 그 소나무들은 어느 것 하나 똑같은 것이 없지요. 같은 소나무 씨앗을 한날한시에 같은 장소에 심어도 다른 모습으로 자라는 것을 볼 수 있습니다. 사람도 마찬가지입니다. 같은 부모 아래서 자라난 쌍둥이 형제도 모두 다르게 성장하는 것을 볼 수 있습니다. 이와 관련하여 많은 학자는 다양한 입장에서 어떻게 인간의 인성이 모두 다르게 발달하는지를 설명하고 있습니다.

최근 주목받는 인성의 발달을 설명하는 이론 중 하나는 생물학적 관점입니다. 이 이론에 따르면 모든 인간의 발달과 행동은 유전적 요인에 의해 결정된다고 합니다. 인간의 성격, 감정, 창조력, 심지어 직업까지도 모두 유전자에 담겨 있고, 인간은 그에 따라 살아간다는 것이지요. 최근의 유전자 지도나 인간게놈프로젝트는 이러한 입장에서 유전자를 파악하여 인간을 이해하려는 시도입니다. 생물학적 관점에서 보면 유전자는 인간의 본질이고, 인간은 태어날 때 모든 것을 유전자에 담고 있어 이미 인간 성향의 모든 것이 결정되었다고 보는 것이지요. 이 이론은 환경의 영향 및 사회문화적 요인의 중요성을 간과했다는 점에서 비판받기도 합니다. 이러한 입장에서 후성유전학(Epigenetics)은 모든 생명현상과 개인 질병의 원인이 출생 전에 미리 결정된 유전자 특성에 따라 좌우된다는 유전결정론을 보완하여 발전시킨 것입니다. 후성유전학자들은 환경이나 습관에 따라 인간의 DNA가 바뀌지는 않더라도 유전정보가 다르게 발현될 수 있다고 주장하지요. 연세대학교 생화학과 김영준 교수는 생물 개체마다 환경적응 능력이 다른 것은 DNA 염기서열은 변하지 않으면서 유전자 발현에 차이가 생기는 후성유전학적 변이 때문이라는 사실을 밝혀냈습니다(Choi & Kim, 2009). 이러한 변이가 유전자의 세포 내 보관과 사용 가능한 상태를 조절함으로써 유전자 발현의 차이를 일으키고 이를 통해 다양한 환경에 적응할 수 있는 내부조건을 만든다는 것이지요. 따라서 기본형질을 가지고 태어났어도 환경의 영향으로 변이가 생겨 다른 성격이 될 수 있다고 설명할 수 있을 것입니다.

인간 성격 발달의 체계적인 설명을 시도한 프로이트(Freud)의 정신분석 이론에서는 인간의 발달을 심리성적관점에서 5단계로 설명합니다. 구강기, 항문기, 남근기, 잠복기, 생식기라 불리는 5단계는 인간의 성적 욕구인 '리비도'와 깊은 연관이 있다고 합니다. 하지만 프로이트의 이론에 따르면, 인간의 성장과 발달은 생식기인 약 12세 이전에 거의 결정되는 것으로 본다는 점에서 역시 인생 전반에 걸친 환경의 영향을 간과하고 있다는 한계가 있습니다. 반면, 에릭슨(Erikson)의 심리·사회적 이론에서는 인간의 발달을 유아기부터 노년기까지 8단계로 나누어 인간은 단계마다 해결해야 할 과업이 있고, 이것이 원활히 이루어질 때 잘 발달할 수 있다고 주장합니다. 즉, 인간은 평생에 걸쳐 발달하며 변화할 수 있다고 이야기합니다. 인간의 변화 가능성과 환경의 영향력에 대해 보다 관심을 가지고 있다고 할 수 있지요.

한편, 인지발달이론에서 콜버그(Kohlberg)는 인간의 도덕성이 부모나 선생님 등으로부터 교육받으면서 성장할 수 있는 것이고, 성인의 경지를 스스로 깨우치는 단계를 강조했다고 볼 수 있습니다. 여기서 중요한 점은 일정 수준의 도덕성은 환경과의 교류에서 교육될 수 있다는 점이지요.

밴듀라(Bandura)의 관찰학습이론에서는 인간은 다른 사람들을 관찰하고 모델링함으로써 학습이 이루어진다고 주장하여, 인간과 인지 그리고 환경 간의 상호작용이 중요함을 강조하였습니다. 매슬로(Maslow)는 인간의 욕구위계를 설명하며 개인

[그림 3-1] 생태체계적 관점에서 개인과 환경과의 관계

의 욕구충족에는 개인의 역량뿐 아니라 개인을 둘러싼 환경과의 관계가 영향을 미침을 보여 줍니다. 즉, 인간의 인성 발달은 개인뿐 아니라 그를 둘러싼 환경과의 관계 속에서 이루어진다는 관점이지요.

마지막으로 생태학적 관점에 따르면 인간의 발달은 가족, 친구, 친척, 종교집단, 학교, 대중매체나 자신이 속한 문화세계 도처에서 일어나는 사건에 의해 영향을 받는다고 이야기합니다. 저메인과 기터맨(Germain & Gitterman, 1980)이 주장하는 생태학적 관점에 따르면 인간은 다양한 환경체계와 지속적인 상호교류를 하는 존재로 보았습니다. [그림 3-1]과 같이 개인은 자신을 둘러싼 1차 사회인 가족과 서로 영향을 주고받을 뿐 아니라, 미시적 체계로 학교, 또래, 이웃 등과 거시적인 체계로 지역사회나 국가, 문화와 끊임없이 영향을 주고받고 있습니다. 즉, 인간은 자신을 둘러싼 다양한 환경들로부터 영향을 받고 적응하며, 적응하여 변화한 인간이 다시 환경에 영향을 미치는 등의 끊임없는 교류가 이루어지는 것입니다.

후성유전생태학적 관점

인성 발달론을 종합해 보면 인성은 유전자에 의해 결정된다는 의견부터 환경과의 끊임없는 교류를 통해 변화한다는 의견까지 다양합니다. 여러분은 인성이 유전에 의해 결정된다고 생각하십니까? 아니면 환경에 의해 결정된다고 생각하십니까? 단거리 육상에서 세계 신기록 보유자인 볼트 선수를 생각해 보십시오. 여러분이 어릴 적부터 전폭적인 지원과 매우 과학적으로 잘 짜인 육상훈련을 받는다면 볼트처럼 될 수 있을까요? 여러분은 아니라고 생각하실 것입니다. 하지만 보통 사람이 어릴 적부터 육상훈련을 받았다면 지금보다는 더 뛰어난 기량을 가질 수 있겠지요. 즉, 인간은 일정부분 유전에 의해 결정되고 환경과의 상호교류 과정을 통해 변화하는 것입니다. 인간의 인성도 대략적인 성격을 결정하는 유전인자를 가지고 생태 세계와의 교류를 통해 '성격'으로 나타나는 것이지요. 이렇게 인성이 유전을 기반으로 환경의 영향을 받아 발현하는 것을 후성유전생태학적 관점이라 할 수 있습니다.

예를 들어, 새끼 사자들은 모두 비슷한 성격을 가지고 있습니다. 이때 변이가 태어나면 형제들끼리 먼저 죽이지요. 자연 도태되는 것입니다. 이렇게 동물들은 성격이나 특징이 유전에 의해 대부분 결정됩니다. 인간도 동물이지요. 하지만 인간이 동물과 다른 점은 문명을 가지고 있다는 점입니다. 인간은 문명적 동물이며, 문명을 통해 발전합니다. 사람들이 새로운 문명을 접하면 지식과 생활양식이 모두 변화합니다. 이때 인성도 발달하는 것이지요. 즉, 인성은 유전적 · 생태적 특성으로 결정됩니다. 기존의 고유한 유전적 형질에 상호작용이나 경험이 영향을 미쳐서가 아니라, 문명적 생활이 변화하면서 인성이 변화하는 것이지요. 따라서 '인성'은 유전과 문명의 결합으로 나타난 문명적 산물입니다.

최근의 유전자 연구는 지노타입(Genotype)과 페노타입(Phenotype)으로 나누어 설명합니다. 지노타입은 인간을 만드는 체내에 있는 유전자의 구성양식으로 일반적으로 '유전자형'이라 불립니다. 페노타입은 유전자의 작용과 환경에 의해 외부에 나타나는 성질로 '표현형'이라 합니다. 어떤 사람이 현재 표현되는 모습은 페노타입으로 유전자와 환경에 의해 나타나는 성질이라는 것이지요. 이때의 페노타입은 고착된 것이 아니므로, 새로운 문명(환경)을 접함으로써 다시 변화할 수 있습니다. 이

[**그림 3-2**] 유전생태학적 관점에서의 인성 발달

를 후성유전학적으로 보면 환경이나 경험에 따라 인간의 DNA가 바뀌지 않더라도 유전정보가 다르게 발현될 수 있다는 주장과 일정 맥을 같이 한다고 볼 수 있습니다. [그림 3-2]에서 볼 수 있듯이, 지노타입이 문명(환경)에 접함으로써 페노타입이 발생하고, 사회복지적 개입을 통해 새로운 페노타입으로 변화가 가능하다는 것입니다.

따라서 [그림 3-3]처럼 21세기 복지는 미시적 사회인 가족과 공동체, 거시적 사회인 문화와 사회정책만을 고려하는 것이 아닌 생물학적 요소인 정신건강과 신체건강까지 포괄하여 접근하는 것이 필요합니다. 결국 인간복지(Human Welfare)는 어느 한 분야만 건강해져서는 이룰 수 없습니다. 사람 그 자체와 사람을 둘러싸고 있는 모든 환경이 함께 건강하게 성장할 때 이룰 수 있는 것임을 기억해야 합니다.

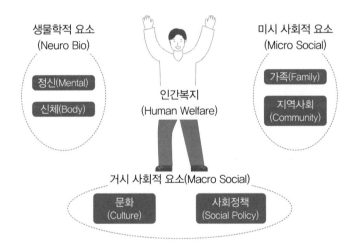

[그림 3-3] 21C 인간복지(Human Welfare)의 개념 및 방향

적응

인간의 발달을 환경과 상호작용의 결과로 보는 생태학적 관점에서의 주요한 개념은 '적응'입니다. 여기서 적응이란 인간이 환경에 대해 어떻게 '적응'하는가에 따라 모든 인간이 다르게 발달한다는 것이지요. 우리는 환경에 대해 잘 적응하지 못하면 스트레스를 받게 됩니다. [그림 3-4]에서 보이는 것처럼 적당한 스트레스는 사

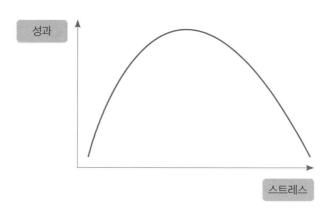

[그림 3-4] 성과와 스트레스와의 관계

람을 긴장시켜 좋은 성과를 나오게 할 수도 있지만, 스트레스가 지나치면 성과가 감소하는 것을 볼 수 있습니다.

사람들은 [그림 3-5]와 같이 스트레스를 받게 되면 그 상황을 해결할 수 있는 자신의 '자원'을 평가하게 됩니다. 만약 자원을 많이 가지고 있다면 그 상황을 원활히 해결할 수 있기 때문에 스트레스가 낮아지게 되겠지요. 그렇다면 부자들은 돈이나 자원이 많으니 스트레스를 덜 받지 않을까 하고 생각할 수 있습니다. 하지만 실제로 우리는 부자나 유명 인사들이 예기치 못한 스트레스로 자살이라는 극단적인 방법을 취한다는 보도를 종종 보게 됩니다. 부자들은 자원이 많은데 왜 스트레스를 받거나 더 행복하지 않을까요? 자원에는 유형의 자원뿐 아니라 무형의 자원도 있기 때문입니다. 즉, 돈이나 물건처럼 형태가 있는 유형의 자원도 있고, 주변 사람들의 지지와 기대 같은 무형의 자원도 있는 것이지요. 사람들은 유형의 자원뿐 아니라 무형의 자원을 확보하고 있어야 외부 자극에 대해 더 잘 대처할 수 있습니다. 무형의 자원은 사람들이 스트레스 상황에 '도전'하고 '적응'할 수 있도록 하는 능력이 되어 주는 것이지요.

인간은 동물적 본능인 '수(睡=자는 것)' '식(食=먹는 것)' '성(性=성적인 것)' 욕구를 가지고 있는데 이에 더하여 인간으로서의 특성을 갖게 하는 '이(理=이치, 곧 교육과 문명)'에 대한 욕구도 가지고 있습니다. 침팬지와 인간의 유전자는 1%가 다르다고 하는데, 우리가 보기에 침팬지와 인간은 확연히 다른 존재라고 생각하지요. 그것은 침팬지와 인간이 문명적으로 다르기 때문입니다. 유전자 1% 차이의 문제가 아니라

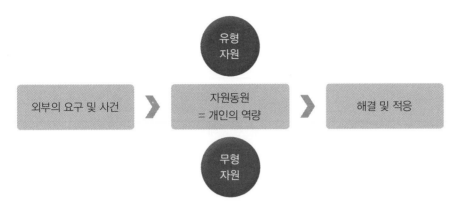

[그림 3-5] 스트레스와 자원을 통한 적응

인간은 문명을 가지고 있다는 점에서 침팬지와 다른 것입니다.

문명은 분명 동물적 본능의 세계가 아닌 정신적인 영역입니다. 사람이 신체적으로 건강해지려면 운동을 하고, 좋은 음식을 먹는 것처럼 정신적으로 건강해지려면 노력을 해야 합니다. 여기서 정신을 건강하게 하는 데 필요한 좋은 음식은 바로 '교육'이며, 꾸준히 해야 하는 운동은 'TSL'입니다. 그 첫 번째는 '감사'입니다.

개인이 환경에 적응함에 있어 다른 사람들과 관계를 어떻게 맺는가는 매우 중요합니다. 다른 사람과의 관계를 받쳐 주는 기본적인 관점이 바로 TSL이며, TSL을 실천하여 우리가 얻는 결과가 바로 적응입니다. [그림 1-9]에서 본 것과 같이 우리는 5Re를 통해서 TSL을 실천합니다. 이를 통해 환경에 적응, 즉 회복능력을 증진하여 궁극적으로는 삶에 대한 만족을 얻는 것입니다. TSL실천을 통해 개인의 역량을 증진하여 궁극적으로 삶 전반에 대해 만족할 수 있도록 하는 것이지요. 이때 개인의 역량을 적응능력이라고 볼 수 있습니다. 후성유전생태학적 관점에서 볼 때, 개인은 환경과의 관계에서 적응하는 존재이며, 이러한 환경과의 상호교류가 잘 이루어지려면 인간관계에서의 TSL실천이 중요함을 알 수 있습니다. 특히 개인을 둘러싼 첫 환경체계는 가족이므로, 여러분은 가족에서부터 TSL을 실천하여 적응력을 향상시켜야 합니다. 여러분을 둘러싼 최초의, 그리고 가장 소중한 집단인 가족에서 TSL을 실천한 이후에 미시적 체계인 친구와 이웃, 거시적 체계인 사회로 TSL을 확대해 나갈 수 있겠지요.

회복력

생태학적 관점에서 인성의 올바른 성장의 또 하나의 주요한 개념은 회복력입니다. 인간은 신체뿐 아니라 정신적으로 건강해야 환경에 잘 적응할 수 있습니다. 그리고 평상시보다 어려운 상황에서 다시 회복하기 위해서는 더욱 정신적 건강이 요구됩니다. 이러한 탄력성 있는 능력을 회복력이라 할 수 있습니다. 회복력은 스트레스 상황에서 원래 상태로 돌아올 수 있는 능력입니다. 회복력이 높은 사람은 새롭거나 미해결된 상황을 보다 잘 해결할 수 있고 스트레스 상황에서도 불안 수준이 낮고 통합적 수행을 지속할 수 있습니다(Gjerden, Block & Block, 1986). 반면, 비탄력적인 사람들은 적응적 유연성이 떨어지며 변화나 낯선 상황에 반응하는 데 있어 불안해하고 보수적이며 외상적 사건에서 회복하는 데 어려움이 있다고 합니다(Block & Block, 1980). 즉, 회복력의 부족은 적응에 어려움을 초래한다는 것입니다. 그리고 더 성공적인 적응은 사람을 성장시키고 그의 회복력을 더욱 강하게 만들 수 있습니다. 회복능력은 신체적 · 정신적인 탄력성 또는 면역력이라고 이해하실 수 있습니다. 내 자신과 환경을 긍정적으로 보는 감사를 자주하면 회복력이 증가합니다. 즉, [그림 3-6]과 같이 신체건강을 위하여 좋은 음식을 섭취하고 운동을 하는 것처럼 정신건강을 위하여 좋은 교육을 받고 '감사'라는 운동을 해야 스트레스에 적절히 대처하고, 환경에 잘 적응하면서 역경을 능동적으로 해결하고 회복할 수 있게 된다는 것이지요. 그래서 존재에 대한 감사는 인간에게 매우 중요합니다. 우리가 신체건강을 위해서 1주일에 몇 번씩 규칙적인 운동을 하는 것처럼 우리의 정신건강을 위해서도 매일 TSL을 실천해야 합니다.

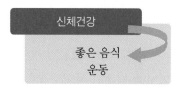

[그림 3-6] 건강생활 유지 방법

TSL과 인성변화

적응과 회복력은 개인의 정신건강뿐 아니라 가족관계에도 영향을 미칩니다. 흔히 사람들은 이혼의 이유를 성격차이라고 밝힙니다. 한국가정법률상담소에서 2020년 이루어진 이혼상담 중 언급된 이혼사유로 남성 19.7%, 여성 13.1%가 성격차이를 꼽았습니다(한국가정법률상담소, 2021). 하지만 이혼의 본질적인 원인은 성격차이에 있는 것이 아닙니다. 서로 다른 가족에서 태어나 다른 성격과 성장배경을 가진 부부가 실제로 성격이 잘 맞는 경우는 흔치 않습니다. 그러나 모든 부부가 이혼을 하는 것은 아니지요. 결국 이혼의 원인은 성격차이가 아닌 다른 본질적인 원인이 있다는 것입니다. 건강한 부부는 서로 다른 성격을 가지고 있더라도 서로에게 맞추어 변화하며 살아갑니다. 부부간 적응이 이루어지는 것이지요. 그렇다면 성격차이란 상대방에 대한 부적응이라 할 수 있습니다. 즉, 힘든 상황을 긍정적으로 해결하여 그 상황에서 회복하려는 노력이 제대로 이루어지지 않는 것입니다. 상황에 대한 회복력이 부족한 상태인 것이지요. 우리는 가족관계에서 서로 간의 차이를 인정하지 않고, 서로 맞추고 적응하려는 노력조차 하지 않으면서 그러한 차이를 성격차이라고 규정해 버리는 경우가 많습니다. 우리는 살아가면서 성격이 다른 사람들에게 적응하려고 노력합니다. 예를 들어, 성격이 특이한 사장과 일정부분 맞추고 적응하며 회사생활을 유지하는 것과 같습니다. 물론 우리가 모든 인간관계에서 적응할 수는 없으

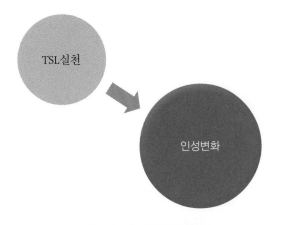

[그림 3-7] TSL실천과 인성변화

며, 모든 위기 관계에서 회복할 수도 없지요. 하지만, 행복하고 건강한 가족을 이루기 위해서 부부간이나 가족관계에서의 적응과 회복력은 필수적인 것입니다. [그림 3-7]과 같이 TSL을 통해서 적응성과 회복력이 높아진다는 것은 곧 인성의 변화를 말합니다.

TSL실천을 통해 인성이 변화한다는 것은 삶에서 실제로 드러나게 됩니다. 예를 들어, 부부간의 갈등으로 화가 날 경우에도 TSL실천 전에는 그 화가 오래도록 지속될 수 있습니다. 상대방이 사과하기 전에는 용서하지 않겠다고 굳게 마음먹을 수도 있지요. 하지만 TSL실천은 그 화내는 시간을 줄여 주게 됩니다. [그림 3-8]처럼 며칠씩 가는 갈등 상황을 하루로, 또 몇 시간 동안 지속될 화를 1시간 이내로 줄여 주는 긍정적 효과가 발생하게 되지요. 그뿐만 아니라 감사에 대한 태도도 달라집니다. TSL실천은 가족 간 사소한 고마움을 인지하고 표현함으로 그동안 간혹 무시하고 지나치던 작았던 감사한 마음을 크게 키우고 더 적극적으로 표현할 수 있게 변화시킵니다. 결국 이런 변화는 인성의 변화를 증명하는 일입니다. TSL실천이 반복될수록 화내는 시간이 줄고 감사하는 시간이 길어지게 되므로 궁극적으로는 가족간의 갈등이 줄고 서로에게 적응하고 위기를 극복하고 회복하는 효과가 나타나게 되는 겁니다.

가족관계에서의 갈등은 성격 차이로 넘겨 버릴 문제가 아니라 그 성격 차이에 적응하고, 차이로 인한 갈등에서 회복하며, 갈등을 넘어서 긍정적으로 진화하고자 항상 노력할 때만 해결될 수 있습니다. 따라서 가족에 대해 어떤 불평을 하기 전에 우

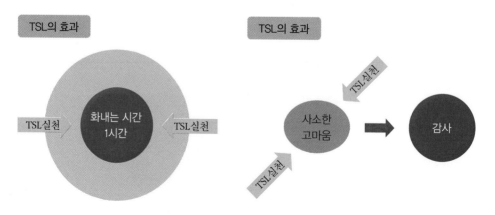

[그림 3-8] TSL실천의 효과

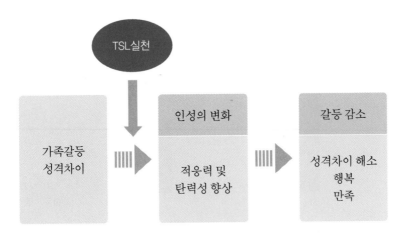

[그림 3-9] 인성변화와 가족 갈등 감소

리 자신이 변화하려는 노력을 먼저 하는 것이 중요합니다. 가족관계에서 발생하는 어려움에 대해 끊임없이 TSL을 실천함으로 적응성을 증진하고 행복과 만족을 얻는 것이지요. 이러한 TSL실천의 3단계 이론은 [그림 3-9]와 같습니다.

존재에 대한 감사

변화의 첫걸음은 존재에 대한 감사입니다. 앞서 가족의 존재 의미에 관해서 이야 기했습니다. 가족이 존재한다는 것만으로도 여러분에게는 큰 의미입니다. 가족의 존재는 일상적으로 있는 것이 아니고 선물입니다. 주위에 존재하는 많은 것들이 당 연히 있는 것이 아닙니다. 존재에 대한 감사는 여러분이 삶을 보는 관점에 변화를 가져올 것입니다.

가족의 존재에 대한 감사를 표현하는 것이 개인의 적응과 회복력을 증진하는 데 도움이 된다는 것은 실제 조사결과를 통해서도 알 수 있습니다. 일반인 조사에서 '고맙습니다'라는 말을 많이 할 때 우울이나 자살생각을 더 적게 하는 것으로 나타나 앞과 같은 이론을 지지하고 있지요. [그림 3-10]과 같이 배우자에게 '고맙습니다'라 는 말을 매일 하는 사람들의 우울 수준은 평균 0.70인데 비하여, 전혀 하지 않는 사 람들의 우울 수준은 평균 1.00으로, 40% 이상 더 우울한 것으로 나타났습니다.

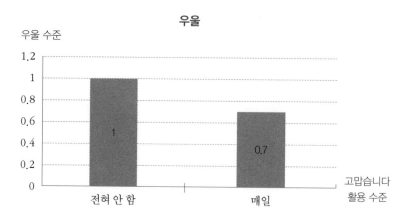

[그림 3-10] 일반가정의 배우자에게 '고맙습니다'를 표현하는 수준과 우울

또한 [그림 3-11]과 같이 가장 극단적인 심리상태를 의미하는 자살생각에 있어서도 배우자에게 '고맙습니다'라는 말을 매일 하는 사람들의 자살생각 정도는 평균 0.14인데 비하여, 전혀 하지 않는 사람들의 자살생각 정도는 평균 0.43으로 나타나, 배우자에게 고마움을 표현하지 않는 사람들이 무려 3배 이상 더 심각하게 자살을 생각하는 것을 알 수 있었습니다. 이처럼, 가족에게 감사하는 마음을 갖는 것은 여러분 자신의 부정적인 생각을 줄이고 적응력을 키우는 데 도움이 된다는 것이지요.

하지만 우리는 신체적으로 건강해지기 위해서 운동을 열심히 하면서도, 정신을 건강하게 하기 위한 운동에는 소홀하기 쉽습니다. 정신적 운동의 첫 단추는 현재 존재하는 것, 현재 나의 존재에 대해 감사하는 것입니다. 이는 단순히 내가 세상에 존재한다는 사실에 감사하는 것을 의미하지는 않습니다. 앞서 Chapter 1, 2에서 보았듯이, '나'는 가족을 기반으로 형성된 존재입니다. 따라서 나의 가장 가까운 체계인 가족에 감사하지 않고서 무엇에 감사할 수 있겠습니까? 여러분 자신에 대한 감사와 여러분의 가장 중요한 환경인 가족의 존재에 대한 감사가 있을 때 여러분의 정신은 건강해지고 환경에 잘 적응할 수 있게 됩니다.

다음의 그래프 [그림 3-12]를 보면 알 수 있듯이 인간의 긍정적 정신능력 그래프는 나이가 들면서 급격하게 감소합니다. 어린이들은 천진난만합니다. 밝다는 뜻이지요. 하지만, 청소년기를 거쳐 성인이 되면 지식은 많아질 수 있지만, 정신은 혼탁해지고 힘들어지기 시작합니다. 즉, 20대가 지나며 천진난만한 아이와 같은 긍정적 사고, 행복감, 기쁘고 즐거운 감성들은 감소한다는 것이지요. 신체 능력 그래프

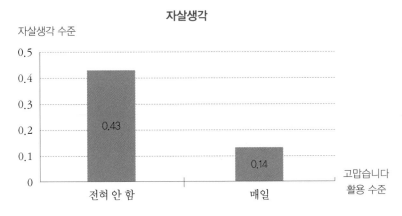

[그림 3-11] 일반가정의 배우자에게 '고맙습니다'를 표현하는 수준과 자살생각

도 20대를 전후로 감소하기 시작하고, 개인차는 있지만 사회적 업적 그래프는 40~50대를 지나며 감소합니다. 따라서 긍정적 정신건강 그래프의 기울기가 감소하지 않고 유지되거나 혹은 더 올라가기 위해서는 정신의 운동을 해야 합니다. 그 운동이 바로 TSL실천이며, TSL실천을 위한 첫걸음이 '감사'인 것이지요. 나이가 들면서 모든 그래프들이 감소하는 시기에 재미있게 사는 방법은 '연애'를 하는 것입니다. 배우자와 항상 연애하는 기분으로 사는 것이지요. 오랫동안 함께 살아온 배우자와 연애하는 기분으로 사는 것은 쉬운 일이 아닙니다. 이점을 유지하도록 도와주는 것이 TSL입니다. 배우자와 연애하는 기분으로 사는 것과 가족과 애틋한 시간을 보내는

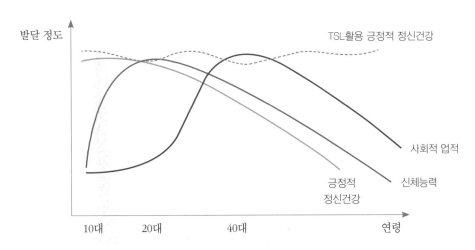

[그림 3-12] 신체능력, 긍정적 정신건강, 사회적 업적 그래프

것, 그리고 TSL을 늘 해야 하는 것은 가족과의 관계 개선에 앞서 여러분 자신이 살기 위한 것입니다. 관계가 회복되어야 정신건강 그래프가 유지되고 여러분이 건강하게 살 수 있는 것이지요.

감사: 정신건강운동의 시작

여러분이 행복해지려면 다른 가족 구성원의 태도 등을 바꿀 수도 있고, 여러분 자신이 변화할 수도 있습니다. 다른 가족 구성원을 변화시키는 것은 많은 에너지와 고통이 따르는 일입니다. 하지만 가족의 존재에 대해 소중함을 인식하고 감사하는 것은 여러분 자신이 변화하는 것이므로 많은 고통이 따르지 않으면서 여러분의 정신건강을 지켜줄 수 있습니다. 존재에 대한 감사는 결국 여러분 자신을 위한 변화이며, 여러분의 정신건강 증진의 시작이 될 것입니다. 여러분이 변한다면 궁극적으로 다른 가족 구성원들도 변화될 것입니다.

여러분의 변화는 가족원의 변화에 영향을 미칩니다. 여러분의 변화가 출발점이라면, 여러분의 변화를 통해 타인이 변화하는 중간 과정을 거쳐, 적응력 향상과 가족의 행복이라는 최종 결과를 얻게 되는 것이지요. 하지만 이렇게 얻어진 결과가 영원히 지속하는 것은 아닙니다. 가족을 둘러싼 환경이 바뀌거나, 가족에게 예기치 못한 사건이나 위기, 스트레스가 발생한다면 가족의 안정과 건강성은 또다시 위협을 받게 됩니다. 이러한 상황에서 자신의 변화에 대한 기대가 발생하고, 다시 여러분의 변화를 출발로 해서 새로운 적응이 이루어지는 것이지요. 이렇게 나의 변화 → 타인의 변화 → 적응 → 새로운 자극 → 나의 변화 …의 순환은 [그림 3-13]과 같이 지속하는 것입니다. 이 그림에서 강조하고자 하는 것은, 여러분의 노력이 없다면 순환과정이 원활히 이루어지지 않는다는 것입니다. 달리기나 등산 등 신체운동의 효과를 보기 위해서는 꾸준한 노력이 필요한 것처럼 정신건강 운동도 꾸준해야만 합니다. 따라서 행복하려면 여러분이 노력해야 하며, 기쁜 마음으로 변화를 위한 노력이 이루어져야 한다는 것입니다. 반복되는 요구와 새로운 환경변화에 대해 여러분이 계속 적응할 수 있도록 스스로 변화해야 한다는 것이지요.

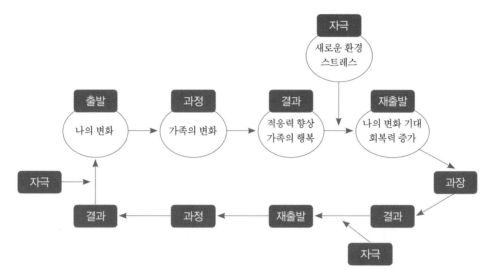

[그림 3-13] 자극과 적응: 지속적인 변화

결국 자신의 정신건강과 적응을 위해서 또한 가족의 행복과 삶의 만족을 얻기 위해서는 여러분 스스로 변화해야 합니다. 이때 변화의 시작은 존재에 대한 감사에서 시작된다는 것이지요. 우리는 항상 나 자신은 변화하려고 노력하는데 상대방은 변화하지 않는다고 불평합니다. 하지만 그것은 여러분 관점에서만의 생각일 수 있습니다. 왜 상대방이 변화하지 않는지에 대해 질문이나 불만을 품지 말고 여러분이 바뀔 수 있는 몫이 무엇인가를 생각하고 바꾸도록 노력해야 합니다. 상대방이 나에게 무엇을 해 주었다는 것에 감사하는 것이 아니라, 내 곁에 있어 주는 상대방의 존재 자체에 감사해야 합니다. 여러분이 변화하는 것은 여러분의 몫이고, 상대방의 변화는 그 사람의 몫입니다. 상대방이 변화하는 것을 여러분이 하게 할 수는 없지요. 여러분은 자신의 적응을 위해 변화의 몫을 수행하고, 타인의 존재에 대해서는 무엇을 기대하거나 바라지 말고 감사하는 마음만 가져야 합니다. 이것이 행복과 만족의 출발점입니다.

예를 들어, 은퇴 이후 집에서 생활하게 된 남편이 아내에게 종일 집에서 같이 시간을 보내 달라고 요구하게 되는데, 흔히 이런 경우 부부관계에 갈등이 발생합니다. 이때 남편은 아내가 그동안의 생활방식에서 변화해 주기를 바라지만, 실제로 변화할 수 있는 것은 남편 자신입니다. 남편이 혼자 시간을 보내는 방법이나 다른 할 일들을 찾는 변화를 거쳐 아내와 절충안을 찾아야 합니다. 남편으로서는 은퇴한 것이지만, 아내의 사회생활은 은퇴한 것이 아니므로 남편의 은퇴 후 요구가 아내에게는 부담되고 힘든 일일 수 있습니다. 그러므로 남편은 무조건 아내의 변화를 요구하기보다는 스스로 변화하려는 노력을 먼저 해야 하지요. 남편이 변화하고 타협점을 찾으려 한다면 아내도 변화할 것이고 은퇴라는 새로운 환경에 대해 부부가 적응할 수 있을 것입니다.

하지만 '나도 변할 테니 당신도 변해야지'는 지나친 기대입니다. 결국 상대방에 대한 변화를 기대하거나 강요하지 말아야 합니다. 상대방의 변화에 대한 기대가 강하면 그 사람의 존재에 대한 감사가 잘 이루어지지 않지요. 여러분 자신의 변화가 상대방의 변화를 이끌 수도 있고 아닐 수도 있지만, 여러분이 변화하는 것이 시작입니다. 그리고 여러분 자신이 변화하려면 상대방의 존재에 대한 감사가 있어야 하지요.[1]

1) 여기서 여러분 스스로 먼저 변화해야 하며, 상대방의 존재에 감사하라는 것은 배우자의 폭력이나 욕설에 대해 여러분이 변화하고 감사하라는 뜻은 아닙니다. 그것은 상대방의 변화가 절대적으로 필요합니다. 하지만 상황을 변화시키기 위해서는 여러분이 현재 가지고 있는 대처방법이 문제가 없는지 돌아 보고, 삶의 패턴과 대처방법에 변화를 주어야 합니다. 가정폭력과 같은 극단적인 문제는 전문가의 도움을 받을 수 있도록 자신을 변화시키고 어려움에 적응(대처)해야 한다는 것이지요. 다만, 여러분에게 폭력을 행한 상대가 여러분에게 진심으로 고마워하고 사과한다면 이때는 용서하는 것을 고려할 수 있습니다. 용서를 통해 관계의 새로운 변화를 이끌어 낼 수 있겠지요. 용서에 대해서는 이후 Chapter 10의 내용을 통해 좀 더 자세히 살펴볼 예정입니다.

Practice
3

T 실현하기: 'Action Plan & Activity 1'

우리는 앞서 인간의 인성 발달에 있어 생태학적 관점이 중요하다는 점과 인간의 적응에 있어서 존재에 대한 감사가 중요한 첫 단계가 될 수 있다는 것을 알았습니다. 나 자신과 나의 가족에 대해 감사하는 마음이 바로 나를 위한 변화라는 것이지요. 우리는 Chapter 3뿐 아니라 앞의 Practice 1, 2를 통해서도 가족의 중요성을 발견할 수 있었습니다.

언어로 표현하기의 중요성

그럼 이제 상대방의 존재에 대한 감사한 마음과 가족의 중요성을 가슴에 새기고 가족에게 '고맙습니다'라는 표현을 할 것입니다. Practice 3은 존재에 대한 감사를 말로 표현하는 연습입니다. 여기서 많은 사람이 '고맙다는 것을 꼭 말로 표현해야 하나요?' '가족에게 고맙거나 소중한 것은 행동으로 표현하고 있는데요?'라는 의문이 들 것입니다. 하지만 '고맙다'는 생각뿐 아니라 이것을 말로 하는 것은 매우 중요합니다. 고맙다는 것을 말로 표현하지 않는 것은 자신과 타인의 관계성에 대해 서명하지 않는 것과 같습니다. 우리가 중요한 계약을 할 때 계약서에 서명을 주고받는 것처럼, 고마움을 말로 표현하는 것은 여러분과 상대방의 관계성에 서명을 하는 것과 같습니다. 상대방에 대한 고마움의 표시로 상대방을 위한 많은 선행들을 했더라도, 고맙다는 표현을 실제로 하지 않았다면 상대방은 여러분이 고마워하고 있는지 명확하게 알 수 없습니다. 따라서 상대방에 대한 고마움을 명확하게 하고 여러분과 상대방의 관계성을 확인하기 위해서 '고맙습니다'라고 언어로 표현하는 것이 매우 중요합니다. 상대방을 직접 보기 어렵거나 민망해서 문자나 카카오톡 또는 SNS상으로 고맙다는 뜻을 전합니다. 이것도 좋지만, 최고는 서로 눈을 마주보고 진심으로 상대방의 존재에 대해 고맙다고 말해야 합니다.

실천계획(Action Plan) 작성

우선 감사를 표현하기 위한 실천계획(Action Plan)을 작성해 봅시다. 이 행동 계획에는 고마움을 표현할 대상이 누구인지, 그리고 어떤 점을 어떻게 고마워할지를 적는 것입니다. 앞의 Practice 2에서 행한 10 감사의 내용을 상기해 보세요. 그리고 여러분의 가족들을 잘 떠올리면서 고마움을 표현하기 위한 계획을 어떻게 세울지 적어 보세요.

과제 1. '고맙습니다'를 위한 실천계획(Action Plan)

'고맙습니다'를 위한 실천계획(Action Plan)	
누구에게	언제, 어떻게
○○○	
○○○	
○○○	
○○○	

다음의 사례는 참여자들이 누구에게, 어떻게, 언제 고맙다는 표현할지를 계획한 내용입니다. 이렇게 고맙다는 말은 일상에서, 사소한 것들에 대해서 표현할 수 있

습니다. 여러분도 가족들에게 어떤 점을 고마워할지 계획해 보세요. '고맙습니다'의 계획을 세웠다면 그것을 실제로 실천해 보세요.

'고맙습니다'를 위한 실천계획(Action Plan)	
누구에게	언제, 어떻게
남편	늘 쓰레기 버리기와 욕실청소를 군말 없이 해 준 남편에게 고맙다고 이야기하고 싶다. 계획 : 남편이 청소를 하고 난 후 고맙다고 말한다.
친정어머니께	내가 먹고 싶다고 하는 것은 언제나 만들어 주시는 친청어머니께 고맙다고 이야기하고 싶다. 계획 : 어머니께 무언가 먹고 싶다고 말한 후 고맙다고 말한다.

다음으로 감사실천(Activity)에서는 실제로 '고마움'의 표현을 실시했는지, 실시했다면 언제, 어떻게 표현했는지, 그 당시 상대방의 반응이 어땠는지, 상대방의 반응에 대해 나는 어떻게 반응했는지, 내 기분은 어땠는지 적어 보세요. 만약 실시하지 못했다면 그 이유는 무엇인지를 적어 보는 것도 좋습니다.

이때 가장 중요한 것은 '아내가 고마워서 설거지를 해 줬어요.' '아빠에게 감사한 마음으로 안마를 해 줬어요.'가 아니라 반드시 '고맙습니다'는 말을 해야 한다는 점입니다. '감사합니다' 혹은 '고맙습니다'를 말로 표현했을 때에만 실천(Activity)한 것으로 보아야 합니다. 다음의 실천계획을 작성하고 앞으로 일주일간 실행으로 옮기는 것이 Practice 3의 과제입니다.

과제 2. '고맙습니다' 실천(Activity)

'고맙습니다'를 위한 실천계획(Action Plan)	
누구에게	언제, 어떻게
○○○	
○○○	
○○○	
○○○	
'고맙습니다' 실천(Activity)		
누구와		실행여부	
언제, 어떻게 말했나? (실행 못한 경우 그 이유)		
상대방의 반응		
나의 반응		
누구와		실행여부	
실행여부		
언제, 어떻게 말했나? (실행 못한 경우 그 이유)		
상대방의 반응		
나의 반응		

※ 집단프로그램이나 수업에서 활용할 경우, 참여자들과 20~30분 정도 과제에 대한 결과를 서로 나누어 봅니다.

다음은 참여자가 '고맙습니다'의 실천계획(Action Plan)을 실천하고 그에 대한 결과를 작성한 사례입니다.

사례 3-1 | 여, 41세, 공무원

'고맙습니다'를 위한 실천계획(Action Plan)			
누구에게	언제, 어떻게		
남편에게	청소와 집안일을 도와주는 것에 대한 고마움 말하기		
친정어머니께	늘 먹고 싶다는 음식을 해 주시는 어머니께 고마움 말하기		
'고맙습니다' 실천(Activity)			
누구와	남편	실행여부	○
언제, 어떻게 말했나? (실행 못한 경우 그 이유)	직장에서 돌아오자마자 쉬지도 않고 청소랑 빨래를 해 주었을 때 도와 줘서 늘 고맙다고 말했음		
상대방의 반응	"고맙기는요. 나의 기쁨입니다."라고 말해줌		
나의 반응	남편과는 고맙다는 이야기를 자주해서 별로 어색하지 않고 남편도 자연 스럽게 받아들였음		
누구와	친정어머니	실행여부	○
언제, 어떻게 말했나? (실행 못한 경우 그 이유)	주말에 친정에 가려다가 몸살기운이 있어 못 갔는데, 친정어머니께서 그걸 알고 음식을 만들어서 집으로 오셨을 때 고맙다고 말했음		
상대방의 반응	고맙긴 뭐가 고맙냐며 웃으셨음. 열심히 예쁘게 살아 줘서 오히려 고맙 다고 하셨음		
나의 반응	문자로는 고맙다는 말을 많이 한 것 같은데, 직접 말한 것은 정말 오랜 만이라서 말하고 나니 괜히 어색해졌음		

사례 3-2   남, 27세, 학생

'고맙습니다'를 위한 실천계획(Action Plan)			
누구에게	언제, 어떻게		
어머니	경복궁 동행		
'고맙습니다' 실천(Activity)			
누구에게	어머니	실행여부	○
언제, 어떻게 말했나? (실행 못한 경우 이유)	어머니가 평소 경복궁에 가보고 싶다고 하셔서, 서울에 오셨을 때 경복궁을 방문함. 경복궁을 돌아다니며 어머니와 많은 이야기를 나누고, 그 중에 감사하다는 말씀을 드림. 어머니와 함께 있으면서 아버지께 전화를 드려 사랑한다는 말씀을 드림		
상대방의 반응	처음에는 의아해하셨음. 그러나 어머니, 아버지 본인들도 아들을 정말 사랑한다고 나에게 말씀을 해 주셨음. 내가 연락하지 않아도 아버지께서 나에게 먼저 문자를 보내 주시기 시작함		
나의 반응	처음에는 사랑한다는 말을 꺼내는 게 쑥스러웠는데, 부모님께서도 사랑한다고 표현해 주시니 감사하고 기쁜 마음이 커짐. 더 자주 표현해야겠다고 느낌		

첫 번째 사례는 앞의 〈사례 3-1〉에서 '고맙습니다' 계획을 세운 참여자가 실행한 결과입니다. 두 번째 사례는 남학생 참여자의 결과이지요. 앞에서 보는 바와 같이 '고맙습니다'를 실제 행동으로 옮겼을 때 가족들이 의아해하고 머쓱해하지만 상당히 기뻐하는 모습을 볼 수 있습니다. 그리고 더 나아가 〈사례 3-2〉의 경우 아버지가 적극적으로 아들에게 먼저 문자를 보내는 변화가 일어났습니다. 이렇듯 여러분의 '고맙습니다'라는 표현은 다른 가족 구성원들에게 행복을 전해 주고, 동시에 가족 구성원들의 행복을 이끌어 주는 것입니다.

고마움을 먼저 생각하세요.

하지만 모든 참여자가 '고맙습니다'의 표현을 처음부터 성공한 것은 아닙니다. 한 참여자의 사례에서 볼 수 있듯이 가족에 대해 고마운 마음을 가지고 있지만, 그것을 말로 표현하기 어색하기도 하고 한편으로는 약간의 불만이 있어 고맙다는 표현을 회피하는 경우도 볼 수 있습니다.

사례 3-3 남, 34세, 대학원생

나의 아버지는 평소 따뜻하고 자상하신 편이셔서 늘 감사한 마음은 가지고 있었으나 그런 마음을 표현한 적은 없었던 것 같다. 막상 먼저 이야기를 꺼내자니 어색하기도 하고 요사이 나의 결혼문제를 재촉하시는 면도 있고 해서 적극적으로 감사의 표현을 하는 것을 회피하는 나 자신을 발견하였다. 그러나 비록 아무것도 표현하지 못했지만 감사의 말을 전하고자 계획을 세우고 실행해 보고자 하는 과정에서 아버지에 대한 나의 생각과 마음을 정리할 수 있었다.

이번 사례처럼 '고맙습니다'의 실천계획(Action Plan)이 실패한 경우는 참여자들이 아직 마음의 준비가 덜 된 것을 의미합니다. 이럴 때는 여러분 자신이 상대방에 대해 가지고 있는 섭섭함보다는 고맙다고 느껴지는 부분을 우선 생각하세요. 불만이나 서운함을 생각하기에 앞서 고맙다는 마음을 먼저 말로 표현할 수 있도록 노력하는 것이지요.

존재에 대한 감사는 사람과 사람에 대한 믿음을 가지는 것입니다. 사람은 항상 자신의 관점에서 보기 때문에 이기적인 모습을 가집니다. 따라서 고통스러운 것이고 상처를 받는 것입니다. 인간이 고통과 상처를 많이 받는 이유는 우리에게 생존의 본능이 있기 때문이며 이때의 생존본능이란 누군가를 이기고 살아남아야 한다는 것을 의미합니다. 따라서 고마움의 표현에 인색해지고, 무의식적으로 자신이 상처받은 기억 때문에 고맙다는 표현을 잘 못하는 경우가 많습니다.

오늘의 과제

과제 1. '고맙습니다'를 위한 실천계획(Action Plan)

과제 2. '고맙습니다' 실천(Activity)

앞의 연습을 통해 우리는 스트레스나 새로운 환경에 대해 적응하기 위해서는 자신이 먼저 변화해야 하며, 상대방의 존재에 대한 고마움을 말로 표현하는 것이 중요하다는 것을 깨달았습니다. Practice 3의 목표는 '고맙습니다'를 계획하고 직접적인 말로 표현하는 것입니다. 고마움을 표현하는 다른 행동들을 해 주는 것이 아니라, 상대방이 명확히 알 수 있도록 직접 언어로 표현하려는 노력이 중요합니다. 다음 주 과제는 고마움의 표현을 지속함으로써 '고맙습니다'를 익숙하게 하고, '고맙습니다'를 표현하는 것에 실패한 사람들은 다시 한번 시도해 볼 것입니다.

가족의 변천사

가족은 언제 생겨 났고, 어떻게 변화했을까요? 우리는 언제부터 현재와 같은 가족의 모습을 가지고 있었는지 궁금해하며 앞으로 21세기 아니, 앞으로의 가족은 어떤 형태로 변화하게 될지도 궁금해집니다. 이번 Chapter를 통해서는 이러한 궁금증을 풀어보도록 하겠습니다.

모간의 고대 가족변천론

인류사회학자인 루이스 모간(Lewis H. Morgan)에 따르면 가족은 혈연가족 → 프날루아 가족 → 대우혼 가족 →일부일처제 가족으로 변천해 왔다고 합니다(김용환, 2007 재인용).

원시시대에는 '원시난혼'이라 불리는 규율 없는 성교를 주된 관계로 누구나 자유롭게 성관계를 가졌기 때문에 실제로 가족이 존재하지 않았지만, 문명이 발달하면서 성교에 대한 제약이 규범적으로 강화되면서 '가족'이 중요한 사회제도가 되었다는 견해지요. 그래서 초기의 가족은 혈연가족(Consanguine)으로 부모와 자녀 간의 성관계를 제외한 모든 성관계가 가능한 가족형태였습니다.

혈연가족 이후 부모-자녀 외에 같은 형제-자매간의 성교와 사촌 간의 혼인을 금지하는 규율이 확대되는 시기의 가족은 프날루아 가족(Punaluan)이라 불립니다. 프날루아 가족은 남태평양 지역에서 친구란 개념으로 마을이나 주변에 사는 사람들과 독점적이지 않은 성관계를 갖는 것으로 선사시대의 가족형태라 할 수 있습니다. 프날루아 가족에서는 모계혈통이 확립되는 것을 볼 수 있지요. 모든 형태의 집단혼에서는 누가 아버지인지는 알 수 없어도 어머니가 누구인지는 확실히 알 수 있기 때문입니다. 어머니는 자신이 낳은 자녀가 누구인지를 구별할 수 있으므로 어머니 쪽 혈통이 추적될 수 있어 모계만 인정되는 것입니다. 이렇게 어머니 쪽 혈통만 인정되고 그 혈통에 따라 친족관계가 형성되면서 어머니 쪽의 가장 먼 친척까지를 포함하여 모든 형제와 자매 간의 성교 금지가 확고히 되었습니다. 이 시기는 구석기, 신석기 시대, 즉 미약하지만 도구를 사용하고 사회적 규칙이 생기는 단계라고 볼 수 있습니다. 이 시기에도 가축을 사육하거나 농작물 채집은 있었으나 대규모의 가축농가는 존재하기 어려웠다고 봅니다.

이후 모계 씨족사회는 형제·자매 등 특정인과의 결혼금지에 대한 규율이 강화되며 집단혼이 더욱 불가능하게 되었고, 가족제도는 대우혼가족(Paring Family)의 형태로 변화합니다. 대우혼이란 남자에게는 많은 아내 중 한 명의 주된 아내가 있었고, 아내에게도 여러 남편 중 가장 주된 남편이 있는 것입니다. 대우혼은 이전 시기부터 있었지만, 씨족 내에서 결혼이 불가능한 형제·자매가 늘어나며 더욱 확고해졌습니다. 그뿐만 아니라 대우혼 가족으로의 변화는 사유재산의 등장과 함께 모권을 전복시키는 변화를 가져옵니다. 도구의 사용과 가축사육 및 대량채집이 가능해짐에 따라 영양분 섭취 및 식생활 개선으로 인류의 생존기간이 길어지며, 씨족의 단위도 커지고, 인구증가도 있었을 것입니다. 이전까지 재산은 씨족의 소유였지만, 가축사육과 대량번식이 가능해짐에 따라 가족의 생산성이 증가하면서, 남성이 사냥이나 분배에 적극적으로 참여하고 남성의 사유재산이 증가하면서 모권의 변화가 나타난 것으로 보입니다.

이 시기에 오랫동안 지속되어 온 모계사회에서, 부계사회로의 변화가 이루어지기 시작합니다. 가축 확보, 채집량 증가 등 생산 활동에 더 많이 기여하는 남성들의 경제력이 활성화됨으로써 부계 중심의 상속이 이루어지기 시작한 것이지요. 하지만 이 시기에 모권과 부권은 서로 갈등 관계이기보다는 모권과 부권이 공존하는 시기였을 것으로 생각됩니다. 이렇게 원시난혼에서 프날루아 가족, 대우혼을 거친 가족의 형태는 농업혁명 이후 부계를 중심으로 한 상속이 확대되면서 일부일처제로 변화하게 됩니다.

엥겔스의 가족의 변천

엥겔스(Engels)는 모간이 제시한 가족 변천의 네 가지 단계를 기반으로 하여 사회 발전 단계를 야만(savagery), 미개(barbarism), 문명(civilization)으로 나누어 각 단계와 가족 제도 간의 변화를 살펴보고 미래의 가족형태를 공산혁명과 함께 설명하였습니다(박숙자 외, 2003 재인용).

엥겔스는 인류발전 단계에 따라 세 가지 결혼 형태로 구분하였습니다. 야만시대의 결혼형태는 집단혼, 미개시대의 결혼형태는 대우혼, 문명시대의 결혼형태는 간통과 매춘을 병행한 일부일처제로 보았습니다. 이러한 변천과정에서 나타나는 특징은 여성들로부터는 점점 집단혼의 성적 자유를 빼앗아 간 반면에 남성들은 여전히 그런 자유를 유지했다는 사실입니다.

앞에서 설명한 모건의 가족 변천론에서 일부일처제 가족의 등장을 설명했던 것처럼, 일부일처제는 한 개인 특히 남성이 상당한 재산을 축적하고, 자신의 재산을 친자식에게 상속할 목적으로 생겨났습니다. 엥겔스는 만약 가족이 상속할 재산이 없다면 진정한 일부일처제가 자리 잡을 수 있다고 보았습니다. 모든 개인 재산과 생산 수단을 사회가 공동으로 소유하면 가족은 경제의 단위가 아니라 사랑의 단위가 될 것이라고 주장하였습니다. 즉, 남녀는 서로 사랑하여 아이를 출산하고 양육과 교육은 국가가 책임져 준다면 배우자 선택에서 경제적 요소가 빠짐으로써 진정으로 사랑하는 사람들끼리 결혼하게 될 것이라고 주장하였습니다. 하지만 이런 내용은 공산혁명이 일어난 국가에서도 실현되기 어려웠으며, 문명사회에서는 실제로 실현되지 않았습니다. 가족의 주요한 기능 중 하나는 경제적 자원을 서로 나누고 자녀 양육을 위해 사용하고 노후를 위해 저축하고 상속하는 것이지요. 즉, 가족의 경제적 기능과 사회보장의 기능을 무시할 수 없다는 것을 확인할 수 있습니다.

농업혁명과 가족제도의 형성

가족의 형태는 인류사에 큰 변화를 가져온 농업혁명의 영향을 받았습니다. 일만여 년 전쯤의 해빙기가 시작되며 급격한 인구 조절이 있었다고 과학자들은 이야기합니다. 이때 많은 양의 빙하가 녹았고 이는 대서양과 태평양 등의 수온에 영향을 크게 미쳤을 것으로 추측됩니다. 이와 같은 기후 변화는 지금의 폭풍, 수해, 기근 등의 자연재해를 일으켰을 것입니다. 그 당시에 추위와 급격한 기후변화에 견뎌낼 수 있는 특정한 인종이 농업이라고 하는 경작 방식을 발명하게 되었지요. 지금의 북아프리카, 중동지역과 같은 곳에서 농업이 시작된 것으로 보는데, 농업의 시작은 잉여생산물을 발생시킵니다([그림 4-1] 참조). 잉여생산물은 기후변화나 급격한 자연환경의 변화에도 불구하고, 종족의 생존시간을 연장할 수 있는 획기적인 적응방법이었습니다.

이러한 농업혁명은 급속한 인구증가를 가져오고, 인구증가를 통해 많은 사람이 마을을 이루게 되며 문명이 시작되는 것이지요. 농업혁명을 통해 가족은 구조상의 엄청난 변화를 겪게 됩니다. 이전 시대에 비해 노동생산성이 더 뛰어난 남성들을 중심으로 하여 농장이 생기고, 농장을 중심으로 남성들은 가족을 구성하게 됩니다. 생산과 분배 중심에 남성이 서게 되고, 이러한 남성을 중심으로 가족이 이루어졌으며, 배우자 간에 성을 독점하게 되는 가족제도가 탄생하게 된 것이지요. 한편, 엄청난 인구증가와 식량증산은 도시와 관리체계를 필요로 하게 됩니다. 이를 위해 문자가

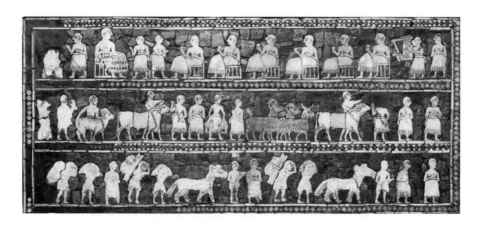

[**그림 4-1**] 인류 최초 농업사회(대영박물관 우르왕국 관련 유물, 사진)

발달하게 되고 관리자의 개념이 생기며 교육 기관과 같은 사회 주요 기관들이 자리 잡게 되지요. 이것이 바로 문명입니다. 가족 탄생에 있어 가장 중요한 단어 중 하나 는 상속이며, 상속자를 명확하게 하기 위해서는 독점적인 성생활이 요구되는 것이 지요. 남성을 중심으로 혈통을 인정하는 전통이 생겼으며, 이것이 제도로 정착된 것 입니다.

정리하자면 일부 과학자들은 인류사를 길게는 6백만 년, 짧게는 호모 사피엔스 사피엔스가 등장하는 시기인 10만 년으로 보기도 합니다. 하지만, 이때의 호모 사 피엔스 사피엔스가 우리와 같은 형태의 가족형태를 가진 것으로 보이지는 않습니 다. 즉, 현 가족제도는 농업혁명과 문명시대와 밀접한 관련을 가지고 있다는 것이지 요. 오늘날 가족형태는 문명의 산물이며, 이러한 문명을 가질 수 있는 것은 농업혁 명이라는 인류사의 가장 획기적인 변화와 무관하지 않습니다. 현재의 가족제도 자 체가 문명사회와 연결되는 것이며, 농업사회에서는 힘을 더 많이 쓰는 남성 위주의 부계사회가 이루어졌다고 보는 것이지요. 농업혁명 이후 대우혼 가족은 일부일처 제 가족의 형태를 갖추게 됩니다. 일부일처제 가족은 남성의 지배를 기반으로 부계 의 혈통 계승자를 출산하고, 자녀들에게 아버지의 재산을 상속하게 됩니다. 이 가족 형태는 결혼 유대가 엄격하며, 결혼관계가 쉽게 해체될 수 없습니다. 하지만, 실제 로 재산을 상속하는 주체인 남성들은 결혼의 유대를 끊거나, 아내를 버릴 수 있었으 며 혼외정사를 할 권리도 관습상 남성들에게만 남아있었습니다. 사회가 발전해도 이러한 관습은 여전히 사회에 남아 있는 측면이 있지요.

실제로 한 통계결과를 살펴보면 혼외정사가 남성에게 훨씬 더 많이 발생한다는 것을 알 수 있습니다. 2020년 한 해 한국가정법률상담소의 이혼상담 통계에 따르면 배우자의 외도로 상담한 사람은 총 339명이며 이 중 남편의 외도로 상담한 사람은 272명으로 나타났습니다. 여성의 외도에 비해 남성의 외도 비율이 매우 높다는 것 이지요.

산업혁명과 핵가족의 등장

산업혁명 이후 가족구조에 큰 변화가 나타납니다. 이전의 농경 사회에서 볼 수 있었던 대가족 중심의 공동생산과 공동분배, 씨족 내 안전망 제공의 개념이 무너지기 시작한 것이지요. 농업이 생산 기반인 시대에 씨족 중심의 가족은 농업을 행함에 있어 기반이 되었습니다. 농사일을 서로 지원하고, 지역을 방어하는 데도 도움이 되었지요. 생산과 분배가 대가족 중심의 체제였고, 대가족의 연합이 하나의 마을을 형성했습니다.

하지만 산업혁명으로 공장이 있는 지역으로 인구가 이동하며, 자연스럽게 대가족과 마을을 거점으로 한 농업의 생산체계는 붕괴하기 시작합니다. 따라서 가족은 부부와 자녀 중심의 핵가족제도로 변화하게 된 것이지요. 서구는 1800년대, 우리나라는 1960~1970년대에 이런 일들이 일어났습니다. 산업혁명으로 대량생산이 가능해지고, 기계문명과 물질의 풍요가 이루어졌으며 이러한 변화는 전통적 생산과 분배의 기준을 흔들어 핵가족제도를 발생시킨 것이지요. 핵가족의 특징은 부부를 중심으로 발전하는 것이고, 아직도 그 전통은 어느 정도 유지되고 있습니다.

20세기 민주화와 다양한 가족

1960년대 서구에서는 여권신장과 더불어 전통적인 남성 중심 가족구조의 변화와 민주적 가족구조에 대한 요구가 확산하면서 남녀 상호 존중의 패러다임이 보편화하기 시작했습니다. 우리나라에서는 2000년대에 들어와서 이러한 요구가 점차 확산하기 시작했지요. 그러나 아직까지 부계 중심의 핵가족제도의 전반적인 흐름이 바뀐 것은 아닙니다. 20세기에 들어서도 사회의 기반은 핵가족제도를 중심으로 하고 있으며 자녀의 출산과 양육이라고 하는 사회화 개념은 아직도 지속하고 있지요. 하지만 남성을 우월한 지위로 놓는 부계 중심의 문화는 가족의 건강성을 해칩니다. 남녀가 상호 존중되는 가족모델이 필요하지요. 또한, 다문화가족과 한부모가족 등 다양한 형태의 가족을 우리 사회가 수용하고 존중하는 자세가 필요합니다. 2019년 외국인과의 결혼 비율은 전체 결혼 비율 중 10.3%로 2만 4,721건에 달합니다. 2019년 전체 혼인은 23만 9천 건으로 전년보다 7.2% 감소한 반면, 다문화 혼인은 4.0% 증가하였습니다(통계청, 2020a). 이렇게 다문화사회로 진행하고 있는 상황에서 한국이 더 건강한 사회가 되기 위해서는 남녀 상호 존중 모델과 다양한 가족모형의 수용에 입각하여 남녀 존중문화를 발전시키고, 다양한 가족에 대한 이해를 높여야 하는 것이지요.

21세기 가족은 성, 정서, 자원, 책임으로 만들어집니다

이상으로 가족의 변천사를 살펴본 결과 가족의 역사는 이렇게 문명과 함께 발전했음을 알 수 있습니다. 따라서 가족의 경제적 혹은 사회보장적 기능이 상당히 중요한 것이지요. 가족 탄생의 역사와 흐름을 살펴보면, 인간의 삶은 경제와 밀접한 관련이 있음을 알 수 있습니다. 농업혁명은 가족제도를 탄생시켰으며, 산업혁명은 핵가족제도를 낳았고 이후의 민주화 과정은 부부 상호 존중의 시대를 열었습니다. 의식주의 공동생활체인 가족에게 있어 의식주를 결정하는 경제적 활동은 중요할 수밖에 없겠지요. 따라서 '가족'을 규정하는 기준은 정서적 유대뿐 아니라 물질적인 부분을 나눌 수 있는가에서 비롯됩니다.

즉, 성(Sex)을 공유하고, 경제적 자원을 공유하며, 정서적 연대가 있을 때 '가족'이라고 부를 수 있습니다. 또한 '가족'을 구성하는 중요한 요소 중 하나는 성, 자원, 정서를 공유하고자 하는 의지 혹은 지속하고자 하는 의지인 '책임'입니다. [그림 4-2]와 같이 21세기에는 성과 정서, 자원을 나누는 유일한 집합체가 가족이며, 책임을

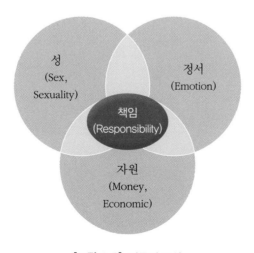

[그림 4-2] 가족의 구성

나눌 때 진정한 의미의 가족이라고 할 수 있지요. 산업혁명 이후의 핵가족제도의 구조적 측면이 현재까지 어느 정도 유지된다고 하여도 내용적으로는 변화되어야 합니다. 어느 특정한 성의 우월한 지위를 요구하는 구조는 가족의 건강성을 해치지요. 21세기는 웰빙(Well-Bing)시대입니다. 21세기는 각 가족 구성원의 웰빙이 존중되어야 하며, 이를 위해서는 가족 구성원 모두가 책임을 다하는 노력이 필요합니다. 21세기의 가족은 구조적 특성에 천착하기보다는 가족 구성원들이 얼마나 함께 영역을 공유하고 각자의 책임을 다하는가에 따라 웰빙이 달라집니다.

이렇듯 가족은 시간과 공간을 공유하는 그리고 없어지지 않는 존재입니다. 성과 물질, 사랑과 책임을 공유하는 단위는 가족 외에는 그 어떤 집단도 존재하지 않습니다. 이러한 가족이 존재한다는 것만으로도 감사해야 합니다.

T 실현하기: 'Action Plan & Activity 2'

지난 일주일간 계획한 것에 따라 '고맙습니다'를 실제로 표현하고 행동하셨습니까? 실행한 사람도 있고, 실행하지 못한 사람도 있고, '고맙다'는 말은 못했지만 다른 행동으로 표현한 사람도 있을 것입니다. '고맙습니다'를 표현했을 때 여러분의 느낌은 어떠했는지 한번 적어 보세요. TSL치료 과정을 함께하는 사람들이 있다면, 소감을 함께 나눠 보는 것도 좋습니다. 실행하지 못한 분들은 왜 못했는지, 하려고 했지만 못했을 때 어떤 생각이나 기분이 들었는지를 적어 보세요. '고맙습니다'를 표현하고 나서의 소감과 상대방의 반응, 그리고 고마움의 표현을 하지 못했다면 그 이유와 그때의 생각들을 솔직하게 적어 봅니다.

다음은 참여자의 '고맙습니다'를 위한 실천계획(Action Plan)과 실천(Activity)의 사례입니다.

😊 사례 4-1 | 남, 32세, 회사원

'고맙습니다'를 위한 실천계획(Action Plan)			
누구에게	언제, 어떻게		
아버지, 어머니	아침마다 고맙습니다. 사랑한다는 문자 보내기		
'고맙습니다' 실천(Activity)			
누구에게	아버지, 어머니	실행 여부	○
언제, 어떻게 말했나? (실행 못한 경우 이유)	부모님이 지방에 계시기 때문에 아침마다 부모님께 사랑한다는 말과 감사하다는 표현을 문자로 보내고 저녁 때 매일 전화를 드려서 안부를 여쭈었다.		
상대방의 반응	처음에는 무뚝뚝했던 아들이 이런 행동을 하는 것에 있어 매우 의아해하시다가 이제는 부모도 점점 나의 행동에 익숙해지셨고 또 내게 사랑한다고 말씀을 해 주시기 시작했다.		
나의 반응	처음에는 이런 것들을 과제의 일부로만 여겼는데 내가 변하고 또 부모님의 행동도 변하는 것을 보니 점점 더 적극적으로 감사의 마음을 표현해 보고자 하는 의지가 생겼다.		

이 사례에서 볼 수 있듯이 참여자는 부모님에게 아침마다 문자를 보내는 계획을 세웠으며, 처음에는 부모님도 놀랐으나 점차 참여자에게 애정을 표현하는 방향으로 변화가 나타났음을 볼 수 있습니다. 또한, 참여자 역시 '고맙습니다'를 실천하고 실제로 변화를 느끼며 보다 적극적인 자세로 변화했지요. 이렇게 '고맙습니다'를 말로 표현하는 것은 여러분 자신을 변화시키고, 가족들의 태도를 변화시켜 궁극적으로는 가족 간의 상호교류를 증진하고 관계를 향상시키는 데 도움이 됩니다.

실제로 '고맙습니다'를 말로 표현한 분들은 어떠셨나요? 많이 어렵고, 많이 쑥스러웠을 것입니다. '고맙다'라는 말을 들은 상대방은 어떠했나요? 좋아하는 사람도 있고, 손사래를 치며 왜 이러냐고 말하는 사람도 있었을 것입니다. 하지만 상대방의 반응이 정말 싫어하는 반응이었는지 생각해 보면 그렇지 않을 것입니다.

'고맙습니다'를 실천한 나의 반응

여러분의 '고맙습니다'라는 표현에 대해 싫다고 말한다고 해도 상대방이 어떤 방식이든 반응을 보인 것이고 이로써 두 사람 간의 상호작용은 증가한 것입니다. 여러분의 새로운 행동이 낯설어도, 여러분이 먼저 변화된 행동양식을 보임으로써 상대방의 긍정적인 반응을 점차적으로 끌어낼 수 있지요. 감사하다는 것을 인정 (acknowledge)함으로써 서로에게 감동이 되었을 것입니다. 그리고 감사함을 표현하는 여러분의 행동으로 상대방이 변화할 것이고, 그것은 다시 여러분에게 감동을 줄 것입니다. 이를 통해 여러분과 가족들의 관계에서 상호작용이 증가하고, 이것은 관계를 개선하는 발판이 되는 것이지요. 또한 '고맙습니다'라는 표현이 낯설고, 마음속에 있지만, 그동안 표현하지 못했다 하더라도 실제로 표현하고 나면 제일 처음이 어렵지, 다음에는 쉬워진다는 것을 깨달았을 것입니다.

다음의 〈사례 4-2〉에서 볼 수 있듯이 '고맙습니다'를 말로 표현하는 것은 여러분 자신에게 기쁨이 될 수 있습니다. 참여자는 가족에게 고맙다는 표현을 한 후 가족들의 좋아하는 표정을 보고 자신의 기분이 더 좋아졌다고 말합니다. 이렇듯 '고맙습니다'를 말로 표현하는 것은 여러분 자신을 행복하게 하는 것이지요.

사례 4-2 여, 42세, 주부

고맙다는 말이 생각보다 쉽게 나오지 않는 것에 대하여 스스로 매우 놀랐다. 특히나 가족이라는 가장 가까운 대상들에게 있어 이런 간단한 감사의 표현이 어색하고 쑥스럽다는 것에 놀랐던 것 같다. 그런데 막상 남편이나 아들에게 고맙다는 표현을 하고 나니, 내가 더 기분이 좋아지는 것을 느꼈다. 내가 그 말을 하자 남편과 아들이 어색해 하면서도 표정에서 정말 기분이 좋다는 것이 드러났기 때문인 것 같다. 소소한 일들에 있어서 고맙다는 마음을 표현하는 것이 매우 중요하다는 생각이 들었다.

'고맙습니다'를 실천한 상대방의 반응

하지만 '고맙습니다'를 표현함으로써 단순히 여러분 자신만이 기분 좋아지고 행복해지는 것은 아닙니다. 그 말을 듣는 상대방도 기분 좋은 반응을 나타냈을 것입니다. 〈사례 4-3〉에서 볼 수 있듯이 참여자는 가족들에게 '고맙습니다'를 말로 표현함으로써 상대방의 기분도 좋아진다는 것을 알 수 있지요.

사례 4-3   여, 23세, 학생

일요일마다 가족들이 함께 모여 저녁을 먹는데 그 시간 중 식구들에게 그들의 존재만으로 참 감사하다는 말을 전하였다. 처음에는 뭔가 학교 과제 등의 일환인 것을 눈치 채고 뭐냐면서 서로 쑥스러워 했지만 식사 후에 각자 자기 방으로 돌아가는 것이 아니라 아버지께서 함께 산책을 나가자는 반응을 보이셨다. 그래서 오랜만에 식구들 모두와 함께 동네를 산책하였고 슈퍼마켓에서 다 같이 아이스크림도 사서 먹으며 공원에 앉아 이야기도 나누게 되었다.

'고맙습니다' 실천의 장애물: 생존본능

'고맙습니다'라는 표현에 실패한 사람들도 있을 것입니다. 다음의 〈사례 4-4〉에서 볼 수 있듯이 참여자는 형제 · 자매에 대해 '고맙습니다'를 표현하려니 잘 이루어지지 않았다고 이야기합니다. 〈사례 4-5〉와 〈사례 4-6〉에서도 '고맙습니다'를 실천하는 것에 어려움을 토로하는 참여자의 이야기를 듣게 됩니다. '고맙습니다'를 말로 표현하는 데 있어 장애물이 있는 것이지요.

'고맙습니다'를 말로 표현하는 것에 실패한 이유는 무엇일까요? 함께 수업에 참여했던 많은 학생들이 첫 연습에서 감사를 표현하는 것을 다른 행동으로 했지만 감사하다는 말은 잘 나오지 않는다고 하였습니다. 여러분은 머쓱하다, 쑥스럽다, 부끄럽다 등으로 말하겠지만 실제로 여러분의 마음속에서는 정말 감사한 것인지 '고민(wondering)' 중인 것입니다. 사람들은 자신이 받은 것보다 준 것을 더 민감하게 기

사례 4-4 남, 24세, 학생

부모님에게 감사함을 표현하기는 오히려 쉬웠지만, 형제 · 자매에게 감사하는 마음을 표현하는 것은 어렵다는 느낌을 받았습니다. 부모님은 나를 낳아 주신 분이고 대화가 줄었다고 하여도 감사함을 잊은 적이 없는 대상이라는 생각이 들었습니다. 그러나 형제 · 자매의 경우에는 대학을 가고 서로 바빠져서 집에서 마주치게 되는 시간이 줄었고, 이제는 친구들이 오히려 마음을 더 터놓고 이야기할 수 있는 상대가 되었기 때문이라는 생각을 해 보았습니다.

사례 4-5 여, 43세, 회사원

아버지께 '힘드시지만 우리 가족을 위해 최선을 다해 주셔서 너무 고맙습니다'라는 말을 전하려고 몇 번이나 생각을 했지만 끝내 하지 못했다. '10 감사'를 적을 때는 감사한 내용이 너무 많은 것 같았는데, 막상 표현하려고 하니 너무 어려운 것 같다. 그동안 아버지와 많은 대화가 없었던 것 같아 직접적으로 표현하려니 쑥스러운 마음이 들어서 그런 것 같다.

사례 4-6 여, 31세, 대학원생

언니는 나에게 늘 많은 관심을 가져 주지만, 나는 그런 관심을 때로는 귀찮아하고 그런 귀찮음을 표현해서 언니를 서운하게 한다. 이번 주에도 식사를 하면서 언니가 요즘 생활을 물어보는데 결국 고맙다는 말은 못하고 짜증만 내고 말았다. 정말 짜증을 내려고 한 것이 아닌데 내가 왜 그랬는지 잘 모르겠다.

억합니다. 여러분이 인식하든 인식하지 않든 여러분의 뇌는 손해 본 것, 잃은 것에 대해 훨씬 민감합니다. 그렇기 때문에 말로 표현이 안 되는 것이지요. '고맙습니다'라는 말을 하려고 할 때 한편에서는 '매일 속 썩이는데 뭐가 고마워'라는 생각이 드는 것입니다. '고맙다'고 표현하면 여러분 자신이 손해 보는 느낌인 것이지요. 이런 현상을 관계 속 '이익형량'(利益刑量)이라고 부릅니다. 상대방과의 관계에서 내 행동이 손해인지 아닌지 끊임없이 생각하면서 손해라고 판단되면 행동을 유보하는 것이지요. 그러면서 상대방이 준비가 안 되었다, 머쓱하다 등으로 말하고 실행하지 못하게 됩니다. 결국 중요한 것은 여러분 스스로가 '고맙습니다'라는 말을 할 준비가 안 된 것입니다. 내가 확실히 인식하면 표현이 자연스럽게 이루어지고, 이렇게 고마움을 표현함으로써 상대방이 여러분에게 감사한 존재임을 자각할 수 있게 해야 합니다.

인간은 생존본능이 있습니다. 특히, 삶의 과정에서 상대방과 경쟁하면서 되도록 상처나 고통은 적게 받으려고 합니다. 상처나 고통이 심하면 생명체는 살아갈 수가 없지요. 따라서 인간에게 있어 타인이 자기에게 잘해 준 행동은 생존의 기본이 되는 것이고 상처받은 것은 기억에 많이 남는 것입니다. 이러한 상처들로 인하여 고마움의 표현이 되지 않는 것이고, 그러므로 강제적으로라도 입 밖으로 그 표현을 하는 것이 중요합니다.

사람들은 사랑의 말보다 고통의 말을 더 많이 기억합니다. 사람들은 고통에 민감하기 때문에 고통의 말을 더 많이 기억하는 것이지요. 세계부부의날위원회는 부부 싸움을 막는 최고의 비법을 이해와 관심, 존경 등이라고 설명하며, 2010년 부부의 날을 맞아 부부관계를 망치는 열 가지 언행을 제시했습니다. 이 열 가지 언행 중에는 '결코 인내, 용서하지 않는다' '배우자의 언행에 일절 배려하지 않는다' '서로 칭찬을 멀리하며 맘대로 미워하고 저주한다' '갖가지 폭력, 욕설, 바가지를 일삼는다' 등이 포함되어 있습니다. 부부간에 서로 칭찬하지 않고 고통의 말을 하는 것이 부부관계를 망치는 방법이라고 제시한 것입니다(연합뉴스, 2010). 부부간에 아무리 대화를 해도 싸움만 번질 뿐, 상황은 개선되지 않는데 이때 문제는 서로를 비난하는 데 있다는 것이지요. 아마 곰곰이 돌아 보면 서로 칭찬한 적도 있을 수 있지만 그런 기억은 잘 생각나지 않을 것입니다. 왜냐하면, 칭찬은 기본적인 것으로 생각하기 때문에 잘 기억하지 못합니다. 사람들은 대개 배우자의 여러 사랑의 말보다는 자신을 비난하고 경멸한 고통의 말을 더 많이 기억하고 그것이 부부관계를 악화시킨다고 볼 수 있습니다.

이렇게 힘들고 어려울 때는 이야기할 사람이 있어야 합니다. 그래야 덜 우울해집니다. 사람은 고통을 스스로 정제할 수 없기에 이야기를 하고, 그것을 들어서 소멸시켜 줄 수 있는 상대방이 필요합니다. 이렇게 여러분 자신의 용량이 꽉 차서 더 이상 존재에 감사함을 인식하고 받아들이기 어려울 때, 여러분의 용량을 덜어 줄 사람이 필요합니다. 그 사람은 가족이나 친구, 선생님 등이 되어야 하지요. 이들에게 말을 하는 것은 이들과 친해지거나 관계를 변화시키는 것이 주요한 목적이 아니며, 자신이 살기 위해 이야기해야 하는 것입니다. 다른 사람으로부터 받은 고통을 처리하지 못하고 여러분 마음속에 쓰레기가 계속 차오르면 견딜 수 없게 됩니다. 그것을 처리하기 위해서는 중요한 파트너가 있어야 합니다.

한편, 여러분에게 고통의 쓰레기를 가장 많이 주는 사람도 바로 곁에 있는 사람일 것입니다. 많이 마주치기 때문에 기쁨도 주지만, 스트레스도 주는 것이지요. 내가 변해야 이런 고통의 찌꺼기가 청소됩니다. Chapter 3의 적응에서 배운 것처럼 적응은 여러분이 노력하면서 증진시키는 것입니다. 하루라도 쉬면 그 능력이 감소하기 때문에 지속해야 합니다. 따라서 우리는 가족들에게 서운했던 점이나 불만을 말하기에 앞서, 존재에 대해 감사해야 합니다. 이때부터 관계 개선이 시작됩니다.

'고맙습니다'를 말로 표현해야 하는 이유

그렇다면 우리는 '고맙다'는 것을 왜 반드시 말로 표현해야 할까요. '고맙습니다'라는 표현을 행동함으로 여러분 행동 체계 내에 기록해야 하기 때문입니다. 즉, '고맙습니다'라는 말을 여러분 스스로 자꾸 내뱉으며 뇌에 인식시켜야 합니다. 말로 표현함으로써 내 귀로 다시 듣는 것이 중요합니다. 달나라에 가겠다는 것과 달나라에 실제로 가는 것이 다른 것처럼, 고맙다는 마음을 가진 것과 고맙다는 것을 표현하는 것은 다르지요. 가족의 존재에 대한 감사함을 인식(Recognize)하는 것과 표현(Express)하는 것은 다른 것입니다. 말로 하지 않은 것은 표현하지 않은 것과 다름없습니다. 여러분이 상대방에게 이야기할 때 여러분의 오감이 '고마움'을 느낍니다. 입으로 말하면서 여러분의 뇌가 인식하고, 여러분의 귀가 듣고, 여러분의 눈이 상대방을 보면서 여러분은 상대방의 존재에 감사함을 온몸으로 인식하게 되는 것이지요. 상대방 역시 여러분이 말로 고맙다는 표현을 하는 것을 오감으로 느끼게 됩니다. 그래서 '고마움'을 '표현'하는 '말'을 해야 합니다. 그리고 더 나아가 고마움을 '행동'으로도 '실천'할 수 있습니다. 이를 통해 가족이 치료될 수 있지요.

TSL Mining(채굴하기)

AI는 데이터를 군집하고 분류하는 딥러닝(Deep Learning) 기술을 통해 정보를 처리합니다. 우리가 만약 AI라면 '고맙다'라고 인식하면 자동적으로 표현까지 연결될 것입니다. 하지만 우리 사람은 AI와는 다릅니다. 고마움을 느끼는 상황도 때마다 다르고, 한 번 느낀 고마움을 영원히 기억하지도 못합니다. 우리의 마음 상태에 따라, 몸 상태에 따라, 누구와 어떤 상황에 있었는가에 따라 상황은 잊고 그때 감정만 남기도 하고, 상황을 왜곡하여 기억하기도 합니다. 그래서 표현하지 않고 기억할 수 있을 거라고 지나치게 자신해서는 안 됩니다. AI가 아닌 사람이기 때문에 TSL실천이 어렵게 느껴질 수 있습니다. 우리가 진정으로 TSL을 실천하기 위해서는 끊임없이 딥러닝하고, 5Re를 통해 반복 실천하는 것뿐 입니다.

더 나아가서 우리가 잃을 것을 더 민감하게 기억하는 삶을 산다면 불행할 수밖에 없습니다. 내 머릿속에 손해라고 생각되는 것을 잊어버려야 합니다. 손해라고 생각하기 이전에 존재하는 것에, 작은 것에 매 순간 감사해야 합니다. Chapter 4 이론의 마지막에서 살펴보았듯이 가족은 성, 정서, 자원과 책임을 나누는 유일한 단위입니다. 따라서 과거의 기억에 매달리지 않고, 손해나 상처의 잘잘못을 따지지 않고 본

[그림 4-3] TSL Mining(채굴하기)

인이 생각할 때 사소한 일이라 할지라도 고맙다고 표현하는 것이 중요합니다. 〈사례 4-2〉에서도 볼 수 있듯이 고맙다고 이야기하는 것은 상대방을 위해서가 아니라 자신을 위한 것입니다. '고맙습니다'라는 표현을 함으로써 내가 건강해지고, 그 말로 인해 상대방이 기쁘고, 그 상호작용으로 다시 내가 기쁘고 건강해지는 것입니다. 즉, TSL실천은 광산에서 금은보화를 찾는 것과 같습니다. TSL실천은 정신적 금은보화를 하나씩 찾아서 쌓는 일입니다. [그림 4-3]과 같이 채굴 과정에 비유하여 TSL Mining(채굴하기)을 생각해 볼 수 있습니다. TSL실천으로 단번에 금은보화를 발견할 수도 있지만 아닐 수도 있습니다. 하지만 확실한 것은 더 열심히 실천할수록, 채굴할수록 더 풍요로워질 수 있다는 것입니다. 자, 이제 비교하고, 손해 보고, 화났던 일들을 생각하지 말고, TSL Mining을 통해 내가 받은 것들을 계속 찾아서 세어 보고 그것들에 고마움을 표현하며 우리의 정신을 풍요롭게 해 봅시다.

여러분 가족의 소중함을, 그 존재에 대해 '고맙습니다'라는 말로 표현하는 것이 중요한 이유가 이해되십니까? 그렇다면 다시 한번 여러분 가족에게 '고맙습니다'를 말하기 위한 계획을 세우고 실행에 옮겨 보세요. 앞으로 일주일간 다시 실행에 옮기는 것이 Practice 4의 과제입니다.

과제 1. '고맙습니다' 실천(Activity)

'고맙습니다'를 위한 실천계획(Action Plan)		
누구에게	언제, 어떻게	
'고맙습니다' 실천(Activity)		
누구에게	실행 여부	
언제, 어떻게 말했나? (실행 못한 경우 그 이유)		
상대방의 반응		
나의 반응		

오늘의 과제

과제 1. '고맙습니다' 실천(Activity)

앞의 연습을 통해 우리는 '고맙습니다' 표현에 익숙해졌습니다. 그리고 '고맙습니다'를 말로 표현하는 것이 자신을 기쁘게 하고 상대방을 기쁘게 하는 일임을 알았습니다. '고맙습니다' 실천에 실패한 경우 그것을 방해하는 마음이 무엇인지도 살펴볼 수 있었겠지요. '고맙습니다'를 말로 표현하기 위해서는 무엇보다 가족 구성원의 존재에 대해 감사하는 마음을 인식해야 합니다. 그러면 '고맙습니다'를 자연스럽게 표현할 준비가 됩니다. 그리고 '고마움'을 말로 '표현'하는 '행동'을 해야 합니다. 이것이 이번 Practice의 목표입니다.

다음 Practice에서는 '고맙습니다'의 표현을 말뿐 아니라 가족 구성원과 시간과 에너지를 공유하는 방법으로 연습할 예정입니다.

가족사회학이론 패러다임

농업혁명 이후 가족이 형태를 갖추고 제도화되면서 가족의 중요성은 사회의 모든 영역에서 인정되어 왔습니다. 사회 윤리와 철학, 종교에서도 사회의 중심단위인 가족을 잘 유지하는 것을 핵심내용으로 담고 있지요. 사회의 보편적 질서나 정의, 바람직한 이상형을 이야기할 때 가족은 그 중심으로 설명됩니다. 산업혁명 이전에는 한 사람이 특정 지역에서 태어나 그곳에서 죽는 것이 일반적이었고, 대부분의 사람들은 가족질서와 사회질서에 순응하며 살았지요. 하지만 산업혁명과 더불어 가족에 대한 기존의 가치관이 변화하면서 가족의 이상형, 윤리원칙에 혼란이 야기됩니다. 산업화 이후 인구의 자유로운 이동과 핵가족화가 이루어졌으며, 따라서 가족의 새로운 구조와 기능에 대한 연구가 필요하게 되었습니다. 이에 19세기 말, 20세기 초 이후 가족을 사회학적 관점으로 연구하는 학문이 생겼으며, 우리는 이를 가족학, 혹은 가족사회학이라 부릅니다. 이 Chapter에서는 가족사회학자들이 현재와 미래의 가족을 어떻게 바라보고 설명하는지 살펴보고자 합니다.

가족을 설명하는 이론과 연구들은 크게 다음의 5단계로 시기를 구분할 수 있습니다.

1. 19C 말에서 20C 초: 초기 사회과학의 가족론-산업사회 가족의 사회적 의의
2. 20C 초에서 1950년대: 인간발달과 가족-미시적 가족관계 연구
3. 1950년대에서 1980년대: 현대 기능론적 가족이론-건강한 가족의 기능과 역할
4. 1960년대에서 1990년대: 다양한 가족론 등장-페미니즘과 포스트모더니즘
5. 21C: 가족기반이론-가족의 중요성 재부각

19C 말에서 20C 초 : 초기 사회과학의 가족론- 산업사회 가족의 사회적 의의

1800년대 중반 유럽의 노동자를 연구한 르 쁠레(Le Play)의 경우 가족의 재산계승과 사회적 기능이라는 관점에서 가족을 연구하고, 핵가족이라는 개념을 설명하기도 하였습니다(유영주, 2004). 이후 산업혁명을 겪은 유럽사회를 보며 뒤르켐(Durkheim)은 산업화 이후 나타난 '가족'의 형태에 관심을 두게 되었으며 여러 저서를 통해 가족에 대한 자신의 관점을 정리했지요. 그는 결혼한 부부와 그들의 자녀로 구성되는 부부 중심 가족인 핵가족을 가부장적 가족관계의 축소에 따른 산업사회의 새로운 가족 형태로 파악하였습니다. 부부중심 가족을 가족원의 수는 줄고 가족관계는 더욱 강화된 형태로 본 것이지요.

뒤르켐의 가족연구 목적은 가족구조의 규명이었습니다. 연구를 통해 그는 가족구조의 주요 요소를 물질적 요소, 인적요소, 국가요소와 같이 세 가지 요소로 구분하였습니다. 또한, 뒤르켐은 핵가족의 등장에 있어 국가의 영향력을 강조하였는데, 가족에 대한 국가나 정치권력의 개입이 확대되면서 국가가 법으로 정한 재산상속권이나 분배권에 대하여 행사할 수 있었던 친족 등의 영향력이 축소되었기 때문에 핵가족이 등장할 수 있었던 것으로 보았습니다(박숙자 외, 2003 재인용). 뒤르켐은 기능론적 관점에서 국가의 역할을 강조하였습니다. 국가는 법을 제정하여 핵가족이

그 기능을 제대로 수행하도록 해야 한다고 보았습니다.

마르크스(Marx)는 가족을 핵심주제로 다루지는 않았지만 가족이 경제적 이유로 형성되었으며, 불평등의 시작은 가족이라고 설명합니다. 따라서 엥겔스의 주장과 유사하게 사유재산을 불허하고 모든 가족의 행복을 평등하게 보장해야 한다고 주장했습니다. 하지만 이런 주장은 1990년대 공산권의 붕괴 이후 설득력을 잃었습니다.

반면, 합리성을 중요시했던 베버(Weber)는 가족을 가정공동체라고 보며 이는 경제공동체이며, 성적공동체 및 혈연공동체에 근거하고 있다고 말합니다. 가정공동체는 일상의 정규적인 재화수요와 노동수요를 충족시키는 일정부분의 사용 및 소비공동체라는 것이지요. 가정공동체의 이러한 특성은 혼인관계에서 상속권을 독점하는 「상속법」을 통해서 나타납니다. 하지만 사용과 소비의 주체인 가정공동체가 위기상태에 직면하게 되면 이웃이나 국가 등 확대공동체의 도움을 받는다고 설명하고 있습니다(Weber, 2009).

고전가족학은 산업혁명 이후 수천 년간 지속하여 온 대가족제도의 변화에 다양한 해석을 시도했습니다. 공통점은 가족이 상속의 중요한 단위라는 점입니다.

20C 초에서 1950년대: 인간발달과 가족— 미시적 가족관계 연구

20세기 초반 이후에는 가족의 사회화 기능에 초점을 두는 많은 연구가 시작됩니다. 가족이 사회적으로 어떤 단위나 구조를 나타내야 한다는 것을 넘어서, 어떻게 하면 건강한 가족을 유지할 수 있는가에 대한 논의가 많아집니다. 이 시기의 대표적인 학자로는 프로이트(Freud)를 들 수 있습니다.

앞서 논의한 것처럼 프로이트는 인간의 인성 발달을 설명하는 데 중요한 역할을 한 학자입니다. 인성 발달에 가족의 영향력을 체계적으로 정립한 최초의 학자이지요. 그는 인간의 성격은 자기가 태어나고 자란 가족 간의 관계, 즉 부모의 양육행동에 따라 성격이 결정된다고 주장하였습니다. 그중에서도 특히 생후 6세 이전까지 모-자녀관계와 어머니의 양육행동이 한 인간의 성격형성에 결정적 영향을 미친다고 주장하였습니다. 어머니와 자녀는 밀접한 관계를 갖게 되며, 어린 자녀의 내면을 도덕적으로 완성시키는 것은 어머니의 책무가 된다고 본 것이지요.

프로이트의 이론은 가족, 모성, 성성에 대한 새로운 관점과 재해석을 제시하였다는 점에서 의의가 있지만, 부모입장에서 아이를 보는 부모주의(Parentism)의 한계를 벗어 나지 못했고, 19세기 부르주아적 관점에서만 적용된다는 비판과 남성 우위적 관점 및 결정론적 입장에서 인성 발달과 가족의 영향을 설명했다는 비판을 받기도 합니다. 하지만 프로이트의 이론을 바탕으로 문제를 가진 사람들의 행동을 교정하기 위해서는 가족치료가 필요하다는 근거를 제시할 수 있었습니다. 또한, 프로이트의 이론은 정신의학, 심리학, 사회복지에서 많이 활용되었으며, 리치몬드(Richmond)를 포함한 초기의 많은 상담가가 이에 근거하여 가족치료를 시작해 20세기 초 가족치료를 대중화하였습니다.

1950년대에서 1980년대: 현대 기능론적 가족이론－ 건강한 가족의 기능과 역할

기능주의적 관점에서 보는 사회는 거대한 유기체와 같은 조직입니다. 사회의 변화에 따라 각 분야에 새로운 파트가 생겨나고 새로운 파트가 자신이 맡은 역할을 제대로 수행할 때 그 사회는 안정된다고 주장합니다. 기능론자의 관점에서 볼 때 핵가족은 산업사회에 적합한 제도이며, 핵가족 내에서 성별분업이 기능적으로 유용하여 가족생활이 안정화되고 사회 전체적인 구조에 순응하는 역할을 맡게 됩니다.

기능론의 핵심은 욕구, 부분, 평형 세 가지의 개념으로 설명할 수 있습니다. 어떤 사회변동에 대해 해결하고자 하는 '욕구'가 발생하고, 그 욕구에 대한 적절한 '부분'이 발생하고, 이 부분이 제대로 역할을 수행함으로써 사회는 전반적으로 '안정(평형)'을 찾게 된다는 관점입니다. 산업화시대에는 도시화 등의 새로운 변화에 적합한 가족의 형태가 요구되고, 이 요구에 따라 핵가족이라는 부분이 생겨나며, 이 새로운 부분이 사회가 요구하는 양육, 재생산, 사회화 등의 기능을 잘 수행하여 가족이 안정화되고 결과적으로 사회가 안정화된다고 보는 것입니다.

구드(Goode, 1963)는 핵가족 구조가 현대 산업사회의 개인 업적주의에 적합하다고 봅니다. 산업 사회가 지향하는 능률성과 합리성 등의 가치가 과거의 농경사회 대

가족제도보다 독립적인 핵가족 내에서 효과적으로 성취될 수 있기 때문이지요. 노벨경제학상을 받은 시카고 대학 베커(Becker) 교수는 가정 내 분업은 효율적인 제도라고 주장하였습니다(Becker, 1991). 자녀를 잘 양육할 수 있는 사람이 가정에서 자녀양육과 가사를 담당하고, 더 많은 수입을 얻을 수 있는 사람이 가정 밖에서 일하는 것은 효율적으로 인적자원을 활용하는 방법이라고 보는 것이지요. 이는 반드시 남성은 사회에서, 여성은 가정에서 일을 해야 한다는 것이 아니라 성별 구분 없이 가족의 자원을 효율적으로 활용하자는 것입니다. 한편, 피시킨(Fishkin, 1983)은 거시적인 시각에서 가족의 부분을 중요하게 보았습니다. 사회는 정부, 시장, 가족의 3부분으로 이루어지고 있으며 가족은 정부나 시장으로부터 일정부분의 위임을 받아 자율적으로 자녀를 양육하고 재화를 생산하고 분배하는 기능을 수행한다고 설명하고 있습니다. 정부, 시장, 가족이 평형을 이루는 것이 중요하며, 이러한 안정 상태가 유지, 발전되는 것이 중요한 과제라고 주장합니다.

하지만 기능주의적 현대가족사회학은 가족생활의 다양성을 지나치게 무시한다는 점과 결혼생활에서 남녀차별과 위계질서를 정당화할 수 있다는 점에서 비판을 받습니다. 이들도 핵가족의 대안을 모색했다기보다는 결과적으로 서구사회의 가족과 경제구조의 현실적 질서를 기능주의적으로 설명했다고 볼 수 있습니다.

1960년대에서 1990년대: 다양한 가족론 등장—페미니즘과 포스트모더니즘

20세기 중후반에는 가족의 형태가 부부 또는 확대가족의 전형적인 형태로만 설명될 수 있는 것이 아니라는 주장이 제기됩니다. 여권신장과 미혼모 및 한부모 가족의 증가 등 다양한 가족의 형태가 등장하며 기존의 전형적인 가족과는 다른 가족의 형태를 역기능적 가족이라기보다 다양한 가족의 형태로 수용해야 함을 강조하고 있습니다. 이렇게 가족에 대한 새로운 해석 중에서 두 개의 주요한 관점은 페미니즘과 포스트모던 시각에서의 가족론을 들 수 있습니다.

페미니즘

제2차 세계 대전 후 여성들의 사회참여가 높아지고 1960년대 이후 여성인권발달에 따라서 페미니즘적 가족사회학도 발전하게 됩니다. 페미니즘은 기존의 사회제도가 여성에게 불평등을 강조하고 여성을 가정에만 국한해 온 가부장적 문화와 제도에 대해 비판을 가하는 동시에 여성의 독자적 경제 능력의 확보를 주장하고, 가정과 사회에서의 성평등을 강조합니다. 마르크시즘과 페미니즘이 여성에 대한 가정 내 불평등과 사회제도적 모순에 대해 비판하고 있다는 점에서는 유사하지만 이를 해결하고자 하는 방법에 있어서는 차이가 있습니다. 마르크시즘에서는 여성의 노동시장 참여가 필요하며, 그러기 위해서는 가족제도의 변화가 있어야 함을 강조합니다. 제도적 변화 중 핵심은 개인 재산의 철폐, 생산과 서비스의 공산화, 주요 기반 시설의 국유화이지요. 이를 통해 여성을 가정에서 해방시킬 수 있고 생산 활동에 주도적으로 참여하게 할 수 있다고 주장합니다. 반면, 페미니즘은 여성의 적극적 사회활동을 강조하는 점에서는 마르크시즘과 같지만, 생산의 국유화나 개인 재산의 철폐를 옹호하는 마르크시즘과는 달리 사회문화적 변화, 인식의 변화 또는 불평등한 법제도의 개선 등을 주장하였습니다. 페미니즘은 여성 우월주의가 아니라 넓은 의미의 휴머니즘(Humanism)이 포함되는 개념으로 여성의 사회참여를 위해 다양한 각도에서 사회의 불평등한 제도를 철폐하고 복지제도를 확충하는 방향으로 논의의 장을 여는 데 기여했습니다.

포스트모더니즘

포스트모던 가족론에서는 가족개념이나 전형적 가족이론의 해체를 주장합니다. 현대사회에서는 가족이 더 이상 합의된 또는 기정사실로 고정화된 하나의 형태로 존재하지 않는다는 입장이지요. 포스트모던은 인류문명 이래 형성된 가족이라는 하나의 정형화된 모형에 대해 의문을 제기하면서, 보편적이고 본질적인 가족 개념 대신 현실적으로 다양하게 존재하는 가족들(Families)이라는 개념을 강조합니다. 가족이 본질적으로 또는 자연적으로 존재하는 제도라는 가설에 반론을 제기하는 것이지요. 이와 관련하여 바렛(Barrett)은 보편적으로 본질화된 가족 대신 현실적으로 다양하게 존재하는 가족들이라는 개념이 등장하였으며, 가족이 본질적으로 또는 자연적으로 존재하는 제도라는 가정에 대한 도전으로 보았습니다(박숙자 외, 2003 재인용).

즉, 포스트모던 가족론에 의하면, 농업혁명 이후의 확대가족 중심의 공동생산 가족, 산업혁명 이후 부부 중심의 핵가족 형태와 같은 가족의 구조나 기능들이 현대사회에서는 더 이상 보편적으로 설명될 수 없다는 것입니다. 21세기에는 다양한 가족들의 형태가 우리 사회에 보편적으로 수용되고 등장하게 될 것이라는 주장입니다. 이 주장은 동거부부의 확산과 이혼율의 증가, 독신가구나 동성애의 증가 등에 의해 뒷받침되고 있습니다. 하지만 포스트모더니즘은 대다수의 사람들이 왜 결혼하고 아이를 가지고 싶어 하며 결혼 생활을 유지하고 싶어 하는가에 대해서는 제대로 설명하고 있지 못합니다.

21C: 가족기반이론(Family-Base Theory)-가족의 중요성 재부각

전형적인 가족에 대한 개념이 해체될 것이라고 주장하는 포스트모던 가족론이 도전을 받는 이유는 다양한 가족형태가 나타나고 있는 것은 사실이지만 결국 가족은 유지되고 있다는 점 때문입니다. 1980년대 레이건 대통령이나 대처 수상 시기의 우파들은 가족의 책임을 강조했습니다. 가족의 일이나 가족의 생산과 분배에 관련된 일은 국가나 사회복지제도에 더 이상 의지하지 않고 가족 스스로 책임져야 하며, 가족이 구성원들의 삶을 위해 더 많은 노력을 해야 한다는 주장입니다. 이러한 보수적 주장은 1990년대의 진보성향을 가진 클린턴 정부에서도 받아들여져 사회복지의 한계를 인정하고 일정부분 가족의 책임성을 강조하게 됩니다. 여기서 중요한 것은 진보나 보수정당 모두 국가 발전에서 가족이 중요하다는 것에는 동의하고 있다는 점입니다.

현대사회에서 가족이 해체되고, 다양한 가족이 등장할 것이라고 예측하였지만 가족은 사실상 해체되지 않았고 가족제도는 유지되고 있습니다. 미국 브라운대학교의 프란시스 캘빈골드시더 교수는 현재 미국에서 독신 혹은 이혼한 성인 자녀가 부모와 동거하는 비율이 어느 시대보다 높으며, 20대 후반의 많은 성인남녀가 부모와 동거하거나 이웃에 함께 살고 있다고 밝혔습니다(문화일보, 2000). 이와 같은 새로운 형태의 가족형태는 우리나라에서도 나타나고 있습니다. 현재 한국에서는 결혼하지 않고 부모와 함께 사는 30대가 전체의 절반을 넘는 것으로 나타났는데, 2021년 통계청 발표에 따르면 20~44세 미혼 인구의 62.3%가 부모와 함께 살고 있으며, 특히 30대 미혼 인구 중 부모와 동거하는 사람의 비율은 54.8%로 집계되었습니다(연합뉴스, 2021). 새로운 형태의 부모 자식 간 동거가 확산되고, 독신생활이나 이혼 후 혼자된 자녀들이 부모의 품으로 돌아오고 있다는 것이지요. 또한, 하버드 연구소의 니콜라스 레치나스 소장은 "경기침체는 대가족 삶에 대한 새로운 시각을 불러일으켰다."라면서 "많은 경우 문제가 있을 때 도움을 청하는 첫 번째 대상은 바로 가족"이라고 지적했습니다. 스테파니 쿤츠 에버그린주립대 역사가족학 교수는 "베이비부메랑 현상과 함께 세대 간 관계가 다시 돈독해지고 있다."라고 지적했지요(내일신문, 2009).

다양한 가족의 형태가 나타나고 있기는 하지만 현대사회에서도 사람들이 결국 가족들 곁으로 와서 생활하며, 가족제도를 유지하고 있다는 것을 알 수 있습니다. 가족은 농업혁명을 거쳐 제도화되고, 산업혁명을 거쳐 핵가족이라는 형태로 변환해 왔습니다. 문명과 사회의 발전과 함께 가족도 변화해 온 것이지요. 따라서 새로운 대혁명이 발생하지 않는 이상 가족은 유지될 것이라고 봅니다.

가족기반이론은 가족이 국가의 경쟁력과 개인 삶의 기반이 되기 때문에, 향후 다양한 가족의 형태가 나타나더라도 '가족이라는 제도'는 앞으로도 오랫동안 유지될 것이라는 이론입니다. 이 이론은 과거부터 현대에 이르기까지 가족의 의미와 사회변동의 형태를 살펴본 후 정리한 내용입니다. 따라서 가족이 국가와 개인 삶의 기반이 되기 때문에 저자가 가족기반이론이라고 명명한 것이지요. 가족기반이론은 [그림 5-1]과 같이 거시적 관점과 미시적 관점으로 설명됩니다.

거시적으로 가족은 국가의 기반이며, 미시적으로는 개인의 삶의 기반이 됩니다. 따라서 국가는 가족을 건강하게 육성하도록 지원해야 하고, 각 개인은 가족 내에서 삶의 기반을 건강하게 만들도록 노력해야 합니다. 또한, 가족은 사회에 필요한 노동력을 제공하고, 가족 구성원의 사회화를 담당하며, 재화의 분배와 소비, 사회보장적 역할을 수행하게 됩니다. 따라서 국가적 발전을 위해서는 건강한 가족이 필요합니다.

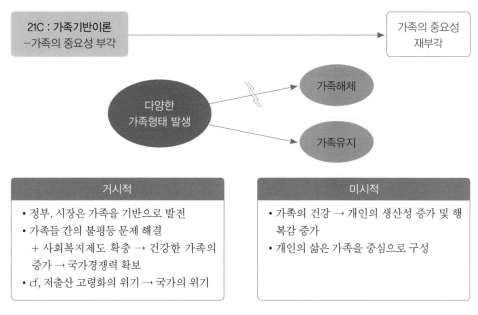

[그림 5-1] 21C: 가족기반이론

저출산 고령화의 위기 속에서 국가는 건강한 시민의 충원을 필요로 합니다. 정부, 시장, 가족의 3단위 중에서 정부와 시장은 가족을 기반으로 발전할 수 있지요. 가족이 사회에 필요한 인력을 충원시켜 주고, 이러한 인력을 통해 재화의 생산과 분배 등이 이루어질 때 국가는 발전할 수 있습니다. 결국, 가족이 없으면 국가가 무너지므로 모든 국가는 출산을 장려하고 건강한 가족을 유지하도록 노력하는 것입니다. 출산율이 높아지고 새로운 인력에 대한 양질의 교육이 이루어져 생산성이 높아지면 다음 세대의 국가경쟁력을 확보할 수 있는 것이지요. 우리가 원하는 복지국가를 실현하려면 복지비용은 현실적으로 생산성을 갖춘 젊은 세대들이 낼 수밖에 없습니다. 서구나라들은 이민정책으로 새로운 노동력을 대체 또는 확보하려 했지만 인종갈등과 국가 간 사회문화제도 차이로 그 인력 수급의 문제를 해결하는 데 많은 제약이 있음을 경험했습니다. 결국 복지국가에서는 사회적으로 세금을 낼 수 있는 건강한 시민이 필요하다는 것과, 건강한 시민은 세금을 낼 뿐 아니라 국가의 여러 영역에서 열정적으로 일할 자원이라는 것을 깨닫기 시작했습니다. 따라서 많은 선진국은 인력확충에 막대한 노력을 기울이고 있습니다.

국가가 발전하려면 건강한 가족이 많아야 하며, 이러한 건강한 가족의 출현을 위해서는 가족들 간의 불평등 문제를 해결하고 건강한 가족이 많이 나오도록 사회복지 제도를 확충시켜 나아가야 한다는 것이지요. 가족이 탄탄해져야 국가가 잘 운영될 수 있으므로 모든 국가가 가족을 강화하는 정책을 운영하고 있습니다. 결혼가족에 대한 세금감면, 육아나 보육수당지원, 무상교육과 자녀 보육비 지원, 다자녀가정 주택우선권, 노인부양가족 주택우선권 부여 등 가족을 중심으로 하는 국가경쟁력 향상을 위한 경제복지정책을 펼치고 있는 것이지요. 이는 국가가 건강한 가족의 유지가 국가경쟁력과 직결된다는 것을 깨닫고 있기 때문입니다. 따라서 국가는 가족 구성원들을 교육의 대상이 아니라 지지하고 지원하는 복지의 개념을 가져야 합니다.

또한 가족은 미시적으로 개인의 삶의 기반입니다. 가족이 건강하고 안정적일 때 각 개인의 생산성이 높아집니다. 그뿐만 아니라 가족은 개인의 행복과 직결됩니다. 어린아이가 성장하는 데 있어 부모의 교육과 양육이 기반이 되고, 성인이 된 이후에는 결혼과 배우자와의 관계 그리고 자녀양육이 개인 삶의 중심이 됩니다. 노후 생활에서는 재산을 상속하는 문제나 가족으로부터 부양을 받는 문제, 자녀 및 손자녀와의 관계가 중요해지지요. 이렇게 사람들은 살아가며 다양한 외부 사람들을 만나지만 인간관계의 핵심적인 내용은 대부분 가족을 기반으로 해서 이루어지고, 삶의 기반은 가족을 중심으로 구성됩니다. 즉, 개인은 가족에서 태어나서 성장하고, 성인이 되어 누군가를 양육하고 교육하며, 노인이 되어 가족으로부터 부양을 받게 되므로 전 생애를 거쳐 가족관계는 가장 중요한 인간관계입니다. 따라서 가족과의 관계는 개인의 행복과 직결되어 있는 것이지요. 자신의 삶의 기반인 가족을 위해서 각 개인은 다른 가족들과의 성격차이나 관계의 어려움에 대해 본인부터 변화하려는 노력을 해야 합니다. 또한, 가족에게 어려움이 닥칠 때 적응력이나 회복력을 높일 수 있도록 가족 구성원 모두 서로 노력해야 합니다.

이렇게 가족은 국가의 기반이며 또한 개인 삶의 기반입니다. 이것이 가족기반이론입니다. 시대가 변하고, 다양한 가족의 형태가 나타나고 있습니다. 그러나 현재 인류 문명에 거대한 변화가 있지 않는 한 오늘날 우리 시대가 보고 있는 가족 기능과 역할은 당분간 변화하지 않을 것입니다.

Practice
5

T 강화하기: 시간 공유와 안아주기

여러분은 지난주에 이어 이번 주에 다시 '고맙습니다'를 실천해 보았습니다. 아마도 첫 과제를 수행할 때보다는 더 많은 사람이 성공하셨을 것입니다. 두 주에 걸쳐 '고맙습니다'를 실행해 본 후 여러분의 소감 및 변화 그리고 가족들의 변화는 어떠한지 한번 적어보세요. 역시 이 책과 함께 TSL치료 과정을 함께하고 있는 사람들이 있다면 소감을 함께 나눠 보는 것도 좋습니다.

과제 1. '고맙습니다'를 표현한 후 소감, 변화내용, 상대방의 반응 적어 보기

'고맙습니다'를 표현한 후의 소감, 변화한 내용, 상대방의 반응을 기술하여 봅니다.

사례 5-1 여, 37세, 주부

　　남편에게 고맙다는 말을 하는 것이 새삼스럽게 여겨졌기에 처음에 이 말을 하기까지 오랜 시간이 걸렸던 것 같다. 하지만, 이제는 고맙다는 말이 정말 '안녕'과 같은 인사처럼 자연스럽게 할 수 있는 말이구나라고 생각하는 내 모습에 스스로 매우 뿌듯한 마음이 든다. 내가 이 말을 하자 남편도 이제는 차차 고맙다는 말을 듣는 것에 익숙해지는 것 같고 처음보다 그 말을 들었을 때 어색해 하지도 않는 것 같다고 한다. 그리고 이제는 은근히 고맙다는 말을 종종 하곤 한다. 고맙다는 말 한마디로 나와 남편의 관계가 더욱 부드러워지는 것 같아서 기분이 좋다.

사례 5-2 남, 24세, 학생

　　하루하루 생활에 쫓겨 마음의 여유를 잃을 때가 많은데 '고맙습니다' 과제를 하면서 가족을 한 번 더 생각하고 평범한 일상 속에서도 고마운 마음을 가질 수 있는 여유를 갖게 되어 더 기쁘고 감사하다. 가족들에게도 먼저 다가가고, 먼저 고맙다고 이야기하다 보니 이제는 가족들도 고맙다고 이야기하는 것이 조금은 익숙해진 듯하다. 그리고 서로 바쁘더라도 일주일에 한두 번 정도는 꼭 식사를 하거나 차를 마시는 등 서로에게 시간을 내어서 함께 무언가를 하는 것이 익숙해졌다. 그러한 과정 속에서 대화가 많아지고, 서로에 대해 관심을 가지고 더 많이 알아 가는 것이 기쁘고 즐겁다.

사례 5-3 남, 59세, 자영업

　　가족의 소중함을 새삼 느끼면서 나에게는 큰 선물이라고 느낀 아내에게 진심으로 고맙다는 말을 했다. 그 이후로 아내와 나는 대화하는 시간을 더욱 많이 갖게 되고, 서로를 이해하는 모습을 보이고 있다. 고맙다는 말을 사용하면서 또 다른 효과는 아내를 존중해 주는 마음이 더욱 생겨났고 또한 마음의 문이 많이 열린다는 것을 느낀다는 점이다. 내가 고맙다는 말을 할 때 아내의 기분이 좋아지고, 나를 대하는 태도가 긍정적이며 이해해 주려는 태도를 보여 나 역시 기분이 좋고 아내를 더 존중할 수 있게 되는 것 같다.

〈사례 5-1〉과 〈사례 5-2〉의 참여자는 '고맙습니다' 실천에 서로가 익숙해져서 자연스럽게 더 많이 실천하는 변화를 보였습니다. 또 〈사례 5-3〉 참여자는 '고맙습니다' 실천을 통해 관계의 변화를 고백하고 있습니다. 이처럼 '고맙습니다'의 표현은 개인과 상대방에게 모두 효과가 있었습니다. 두 번째로 '고맙습니다'를 실제로 행동(표현)해 본 결과 여러분은 어떠하셨습니까? 첫 번째 시도보다 조금은 수월하게 표현할 수 있었을 것입니다.

여러분이 가족에게 '고맙습니다'라는 표현을 할 때 상대방은 어떠한 반응을 보였으며, 두 번째 시도하면서 상대방의 반응에 차이가 있었습니까? 수업을 함께하며 매주 실천계획(Action Plan)과 실천(Activity)을 한 실천한 참여자들은, 첫 주에는 말하는 자신도 듣는 가족도 어색했지만 두 번째 주에는 조금 익숙해졌다고 말합니다. 이들의 사례를 보면 '고맙습니다'라고 말할 때 안아 주거나, '나도 고맙다'고 표현하는 등의 반응을 보이는 가족들도 있었습니다.

여러분은 고마움을 표현함으로써 가족의 역동성 및 상호작용이 증가하는 것을 경험했습니다. 여러분의 변화에 대해 가족들이 반응함으로써, 즉 가족관계가 표현을 통해 변화했겠지요. 여러분이 가족들에게 '고마움'을 이야기하고, 그것이 가족들에게 힘을 주고, 그 힘으로 가족들은 여러분에게 긍정적인 반응을 보여 주었을 것입니다. 이러한 반복이 여러분과 가족의 삶에 활력소가 될 것입니다. '고맙다'는 표현은 가족에게 삶의 에너지를 줍니다. 여기서 에너지란 여러분이 가지고 있는 경제적 · 신체적 · 사회적 · 정서적 자원입니다. 고맙다는 말은 여러분이 각자 소중한 사람과 같은 자원을 나누는 것입니다. 즉, 고맙다는 말은 가족과 정서적 자원을 늘리는 것이지요.

이러한 결과는 실제 조사에서도 나타납니다. 가족 구성원에게서 '고맙다'는 표현을 많이 듣는 사람들의 정신건강이 더 좋다는 것이지요. 일반인 조사에서 배우자가 '고맙습니다'라는 말을 많이 할 때 이 말을 듣는 사람들은 우울이나 자살생각을 더 적게 하는 것으로 나타났습니다. [그림 5-2]를 보면, 배우자로부터 '고맙습니다'라는 말을 매일 듣는 사람들의 우울수준은 평균 0.73인데 비하여, 배우자로부터 이 말을 전혀 듣지 못하는 사람들의 우울수준은 평균 1.04로, 30% 이상 더 우울한 것을 알 수 있습니다.

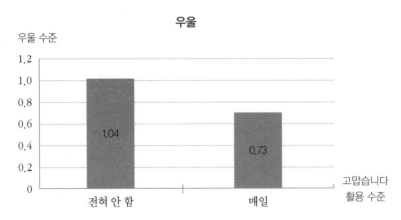

[그림 5-2] 일반가정의 배우자로부터 '고맙습니다'를 듣는 수준과 우울

또한 가장 극단적인 심리상태를 의미하는 자살생각에 있어서도 [그림 5-3]을 보면, 배우자로부터 '고맙습니다'라는 말을 매일 듣는 사람들의 자살생각 정도는 평균 0.17인데 비하여, 배우자로부터 고맙다는 표현을 전혀 듣지 못하는 사람들의 자살생각 정도는 평균 0.45로 나타나, 배우자로부터 고마움의 표현을 듣지 못하는 사람들이 3배 가까이 더 심각하게 자살을 생각하는 것을 알 수 있었습니다.

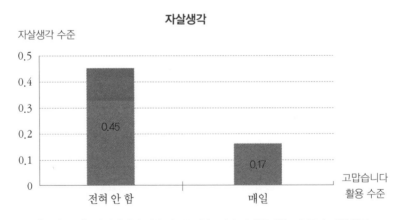

[그림 5-3] 일반가정의 배우자로부터 '고맙습니다'를 듣는 수준과 자살생각

가정폭력 발생 가족 조사에서도 이와 유사한 결과가 나타났습니다. [그림 5-4]의 결과와 같이, 배우자로부터 '고맙습니다'라는 말을 매일 듣는 사람들의 우울 수준은 평균 0.21인데 비하여, 배우자로부터 이를 전혀 듣지 못하는 사람들의 우울 수준은

평균 0.53으로, 2.5배 정도 더 우울한 것으로 나타났습니다.

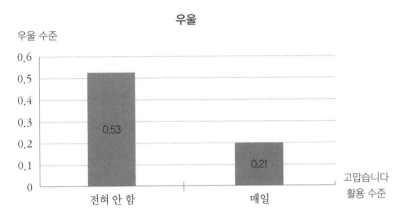

[그림 5-4] 가정폭력 발생 가정의 배우자로부터 '고맙습니다'를 듣는 수준과 우울

[그림 5-4] 가정폭력 발생 가정의 배우자로부터 '고맙습니다'를 듣는 수준과 우울

가정폭력 피해가족의 자살생각에 있어서도 [그림 5-5]와 같이 배우자로부터 '고맙습니다'라는 말을 매일 듣는 사람들의 자살생각 정도는 평균 0.03인데 비하여, 배우자로부터 전혀 고마움의 표현을 듣지 못하는 사람들의 자살생각 정도는 평균 0.37로 나타나, 배우자가 고맙다는 표현을 하지 않는 사람들이 무려 12배 이상 더 심각하게 자살을 생각한다는 것을 알 수 있었습니다.

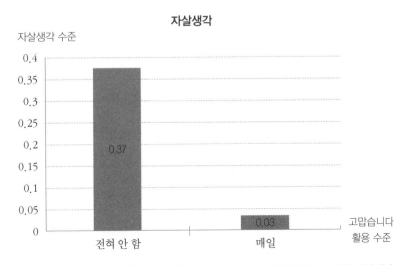

[그림 5-5] 가정폭력 발생가정의 배우자로부터 '고맙습니다'를 듣는 수준과 자살생각

이것은 배우자에게서 고맙다는 말을 많이 들으면 긍정적 삶의 에너지가 높아진다는 것을 의미합니다. 바꾸어 말하면 여러분이 고맙다는 말을 많이 할 때 여러분의 가족들은 더 많은 삶의 에너지를 받게 됩니다.

중요한 것은 고마움의 우회적 행동이 아니라 고맙다는 말을 해야 한다는 것입니다. 여러분은 상대방이 당연히 고마움을 느낄 것이라 생각하지만 감사하다는 것을 표현해야 상대방이 인식할 수 있습니다. 여러분이 이미 경험했겠지만 자신의 마음을 말로 표현할 때까지 오랜 시간이 걸리지만 표현하고 나면 다음은 쉬워집니다. 또한 마음속에 있는 것은 언젠가 표현되기 마련입니다. 인생에 대해 열린 마음(Open Mind)을 가질 때 마음에 여유가 생기며, 억누르거나 참지 않고 표현함으로써 마음의 여유가 생기는 것입니다.

시간의 공유: 감사 행동 강화하기(Reinforcement)

Practice 5에서는 T(Thank you)의 세 번째 단계인 '공유하기'의 과제를 수행할 것입니다. 여러분은 TSL치료의 첫 단계인 T(Thank you)를 실행하기 위해 앞의 4주간 가족의 소중함을 '인식'하고, '표현'하였습니다. 이제 '감사'의 단어로 표현된 '고마움'을 실제로 '행동'으로 '표현'하는 단계입니다. 이번 주에 여러분은 고마움과 관련된 활동을 하게 될 것입니다. 감사함을 언어로 표현할 뿐 아니라 존재하는 것만으로도 감사한 가족과 시간을 공유하는 것이지요.

앞으로 일주일간 소중하고 감사한 가족과 공유할 수 있는 시간을 최소한 30분 이상 가지고, 그 결과를 다음 주에 살펴보기로 합니다. 앞의 '고마움을 표현하기'와 마찬가지로 계획(Plan)을 세운 후 활동합니다.

단, 이때의 시간 공유는 단순히 TV를 같이 보거나, 상대에게 무관심하게 쇼핑을 하거나, 말없이 식탁에 앉아 식사만 하는 것을 의미하는 것이 아닙니다. 두 사람 혹은 가족만의 공간 속에서 상대방과 같은 주제를 가지고 이야기하거나 함께 활동하는 것입니다. 실제로 연세대학교 가족복지연구팀이 2007년 가정폭력을 경험한 375가구를 대상으로 조사한 결과에 의하면, 81.3%의 부부가 TV를 함께 보는 시간을 제외하면 하루 평균 30분 이하의 대화시간을 갖는 것으로 나타났습니다. 특히, 전체의 절반이 넘는 56.2%의 부부는 하루 중 대화시간이 10분에 못 미치는 것으로 밝혀졌습니다. 주제를 갖고 함께 대화를 나누기에는 턱없이 부족한 수준이지요. 이와 같이 가족이 함께 보내거나 대화하는 시간이 많은 것 같지만, 실제 조사결과를 살펴보면 함께 TV 드라마를 시청하는 시간을 제외하면 얼마 되지 않는 것을 알 수 있습니다. 따라서 오늘의 과제인 시간의 공유는 두 사람만을 위한, 두 사람의 관계에 집중할 수 있는 시간이어야 합니다. 적극적 상황의 공유는 두 사람이 외부로부터 방해받지 않고 두 사람의 관심사에 대해 이야기 나누고 행동하는 것입니다. 등산이나 쇼핑을 하더라도 두 사람이 공통으로 나눌 주제를 가져야 합니다. 그러므로 어떤 주제에 대해 함께 이야기하기, 무엇인가 같이 만들기, 같이 운동하기처럼 일상생활에서 기존과는 다르게 서로 존중하는 태도를 가지고 다음의 세 가지 원칙을 지키며 30분 이상 시간을 공유해 보세요.

원칙 1. 두 사람의 관계에 집중할 수 있는 공간과 시간을 확보합니다.

원칙 2. 상대방을 존중하는 태도를 가지고 눈을 마주치며 상대방과 공동의 주제나 활동을 찾습니다.

원칙 3. 서로에게 집중하며 함께 이야기하고, 함께 활동하고, 함께 감정을 나눕니다.

과제 2. 고맙습니다'라는 표현과 함께한 '시간 공유' 실천계획(Action Plan)과 실천(Activity)

'고맙습니다'라는 표현과 함께한 '시간 공유' 실천계획(Action Plan)	
누구에게	어떻게
'고맙습니다'라는 표현과 함께한 '시간 공유' 실천(Activity)	
누구에게	실행 여부
어떤 활동을 어떻게 함께? (실행 못 한 경우 그 이유)	
상대방의 반응	
나의 반응	

다음은 참여자가 '고맙습니다'의 표현과 시간 공유를 실천한 사례입니다.

사례 5-4   남, 43세, 자영업

'고맙습니다'라는 표현과 함께한 '시간 공유' 실천계획(Action Plan)			
누구에게	어떻게		
아내	작은 일에도 관심을 가지고 질문하기		
딸	입시 준비 중인 딸의 실기 연습에 참가하기		
'고맙습니다'라는 표현과 함께한 '시간 공유' 실천(Activity)			
누구에게	아내	실행 여부	○
어떤 활동을 어떻게 함께? (실행 못한 경우 그 이유)	예전에는 저녁 식사를 마치면 나는 TV를 보고 아내는 집안일을 하고 서로 대화가 별로 없었는데 이제는 아내를 도와 설거지를 하고 차를 마시며 대화하는 시간을 가져 보았음		
상대방의 반응	처음에는 '웬일이야?'라는 식으로 의아해하더니 설거지 등의 집안일에 미흡한 나를 이것저것 가르쳐 주며 신이나 하는 모습을 보임. 특히 차를 마실 때는 외출해서 마시는 것도 아니었는데, 결혼 전에 데이트할 때 생각이 난다며 좋아함		
나의 반응	긴 시간도 아니었고 두세 시간 정도를 함께 집안일하고 대화했을 뿐인데 아내가 너무 좋아하는 모습을 보니 내 기분도 너무 좋았고 지금까지 나의 행동에 반성도 되었고 앞으로는 외출하는 횟수도 늘려야겠다고 생각함		
누구에게	딸	실행 여부	○
어떤 활동을 어떻게 함께? (실행 못한 경우 그 이유)	평소 등하교 외에는 딸아이와 얼굴을 마주 볼 시간이 없었음. 예술중학교 입시를 준비하는 어린 딸의 실기 연습에 참여하여 관심을 보여 줌		
상대방의 반응	처음에는 아빠의 참관에 의아해하며 불편하고 쑥스럽다고 했음. 하지만 동작을 봐주고 격려도 해 주니, 힘이 솟는다고 말했음		
나의 반응	가족의 소소한 일들에 관심을 갖지 못했는데, 이번 동행을 통해 아이에게 더 많이 관심을 갖게 되고, 아이를 더 많이 이해하게 되었음. 보람을 느꼈음		

😀 사례 5-5　여, 25세, 학생

'고맙습니다'라는 표현과 함께한 '시간 공유' 실천계획(Action Plan)	
누구에게	어떻게
어머니	어머니와 함께 TV를 보며, 작은 손주머니를 만들어 달라고 부탁드림

'고맙습니다'라는 표현과 함께한 '시간 공유' 실천(Activity)			
누구에게	어머니	실행 여부	○
어떤 활동을 어떻게 함께? (실행 못한 경우 그 이유)	어머니와 함께 TV를 보며 여러 이야기를 나누고, 어머니께 손 주머니를 만들어 달라고 부탁드려 만드시는 동안 함께할 수 있는 시간을 가졌음		
상대방의 반응	피곤하신데도 정성을 다해 주머니를 만들어 주셨음. 나는 곁에서 이야기를 나누면서 진심으로 고맙다는 표현을 계속하였음. 일상에 대한 감사가 어머니를 감동시키는 것 같았음		
나의 반응	계속 고맙다는 말을 하니 내 마음도 진짜 즐거워지는 것 같음. 지난 주간에는 일부러 매일 안부 전화를 드렸음. 존재에 대한 감사함이 나의 삶의 일상이 되었으면 하는 바람임		

😀 사례 5-6　남, 29세, 대학원생

'고맙습니다'라는 표현과 함께한 '시간 공유' 실천계획(Action Plan)	
누구에게	어떻게
아버지	함께 운동하기
어머니	자전거 타시는 것 돕기

'고맙습니다'라는 표현과 함께한 '시간 공유' 실천(Activity)			
누구에게	아버지	실행 여부	○
어떤 활동을 어떻게 함께? (실행 못한 경우 그 이유)	휴일에 집에 갈 때면 늘 친구들과 놀았는데, 이번에는 아버지와 함께 탁구를 하고 이야기하는 시간을 가졌음		
상대방의 반응	친구와 놀러 가지 않고 아버지께 탁구 한 수 배우겠다고 하니 굉장히 좋아하시면서 집 근처 탁구장으로 데려가 주셨음. 아버지는 탁구를 하면서 예전 친구들과 있었던 이야기를 해 주시며 즐거워하셨음		
나의 반응	아버지께 탁구를 하는 법을 배우기도 하고, 아버지가 즐거워하시니, 나의 기분도 좋았음. 앞으로도 함께 탁구를 하러 나오자고 약속함		
누구에게	어머니	실행 여부	○
어떤 활동을 어떻게 함께? (실행 못한 경우 이유)	요즘 들어 어머니께서 자전거를 배우시는데 함께 공원에 나가 어머니께 자전거 교습해 드림		

상대방의 반응	처음에는 같이 안 가시겠다고 하시다가 어떤 상황에서도 내가 답답해하지 않는다는 확답을 받으시고야 함께 나가셨음. 자전거 타는 법을 가르쳐 드리며 내가 성심성의껏 대답해 드렸더니 많은 도움이 되었다며 매우 기뻐하셨음
나의 반응	내게는 어렵지 않은 일인데 어머니가 너무 좋아하시는 모습을 보니 함께 나오길 잘했다는 생각이 들었음. 자꾸 넘어지는 어머니를 잡아 드리느라 자연스럽게 손도 잡고 안아드리게 됨. 어머니와 좀 더 가까워진 거 같음

이 사례에서 볼 수 있듯이 시간을 공유하는 것으로 상대방이 기뻐하는 반응을 보이고, 참여자 자신도 기쁨을 느끼며 변화의 의지를 갖는 것을 볼 수 있습니다. 〈사례 5-4〉는 배우자가 연애 시절을 떠올리며 새로운 생동감을 찾는 모습을 보이네요. 그리고 〈사례 5-5〉의 참여자는 계속 고맙다는 말을 하면서 본인이 정말로 즐거워지기도 하고 존재의 고마움이 자신의 삶의 일상이 되길 바라네요. 〈사례 5-6〉의 경우 함께 시간을 공유하며 기대하지 않았던 다른 긍정적인 효과가 발생하기도 합니다. 앞의 사례들에서 이러한 행동을 통해 자신이 행복해지는 것을 발견하게 됩니다.

물론 여러분이 '고맙습니다'라는 말을 처음 꺼낼 때 어려웠던 것처럼 시간을 공유하는 것도 쉽지는 않을 것입니다. 하지만, 존재에 대한 감사를 인정하고 '고맙습니다'를 말로 표현하는 것에 익숙해지면서 점차적으로 '고맙습니다'를 표현하고 여러분이 가진 경제적 · 사회적 · 정서적 · 신체적 자원을 가족에게 나누는 것이 수월해질 것입니다.

과제 3. 가족 구성원 안아 주기

이번 주에는 과제가 하나 더 있습니다. 시간 공유하기를 하면서 상대방 안아 주기를 함께하는 것입니다. 안아 주기는 상대방과 직접적인 피부접촉을 하는 것으로 정서순화와 긴장완화에 도움이 될 수 있습니다. 그동안 잊었던 피부접촉을 안아 주기를 통해 시도해 볼 수 있겠지요. 시간을 공유하면서 가족 구성원 간에 어느 정도 교감이 흐르거나, '고맙습니다'를 해서 정서교감이 흐를 때 이를 강화하는 방법 중 하나가 안아 주기입니다. 상대방과의 신체 접촉을 통해서 서로의 사랑을 확인하고, 감

사하는 마음을 다시 인정함으로써 여러분의 정서도 순화될 것입니다. 실제로 참여
자 중 한 사람은 안아 주기 과제를 시도한 후 다음과 같이 이야기했습니다.

사례 5-7 여, 27세, 학생

저녁에 들어가서 어머니가 쉬실 때 어깨를 주물러 드렸다. 평소에 그런 요구를 잘 안 하시는
데 내가 먼저 조용히 어깨를 주물러 드리니 말씀은 안 하셨지만, 굉장히 좋아하는 눈치셨다. 아
직은 베풀기만 하시는 어머니께 무엇인가를 베풀어 드릴 수 있어서 뿌듯했고 어깨를 주무르면
서 하루의 일과를 이야기해서 참 좋았다.

그리고 처음으로 안아 주기를 시도해 보았다. 엄마는 그런 표현을 좋아하시는데 아직 제대로
된 허깅을 한 번도 해 본 적이 없었다. 내가 집을 나서면서 '엄마 우리 서로 안아 주기 해요.'라고
말을 꺼냈고 엄마가 웃으면서 나를 꼬옥 껴안아 주셨다. 그리고 내가 엄마 서운한 것, 마음 고생
시킨 것이 있으면 미안하고 고맙다는 말씀을 드리니 엄마는 웃으시면서 괜찮다고 말씀하셨다.
엄마와의 허깅이 참 따뜻하고 좋았다. 엄마를 사랑하지만 제대로 직접적으로 표현한 적은 없
는데 엄마가 기뻐하시는 모습을 보면서 앞으로 정말 자주 해야겠다는 생각이 들었다.

〈사례 5-7〉에서 볼 수 있듯이 안아 주기를 통해 참여자는 '따뜻함'을 느끼고, 가
족과 그 따뜻함을 나눌 수 있는 시간이 되었음을 알 수 있습니다. 여러분들도 이번
주 과제인 시간 공유하기를 실천하며 안아 주기도 함께해 보시길 바랍니다.

TSL 발달단계 이론 소개

TSL 프로그램에 참여하는 참여자들은 5Re 원리에 따라 회상, 인정, 실천, 강화,
재충전의 과정을 거치면서 TSL을 실천하게 됩니다. 이 과정을 통해 참여자들은 T,
S, L을 성취하게 됩니다. 그러나 모든 참여자가 동일한 변화 과정을 거치며 모든 발
달단계를 순차적으로 경험하는 것은 아닙니다. 실제로 TSL 프로그램의 참여자들은
각기 다른 성취 단계를 보입니다. 참여자들 간의 차이는 TSL 발달단계가 다르기 때
문에 나타납니다. 그 차이의 이유와 발달단계별 특성을 알면 TSL실천에 도움이 됩

니다. TSL 발달단계는 '고맙습니다' '미안합니다' '사랑합니다' 과정마다 5단계를 거쳐 진정한 TSL 변화를 경험하게 되는 과정을 의미합니다. T과정에서 4, 5단계를 경험한 참여자들이 자연스럽게 S과정의 4, 5단계로 넘어갑니다. 그리고 S과정의 5단계를 경험한 참여자들이 L과정의 4, 5단계로 넘어갑니다. T과정의 4단계를 경험하는 것은 수월하게 S과정으로 넘어갈 가능성을 높이지만, T과정의 5단계를 경험하지 못한다면 S과정에서의 진정한 사과와 용서를 경험하거나 유지하기 쉽지 않습니다. 마찬가지로 S과정에서 4단계까지만 경험하는 것은 용서를 제대로 하지 못하였다는 것을 의미하기 때문에 L과정에서 더 많이 주기, 무한대로 주기까지는 경험할 수 있지만, 겸손을 경험하기는 쉽지 않습니다. 따라서 T, S, L 각 과정에서의 5단계를 경험하고 유지하는 것이 가장 바람직한 TSL의 발달단계입니다. TSL 발달단계 이론을 도식화하면 [그림 5-6]과 같습니다.

단계		T		S		L
1	1점	미확신(망설임)	1점	미확신	1점	받은 만큼 주기
2	2점	어색함, 머쓱함	2점	주저함	2점	조금 더 주기
3	3점	보상과 기대 (받은 것에 감사)	3점	보상과 기대 (인정한 것에 사과)	3점	더 많이 주기 (반응)
4	4점	존재에 대한 진정한 감사	4점	자연스러운 미안함	4점	무한대로 주기 (기쁨)
5	5점	기쁨 (감사 자체)	5점	사과, 용서의 기쁨	5점	겸손 행복

T, S, L 단계마다 참여자는 다른 수준의 변화를 경험한다.

[그림 5-6] TSL 발달단계 이론

이 발달단계 이론을 질적으로 분석한 결과(성신명, 2021), T과정에서 4, 5단계를 경험한 참여자만이 자연스럽게 S와 L과정으로 넘어가는 것을 발견하였습니다. T, S, L 각 과정에서 1~5단계를 거치게 되는데 각 파트에서 자세히 다루는 것으로 하고 여기서는 먼저 T(Thank you)의 5단계([그림 5-7] 참조)에 대해 자세히 알아 보겠습니다.

'고맙습니다'(Thank you) 발달 5단계

[그림 5-7] T의 발달 5단계

T과정에서 참여자들은 '고맙습니다'를 다음과 같은 5단계의 발달단계를 거쳐서 경험하게 됩니다. 1단계는 '고맙습니다'가 필요한지 확신이 없기 때문에 실천을 망설이는 단계입니다. 2단계는 고맙다는 말을 표현하는 것이 어색하고 머쓱한 단계입니다. 3단계는 고맙다고 인정되는 것에 대해서 고맙다고 표현할 수 있게 되고 상대방의 변화를 기대하는 보상과 기대의 단계입니다. 4단계는 상대방의 존재에 대한 감사를 인정하고 표현하게 되는 단계입니다. 5단계는 고맙다고 표현하는 것 자체에서 기쁨을 느끼게 되는 단계입니다. 이러한 T과정에서의 발달 5단계를 도식화하면 [그림 5-7]과 같습니다. 각 단계에 대한 설명을 조금 더 자세히 다루어 보겠습니다.

[그림 5-8]과 같이 T과정에서 1단계는 '망설임'의 단계입니다. '왜 내가 먼저 해야 하나?' '말로 꼭 표현해야 하나?'와 같이 '고맙습니다' 표현을 상대방에게 전달하는 것을 주저하고 망설이는 단계입니다. 1단계에 머무는 것은 아직 존재에 대한 감사보다 아쉬움과 섭섭한 마음이 더 크기 때문일 수 있습니다. 고마움(T)에 집중하여 5Re를 다시 할 때 다음 단계로 나아갈 수 있습니다. 다음 2단계는 '과제니깐 어쩔 수 없이 해야지' '말로 하려니 왠지 어색하다' '오글거린다'와 같은 반응을 보이는 단계로 '고맙습니다'를 표현하기에는 아직 어색한 상태입니다. 상대방에게 고마운 것은 있으나 아직도 이익형량의 원칙이 작동하여 고맙다고 하면 왠지 자신에게 득보다는 손해가 될 듯 하거나, 안 해도 그간 잘 지내 왔는데 굳이 해야 하나 하는 모습입니다. 3단계는 상대방으로부터 받은 것에 대하여 어렵게 '고맙습니다'를 표현한 후에

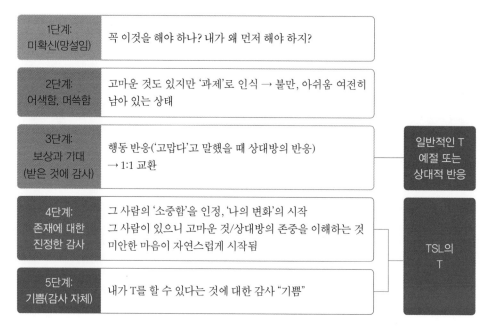

[그림 5-8] T의 발달 5단계 설명

상대로부터 긍정적인 반응을 통해 보상을 받았다고 느끼고 TSL실천을 하기 잘했다고 생각하는 단계입니다. 이 단계에서는 상대방의 반응에 따라 T 실천이 더 강화되거나 위축될 수도 있습니다. 특히 상대방의 소중함을 인정하고 고마운 마음을 표현해야 하지만 이것을 왜 나만 해야 하나라는 생각이 많이 듭니다. 그래서 상대방의 반응이 긍정적이지 않으면 민망하고 내가 변한만큼 상대방도 변하기를 바라는 1:1 교환의 보상과 기대가 나타나게 됩니다. 하지만 자신의 맥락에서 생각하는 1:1은 상대방의 생각과 다를 수 있기에 지나친 기대는 결국 낙심으로 이어질 수 있습니다. 사회적인 예절로 상대방의 호의에 감사하는 것도 3단계에 포함될 수 있습니다. 4단계는 이보다 조금 더 발전하여 진정한 존재에 대한 소중함을 깨닫고 '고맙습니다'를 실천하는 단계로, '확장된 감사' '진정한 감사' 단계에 이르렀다고 할 수 있습니다. 상대방이 해 준 것에 대한 감사를 넘어 존재하는 것만으로도 감사하는 진정한 T를 실천할수 있는 단계입니다. 4단계에 이르러서야 나의 변화가 시작되고 진정한 감사의 톱니바퀴가 움직여 가족에 대한 미안함이 생겨나게 됩니다. 내가 표현하는 고마움에 대한 상대방의 반응에 크게 연연하지 않는 단계로 내가 상대방의 존재를 감사로 받아들이는 것입니다. 이 단계에 들면서 상대방에게 미안한 것도 있다는 생각을 하게 됩니다. 슬프거나 아픈 기억도 다룰 수 있는 정신적인 체력이 생기는 겁니다. 마지막 5단계는 '고맙습니다'를 실천하는 것 자체에 감사하는 단계로, 감사를 표현할 상대가 있다는 사실만으로 감사와 기쁨을 경험하는 단계입니다. 감사할 상대가 있고 내가 많은 것에 고마움을 표할 수 있다는 감사 자체에 대한 기쁨입니다. 5단계에 이르렀다면, 미안함과 용서를 실천하는 S단계를 훨씬 수월하게 이해하고 진행할 준비가 된 겁니다. 즉, 1~3단계는 일상적으로 또는 사회매너상 감사를 실천할 수 있는 단계라면, 4~5단계가 되어서야 진정한 TSL실천과 그에 따른 변화가 생기는 단계라고 할 수 있습니다. 4단계부터는 상대방의 반응과 상관없이 스스로 먼저 움직여서 T를 실천할 수 있게 됩니다.

😊 사례 5-8 ｜ 남, 32세, 교사

> 추석 때 부모님을 뵙고 우리 가족이 이렇게 행복한 것은 모두 좋은 어머니가 계셨기 때문이라며 어머니를 안아 드렸다. 어머니는 다 니들 덕분이라고 하시며 뭉클해 하셨다. 그러면서 아버지도 안아 드렸더니, 아내가 어머니를 안아 드리고 동생 부부까지도 따라서 서로 안아 주게 되어 가족이 모두 서로를 안아 주는 시간이 되었다. 부드러워진 분위기로 함께 식사를 하고 가족 여행을 계획하는 시간이 되었다.

〈사례 5-8〉에서 참여자는 가족의 존재가 소중하다는 것을 깨닫고 존재에 대한 고마움을 표현하였습니다. 그리고 고마움을 표현하는 과정에서 가족 간에 기쁨을 나누는 모습을 볼 수 있습니다. 이러한 모습에서 참여자가 T의 발달 5단계 중 4~5단계에 이르렀음을 확인할 수 있고 이후 자연스럽게 S과정으로 넘어갈 것을 예상할 수 있습니다.

오늘의 과제

과제 1. '고맙습니다'를 표현한 후 소감, 변화내용, 상대방의 반응 적어 보기

과제 2. '고맙습니다'라는 표현과 함께한 '시간 공유' 실천계획(Action Plan) &

실천(Activity)

과제 3. 가족 구성원 안아 주기

이 Practice의 목표는 '고맙습니다'의 표현과 시간 공유를 통해, 실질적으로 언어적 표현과 동시에 일상을 함께하는 습관을 시작하는 것입니다. 시간의 공유는 지겨운 시간이 되어서는 안 됩니다. 상대방에 대한 고마운 마음에서 시작되어야 합니다.

현대 가족의 특징

현대사회의 다양한 가족형태

　20세기 가족의 가장 큰 특징 중 하나는 확대가족의 수가 감소하고 핵가족의 수가 증가하고 있다는 점입니다. 그뿐만 아니라 예전에는 생각할 수 없었던 다양한 가족 형태가 나타나고 있기도 하지요. 토플러는 가족의 미래를 예측하면서 앞으로 삼백육십여 가지의 가족 형태가 나타날 것이라고 이야기한 적도 있습니다. 21세기 현대사회에는 다양한 가족의 형태가 존재합니다. 별거, 사별, 이혼, 미혼모 등으로 부모 중 한쪽만 있는 한부모가족, 흔히 기러기 아빠라고 불리는 부부가 지리적으로 멀리 떨어져 있어 별거하는 방식의 가족형태도 존재합니다. 또한, 이혼율의 증가로 재혼 가족(Step Family)이 증가하고 있으며, 이 외에도 무자녀 가족, 동성애 가족, 동거 가족, 단독가구, 사이버상의 가족 등이 다양한 가족형태의 예라고 할 수 있지요.

　현대의 가족은 형태뿐 아니라 가족의 역할에 있어서도 이전 시대와는 차이를 보이고 있습니다. 현대의 가족은 이전 시대에 비해 사회적으로 생산의 단위로 기능하거나, 가족 구성원에 대한 교육 및 양육과 부양을 전적으로 담당하지는 않습니다. 이러한 역할은 사회가 어느 정도 담당하고 있지요. 반면, 가족의 정서적 기능이 가족의 고유한 기능으로 강조되고 있습니다.

현대 한국 가족의 다양한 문제

앞에서 현대사회에서는 사회가 가족 역할의 일부를 담당하는 비중이 커지고 있다고 설명했습니다. 하지만 사회의 급격한 변화 속에서 가족들은 새로운 어려움에 직면해 있기도 합니다. 우리 사회에서 가족이 겪는 문제들에 대해 우리가 잘 이해하고 있다면 어려움을 경험하는 가족들에 대해 적절한 지원을 할 수 있을 것입니다.

먼저 현대 한국사회의 가족문제에 있어서 가장 핵심적인 문제이기도 하고 다른 문제들의 원인이 되기도 하는 것은 바로 이혼율의 증가입니다. 조사결과에 따르면 조이혼율(인구 1,000명당 이혼발생율)은 1970년 0.4, 1980년 0.6, 1990년 1.1, 2000년 2.5, 2004년 2.9로 지속적으로 증가하고 있음을 알 수 있습니다. 특히 2000년대 들어 이혼이 급증해서, 1998년 11만 6,300건이던 이혼 건수는 2003년 16만 6,000건으로 늘었습니다. 2008년에 이혼 숙려제도 도입 이후 11만 6,000건으로 다소 감소하였으나 이혼율의 증가는 앞으로도 상당 기간 불가피할 것으로 보입니다(통계청, 2009).

이혼율의 증가와 함께 눈에 띄는 변화는 가족구조의 변화입니다. 모든 이혼을 병리적 현상이라고 할 수는 없지만 이혼은 사회적으로나 개인적으로 많은 어려움을 파생시킵니다. 통계청에 따르면, 자녀 없이 부부만 있는 가구 비중은 2000년 12.3%(146만 가구)에서 2015년 15.9%(296만 가구)로 15년 동안 가구수도 103% 증가했습니다. 한어머니·한아버지 가정을 합친 '한부모 가족' 역시 같은 기간 111만 가구에서 173만 가구로 56% 증가하였습니다. 그뿐만 아니라 단독가구라고 하는 1인 가족은 1990년 9.0%에서 2015년 21.3%로 상당히 빠르게 증가하고 있습니다. 또한, 우리가 기러기 아빠라고 말하는 가족과 떨어져 살지만 정서적 연대를 유지하는 '원(遠)거리가족', 출신 국적이 다른 '다문화가족', 그리고 동성애커플도 생겨나고 있는 상황이지요. 반면 전통적인 가족 형태라고 할 수 있는 '부부+자녀 가족'은 51.9%에서 42.0%로 감소하였습니다(통계청, 2015).

이혼의 증가와 결혼 연령의 상승, 그리고 결혼 건수의 감소에 의해서 자연스럽게 나타나는 현상은, 전체 결혼에서 재혼 건수의 비율이 높아졌다는 것입니다. 초혼 구성비를 보면 지난 1972년 남자는 94.6%, 여자는 97.1%였고 2000년 남자는 86.8%,

여자는 85.3%였지만 2020년에는 남자 84.3%, 여자 82.0%로 비중이 줄었습니다. 반면, 재혼 구성비는 1972년 남자 5.4%, 여자 2.9%에서 2000년 남자 13.1%, 여자 14.5%, 2020년 남자 15.6%, 여자 17.8%로 높아졌으며 1990년 이후부터 여자들의 재혼비중이 남자들보다 높았습니다. 2020년 결혼한 남자와 여자의 6명 중 1명꼴은 재혼이라는 것입니다(통계청, 2020c).

그뿐만 아니라 재혼 중에서 초혼남자와 재혼여자가 결합하는 비율이 꾸준히 증가하고 있습니다. 초혼남자와 재혼여자의 혼인비율은 94년 3.3%, 2010년 5.6%에서 2020년 6.0%으로 두 배 가까이 늘었습니다. 100쌍 중 6쌍 정도인데요, 반면 같은 기간에 재혼남자와 초혼여자의 혼인비율은 3.4%에서 3.7%로 별다른 증가는 보이지 않습니다. 재혼연령도 1972년 평균이 남자 39.0세, 여자 33.7세였는데 이후 꾸준히 증가해 2020년 남자 50.0세, 여자 45.7세 각각 11세, 12세 증가했습니다(통계청, 2020c).

이처럼 현대 우리사회의 가족은 [그림 6-1]과 같이 다양한 특징을 보이고 있습니다. 이러한 특징 중에서 가장 심각한 것 중 하나는 저출산율입니다. 조사결과에 따르면 1970년의 출산율은 4.53명, 1980년에는 2.82명, 1990년에는 1.57명, 2000년에는 1.47명, 2008년에는 1.19명, 2019년에는 0.92명으로 출산율이 점차 감소하고 있음을 알 수 있습니다(통계청, 2020c). 출산율 저하는 곧 청년활동인구의 감소를 의미합니다. 또한, 출산율의 저하는 고령화를 심화시켜 각종 사회문제와 함께 젊은 층의 사회경제적 부담을 키우게 되지요. 고령화 사회에서는 상대적으로 적은 인구수를 차지하는 젊은 경제활동 인구가 많은 수의 노년층을 사회적으로 부양해야 하는 것입니다. 또한 필요한 주택의 공급 부족과 부동산 정책 실패로 인한 급격한 집값 상승은 젊은 세대의 비혼 증가와 상관관계가 높습니다(홍승아 외, 2018). 이러한 사회경제적 압력은 다시 젊은 층의 결혼연령을 늦추게 되고, 소득에서 차지하는 양육비나 부양비의 부담을 과중하게 만들어서 출산율이 낮아지는 악순환을 초래하게 됩니다. 따라서 현대 우리 사회의 가족문제를 해결하기 위해서는 개인과 가족이 조금 더 행복해지도록 개인적인 노력과 함께 이들 가족의 문제를 해결하기 위한 사회적 지원과 노력이 병행되어야 합니다.

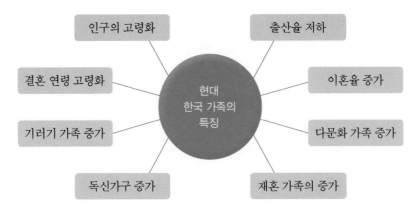

[그림 6-1] 현대 한국가족의 특징

현대 한국 가족의 저출산 원인과 대책

저출산 문제가 심화된 이유로 가족 가치관의 변화, 사교육비의 상승 등이 자주 제시됩니다. 하지만 보다 근본적인 여러 원인을 살펴보면, 경제위기로 고용이 불안해지면서 자연스럽게 발생한 소득의 불안, 집값의 상승으로 인한 신혼부부들의 거주비용 마련의 부담, 그리고 이 때문에 내 집 마련의 시간이 점점 길어지는 현실 등의 경제적인 이유가 있습니다. 또 일반적인 결혼연령의 상승, 여성의 사회 진출로 인한 육아의 부담, 가족 구성원이 여전히 쉽게 가지는 여성에 대한 비존중적 태도 등 사회문화적 원인도 있습니다. 그뿐만 아니라 개인 생활 중심의 행복과 만족 추구, 그리고 가족 구성원들 간의 원만하지 못한 관계도 저출산을 심화시키고 있지요.

2019년 통계청 발표에 따르면, 우리나라의 총인구는 2028년 5,194만 명을 정점으로 감소해 2067년 3,929만 명에 이를 전망입니다. 이는 산업현장에서 경제활동을 할 인력이 감소한다는 의미입니다. 그 결과 국가의 경쟁력 약화와 나아가서는 국가적 재앙에 이를 수 있는 것입니다. 저출산 문제는, 예를 들면 저개발 국가에서 정부 주도의 경제개발을 하면서 수출을 증대하자 하듯이, "아이를 많이 낳자."라고 해서 많이 나을 수 있는 것이 아닙니다. 국가나 지역사회, 각 개인들이 스스로 가족의 중요성을 깨닫고 가족에 기반한 개인의 행복을 성립시키기 위해 각 방면으로 노력해야 하는 것이지요.

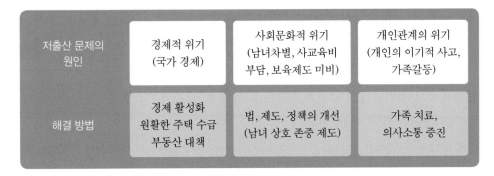

[그림 6-2] 저출산 문제의 원인과 해결 방법

따라서 저출산 문제를 해결하기 위해서 경제적으로는 경제 활성화 등의 경제 및 산업정책을 통해, 사회적으로는 보육이나 여성의 인권 개선 등 남녀 상호 존중에 대한 복지시스템의 개선으로, 그리고 가족관계의 측면에 있어서는 가족 간 소통의 증진과 관계개선을 위한 노력을 통해 저출산 문제를 해결할 수 있습니다. 즉, [그림 6-2]와 같이 경제정책, 복지지원 및 여성인권개발, 가족 간 의사소통문제의 해결 등 남녀모두가 존중받는 가족문화제도의 정착과 가족 간 관계개선을 위한 사회적 지원 및 개인적 노력이 요구됩니다.

현대 한국사회의 고령화

현대 한국사회는 유례없이 빠른 속도로 고령화 사회에 진입하고 있습니다. 일부에서는 노인인구가 앞으로 우리나라 인구에서 차지하는 비율이 삼분의 일 이상 될 것이라고 하지요. 이러한 변화는 노인 및 노인부양 가족에 대한 새로운 제도 및 노인에 대한 사회적 인식의 변화를 요구합니다. 현재는 대개 65세 이상을 노인이라고 보지만, 앞으로 계속 연장되어 가는 인간의 수명을 감안할 때, 75세 이상을 노인으로 규정하자는 일부 주장도 있습니다. 아마 이러한 주장이 설득력을 얻을 시기도 곧 올 것입니다.

노인복지가 아닌 가족복지에서 노인의 고령화 논의를 하는 이유는, 고령화와 함께 노인부부간의 관계, 노인과 자녀 및 노인과 다른 가족 구성원과의 관계가 더 중요한 의미를 갖게 되기 때문입니다. 현대 노인 남성들은 산업화에 열정을 쏟던 세대이고, 그 세대가 활동하던 때는 남성 우위의 사회였습니다. 하지만 앞으로의 시대는 남녀 존중의 사회가 됩니다. 이 시대의 새로운 패러다임에 맞게 부부관계도 새로운 정립이 필요한데 한국의 남성 노인들은 많은 경우, 이것에 어려움을 겪는 것으로 보입니다. 따라서 특히 노인 남성들의 변화가 크게 요구됩니다.

한국의 노인부부를 조사한 연구결과에 따르면(김재엽, 2007) 1년에 약 15~20%의 가정폭력이 발생하는 것으로 나타납니다. 서구 선진국들에서 보고되는 노인 가구의 가정폭력률이 대개 5% 이하인 것을 감안하면 우리나라 노인가구의 가정폭력률은 세계적으로 유례없이 높은 수치입니다. 곧 한국의 노인부부들의 갈등이 매우 높다는 말이며, 주로 그 피해자는 노인 여성들이지요. 하지만, 가정폭력의 1차 피해자가 노인 여성이라 할지라도 결과적으로 노인 남성들에게도 좋지 않은 영향을 미치게 됩니다. 가정파탄의 괴로움에서 남성노인들도 피해갈 수 없지요. 행복한 노년생활을 위해서는 노인부부들이 관계개선을 위해서 노력하고, 사회도 이를 지원해야 합니다.

한국 사회 노인들의 어려움은 비단 가정폭력에 국한되는 것이 아닙니다. 노인이 자녀와의 가족관계에서 서로 노력하지 않으면 가족 구성원들 간에 상처가 깊어지지요. 가족 간 소통의 단절이 발생할 소지가 큽니다. 가족 간의 관계는 상호보완적인 특성이 있으므로 아무리 부양 자녀들이 노력을 해도 노인 부모가 이에 대하여 감사의 표현이나 긍정의 표현이 적으면 그 관계는 쉽게 냉각되어 버립니다. 따라서 가족관계의 회복을 위해서는 개인의 부단한 노력과 노인 부양에 대한 사회적 지원이 필요한 것이지요.

Gift: 가족은 우리가 갖는 최고의 선물

앞에서 언급한 것처럼 현대 한국사회의 가족들은 사회의 변화에 따른 가족의 형태 및 기능상의 다양한 변화를 겪고 있습니다. 예전에는 매우 당연시되었던 가족이 다시 중요한 사회적 테마로 떠오르고 있습니다. 가족이라는 것이 매우 익숙하고 당연시되어, 때로는 다른 것이 더 중요하게 여겨지기도 하지만 결국 가족의 중요성은 어느 시점에서든 자각하게 되고, 그래서 자녀 출산을 통해 가족을 유지하려고 하게 되는 것이지요. 다양한 가족의 형태가 생겨 나도 가족의 의미와 기능은 쉽게 변하지 않을 것이고, 국가나 사회가 존재하려면 가족이 반드시 존재해야 합니다. 따라서 가족의 역할은 오히려 더 소중하게 생각되어야 하는 것이지요. 앨빈 토플러와 같은 미래학자도 가족 형태의 다양화를 예견하지만 가족이 국가와 사회에 구성원을 제공하고 교육하는 본래의 기능이 퇴색하기는 어려울 것입니다. 그리고 이러한 다양한 형태의 가족이 그 기능과 역할을 충분히 발휘하기 위해서는 사회적 보호와 국가적 노력을 통해 현대 가족의 특성에 맞는 가족복지시스템이 구축되어야 합니다.

가족은 우리가 가진 최고의 선물입니다. 각 개인은 자기 주변에 있는 가족 구성원들을 그저 언제나 존재하는 사람 또는 당연히 있는 사람으로 생각하지 말아야 합니다. 그 존재 자체가 선물이라고 인정하고 받아들여야 하는 것이지요. 우리는 선물을 받으면 좋아합니다. 마찬가지로 가족들이 여러분에게 해 주는 일상적인 일이 당연한 것이 아니라 '선물'이라고 생각하고 기쁘게 받아들여야 하는 것입니다.

T 재충전하기: Gift와 웃음 공유

Practice 5에서는 T(Thank you)의 세 번째 실천인 '시간 공유하기'의 과제를 수행했습니다. 여러분은 소중하고 고마운 가족과 공유하는 시간을 보냈을 것입니다.

아마도 '고맙습니다'라고 말하기와는 또 다른 느낌이었을 것입니다. 더 어려웠다는 사람도 있고, 생각보다 즐거운 시간을 보냈다는 사람들도 있겠지요. 물론, 말하기와 마찬가지로 시간 공유하기를 실천하지 못한 분들도 있을 것입니다. 자, 그럼 어떤 활동을 하며, 어떤 시간을 보냈는지? 상대방의 반응은 어떠했는지? 그것을 보는 여러분의 반응은 어땠는지를 한번 적어 보세요. 역시 이 책과 함께 TSL치료 과정을 함께하고 있는 사람들이 있다면, 소감을 함께 나눠 보는 것도 좋습니다.

😊 사례 6-1 　남, 29세, 회사원

지방에서 올라와 서울에서 대학을 마치고 회사생활을 하기 때문에 어머니와 함께할 시간이 많지 않았다. 예전부터 어머니께서 남산에 가보고 싶다고 하셨는데 항상 바쁘다는 핑계로 가지 못했다. 이번 기회를 통하여 어머니를 모시고 남산에 올라갔다. 어머니와 오랜만에 둘만의 데이트를 하면서 평소에 하기 힘들었던 이야기도 많이 했고, 쇼핑도 하였다. 어머니가 행복해하시는 모습을 보니 마음이 좋았다. 어머니와 이야기를 나누면서 아들이 여기까지 올 수 있었던 것은 다 어머니와 아버지 덕분이었다는 말을 전하였고 쑥스럽지만 감사하고 사랑한다는 말도 하였다. 갑작스러운 이런 표현들에 어머니도 약간 당황하신 듯이 보였지만 감동하셨다는 것을 알 수 있었다.

앞의 〈사례 6-1〉은 참여자가 과제를 수행하고 작성한 내용입니다. 참여자의 말처럼 고마움을 표현함으로써 본인 자신이 더 즐거워집니다. 어떠신가요? 여러분도 가족들과 어떤 행동을 함께 했을 것입니다. 어떤 행동은 이전에 부모, 자녀 혹은 배우자가 함께 하자고 부탁했던 것일 수도 있습니다. 하지만, 같은 행동도 배우자가 말해서가 아니라 여러분 스스로 움직이면 고마움을 표현하는 '행동'이 힘들게 느껴지지 않을 것입니다.

가족이 가지고 있는 모든 문제를 여러분이 직접 해결할 수는 없습니다. 하지만, 문제가 모두 해결되지 않더라도 여러분 자신이 변화하면서 그 상황을 이해하고 편안해질 수 있게 된 것이지요. 여러분이 가족에게 감사한 마음을 말로, 공유하는 행동으로 표현할 수 있게 된 것은 가족들의 요구나 이야기를 받아들일 수 있는 마음의 여유가 생긴 것입니다. 그것은 강요에 의한 것이 아니기 때문이지요. 감사의 표현을 하기 위해 방에 들어섰을 때, 침대에 누워서 나를 쳐다보지도 않는 배우자의 무관심한 태도를 보는 순간 감사하다는 마음이 사라진 사람이 있다면, 그것은 여러분의 마음속에 그 정도의 여유밖에 없었던 것입니다.

감사는 삶의 여유를 가져다준다

상대방이 어떤 태도를 보이거나 설령 가장 듣기 싫은 이야기를 하더라도 자기 마음 안에 여유가 있다면 편안히 대할 수 있습니다. 그러므로 여러분이 마음의 여유를 갖는 것은 매우 중요합니다. 그것은 사랑하는 사람과 함께 행동하면서 자신의 감정을 억누르고, 억지로 참는 것으로 표현하는 것이 아닙니다. 상대방이 마음에 안 들더라도 자연스럽게 있는 그대로 상대방의 욕구나 선호를 인정하는 것이지요. 이것을 능동적 적응이라 할 수 있지요.

가족은 매일 새로운 선물

앞서 이론부분에서 가족은 우리가 가진 최고의 선물(gift)이라고 하였습니다. 선물을 싫어하는 사람은 없지요. 선물을 받으면 누구나 기뻐합니다. 그러나 아무리 좋은 선물이라도 한번 받은 선물로 평생 기뻐하기는 어렵습니다. 하지만 우리의 관점을 바꾸면 달라질 수 있습니다. 가족은 그 존재 자체로 우리가 가진 최고의 선물입니다. 매일 만나기 때문에 평범한 감정을 느끼게 되는 것이 아니라, 관점에 변화를 주어서 매일 만나는 가족이 매일의 새로운 선물이라고 생각해 보세요. 매일 만나는 '나의 가족'을 선물로 느끼고, 그 존재에 대해 감사하고, 그렇게 소중한 선물을 받았다는 것에 대해 기쁨을 느끼는 것입니다. 사람들은 전환이나 충전 등 새로움을 경험하기 위해 '외도'를 한다고 합니다. 그렇다면, 새로운 것을 받지 않더라도, 있는 것에 대해서 새로운 기쁨을 발견한다면 그것도 새로움을 경험할 수 있는 방법이지요. 항상 그 자리에 있던 가족도 매일 새로운 선물이라고 생각하고 감사함을 느낌으로써 여러분에게 새로움이 충전될 수 있을 것입니다. 어제의 배우자와 오늘의 배우자는 다른 존재입니다. 배우자가 퇴근하고 현관문을 여는 순간 여러분은 '선물'을 받은 것입니다. 여러분의 생각을 바꾼다면, 가족은 항상 새로운 선물이고, 이렇게 고마운 사람과 함께 있으니 이 사람과 다시 잘 해봐야겠다는 생각과 새로움을 느낄 수 있는 것입니다. 자녀도 부모님의 경우와 마찬가지입니다.

이런 변화는 여러분 자신의 회복력을 증진시키고, 가족의 관계를 변화시키겠지요. 회복력이 좋아지면 때로는 서로 화내는 일이 있어도 금방 다시 회복할 수 있게 됩니다. 물론 상대방이 화를 내면 여러분도 화나는 감정이 생깁니다. 존재에 대한 감사는 '화'가 나지 않는 것이 아니라, 화가 나더라도 존재에 대한 감사를 통해 화가

[그림 6-3] 감사의 증가는 삶의 여유를 가져온다

금방 풀릴 수 있는 것이지요. [그림 6-3]에서 보는 것과 같이 감사함을 통해서 우리는 삶에 감사를 느끼게 되고, 이러한 감사는 나의 삶에 여유를 갖게 해줍니다. 삶의 여유는 억지스러운 행동을 통해서 나타나기보다는 자기 스스로 항상 느끼고 깨달을 때 더 확대됩니다. 그리고 이러한 여유를 통해서 우리는 타인을 더 많이 포용할 수 있게 되는 것이지요.

이제 다시 한번 여러분 가족에게 '고맙습니다'를 표현하기 위해 가족과 함께할 계획을 세우고 실행에 옮겨 보겠습니다. 지난주에 잘 수행하신 분들이라면 이번 주에는 가족이 함께할 수 있는 여행을 계획하거나, 공유하는 시간 동안 애정표현을 하거나 스킨십을 나누는 것도 도움이 될 것입니다. 무엇보다도 함께 웃는 행동을 할 수 있으면 좋습니다. 같이 웃을 수 있는 행동이나 활동을 찾아서 함께해 보는 것입니다.

'웃음'은 많은 연구를 통해 그 효과가 검증되고 있습니다. 웃을 때는 얼굴에 있는 15개의 근육이 움직이며 특히 포복절도할 때엔 신체 내부기관이 진동하면서 혈액순환도 잘 된다고 합니다. 호흡량도 늘어나서 마치 운동하는 것과 같은 효과가 있는데, 스탠포드대학교 윌리엄 프라이 박사는 "20분 동안 웃는 것은 3분 동안 격렬하게 노를 젓는 것과 운동량이 비슷하다."고 하지요(동아일보, 1999). 웃고 나면 몸의 긴장이 풀리면서 적대감과 분노 등의 감정이 누그러짐을 느낄 수 있습니다. 미국 로마린다의과대학교 리 버크 교수와 웨스틴뉴잉글랜드대학교 캐슬린 딜런 박사 등은 사람들이 코미디 프로그램을 보고 나서 백혈구와 면역글리불린의 수치가 높아지고 면역을 억제하는 코르티졸과 에피네프린의 수치가 낮아지는 현상을 발견했습니다(한겨레21, 2000). 암 관련 세계적인 학회지인 'Psycho-Oncology'에는 유방암 초기 환자들 중 지속적으로 웃음 치료를 받은 환자들의 재발률과 사망률이 일반 환자들에 비해 낮다는 프랑스 퀴리 연구소의 연구 결과가 실리기도 했습니다(메디컬투데이, 2009). 물론 억지로 웃는 게 무슨 도움이 될까 하고 생각하는 분들도 많은데, 미국 UC샌프란시스코의 폴 에크먼 박사는 "사람이 특정한 감정표현을 흉내 내면 몸도 거기에 따른 생리적 유형을 띤다."면서 일부러라도 웃는 것이 건강에 도움이 된다고 강조하고 있습니다(한겨레21, 2000).

이렇듯 웃는 것은 정신적·신체적 건강을 유지하는 데 도움이 됩니다. 그러므로 가족과 함께 웃음을 나눌 수 있는 시간을 공유하는 것은 여러분과 가족 구성원의 건강에 도움이 될 뿐 아니라 감정이 완화된 상태에서 상호 교류할 수 있기 때문에 관계 개선에도 많은 도움이 될 것입니다.

만약 시간을 공유하지 못한 사람들은 애정표현이나 여행계획 등에 앞서 시간 공유를 다시 한번 시도해 보세요. 앞으로 일주일간 다시 실행에 옮기는 것이 Practice 6의 과제입니다. 이 과제를 수행함에 있어 원칙은 다음과 같습니다.

원칙 1. 예전에 가지고 있던 추억을 떠올립니다. 배우자와 함께 아이들의 사진을 보거나, 자녀를 양육할 때의 재미있는 에피소드를 떠올리거나, 부모님과의 관계에서 기억나는 즐거운 사건들이 있겠지요. 이것들에 대해 이야기하면서 서로 웃는 것입니다. 웃을 수 있고 행복한 기억들을 떠올려서 가족들과 공유하는 것이지요. 그것이 현재를 더 행복하고 잘 살아가게 하는 것입니다.

원칙 2. 최근에 각자에게 있었던 즐거운 일들을 이야기 나눕니다. 또한, 즐거움을 주는 일을 같이 할 수 있도록 계획을 세웁니다. 여행이나 외식 계획 등을 세웁니다.

원칙 3. 앞에서 세운 계획을 하나씩 실천해 나갑니다. 그러면서 여러분 스스로 즐거움을 유지해야 합니다.

과제 1. '웃음을 나누는 시간 공유' 실천(Activity)

'웃음을 나누는 시간 공유'를 위한 실천계획(Action Plan)		
누구에게	어떤 활동을, 어떻게	
'고맙습니다'라는 표현과 함께한 '시간 공유' 실천(Activity)		
누구에게	실행 여부	
어떤 활동을, 어떻게 했나? (실행 못한 경우 그 이유)		
상대방의 반응		
나의 반응		

다음은 참여자가 '함께 웃을 수 있는 시간 공유하기'를 계획하고 실천한 후 작성한 내용입니다.

사례 6-2 ｜ 남, 27세, 학생

'웃음을 나누는 시간 공유'를 위한 실천계획(Action Plan)		
누구에게	어떤 활동을, 어떻게	
부모님	함께 등산하기	
'고맙습니다'라는 표현과 함께한 '시간 공유' 실천(Activity)		
누구에게	부모님	실행 여부 ｜ ○
어떤 활동을, 어떻게 했나? (실행 못한 경우 그 이유)	부모님은 등산을 매우 좋아하시는데 나는 별로 산을 좋아하지는 않아서 함께 등산을 간 적이 없었다. 하지만 이번 과제를 계기로 공유하는 시간을 좀 더 많이 가지기로 했기 때문에 이번에는 주말을 이용하여 부모님과 등산을 했다. 등산하면서 어릴 적 즐거웠던 일을 이야기하며 웃었다.	
상대방의 반응	청계산을 다녀왔는데 아들과 함께 산을 오른다는 것만으로도 매우 뿌듯해하심을 느낄 수 있었다. 산에서 내려올 때는 계속 뭐가 먹고 싶냐며 물으셨고 자주 함께 등산했으면 좋겠다는 내색을 비추셨다.	
나의 반응	부모님, 특히 무뚝뚝하시던 아버지께서 표정이 매우 밝으셔서 나 역시 기분이 좋았다. 자주는 아니더라도 한 달에 한 번은 등산을 함께 가기로 하였다. 부모님과 산을 오르며 많은 이야기를 나눌 수 있어서 좋았다.	

사례 6-3 ｜ 여, 29세, 대학원학생 & 피아노 강사

'웃음을 나누는 시간 공유'를 위한 실천계획(Action Plan)		
누구에게	어떤 활동을, 어떻게	
배우자	자녀가 했던 행동들로 이야기를 나눔	
'고맙습니다'라는 표현과 함께한 '시간 공유' 실천(Activity)		
누구에게	배우자	실행 여부 ｜ ○
어떤 활동을, 어떻게 했나? (실행 못한 경우 그 이유)	자녀가 아빠 출장 중에 있었던 여러 가지 일들을 이야기해 주며 함께 즐거워함	
상대방의 반응	정말 그랬냐고 자꾸 되묻고 또 다른 이야기들을 이어 가고 싶어 함	
나의 반응	이야기하는 것이 재미있고 자녀의 행동을 다시 떠올리게 되어 즐거운 시간이 되었음. 계속 이야기하게 되고 배우자의 다른 이야기들도 듣게 되는 기회가 됨	

〈사례 6-2〉에서는 부모님과 함께 등산을 하면서 많은 이야기를 나눌 수 있었고, 더 많은 시간을 함께하고 싶다는 부모님의 마음도 읽을 수 있었습니다. 이를 통해 참여자의 기분도 좋아졌다고 보고하고 있지요. 〈사례 6-3〉에서는 배우자에게 자녀를 양육하면서 생겨나는 여러 소소한 사건들을 배우자에게 전해 주면서 즐거운 시간을 보냈다는 것을 알 수 있습니다. 이렇게 웃음을 공유한다는 것은 웃게 할 수 있는 거창한 이벤트를 준비하거나, 뛰어난 개그를 하는 것이 아닙니다. 가족들은 서로가 소중한 존재이기 때문에 가족의 이야기를 나누고, 가족의 일을 알게 되는 것만으로도 함께 웃고 즐거워할 수 있습니다.

이렇게 가족 구성원과 시간을 공유함으로써 여러분이 행복해지고 가족관계가 좋아지는 것을 볼 수 있습니다.

당연한 것은 없다: 지금 행복하지 않으면 미래도 행복하기 어렵다

앞에서 우리는 가족이 우리가 일생에서 가진 최고의 선물이라고 했습니다. 남편이나 아내가 해 주는 운전, 장보기, 요리와 가사, 자녀가 해 주는 안아 주기와 심지어는 학교에 잘 다니는 것 등 그 어느 것 하나 당연한 것이 없습니다. 여러분이 누리는 최고의 감동은 바로 이 순간 여러분 자신의 옆에 있습니다. 만약 우리가 시한부 인생으로 생이 몇 개월 남지 않았다고 선고받는다면 아침마다 눈을 뜰 때 의미가 다를 것입니다. 하지만 우리는 모두가 시한부 인생을 살고 있다는 것을 잊곤 합니다. 언제 끝날지는 모르지만 우리는 모두 시한부 인생입니다. 현재 어려운 일이 있더라도 이 순간이 행복하지 않으면 미래도 행복하기 어렵습니다. 매일 새로움을 즐기시고 이 모두를 새로운 '선물'이라고 생각하셔야 합니다. 우리가 일상에 존재하는 것들을 '선물'이라고 받아들일 때 존재에 대한 감사가 성숙해지는 것입니다.

과제 2. '당신은 나의 선물이야'라고 말하며 안아 주기

웃음을 공유하는 활동을 실천하기 전후에 가족들에게 '당신은 나의 선물이야'라고 말하면서 안아 주세요. 선물이라는 말 대신 '어머니는 저의 보물이에요'나 '정말 소중한 분이세요'라고 표현해도 좋습니다. 진심으로 상대방의 존재에 기쁨으로 감사하면 자기 자신의 행복이 느껴질 거예요. 그리고 상대방의 행복도 느껴질 겁니다. 이것이 이번 주의 두 번째 과제입니다.

'고맙습니다(T)' 과정 평가하기

T(Thank you)의 5과정, '회상하기' '인정하기' '실현하기' '강화하기' '재충전하기'를 6주간에 걸쳐 실행해 본 후 여러분은 어떤 점을 느끼시나요?, 여러분은 어떻게 변화했나요?, 여러분의 가족관계에는 어떤 변화가 있었나요? 한번 그것들을 적어 보고, 가능하다면 가족이나 주변 사람들과 그 경험을 나누어 보세요.

과제 3-1. '고맙습니다(T)' 평가하기

어떤 점을 느꼈나? _____

_____

_____

여러분의 어떤 점이 변화했나요? _____

_____

_____

여러분의 가족관계에는 어떤 변화가 있었나요? _____

_____

_____

과제 3-2. '고맙습니다(T)' 과정에서 자신의 발달단계 표시하기

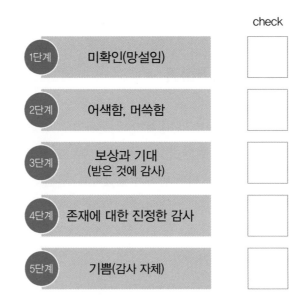

		check
1단계	미확인(망설임)	
2단계	어색함, 머쓱함	
3단계	보상과 기대 (받은 것에 감사)	
4단계	존재에 대한 진정한 감사	
5단계	기쁨(감사 자체)	

다음에는 '고맙습니다'를 표현함으로써 가족관계가 어떻게 좋아졌는가를 보여 주는 사례와 평가들이 있습니다.

사례 6-4 남, 27세, 대학생

어떤 점을 느꼈나: 고맙다는 생각을 말로 표현하는 것은 저에게 가장 어려운 일이었습니다. 어릴 때는 용기를 내어 감정을 고백하면 부모님은 항상 어색하게 받아 주셨습니다. 저는 그것이 거절인 줄 알았었고 또 부정이라고 믿었습니다. 과거의 기억이 가지는 힘은 너무나 컸습니다. 선뜻 말하기가, 행동하기가 너무나 어려웠습니다. 더구나 학기가 시작될 무렵은 부모님과 인연이 끊어질 수도 있겠구나 싶을 정도로 부모님과 갈등이 심한 시기였습니다. 하지만, 감사의 표현을 해 보아야겠다고 결심하고 실행계획을 세우면서 부모님이 제게 준 사랑을 하나하나 기록하다 보니 눈물이 멈추지 않았습니다. '아! 이런 사랑을 잊고 있었구나!' 용기를 내어 감사의 표현을 전했을 때 부모님의 반응에서, 또 전해져오는 마음에서 부모님의 사랑을 느낄 수 있었습니다.

나의 변화: 감사를 실천했을 때 정말 삶에서 변화가 일어났습니다. 소통이 시작되었습니다. 먼저 손을 내미는 것은 정말 힘든 일이었지만 한 번 성공하고 나자 신이 났습니다. 그렇게 저의 변화는 시작되었습니다.

가족의 변화: 가족 중에 가장 어렵고 어색했던 아버지와의 관계 변화는 저에게 가장 큰 기쁨이자 놀라움이었습니다. 아버지는 사랑을 표현하는데 정말 서투르셨지만 작은 말 한 마디, 작은 행동 하나하나로 저에게 사랑을 표현하시기 시작하셨습니다. 그리고 집에서 독립한 이후부터 어긋났던 관계가 회복되어 갔습니다. 지금은 아버지로부터 문자로 사랑고백을 받습니다. 이제 저는 저와 아버지 사이에 신뢰가 생긴 것을 알고 있습니다.

😊 사례 6-5   남, 31세, 학생

어떤 점을 느꼈나: 마음으로는 늘 가족들에게 고맙다고 생각하고 있었는데, 그것을 말한 적이 별로 없다는 사실을 처음으로 깨달았다. 가끔씩 부모님이나 가족에게 보내는 감사의 문자가 내 마음을 다 설명해 줄 수 있을거라 생각했지만, TSL을 하면서 직접 얼굴을 보고, 감정을 공유하며 말한다는 것이 얼마나 중요한지 느낄 수 있었다. 처음에는 어색하고, 언제 말해야 할지 몰라 눈치를 보았지만 말을 하면 할수록 점점 자연스러워지는 나를 볼 수 있었다.

나의 변화: 작은 일에 감사하게 된 점이 가장 두드러진 변화라고 생각한다. 가족들이 존재해 주는 것만으로도 감사하다는 것을 깨닫게 되면서 든든하고 행복감이 충만해진 것 같다.

가족의 변화: 가족 역시 표현이 좀 더 자유로워졌다. 예전에는 안부만 묻는 정도였는데, 스킨십도 자연스러워지고 자주 안고, 자주 감사하다고 서로에게 말하게 된 것 같다. 감사는 전염성이 강하다는 사실을 알게 되었다. 내가 상대방에게 감사하다고 말하면, 나는 더욱 큰 감사를 받게 되는 것 같다.

😊 사례 6-6   여, 51세, 강사

어떤 점을 느꼈나: 가족들에게 너무나 많은 것을 받고 있다는 것을 다시 한번 깨닫게 되었다. 그리고 이 많은 것들을 감사하기보다는 너무 당연하게 생각하고 있었지 않은가 하는 반성을 하게 되었다. 너무 많은 것을 아낌없이 주는 가족들을 너무 당연하게 생각했었다는 무심함을 뒤돌아 보고 가족의 소중함을 다시 한번 일깨울 수 있었다.

> **나의 변화:** 말로 표현하는 것을 더 많이 해야겠다고 생각했으며 많이 표현하는 것이 좋은 결과를 가져 온다는 생각을 하게 되었다. 그동안 내가 너무 당연하게 여기고 감사하지 못했던 것들을 이제는 항상 일깨우고 있어야겠다는 생각을 했다.
>
> **가족의 변화:** 서로를 이해하게 되면서 왠지 작은 일에도 예민하던 반응들이 많이 줄어들고 조금씩 더 기다려 주고 상대방의 행동을 이해하게 되었다. 더 많이 이야기하게 되고, 또 이야기하고 싶어하는 마음이 반영되어 즐거워졌다.

😀 사례 6-7 여, 37세, 디자이너

> **어떤 점을 느꼈나:** '고맙습니다'를 생활 속에서 실천하면서 정말 감사할 것이 많다는 생각이 들었다. 가족들의 고마움을 표현하기 위해 고마운 점들을 찾다보니 먼저 내 마음이 밝아지고 힘이 났다. 감사함으로 받으면 버릴 것이 없다는 말처럼 가족들의 고마움은 끝없이 많았다. 고마움을 찾아 표현하면 그것을 듣고 가족들은 행복해했고 더 잘해 주려고 노력하는 모습을 보였다.
>
> **나의 변화:** 가족들의 행복해하는 모습을 보며 계속 고마운 점을 찾게 되어 가족들의 장점을 보게 되었다. 가족이 내게 서운하게 했던 것들을 생각했는데, 가족들의 장점을 중요하게 여기게 되고 고마운 점들에 집중하게 되었다. 가족뿐 아니라 직장 동료들에게도 고맙습니다를 실천하며 동료애도 깊어지게 되었다.
>
> **가족의 변화:** 남편은 흐뭇해하며 더 잘하려고 노력한다. 무뚝뚝한 남편도 고맙다는 말을 하려고 노력하며, 가사일을 도우며 배려해 주려고 한다.

'고맙습니다'를 표현하는 것은 이렇게 개인과 가족관계에 큰 변화를 가져옵니다. '고맙습니다'를 말하는 것은 삶에 대한 관점을 바꾸는 것이며, 존재에 대한 감사를 느끼게 되어서 고맙다는 말이 나오고, 그 에너지가 상대방에게 전달되는 것입니다. '고맙습니다'를 표현하는 것이 그리 쉬운 일은 아닙니다. 존재에 대한 감사를 느끼고서도 그것을 말로써 표현하기에는 넘어야 할 산과 같은 어려움이 존재하지요. 여러분이 왜 가족들의 존재를 소중하게 여기고 감사한 마음을 가지고 있으면서도 말로써 고맙다는 표현을 하기 힘든지, 그것을 발견하고 넘을 수 있도록 노력해야 합니다. 〈사례 6-4〉와 〈사례 6-5〉처럼 이를 통해 여러분과 가족들은 새로운 감동을 받게 되고, '삶'을 다시 보게 될 수 있는 것입니다. '고맙습니다'를 표현하면서 항상 기억해야 할 것은 가족들이 해 준 이벤트에 대해 가끔씩 고마운 것이 아니라, 〈사례 6-6〉처럼 일상생활을 하면서 당연한 것은 없다는 것을 깨닫고 감사할 수 있는 계기들을 발견하기 위해 노력하고 그것을 표현하는 것입니다.

이 사례들과 같이 여러분도 '고맙습니다'를 표현하고 공유함으로써 가족관계에서 행복과 신뢰를 회복하고, 점차 '고맙습니다'를 말하고 〈사례 6-7〉처럼 가족뿐 아니라 직장의 일상생활에서 감사할 것들을 찾는 것에 익숙해지셨을 것입니다.

'고맙습니다'를 표현하는 것이 가족관계에 도움이 된다는 것은 실제로 연세대학교 가족복지연구팀이 연구한 결과를 통해서도 살펴볼 수 있습니다. 일반인 조사에서 '고맙습니다'를 매일 사용하는 사람들과 1년에 한 번도 사용하지 않는 사람들의 가정폭력을 비교해 보았습니다. 두 집단을 비교해 본 결과, [그림 6-4]에서와 같이 '고맙습니다'를 매일 사용하는 사람의 가정은 부부폭력 발생률이 12.1%인데 비하여, '고맙습니다'를 전혀 사용하지 않는 사람의 가정은 29.8%의 부부폭력이 발생하여, 2배 이상 더 빈번하게 부부폭력이 발생하는 것을 볼 수 있었습니다.

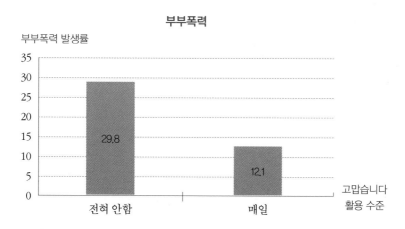

[그림 6-4] 일반가정에서 '고맙습니다'를 표현하는 수준과 부부폭력 발생률

또한 [그림 6-5]에서와 같이 자녀에게 폭력을 행사하는 경우에 있어서도 '고맙습니다'를 매일 사용하는 사람의 가정은 20.8%인 반면, '고맙습니다'를 전혀 사용하지 않는 사람의 가정은 35.1%의 자녀폭력이 나타나, 1.7배 더 높은 자녀폭력 발생률을

보이고 있습니다.

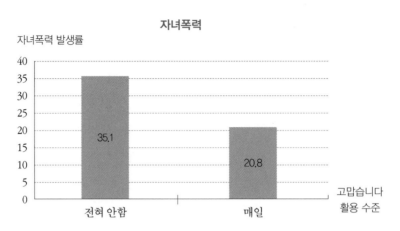

[그림 6-5] 일반가정에서의 '고맙습니다'를 표현하는 수준과 자녀폭력 발생률

　가족들에게 고맙다는 말을 많이 사용하는 가정의 경우는 자녀폭력이나 부부폭력 등 극단적으로 가족 간의 갈등이 표현되고, 서로에게 상처를 주는 일이 적다고 볼 수 있는 결과입니다. 이러한 결과는 가정폭력 피해 가족 조사에서도 비슷하게 나타납니다. 가정폭력 피해 가족 조사에서는 '고맙습니다'를 매일 사용하는 가족과 1년에 한 번도 사용하지 않는 가족의 가족일치감과 결혼만족도를 비교해 보았습니다. 두 집단을 비교해 본 결과 [그림 6-6]과 같이, '고맙습니다'를 매일 사용하는 가족은 가족에 대한 소속감과 자부심을 나타내는 가족일치감이 평균 2.56인데 비하여, '고

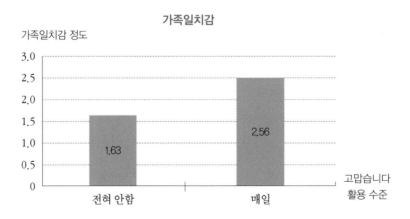

[그림 6-6] 가정폭력 발생 가정에서 '고맙습니다'를 표현하는 수준과 가족일치감

맙습니다'를 전혀 사용하지 않는 가족은 일치감이 평균 1.63으로 나타나, '고맙습니다'를 매일 사용하는 가족의 일치감이 1.6배 가까이 더 높은 것을 볼 수 있었습니다.

또한 [그림 6-7]과 같이 부부관계의 질적수준을 나타내는 결혼만족도에 있어서도 '고맙습니다'를 매일 사용하는 가족은 결혼만족도가 평균 1.90인데 비하여, '고맙습니다'를 전혀 사용하지 않는 가족은 결혼만족도가 평균 0.82로 나타나, '고맙습니다'를 매일 사용하는 가족의 결혼만족도가 2배 이상 더 높은 것을 알 수 있었습니다. 이렇게 '고맙습니다'를 매일 표현하면 여러분에게 반드시 도움이 될 것입니다.

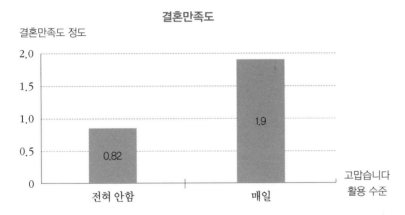

[그림 6-7] 가정폭력 발생 가정에서 '고맙습니다'를 표현하는 수준과 결혼만족도

오늘의 과제

과제 1. '웃음을 나누는 시간 공유' 실천(Activity)

과제 2. '당신은 나의 선물이야'라고 말하며 안아 주기

과제 3. '고맙습니다(T)' 과정 평가하기

   3-1. '고맙습니다(T)' 평가하기

   3-2. '고맙습니다(T)' 과정에서 자신의 발달단계 표시하기

이 Practice의 목적은 지난 6주간 진행해 온 '고맙습니다'를 완성하는 것입니다. 여러분은 가족의 존재에 대해 감사하는 마음을 가지고, 그것을 표현하고, 시간을 공유해 왔습니다. 이번 Practice는 가족과 웃음을 나눌 수 있는 시간을 공유하고, 가족들에게 선물이라고 말해 주며 안아 주는 시간을 가짐으로써 '고맙습니다'의 실행을 강화하고 재충전하는 목표를 가지고 있습니다. 물론, 여기서 '고맙습니다'의 실행을 끝내는 것은 아닙니다. '고맙습니다'는 앞으로 '미안합니다'나 '사랑합니다'를 실행하면서 매주 계속 진행되어야 합니다. 존재에 대한 감사가 기반이 되어야 미안하고, 사랑한다는 표현을 할 수 있기 때문입니다.

Part 2

'다름'을 인식하고 이해하여
진심으로 사과하고 용서하라

성별 차이: 남성과 여성

여러분은 '남자는 또는 여자는 어떻다.' '남성다운 것은 또는 여성다운 것은 무엇이다.' '남자와 여자는 차이가 있다 또는 없다.' 등 다양한 생각을 가지고 있을 것입니다. 남자와 여자는 분명히 차이가 있습니다. 쉽게 생각해 보면 신체적인 부분부터 다르지요. 중요한 것은, 남성과 여성은 다르지만, 그 '다름'으로 인해 차별이 발생해서는 안 된다는 것입니다. 이 차이 때문에 남성과 여성은 서로 끌리기도 하고 갈등이 생길 때도 있습니다. 이번 Chapter에서는 남성과 여성은 어떤 점이 다르며, 어떤 공통점을 가졌는지 살펴보겠습니다.

성별의식

사람들은 누구나 '성'에 대한 자신만의 생각을 가지고 있습니다. 이렇게 성에 대해 개인이 가지고 있는 일관된 생각, 감정, 행동양식을 '성별의식'이라고 합니다. 개인에 따라 남성과 여성은 어떠해야 한다고 생각하거나, 남성과 여성은 어떤 차이가 있다고 느끼고 그에 따라 행동하는지는 그 사람이 가진 성별의식에 따른 것이지요.

이러한 성별의식은 어느 한순간에 갑자기 생겨나거나, 태어날 때부터 가지고 태어나는 것은 아닙니다. 성별의식은 사회나 문화적 특성에 영향을 받고 가치나 규범에 의해 변화합니다. 어떤 사람이 미국에서 태어났는지, 한국에서 태어났는지에 따라 그 사람이 가지고 있는 성에 대한 생각은 달라질 수밖에 없다는 것이지요. 성별의식은 여러 요인들에 의해 인생 전반에 걸쳐 변화하고 발달합니다. 여러분이 중학생 때 가졌던 성별의식과 스무 살에 가졌던 성별의식, 마흔 살에 가지고 있는 성별의식은 모두 다를 수 있다는 것입니다. 사람들은 살아가면서 환경과 교류하고, 이를 통해 자신들의 생각을 변화시켜 갑니다. 성별의식도 이렇게 인생 전체에 걸쳐서 조금씩 변화할 수 있다는 것이지요. 따라서 사람들이 가지고 있는 성별의식은 충분히 변화할 수 있는 것입니다. 우리가 가진 전통적 성별의식이 좋은 면도 있겠으나, 시간이 지남에 따라 성별의식도 조금씩 변해야 될 것입니다. 따라서 남녀의 차이점을 이해하고 서로 존중하는 성별관점이 필요합니다.

남자와 여자는 왜, 어떤 점에서 다른가

인간, 즉 남자와 여자의 신체 구조의 차이가 남자와 여자의 성격 차이에 미치는 영향에 대해서는 많은 분야에서 여러 가지 이론으로 설명하고 있습니다. 여기서는 이러한 이론들의 설명을 바탕으로 남성과 여성의 생리적 · 심리적 · 사회문화적 차이를 살펴볼 것입니다.

남성과 여성의 생물학적 차이

신체적 측면

우선 남성과 여성은 생물학적 관점에서 서로 다릅니다. 이 관점에 따르면 남성과 여성은 생식기나 호르몬 등 생리적인 부분에서 차이가 있으며 이것이 남성과 여성의 성격에 영향을 미친다고 보는 것입니다. 기디스(Geddis)는 남녀 신체 대사율의 차이가 성 특유의 역할을 조장한다고 주장하였습니다. 기디스에 따르면 남성은 고도의 에너지를 요하는 지적 활동에 적합하고 여성은 기질적으로 그다지 에너지를 소비하지 않는 가사노동에 적합하다고 합니다. 이는 남성우월적인 시각의 설명이라 할 수 있습니다(Andersen, 1983). 하지만 몽테규(Montague)는 그의 저서『여성의 자연적인 우월성』에서 여성은 남성보다 오래 살고 어려움을 더 잘 견디며 질병에도 강하고 남성보다 능력이 뛰어나다고 주장하였습니다.

앞서 언급한 것처럼 남성과 여성은 생물학적으로 다릅니다. 두 성별의 능력이 모두 동일하다고 할 수는 없지요. 분명, 근육의 양이나 체력 등에서 남성은 신체적으로 더 우월할 수 있습니다. 하지만 그것이 더 뛰어난 능력을 의미하지 않는다는 점이 중요합니다. 남성이 신체적으로 뛰어나지만 여성들이 정신적으로 더 뛰어나다는 말을 하려는 것도 아닙니다. 실제로 자연의 세계에서는 신체적으로 수컷이 더 뛰어나도, 암컷이 사냥을 하는 경우가 많습니다. 신체적으로 더 좋은 조건을 갖추고 있는 것이 신체적으로 더 뛰어난 능력을 갖거나 더 많은 활동을 하는 것은 아니라는 것이지요. 신체적 특징이 부각되는 것은 문명의 삶에서만 나타나는 현상이며, 결국 남성과 여성의 신체적 차이의 부각은 인간이 가진 문명이 만들어 가고 있다는 것입니다.

호르몬의 측면

최근의 호르몬과 관련된 연구에서는 남성과 여성의 차이는 호르몬의 차이에서 기인한다고 주장합니다. 예를 들어, 남성은 여성에 비해 우울증을 예방하는 호르몬인 세로토닌이 많이 생산되어 상대적으로 여성이 우울증에 잘 걸린다고 합니다. 대신 남성호르몬인 테스토스테론이 위벽 세포를 자극해 위산을 더 많이 생성하도록 하기 때문에, 남성은 여성보다 십이지장궤양에 걸릴 가능성이 훨씬 높다고 하지요(Marianne, 2003).

그리고 호르몬의 차이는 스트레스에 어떻게 반응하는지에도 영향을 미쳐서 남녀 간의 차이를 만듭니다. 최근까지 과학자들은 인간을 포함한 모든 동물들이 스트레스에 부딪혔을 때 싸우거나 도망을 준비한다고 믿었는데요, 최근 새로 발표된 연구 결과에서 학자들은 여성들이 스트레스에 대해 실제로는 다른 반응을 보인다고 주장하고 있습니다. 여성들은 싸움이나 도망을 준비하기보다는 아이들을 돌보거나 주위의 도움을 구하는 방식을 택한다는 것입니다. 학자들은 인간뿐만 아니라 동물에게도 나타나는 이러한 성 차이는 남녀 간의 호르몬 차이에 기인한 것이라고 밝히고 있습니다. 이 새로운 이론은 여성들이 고혈압, 알코올 중독 등 스트레스와 관련된 질병에 남성들보다 더 강한 이유를 설명하는 데 도움이 될 것입니다. 캘리포니아대 로스앤젤레스 캠퍼스의 심리학 교수인 테일러 박사팀의 연구(2000)에 따르면 스트레스에 대한 반응에서 남녀 차이가 나타나는 것은 남성 호르몬인 테스토스테론이 옥시토신이라는 호르몬의 작용을 억제하는 반면 여성 호르몬인 에스트로겐은 옥시토신의 작용을 강화하기 때문이라고 합니다. 옥시토신은 모성 행동 및 사회적 연대 행동과 관련된 호르몬입니다. 즉, 호르몬의 차이가 있기 때문에 여성의 모성본능이 남성의 부성본능에 비해 현격하게 강한 것으로 나타난다고 볼 수 있습니다(Taylor et al., 2000).

남성과 여성의 심리적 차이

감성표현 측면

다음으로 남성과 여성은 심리적으로 차이가 있다는 주장도 있습니다. 남성과 여성은 기쁨이나 만족감, 자살이나 우울 등의 감정들을 느끼는 것에 차이가 있다는 것입니다. 일반적으로 여성은 더 많이 웃고, 감정의 기복이 남성에 비해 더 심하며, 더 많은 말을 하는 것으로 알려져 있습니다. 2006년에, 영국의 데일리 메일은 정신과 여의사이자 페미니스트인 루안 브리젠다인이 출간한 책『여성의 마음(The Female Mind)』에서는 여성이 하루에 사용하는 단어의 수는 남성보다 3배나 많은 평균 2만 개로 밝히고 있다고 보도했습니다(Brizendine, 2007). 이 책에 따르면 여성과 남성의 뇌는 선천적으로 차이가 있어서, 여성이 남성보다 이야기하기를 더 좋아하게 되어 있다고 합니다. 남성은 태아 때부터 의사소통과 감정, 기억을 담당하는 뇌 부분이 오히려 줄어들어 훗날 자신의 배우자와 대화를 나누거나 감정을 표현하는 데 어려움을 겪는다고 합니다. 이와 관련하여 선사시대부터 남성은 사냥과 채집을 위해 집에서 멀리 떨어져 활동하면서 가족들이나 주위 사람들과 같이 대화할 시간이 부족했고 상대적으로 여성은 양육활동을 주로 하였기 때문에 여성이 말을 많이 하는 방향으로 진화되었다는 해석도 존재합니다.

여성은 말을 많이 하므로 감정표현이 더 수월하다고 볼 수 있습니다. 하지만 감정표현을 더 잘한다는 것을 좋다 나쁘다고 판단할 수는 없습니다. 각자 장단점이 있습니다. 하지만 자연스러운 감정의 표현을 억지로 참는 것이 좋은 것은 아닙니다. 2009년의 한 연구보고에 따르면 사람이 감동하면 인체의 젊음을 유지할 수 있도록 하는 일종의 행복 호르몬인 베타 엔도르핀(β-Endorphin)이 생성됩니다. '감동'이라는 마음의 상태는 자연히 '감탄사'로 이어집니다. 그런데 이러한 감동의 표현인 감탄사도 남자보다 여자에게 더 많습니다. 특히 한국의 경우는 말이 많거나 감정의 표현이 솔직한 남성을 좋게 보지 않는 유교적인 문화를 가지고 있습니다. 감탄사를 많이 사용하지 않는, 감동에 익숙하지 않은 남성은 감동이 가져다주는 베타 엔도르핀의 생성이 당연히 적을 수밖에 없습니다. 스트레스와 감동은 반비례하는데 남성의 경우는 각종 스트레스가 늘어나 감동이 줄어드니 엔도르핀의 생성도 그만큼 적어질 수밖에 없습니다. 반면, 여성은 생리적으로 감동과 친합니다. 감탄사를 쉽게 연발하는 이유도 이 때문으로 보이는데, 분명히 대부분의 여성은 작은 일에도 잘 반응하며 감탄을 많이 합니다(이화연, 2004).

정신건강 측면

그런데 여기서 의문이 하나 생길 수 있습니다. 여성들이 기쁨이 많고 정신건강에서 더 유리하다고 하는데, 우울증에 있어 여성들이 더 많은 이유는 무엇인가 하는 점이지요. 이것은 여성들이 기쁨이나 만족감이 더 높아도, 사회적 약자이기 때문에 사회에서 받고 있는 고통이 남성에 비해 높아 우울감도 더 높은 것으로 이해할 수 있습니다. 통계청이 발표한 '2019년 사망원인통계결과'에 따르면 우리나라의 자살률은 2003년 이후 평균 20~30명 선에서(2003년 22.6명, 2009년 31.0명, 2018년 26.6명, 2019년 26.9명) 증감을 반복하는 추세를 보여 왔다고 합니다. 그러므로 우울은 여성과 더 많은 관련이 있는 것처럼 보여도 실제 자살률은 남성이 더 높다는 점이 남성들의 정신건강이 더 불리함을 보여 줍니다. 특히, 자살로 인한 성별 사망률은 남성이 38명으로 여성 15.8명보다 2.4배 이상 높다는 점이 특징입니다(통계청, 2020b).

여성들은 언어표현력이 좋아서 감정표현을 더 잘하기 때문에 회복력이 높지만, 남성들은 그렇지 못하기 때문에 우울의 정도가 더 깊고, 한번 슬픔에 빠지면 벗어나는 것이 어렵다는 것입니다. 따라서 남성과 여성은 심리적으로도 차이가 있다고 볼 수 있습니다.

남성과 여성의 사회문화적 차이

양성성 측면

마지막으로 사회문화적 관점에서도 남성과 여성은 차이가 있습니다. 인간은 성장하는 과정에서 가족 내 남성과 여성역할, 그리고 사회에서의 남성상과 여성상에 영향을 받아 남성과 여성의 차이가 발생한다는 것입니다. 인간은 생물학적으로 남성(Male)과 여성(Female)으로 태어나지만, '남성다움(Masculinity)'이나 '여성다움(Feminity)'의 개념은 사회문화적 환경요인에 의해 학습되고 인지됩니다. 기존에는 남자는 남성성, 여자는 여성성이라는 양극적인 개념에서 이해되었으나, 인간은 모두 양성성을 가진 존재라는 생각으로 변화하고 있습니다. 융(Jung)은 양성성(Androgyny)과 관련하여 인간은 사회화 과정에서 남성적인 것이 지배되면 여성적인 특성은 억압된다고 설명합니다. 남성에 있어서 억압된 여성적 측면을 Anima라고 하고, 여성에 있어서 억압된 남성적 측면을 Animus라고 하지요. 이러한 양성의 특성이 한 개인 안에서 모두 표현되는 것이 심리적 건강을 위해 중요하며 어느 한 쪽의 특성에 편중하는 것은 성격 전체의 충분한 발달을 저해한다고 주장합니다. 하지만 양성성은 남녀의 차이를 고려하지 않고 같은 성향을 가져야 한다는 관점을 가지고 있다는 측면에서 무리하다는 지적도 있습니다. 사회문화적 관점은 결국 사회나 문화가 개인의 성별에 따라 기대하는 것이 다르며, 남성과 여성은 이러한 기대에 따라 다른 사고 및 행동 양상을 나타내어 차이가 발생한다고 보는 것입니다.

21C 시대변화와 적응적 성별의식: 성별유연성

이렇게 남성과 여성의 차이를 고정적 시각에서 설명하는 이론들은 20세기의 관점입니다. 남성과 여성에 대해 남성다움과 여성다움으로 규정하고, 남성과 여성에게 전형적으로 기대되는 바에 대해 설명했습니다. 이러한 20세기의 패러다임에서 벗어나 남성과 여성을 바라보는 인식을 바꾸어 볼 필요가 있습니다. 남성과 여성이 서로를 더 많이 이해하는 것이 21세기적인 사고입니다. 21세기에 들어서며 남성과 여성의 차이와 관련된 논의는 감소하며, 남성과 여성의 차이보다는 개인의, 개별적인 차이가 강조되고 있습니다. 또한, 남성은 남성이고 여성은 여성이며, 그 성별 차이는 인정하자는 시각으로 변화하고 있지요. 즉, 남녀의 차이점이 사회문화적 능력의 차이와는 관계가 없음을 인정하고, 성별이 아닌 개인의 선호도와 개성을 중요하게 여기는 것이지요. 시대 변화에 적응하는 성별의식이 필요하며, 성별유연성이 강조됩니다. 성별유연성 측면에서 일정부분 남과 여의 성향 차이를 인정하고 서로 존중합니다. 그리고 시대나 문화에 따라서 성별역할이나 남성다움, 여성다움의 개념이 유연하게 바뀔 수 있다는 것이지요.

이러한 유연한 변화의 근간은 이성에 대한 상호 존중입니다. 어느 하나의 성별이 우월하다고 주장하면 성별유연성이 이루어지지 않지요. 예를 들어, 조선시대, 한국 근현대, 21세기의 남성에게 기대되는 역할은 모두 다르다는 것입니다. 남성들은 고정적 성역할을 유연하게 변화시켜 나가야 합니다. 이러한 패러다임의 변화는 실제 생활에서도 남성과 여성에 대한 고정관념을 감소시키고 있으며, 최근에는 여성이 연상인 연상연하커플도 증가하고 있습니다.

이러한 패러다임의 변화는 더 이상 이전 시대와 같은 고정관념을 가지고 살아가기에는 어려움이 있음을 시사합니다. 한국사회는 전통적으로 남녀의 성역할에 대한 강한 고정관념이 존재해 왔습니다. 하지만, 사회가 변화하면서 고정된 성역할을 가지고 있는 것이 가족이나 사회적 관계에서 갈등을 유발하는 요인이 되고 있습니다. 고정된 성역할 태도를 가지고 있거나 가부장적 태도를 가지고 있는 사람들이 적응하기에 더 어려워지는 것입니다. 고정적 성역할이 아니라 적응력과 회복력을 중시하는 성역할로 변화되어야 합니다.

고정적 성역할의 어려움

이와 관련하여 연세대학교 가족복지연구팀이 1999년에 법무부의 의뢰로 전국 1,500여 가정을 조사한 결과에서 아내에게 폭력을 행사하는 남성의 성역할 태도가 더 가부장적인 것으로 나타났습니다. 특히, 자녀에 대한 관심이 매우 높은 우리 사회에서, 자녀에 대한 중요한 결정에 있어서 아내보다 남편 의견이 우선시 되어야 한다는 생각을 가진 사람의 경우 더 심각한 것으로 나타났습니다. 자녀에 대한 주도권을 남편이 가져야 한다고 생각하는 사람은 그렇지 않은 사람보다 아내에게 폭력을 행사하는 경우가 4배 이상 많았습니다. 또한 로젠바움과 오리어리(Rosenbaum & O'leary, 1981)의 연구를 보면 여성의 성역할에 대하여 가부장적 태도를 견지한 가부장적 가해자들이 전반적으로 폭력적인 경향을 보이고 있으며 심각한 수준의 폭력까지도 행사하고 있는 것으로 나타났습니다. 즉, 성역할 태도가 고정되어 있을수록

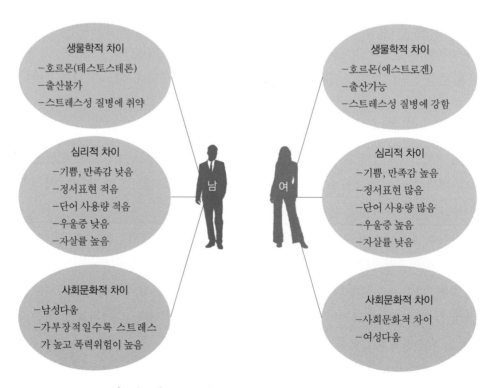

[그림 7-1] 남녀 간의 생물학적 · 심리적 · 사회문화적 차이

배우자를 이해하지 못하고, 갈등상황에서 폭력을 사용하게 된다는 것입니다. 때문에 사회적인 변화에 맞추어 남성과 여성의 차이나 고정된 역할을 강조하기보다는 각자의 차이를 존중하고, 강점을 발견하는 것이 가족관계를 원활히 유지하는 데 필요합니다.

앞서 살펴본 남성과 여성의 차이를 정리해 보면 앞의 [그림 7-1]과 같습니다. 이렇게 남성과 여성에게는 분명히 차이점이 존재합니다. 하지만, 남녀 성차는 사회 능력 차이와 무관하지요. 21세기에는 남녀가 서로 다르지만, 그 차이점이 존중됩니다. 이것이 21세기의 성별의식입니다. 21세기의 성별의식은 남성과 여성의 성별에 따른 업적이나 능력, 학교성적의 차이가 없다고 봅니다. 동물로서 인간의 성별 차이는 분명하지만 문명사회에서의 남녀의 차이는 동물학적으로 나타나는 남녀의 차이처럼 크지 않다는 것입니다. 21세기 문명 패러다임은 남성과 여성이 상호 존중되어야 함을 강조합니다. 예를 들어, 서양인과 한국인은 분명히 다르며 유전적 형질의 차이가 있는데 그 차이만으로 한국인이 차별당한다면 우리는 매우 억울하게 생각할 것입니다. 마찬가지로 유전적 차이로 인해서 남성과 여성을 구분하고 차별해서는 안 된다는 것입니다. 고정된 성역할이 있다는 관점을 갖는 것은 21세기를 살아가는 데에는 상당히 큰 어려움이 있으니 고쳐야 합니다.

여성의 사회진출과 유연한 성별의식: 남녀 윈-윈(Win-Win) 전략

시장경제 사회에서 여성의 노동력 참여가 늘어나고 있습니다. 이 과정에서 많은 여성이 가사분담의 어려움을 겪습니다. 이런 일은 한국여성에게는 최근의 일 같지만 이미 미국 이민 세대들의 예에서 유사한 경험들을 볼 수 있습니다.

1970년대 재미 이민 여성들의 초기 고민은 새로운 이민사회에서 경제활동을 해야 하는 부담과 동시에 가족 안에서 고전적인 역할까지 강요받는 데 있었습니다. 30년 전 한국이민여성들의 고통은 이런 이중역할부담으로 인한 것으로, 많은 가정이 어려움을 겪었습니다. 이제 한국 내에서 이와 유사하게, 여성이 일하고 가족을 부양하는 이중부담을 겪고 있습니다. 20세기에는 한 사람은 직장, 한 사람은 가사나 육아를 책임지는 성별분업이 효율적이라고 보았지만, 21세기에는 이런 분업은 각자의 선택이며 보편적으로 이루어지기는 어렵습니다. 따라서 여성이 직장을 다니면서 가정 내에서의 역할도 한다면 남성도 똑같이 가정 내에서의 업무를 나누는 형태가 되어야 합니다. 처음부터 그러고자 하는 유연성을 가져야 합니다. 가족의 성역할은 개인적 차이를 인정하고 서로의 강점을 모방하고자 노력하는 것이어야 하며, 어떤 일을 하든지 서로의 역할은 똑같이 중요한 것입니다.

가족 내에서 내 아내의 역할과 내 남편의 역할에 대해 고정적이고 일방적인 역할을 갖기보다는 서로의 단점과 장점을 보완해 줄 수 있는 윈−윈(win-win)전략이 필요합니다. 남과 여는 성공적 삶을 위한 최고의 파트너입니다. 이 윈−윈(win-win) 전략은 개인적 차이점에 관심을 두는 것으로써 가족 구성원들의 행복감을 최대로 높이기 위한 체제를 마련하는 데 활용해야 합니다. 이를 위해서는 고정적 성역할 태도를 버려야 합니다. 이것은 변화하는 사회에 대한 일종의 적응이지요.

S 회상하기: AS Note 1

부부관계 혹은 가족관계의 본질적 변화는 '고맙습니다(T), 미안합니다(S), 사랑합니다(L)'를 인식하고 표현함으로써 이루어집니다. 무엇보다도 중요한 것은 앞서 6번의 Practice를 통해 강조한 것처럼 가족이 존재하는 것에 대한 소중함을 인식하고 그에 대한 고마움을 표현하는 것입니다. 'TSL치료'의 두 번째 단원인 '미안합니다 (S)'에 들어가면서도, 우리는 먼저 가족에 대한 고마움은 잊지 않아야 합니다. 가족에 대한 고마움이 기반이 될 때 진정으로 미안하다는 말이 가능하기 때문이지요.

'고맙습니다'는 '미안합니다'의 전제조건

우선, 지난 한 주간 여러분은 가족들에게 '고맙습니다'를 얼마나 말로 표현하고, 시간을 공유하고 함께 웃을 수 있는 행동들을 했는지 살펴보세요. 매주 '고맙다'는 표현을, 매번 같은 가족들에게 하려니 특별히 고마운 일도 없는 것 같고, 매주 함께 하는 활동을 하는 것도 시간적으로 어렵다고 느끼는 분들도 계실 것입니다.

중요한 것은 가족에 대한 고마움은 가족들이 여러분에게 큰 선물을 해 주었다거나 감사해야 할 큰 사건이 있기 때문에 느끼는 것은 아닙니다. 여러분은 때로 심부

름을 도와준 자녀에게 고맙다고 느낄 수도 있고, 음식물 쓰레기를 버려준 남편에게 고맙다고 느낄 수도 있습니다. 이런 느낌들에 대해 '고맙다'라고 말로 표현하는 것이 중요하다는 것입니다. 여러분 생활의 작은 부분에서도 가족에 대한 고마움을 느끼고 표현해 보세요. 이렇게 작은 일들에서, 일상적으로 가족들에게 진심으로 고맙게 생각하고 '고맙습니다'를 표현할 때, 여러분은 가족의 존재에 대한 감사함을 일상생활에서 인식하게 될 수 있을 것입니다. 고맙다는 생각을 꾸준히 하면서 우리는 다음 단계인 '미안합니다'로 넘어가게 됩니다. 진심으로 고맙다는 생각과 표현이 계속될 때 미안하다는 표현이 훨씬 수월하게 나올 수 있습니다.

기본과제. '고맙습니다' 실천하기

'고맙습니다'를 위한 실천계획(Action Plan)		
누구에게	언제, 어떻게	
'고맙습니다' 실천(Activity)		
누구에게	실행 여부	
언제, 어떻게 말했나? 언제, 어떤 활동을 했나?		
상대방의 반응		
나의 반응		

여러분이 가족에 대해 감사하는 마음을 갖지 않는다면 미안하다는 말을 하면서도 마음속에서 저항이 발생할 수 있습니다. 따라서 진정한 사과나 용서를 위해서는 가족의 소중함에 대한 감사함을 기반으로 하여 진심으로 상대방을 이해하고 존중해 주어야 합니다. 우리는 앞서 Chapter 7의 이론을 통해 남성과 여성은 다를 수 있고, 분명한 차이가 있음을 배웠습니다. 하지만 중요한 것은 어떤 차이를 가지고 있는가가 아니라, 각자의 차이를 이해하고 존중하는 것이라 했습니다. 가족원의 관계에서도 마찬가지입니다. 가족들은 모두 다른 개인이며, 각각의 개성을 가지고 있습니다. 여러분이 가족들의 개별적인 차이를 이해하고 존중할 때, 가족원에 대해 진심으로 잘못한 것들을 깨닫고 사과를 할 수 있을 것이며, 다른 가족의 사과를 진심으

로 용서할 수 있을 것입니다.

참여자들과의 토론을 통해서 가정에서 남편과 아내의 차이에 대해 논의한 적이 있습니다. 기혼자로 구성된 그 그룹에서 처음에 남성들이 공통적으로 '연애할 때나 신혼 초기에 남편의 장난에 잘 웃어 주던 아내가 결혼 기간이 길어지면서 같은 장난을 쳤을 때 짜증을 낸다.'는 불평을 했습니다. 이 얘기를 들은 여성들은 '결혼 후에는 남편들이 좀 더 진지하게 문제에 임해 주기를 바라게 되는데, 자꾸 장난치며 도망가려 하는 것 같다.' '상황을 보고 내 상태가 장난을 받아들일 수 있는 상태인지 아닌지 고려해야 하는데 그런 것이 없다.' 등으로 남편들의 장난에 짜증을 내는 반응을 설명했습니다. 한편, 남성들은 자신의 장난에 아내가 짜증으로 반응을 하면 무시한다는 느낌이 든다고 합니다.

이 논의를 통해 우리는 같은 사건에 대해서 남성(남편)과 여성(아내)이 어떤 차이를 갖는지 볼 수 있습니다. 남성은 순수한 마음과 기쁨을 가지고 아내에게 장난을 걸고, 이것은 애정을 확인하는 남성의 방법입니다. 하지만 여성 입장에서는 자신을 고려하지 않고 남편이 자기 기분에 따라 장난을 친다고 생각합니다. 밖에서 일하고 온 남성에게 집은 따뜻하고 행복한 공간(sweet home)이지만 여성에게 집은 할 일이 많이 있는 공간(unfinished home)이니, 가정에서 일어나는 장난들이 서로에게 다르게 느껴지는 것이지요. 남성은 행복하고 따뜻한 집에서 기분이 좋아 아내에게 장난을 걸지만, 아내는 해야 할 일이 많이 남아 있는 상황에서 그 장난을 받아 줄 여유가 없는 것입니다. 남과 여의 입장이 반대의 경우도 마찬가지로 두 사람 모두 여유가 있을 때와 그렇지 않을 때가 있습니다.

이렇게 가족들 간에도, 같은 일에 대해서도 서로 다른 생각과 입장을 가지고 있습니다. 눈치를 보고 사는 것이 아니라 '적응'하는 것이 중요합니다. 상대방이 무엇을 원하는지 파악하고 '배려'해야 하며, 배려할수록 상대방도 여유가 많아져서 여러분의 입장을 이해하고 받아 주게 됩니다. 항상 연애하던 때, 10년 전의 모습과 같기를 바라면 그것은 욕심입니다. 시간에 따라 변화하고, 배려하고, 적응하는 모습이 가족들 간에도 필요합니다. 이렇게 여러분이 가족들의 개별적인 차이를 이해하고 존중할 때, 가족원에 대해 진심으로 잘못한 것들을 깨닫고 사과를 할 수 있을 것이며, 다른 가족의 사과를 진심으로 용서할 수 있을 것입니다.

'미안합니다' 실천하기

AS Note 작성하기: 회상하기

'미안하다'라는 말을 잘하는 사람도, 그렇지 않은 사람도 있습니다. 길에서 누군가와 부딪혔을 때, 다른 사람의 발을 밟았을 때, 식사 중에 실수로 음료수를 쏟았을 때 등 우리는 '미안하다'라고 말합니다. 하지만 일상생활에서 습관처럼 하는 '미안하다'라는 말 외에 우리 마음속에 앙금처럼 남아있는 일들에 대해 가족과 이야기하고 '미안하다'라고 이야기해 본 적이 있나요? 혹은 가족 중 누군가가 나에게 '미안하다'라고 했을 때 진심으로 용서했나요?

앞서 말한 것처럼 가족은 행복과 고통의 근원입니다. 가족들이 여러분에게 항상 행복만을 주는 것은 아니고, 때로는 힘들게 하고, 상처를 줄 수 있지요. 바꾸어 말하면, 여러분은 가족들을 힘들게 하고, 상처를 줄 수 있는 존재라는 것입니다. 이때 여러분은 '미안하다'고 사과했나요? 혹은 가족들에게 상처를 주었다는 사실 자체를 알고 있나요? 'TSL치료'의 두 번째 단계인 'S(Sorry)'에서는 진심으로 사과하고, 진심으로 용서함으로써 여러분의 가족관계가 어떻게 변화할지 실천해 볼 것입니다.

우리는 가족의 존재에 대해 감사함을 느끼지만, 생활을 하다 보면 너무 소중한 가족으로 인해 슬프거나 화나는 일이 발생할 수 있습니다. 그것은 가족이 소중하지 않아서가 아니라, 각기 다른 개인들이, 서로 다른 입장을 가지고 있기 때문에 충분히 발생할 수 있는 것이지요. 하지만 그렇다고 해서 그런 감정들을 그냥 두는 것은 좋지 않습니다. 미안하거나 화나는 감정들을 현명하게 해결해야겠지요. 그래서 우선, 여러분에게 AS(Anger & Sorrow: 분노와 슬픔) Note를 작성할 것을 제안합니다. 여러분은 가족과 함께 살아가면서 여러 가지 일들이 있었을 것입니다. 이 중 여러분 자신이 가족으로 인해 화난 일, 슬펐던 사건, 내가 받은 고통, 그 고통이나 사건들로 인한 영향을 적어 보세요. 그리고 가족들에게 가서 상대방(배우자 혹은 자녀 혹은 부모)이 여러분으로 인해 상처받은 일, 화난 일은 무엇인지 물어보고 함께 AS Note에 기록해 보세요. 이것이 이번 일주일간 여러분에게 주어진 과제입니다.

가족이 나에게 서운했던 일들을 이야기할 때 여러분이 그때 미처 생각하지 못했던 것들을 이해하고 가족들이 정말 서운했을 거라는 생각이 든다면 '미안하다'고 말해 보서도 좋습니다. 또한, 내가 가족에게 서운했던 일들을 떠올리면서 그때 가족들이 했던 말이나 행동들이 지금은 이해할 수 있다면 '용서한다'고 말해 보서도 좋습니다. 하지만 '미안하다'나 '용서한다'는 마음이 잘 들지 않는다면 처음부터 억지로 하실 필요는 없습니다. 여러분의 마음에 진심으로 그런 생각이 들 때 말씀하시고, 앞으로 'TSL'의 두 번째 단계인 'Sorry' 단계를 통해 가족들에 대한 미안함과 용서함이 진심으로 이루어지도록 함께 활동할 수 있습니다.

과제 1. AS Note 작성하기

내가 가족에게 준 AS(상처)		
누구에게	어떤 사건	어떤 영향
내가 가족에게 받은 AS(화남과 슬픔)		
누구로부터	어떤 사건	받은 영향

참여자 중 한 명은 AS Note를 작성한 후 '내가 가족에게 준 상처나 가족으로부터 받은 상처는 일상생활이나 습관에서 온 것이 많았다. 사소하고 미처 생각하지 못했던 것들로 상처를 주고 있음을 깨닫게 되었다.'라고 말합니다. 다음 사례들을 보면서 우리가 가족과 주고 받은 상처들이 큰 잘못을 저지른 대단한 사건들이 아니라, 〈사례 7-1〉처럼 일상생활을 통해 우리도 모르게 가족들에게 상처를 주고, 우리 기억에 서운함이 남아 있었다는 것을 보실 수 있을 것입니다.

😊 **사례 7-1** 남, 29세, 직장인

내가 가족에게 준 AS(상처)		
누구에게	어떤 사건	어떤 영향
어머니	어릴 때 학원비를 받아서 노는 데 쓰다가 어머니가 그 사실을 알게 됨	'착한 아들', '말 잘 듣는 아들'이라는 이미지가 강했는데 어머니께서 많이 실망을 하심. 신뢰가 깨어진 것에 대하여 많이 슬퍼하셨음
내가 가족에게 받은 AS(화남과 슬픔)		
누구로부터	어떤 사건	받은 영향
아버지	고등학교 때 성적이 잘 안 나오자 아버지께서 공장에나 취직하라고 하심	공부를 잘해야겠다는 생각 자체가 사라질 정도로 충격을 받았음. 나는 뭘 해도 안 되는 실력없는 아이인가라는 생각을 하게 됨

😊 **사례 7-2** 남, 50세, 운송업

내가 가족에게 준 AS(상처)		
누구에게	어떤 사건	어떤 영향
배우자	어떤 일이 생기면 알아서 결정하라고 해 놓고는 나중에 뭔가 잘 안되면 배우자의 탓이라고 뒤집어 씌운다고 함	자신은 별로 잘 못하지도 않았는데 탓을 하니 억울하고 나의 잘못을 인정하지 않는 것이 쌓여 화가 난다고 함
내가 가족에게 받은 AS(화남과 슬픔)		
누구로부터	어떤 사건	받은 영향
배우자	나의 상태나 의견과는 상관없이 연말에 놀러가겠다고 숙소를 예약했다고 함	화도 나고 짜증도 나는데 그에 대해서는 말도 못하고 계속 신경질적인 반응을 보임

〈사례 7-2〉와 같이 우리는 가족과 서로 서운했던 일들을 잊고 살아간다고 생각하지만 우리의 기억 속에는 그 일들이 남아 있음을 알 수 있습니다. 때로 이런 기억들이 자신도 모르게 가족들과의 관계에 영향을 미치기도 하고, 자신을 괴롭히기도 합니다. 서운했던 기억들에 대해 미안하다고 표현하고 용서하는 일은 가족관계를 위해서뿐 아니라, 여러분의 정신건강을 위해서도 필요한 일입니다. 앞에서 언급한

것처럼, 가족들과 서운했던 이야기를 나누면서 할 수 있다면 미안하다거나 용서한다는 말을 해 보시기 바랍니다. 가족들이 여러분에게서 받은 상처를 이야기할 수 있는 것은 이미 상당부분 가족들과 공감이 형성되고, 가족들의 그런 이야기를 수용할 여러분의 자세가 마련되었기 때문입니다. 미리 여러분 자신이 준비되었기 때문에 짜증나고 불쾌할 수 있는 이야기들이 '아, 그렇게 생각할 수도 있구나'하는 식으로 받아들여지는 것입니다. 결국 이것이 관점의 변화입니다. 하지만 진심이 담기지 않은 사과와 용서를 해서는 안 됩니다. 쇼를 해서는 안 된다는 것이지요.

쇼를 하지 마라

많은 부부갈등의 원인이 성격 차이 때문이라고 말합니다. 성격을 맞추기 위해 노력했다고 하지요. 하지만 상대방의 존재에 대한 진정한 감사를 기반으로 하지 않는 성격을 맞추려는 노력은 '쇼(Show)'가 되기 쉽습니다. 여러분은 겉으로 보기에 그럴싸한 '쇼'를 해서는 안 됩니다. 쇼를 하기 위해서는 많은 양의 에너지가 필요합니다. 그리고 쇼는 힘이 들기 때문에 오래 지속되기도 어렵지요. 진정한 사과와 반성이 아닌 순간을 모면하기 위한 진정성이 부족한 사과는 상대방에게 더 큰 상처가 될 수 있습니다. 성격차이는 '쇼'로 해결할 수 있는 문제가 아니며 가족에 대한 감사와 이를 기반으로 상대방에게 사과하고 용서함으로써, 그리고 이를 지속함으로써 본질적으로 성격차이를 극복할 수 있습니다.

TSL 에너지 교환 이론

에너지는 교류하지 않으면 늘어나지 않습니다. [그림 7-2]처럼 휴대폰도 자동차도 일을 하면 에너지가 소비되고 에너지를 채우지 않으면 고갈됩니다. 사람도 마찬가지이지요. 하지만 TSL 에너지 교환은 다릅니다. 다른 사람을 위해 에너지를 내가 썼는데 에너지가 고갈되지 않고 오히려 증가합니다. 우리가 다른 사람들과 자원을 교류하는 것처럼, 눈에 안 보이는 에너지도 여러분과 다른 사람들 사이에서 교류합니다. TSL 에너지는 교류하면서 늘어나기 때문에, 여러분의 TSL 에너지가 증가하기 위해서는 여러분의 에너지를 다른 사람에게 주어 에너지를 교환함으로써 그것이 여러분에게 다시 더 큰 에너지로 돌아오도록 해야합니다. 결국 여러분 자신이 에너지를 받기 위하여 상대방에게 에너지를 주는 것입니다. 하지만 앞서 나온 것과 같은 '쇼'를 하는 것은 에너지를 고갈시킵니다. 억지로 쇼를 해야 하기 때문에 에너지가 고갈되면서 여러분에게 돌아오지 않는 것이지요. 따라서 쇼는 에너지를 받기 위한 행동이 아닙니다. 에너지가 증가하기 위해서는 쇼를 하지 않고 자연스럽게 에너지의 교환이 이루어져야 합니다. 그러기 위해서 진심으로 고맙다는 말과 행동이 필요한 것입니다. 존재에 대한 감사함을 바탕으로 하여 진심으로 용서하고 미안함을 느껴야 상대방과 여러분 사이에 에너지가 교류됩니다. 노력을 통해 자연스럽게 미안함과 용서함을 표현하는 에너지가 나와야지, 관점을 바꾸지 않고 쇼를 하면 실제로 에너지는 나오지 않고 고갈될 것입니다.

사람들의 특성이나 유형은 잘 변화하지 않습니다. 하지만 여러분이 처음 배우자를 만났을 때에는 특성이나 유형이 다르더라도 즐겁고 행복했을 것입니다. 같은 유형의 사람을 만나서가 아니라, 여러분의 관점을 변화시켜서 상대방과 여러분이 함께 잘 살아갈 수 있도록 관계가 형성되었던 것이지요. 즉, 상대방에 대한 관점을 바꾸면 에너지가 공유됩니다. 이처럼 쇼가 아닌 진심으로 에너지를 교환하면, 여러분의 긍정적 삶의 에너지를 증가시킬 수 있을 것입니다.

[그림 7-2] TSL 에너지 교환이론 예시

JAGE: 젊어지는 나이

여러분이 가족에 대한 감사와 이를 기반으로 상대방에게 사과하고 상대방을 용서하기 위해서는 긍정적이고 젊은 '사고'를 하는 것이 중요합니다. 긍정적이고 젊은 사고를 하기 위해서는 JAGE를 실천하는 것이 중요합니다. JAGE는 Juvenate Age, 즉 '다시 젊어지는 나이'라는 뜻으로 만들어졌습니다.

현재 40, 50대인 분들은 예전 자신이 10대 때 부모님의 나이를 떠올려 보세요. 그때는 부모님의 나이가 굉장히 많은 것처럼 느껴지셨을 것입니다. 하지만 여러분이 이제 그 나이가 되었지요. 여러분은 아버지나 선배들의 모습이나 역할을 생각하면서 그 삶의 방식을 자연스럽게 받아들이고 기준을 삼게 됩니다. 하지만, 시대가 변했습니다. 젊어지는 나이인 JAGE는 이전 시대보다 현대의 사람들의 생명이 더 연장되었다는 것에서 출발합니다. 우리나라 1950년대의 50대와 2010년의 50대는 다르다는 것이지요. 1950년대의 50대는 생이 10년 정도밖에 남지 않았지만, 현재의 50대는 생이 평균적으로 30년 이상 더 남았다고 볼 수 있습니다. 그렇게 많은 날이 남아있으니 50대라는 것에 연연하지 말고, 마치 살아갈 날이 매우 많이 남아 있는 20대처럼 미래를 더 긍정적으로 보자는 것입니다. 그리고 젊은 시절 사랑하는 가족에게 놓친 부분이나 아쉬운 점이 있으면 지금 다시 젊게 TSL하면서 행복하게 살아가는 것을 계획하는 것입니다. 사람들은 보통 25살이 넘어가면 우울해하기 시

〈표 7-1〉 JAGE 환산 나이

현재 나이	뺄 나이	JAGE 환산 나이
20대	5살	15살(10대 중후반)
30대	10살	20살(20대 초반)
40대	15살	25살(20대 중반)
50대	20살	30살(30대 초반)
60대	25살	35살(30대 중반)
70대	30살	40살(40대 초반)
80대	35살	45살(40대 중반)
90대	40살	50살(50대 초반)

작합니다. 더 이상 굴러가는 낙엽만 보고도 웃음이 나올 만큼 행복하지 않다는 것이지요. JAGE의 원리는 간단합니다. 더 젊게 살자는 것입니다. 그러기 위해서 〈표 7-1〉과 같이 자신의 나이에서 미래의 기대수명을 고려한 다음의 숫자들을 뺍니다. 그 나이가 자신의 나이라고 생각하는 것입니다. 이번 과제는 앞의 JAGE로 여러분의 나이를 생각해 보는 것입니다.

과제 2. JAGE로 자기 나이 생각하기

JAGE 환산 나이	JAGE로 생각하고 현재와 미래에 하고 싶은 일 (레저, 일, 가족)을 정리해 보세요.

자, 어떠세요? 40대는 20대처럼, 60대는 30대처럼 살 수 있겠지요? 젊게 사는 것은 미래에 대해 보다 긍정적으로 생각할 수 있어서 여러분 마음에 여유를 주고, 다른 사람의 입장에서 생각하며 사과하고 용서할 수 있는 긍정적 마음가짐을 가져올 수 있습니다. 그리고 JAGE를 통하여 젊은 시절 가족들이 소중한지 모르고 지나간 것에 다시 감사와 미안함을 새삼 느끼고 젊은 시절로 돌아가 새롭게 TSL을 계획할 수 있을 겁니다.

메모리 도서관

나이가 많아지면서 왜 10대나 20대처럼 즐겁지 않고 부정적 감정들이 생길까요? 앞서 성별의 차이와 AS Note에서 살펴본 것처럼, 아무리 가까운 가족이라도 '나 자신'과 완전히 동일하지는 않기 때문에 우리는 다른 사람과 관계를 맺으면서 혹은 삶을 살아가면서 여러 가지 부정적인 경험들을 하게 됩니다. 이러한 부정적인 경험들

은 때로 해소되기도 하지만 어떤 경우는 분노, 화, 좌절, 섭섭함 등과 같이 부정적 감
정들과 연결되며, 여러분 자신의 어딘가에 하나씩 쌓이게 됩니다. 'TSL치료'에서는
이것을 메모리 도서관(Memory Library)이라고 부를 것입니다. 메모리 도서관은 마음
속 어딘가에 있지만, 그것은 무의식 혹은 의식이라고 규정할 수는 없지요. 다만, 우
리가 죽을 때 가장 많이 남아 있는 것이 메모리입니다. 지금 행복한 사람은 행복한
메모리가 많은 것이지요. 여러분이 주변 사람들에 대해 가지고 있는 메모리들은 그
사람을 대표하는 것입니다. 무의식과 메모리는 다른데, 무의식은 생각이 잘 안 나지
만, 메모리는 생각하면 떠오르는 것들이라 할 수 있습니다. 만약 '아내'라는 단어에
불쑥 '원수'라는 생각이 든다면 그것은 여러분에게 있어 아내를 대표하는 값인 것입
니다. 물론 한 사람에게는 대푯값 외에도 여러 다른 값들이 있을 것입니다. 예를 들
어, 야구팀에서 주전선수 외에 다른 선수들이 있는 것처럼, 천천히 기억하면 나오는
다른 선수들이 있지만 주전선수가 있는 것과 같습니다. 여러분이 어떤 야구팀을 생
각할 때 떠오르는 주전선수가 있을텐데, 이때 그 주요선수가 바로 메모리입니다. 우
리는 만나는 사람들에 대한 메모리를 가지고 있습니다. 운동선수들이 매일 연습을
함으로써 반사작용에 가까운 행동(natural move)이 나타나는 것처럼 늘상 교류하면
그 사람에 대해 자연스럽게 떠오르는 것이 있습니다. 그것이 메모리이지요. 하지만
메모리 중에는 괴로운 메모리가 있습니다. 괴로운 메모리는 팀을 방해하죠. 슬럼프
에 빠진 선수와 같습니다. 한 프로스포츠 팀에서 팀을 방해하고 슬럼프에 빠진 선수
가 있다면 그를 2군으로 내려 보내야 합니다. 즉, 우리가 어떤 사람을 떠올릴 때 그
사람을 대표하는 값이 있고, 주전선수들이 있는데 주전선수 중 슬럼프에 빠진 사람
이 바로 우리 기억 속의 AS입니다. 그 주전선수가 슬럼프에서 벗어나도록 할 수 있
는 것이 S 실천입니다. AS가 있는 사람과의 관계를 잘 맺기 위해서는 이 과정이 필
요합니다. 그렇지 않으면 팀이 실패하는 것처럼 그 사람과의 관계도 어려워집니다.
가족이 여러분에게 AS를 말한 것은 여러분을 믿고 한 것이므로 여러분이 그것에 대
해 노력하는 모습을 보여 주어야 합니다. 우리는 상대방에게 주는 상처를 잘 인식하
지 못합니다. 하지만 다른 사람과의 관계에서 상처를 전혀 주지 않는 사람은 '신' 외
에는 없지요. 그렇기 때문에 우리는 가족에게 상처를 물어 봐야 하는 것입니다. 우
리가 상대방에게 상처를 받았을 때 섭섭하다고 말하기 어려운 것처럼, 상대방도 여
러분에게 섭섭하다고 말하기 어렵습니다. 그런데 이러한 섭섭함이 많아지면 여러

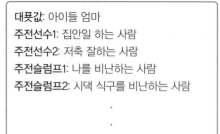
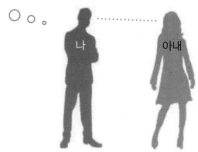

> 대푯값: 아이들 엄마
> 주전선수1: 집안일 하는 사람
> 주전선수2: 저축 잘하는 사람
> 주전슬럼프1: 나를 비난하는 사람
> 주전슬럼프2: 시댁 식구를 비난하는 사람
> .
> .
> .

[그림 7-3] 상대에 대한 대표적 생각

분과 그 사람과의 관계는 슬럼프가 심해지는 것이지요.

이 Practice에서 가장 중요한 주제는 '메모리'입니다. 돈은 왜 벌까요? 음식을 먹거나 여행을 갔을 때 '돈'으로 음식을 사 먹고 좋은 기억을 갖게 되었기 때문입니다. 좋은 메모리를 갖기 위해 때로는 '돈'을 버는 것이지요. 하지만 많은 좋은 메모리에 돈이 꼭 필요한 것은 아닙니다. 그렇다면 메모리를 어떻게 만들어 가야 할까요? 일상생활에서 TSL을 통해서 메모리를 스스로 만들어 가야 합니다. 메모리를 만드는 것이 바로 TSL입니다. 여러분에게 고통을 주거나 기쁨을 주는 사람은 바로 옆에 있는 사람들입니다. AS를 잘 찾아내서, 실천계획을 세우고, 사과할 것은 사과하고, 미안하다고 말해야 합니다. '내가 잘 생각해 보니 이런 것이 서운했겠더라'라고 하는 것이 아니라, 그 사람에게 물어보고 그 사람이 상처 받은 것에 대해 사과해야 합니다. 상대방에게 물어보지 않고 여러분이 알아서 해 주는 것이 관계를 힘들게 하는 것입니다. 사람들은 모두 자신의 입장이 있고, 자신의 관점에서 서운한 일들이 있기 때문에 여러분이 생각하는 것과 상대방이 생각하는 것은 다를 수 있습니다. 그래서 직접 물어보는 것과 직접 말로 하는 것이 중요한 것입니다. 상대방이 원하는 것과 여러분이 원하는 것이 항상 일치하지는 않기 때문에 말로 표현하고 확인하는 것이 중요합니다. 메모리가 없으면 그 사람과의 관계는 없을 것입니다. 메모리가 없는 USB를 꽂으면 아무것도 안 나오는 것과 같은 것이지요. AS를 잘 해결할 수 있어야 다음 단계로 진행할 수 있습니다.

이렇게 메모리 도서관은 우리가 알 수 있는 모든 기억을 다 가지고 있습니다. 내가 찾기 어려울 뿐이지 기억은 창고의 어딘가에 저장되어 있지요. 우리는 느낀 것을 그대로 메모리 박스에 넣어 두며, 메모리 박스에는 즐거움뿐 아니라 고통의 기억도

[그림 7-4] 메모리 도서관

저장됩니다. 그래서 '감사하다'는 표현이 잘 안 나오는 것입니다. 메모리 도서관에 저장된 고통의 기억이 '감사하다'는 표현을 못하도록 나를 잡고 있기 때문이지요. [그림 7-4]처럼 여기서 한 가지 특이한 점은 메모리 박스 속의 부정적 감정들이 성장한다는 것입니다. 메모리 도서관 안에는 여러 가지 파일들이 있는데 파일들이 자생적으로 계속 늘어나는 것입니다. 일종의 바이러스 같이 말입니다.

메모리 박스

모든 사람에게는 메모리 도서관이 있습니다. 메모리 도서관 안에는 각각의 사람이나 사건에 대한 박스들이 있으며 이것이 메모리 박스이지요. [그림 7-5]를 보면 쉽게 이해하실 수 있습니다. 뚜렷하게 생각나는 기억도 아련한 기억도 있지만, 중요한 기억은 어떤 식으로든 메모리 도서관 안 각각의 박스 안 어딘가에 다 기억되어 있습니다. 그리고 구체적인 사건의 기억은 지워져도 그로 인한 부정적 감정은 계속 남아 있을 수도 있습니다. 이런 것이 사람의 메모리 박스입니다.

왜 그럴까요? 부정적 감정들은 일종의 재산이 됩니다. 슬픈 일은 버려야 하는데 버리지 않고 있으면서 이것이 재산이 되는 것입니다. 그것은 어떠한 재산일까요? 내 일과 내 행동을 정당화할 수 있는 분노와 슬픔의 재산입니다. 예를 들어, '지난달에 시어머니가 친정 동생들에게 섭섭한 말씀을 하신 적이 있어서 이번 여름휴가에는 시어머니를 뵈러 가고 싶지 않아.'와 같이 부정적인 감정들이 메모리 박스 안에 저장되고 성장하여 앞으로 여러분이 어딘가에서 자신의 행동을 정당화하는 자원으

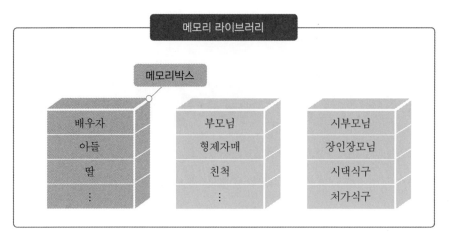

[그림 7-5] 메모리 도서관의 메모리 박스

로 활용되는 것이지요.

　한편, 여러분과 다른 사람이 다른 입장과 관점을 가지고 있기 때문에 만들어지는 AS가 계속 하나씩 들어오고 성장하여 메모리 박스를 가득 채우면 어느 순간에 메모리 박스는 부정적 메모리 박스가 되지요. 메모리 박스가 부정적인 감정들로 인해 고통으로 꽉 차 있으면 그 이후에 들어오는 조그만 상처도 엄청난 상처로 인지하게 되는 것이지요. 이때는 어떤 자극이든지 스트레스가 될 수 있습니다. 누굴 만나도, 집 근처나 복도에서 누구와 스치고 지나가도 스트레스가 될 수 있고 더 심하면 우울증으로 발전하게 됩니다. 사람들이 나를 좋아하지 않는다, 나를 알아 주는 사람이 없다, 나랑 맞지 않는 사람이 많다, 이런 생각들이 증가한다는 것은 여러분의 메모리 박스에서 부정적 감정들이 커져가는 표시입니다. 이러한 부정적 감정들은 빼내야만 건강하게 살 수 있습니다. 결국, 사과하고 용서함으로써 부정적인 감정을 해소하는 것은 내가 살기 위해, 메모리 박스를 정리하기 위한 행위입니다. 다른 누군가를 위해서가 아니라 여러분을 위해서 부정적 감정을 줄이며 여러분의 건강성을 증진시키는 것입니다. '환자'는 여러분과는 관계가 없는 먼 곳에 있는 다른 사람처럼 느끼지만, 여러분 자신도 '환자'가 될 수 있습니다. 그 위험의 경계에 누구든지 갈 수 있고, 이미 경계를 넘어본 사람도 있을 것입니다. 여러분은 부정적인 메모리 박스를 비울 수 있어야 합니다.

AS의 저장과정

여러분은 하루에도 몇 번씩 부정적 사건을 마주할 수 있습니다. 사소한 다툼, 화, 다른 사람과의 대화에서 받은 상처, 누군가의 신랄한 비판, 미움 등과 같은 부정적 사건들이 수시로 펼쳐지지요. 그런데 이런 사건은 다른 각도로 보면 달리 보일 수도 있습니다. 다시 말해, 모든 부정적 사건에는 그만한 이유가 있어서 부정적으로 인식된 것인지도 모릅니다. 가령, 상대방의 말과 행동을 자신이 오해해서 들었거나, 너무 나의 생각만 관철시키려고 했기에 문제가 되었거나, 상대의 이야기를 듣지 않고 고집을 부렸거나, 대화가 잘 이루어지지 않았거나 여러 이유들이 사건의 배경이 되었을 수 있습니다. 처음 딱 사건이 터졌을 때는 부정적 사건이 아니었을 수도 있죠. 하지만 [그림 7–6]처럼 점점 시간이 지나면서 나에게 중요하게 인식되고 남은 것은 사건 그 자체보다 상황은 소멸하고 부정적 감정만 남으면서 결국 그 사건은 부정적 사건이 되어 버립니다. 결국 우리의 메모리 박스에는 상처, 앙금, 미움과 같은 감정들이 차곡차곡 저장되는 것이지요.

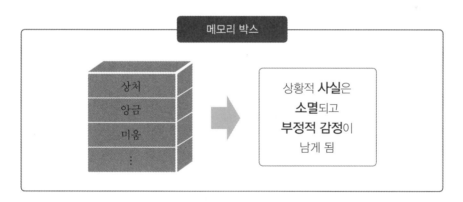

[그림 7–6] AS의 저장과정

한 예를 들어 보겠습니다. [그림 7–7]에서 비 오는 늦은 밤 버스정류장에서 귀가가 늦는 딸을 기다리는 한 아버지가 있습니다. 그의 딸은 학교에서 공부가 늦게 끝나 어쩔 수 없이 늦은 시간에 버스를 타고 집으로 향하게 되었습니다. 때마침 휴대폰도 방전되어 집에 미리 연락할 수 없었습니다. 이후 딸이 버스 정류장에 도착하여 아버지를 만났는데, 아버지는 딸을 너무 걱정하였기에 불같이 화를 내게 됩니다. 아버지의 AS 메모리 저장 과정을 살펴볼까요? 아버지는 딸에 대한 걱정과 각종 범죄 사건에 대한 불안감이 컸습니다. 오랜 시간 딸을 기다리면서 불안한 마음은 딸에 대한 화로 변하게 되었죠. 결국 딸을 사랑하는 마음은 사라지고, 아버지의 마음을 헤아리지 못하고 늦은 딸에게 화만 남게 됩니다. 사랑으로 시작된 행동이 화가 났던 사건으로만 기억하게 되는 거죠. 딸의 AS 메모리 저장 과정은 어떨까요? 자신의 입장은 설명할 겨를도 없이 화만 내는 아빠에 대한 부정적 감정과 자신의 억울함만 있는 사건으로 저장하게 되는 겁니다. 알고 보면 각자의 입장이 있고, 정당한 사유가 있지만 서로에게 화만 내는 사건으로 기억되게 됩니다. 찬찬히 돌아 보면 부정적 감정이 꼭 사건의 진실이 아닐 수도 있다는 것입니다. 그래서 우리에게 AS Note를 통해 메모리 박스를 비워 내는 작업이 중요합니다. 여러분이 쇼를 하지 않고 메모리 박스를 비우는 방법에 대해서 다음의 Chapter 8의 내용과 Practice를 통해 살펴보도록 하겠습니다.

[그림 7-7] 부정적 메모리 저장과정 예시

오늘의 과제

기본과제. '고맙습니다' 실천하기

과제 1. AS Note 작성하기

과제 2. JAGE로 자기 나이 생각하기

　이번 Practice의 목표는 AS Note(분노와 슬픔의 노트)를 작성하면서 여러분이 가족에게 준 상처와 가족이 여러분에게 준 슬픔과 화남을 회상하는 것입니다. 여러분이 가족에게 진심으로 미안하다고 말하고, 진심으로 용서하기 위해서, 먼저 여러분의 기억 속에 있는 가족에 대한 슬픔이나 화남, 가족에게 서운하게 했던 것들을 떠올려 보는 것입니다. 다음 Practice에서는 여러분이 회상한 내용을 인정하는 과정을 실행할 예정입니다.

배우자 선택과 가족스트레스

Chapter 7에서는 남성과 여성의 차이에 대해 살펴보았습니다. 이번 Chapter에서는 이렇게 다른 남성과 여성이 배우자를 어떻게 결정하며, 결혼 이후에 가족들은 어떤 스트레스를 경험하게 되는지에 대해 살펴볼 것입니다.

사람들은 어떤 사람들을 배우자로 선택하는가

배우자 선택은 일생에서 가장 중요한 결정사항이며, 당사자들의 행복이나 불행뿐만 아니라 일생 동안 삶의 질과 자녀, 친족관계 등에 영향을 미치게 됩니다. 그래서 사람들이 누구를, 왜 배우자로 선택하느냐는 가족 연구자들의 중대한 관심영역이었지요. 많은 연구가 진행되고 이론들이 제기되고 있지만 사람들이 왜, 어떻게, 누구를 배우자로 선택하는가에 대해 통일된 의견은 없습니다. 배우자 선택이론은 1970년대에는 주로 여과망이론, 자극가치역할이론(SVR이론), 결혼 전 관계 형성 모델과 같이 배우자 선택은 여러 단계를 거쳐서 하게 된다는 단계모델(Sequence model)이 유력했으며, 1980년대에는 특정한 배우자 선택 과정을 강조하는 순환적 인과 모델(Circular-Causal Model)이 더 설득력 있게 받아들여지고 있습니다. 2000년대 들어서는 유전자 연구가 활발해지면서 유전자 형질이 배우자 선택에 중요한 변수라는 주장도 제기되고 있습니다. 하지만 현 단계에서는 어떤 하나의 이론이 결정적이라고는 할 수 없고, 다양한 변수가 배우자를 선택하는 데 적용된다고 해야 할 것입니다. 이 Chapter에서는 어떤 변수들이 각자 어떤 작용을 하는지를 살펴보고자 합니다.

배우자 선택이론: 단계이론 vs. 순환이론 vs. 유전론

사람들은 여러 단계를 거쳐 배우자를 선택한다

우선 단계모델에서 여과망이론(Filter theory)을 살펴볼 수 있습니다. 컬르코프와 데이비드(Kerckoff & David, 1962)는 최초로 배우자 선택의 여러 요인을 발달적 모형으로 발전시켰습니다. 이들은 약혼 또는 여러 단계에 있는 대학생 커플들을 연구하여, 관계의 초기 단계에서는 사회적 특성(인종, 연령, 종교, 사회계층 등)이 중요한 작용을 하고, 관계가 진전되면서 가치관의 공감이 중요해지며, 시간이 경과한 친밀한 관계에서는 상호보완의 기능이 중요하다고 밝혔습니다(최외선, 현은미, 전귀연, 2003).

다음으로는 자극가치역할이론이라고 하는 S. V. R. 이론(Stimulus-Value-Role theory)이 있습니다. 머스테인(Murstein)은 여과망이론(Filter Theory)을 보완하여 3단계를 제시합니다.

첫째, 자극단계(Stimulus Stage)는 직접적인 상호작용을 시작하기 전에 외모, 명성과 같은 관찰 가능한 상대방의 자질에 매력을 발견하고 상호 간에 느끼는 매력이 어느 정도 균형을 이루면 다음 단계로 발전합니다. 두 번째는 가치비교단계(Value Stage)입니다. 인생의 목표, 결혼관, 자녀관 등 중요 영역에서 서로의 가치관이 상호 유사함을 느끼게 되면 다음 단계로 진행됩니다. 마지막 단계는 역할조화단계(Role Fit Stage)로 현재와 결혼 후의 역할 수행능력과 상호 역할 기대가 일치되고 적절하면 결혼으로 발전하게 됩니다. 이 세 가지 단계는 연속적이며 단계적으로 일어나기도 하나 전 단계에 걸쳐 세 요인이 한꺼번에 작용할 가능성도 존재합니다(이기숙 외, 2001).

다음으로 결혼 전 관계형성 모델은 결혼 전 매력 확인, 사회적 환경의 일치감, 가치관 확인 등 여러 단계를 거치면서 '우리'라는 관계형성이 된 후 결혼과정으로 발전하는 것으로 봅니다. 이런 이론들이 발전한 배경으로는 결혼 전 동거와 같은 결합형태가 서구에서 보편화된 것이 영향을 미쳤다고 볼 수 있습니다.

배우자 선택은 조건보다는 관계가 변화되는 과정에서 이루어진다

스테판(Stephen, 1985)의 순환적 인과모델에서는 앞서 살펴본 단계 모델과는 달리 배우자 선택은 어떤 조건들이 맞는가 맞지 않는가가 아닌, 커플들이 교제기간 동안 의사소통을 통해 관계가 변화한다고 봅니다. 즉, 사람들은 배우자를 선택하는 과정에서 신념이나 태도, 가치관들이 같은지 아닌지에 따라 다음 단계로 발전하는 것이 아니라, 신념이나 태도, 가치관은 교제과정에서 의사소통을 통해 변화하는 역동적인 것으로 보는 것입니다.[1]

단계 모델은 배우자를 만나기 전에 자기가 바라는 배우자에 대하여 일정부분 고정관념이나 신념을 가지고 있기 때문에 단계별 여과과정을 거치면서 최종적으로 배우자를 선택한다는 주장입니다. 반면에 순환모델은 개인의 신념이나 태도는 변화 가능한 것이며 따라서 커플 간의 유사성 역시 시간의 경과에 따라 증가 또는 변화한다고 할 수 있다는 것이지요. 이와 같이 배우자 선택이론은 동질성, 상호보완 등의 단일 요인의 접근에서 탈피하여, 배우자 선택에 다양한 결정요인이 있음을 전제로 발전해 왔습니다. 특히 이동성이 심한 현대사회에서는 사회경제적 지위, 종교, 인종 등과 같은 사회문화적 요인보다는 상호관계에서의 역동적 측면에 강조점을 두는 이론이 우세하고 있음을 보여 주고 있지요.

유전적 형질이 배우자 선택과 관련 있다

한편, 유전적 요인이 오늘날 많은 관심을 받는 것도 사실입니다. 동물적 기준에서는 배우자 선택에 있어 각 유전인자의 특성이 다를수록 상대방에게 더 많은 관심

---

1) 스테판(Stephen, 1983-1985)은 교제중인 104명 커플을 대상으로 연구를 하여, 커플들의 관계가 진전됨에 따라 커플 간의 신념, 태도, 가치가 유사해진다는 것을 보여 주었습니다.

을 갖게 됩니다. 이와 관련하여 영국 일간 인디펜던트 온라인판에는 브라질 파라나대 연구팀이 부부 90쌍의 유전자를 조사해 비교한 연구 결과가 발표되었습니다 (INDEPENDENT, 2009). 이 실험의 내용은, 전혀 다른 유전인자를 가진 남녀가 비슷한 특성의 유전자를 가진 남녀에 비해 결혼에 골인할 확률이 높다는 것입니다. 이는 특정 유전자가 동종 출산을 막고 자녀의 면역 방어력을 높이기 위해 남녀 사이에서 느끼는 성적 매력을 통제하고 있음을 반증하는 것이라고 연구팀은 설명합니다.

하지만 인간은 '문명'을 가진 존재로서 동물적 기준뿐 아니라 문명사회적 DNA를 가지고 있습니다. 즉, 배우자 선택에 있어 동물적 본능뿐 아니라 사회문화적 인자에 더 큰 영향을 받는다는 것이지요. 대개 사람들은 사회문화적으로 유사한 종류의 사람이나 가치를 공유하는 사람을 선택하게 됩니다. 앞 사례에서 연구팀의 책임자였던 비카류 교수 자신도 배우자를 고를 때 문화적 배경을 무시할 수는 없었다며 연구 결과가 한 사람이 가진 특정 유전자가 그 사람의 행동을 결정한다는 것을 뜻하진 않는다고 말하고 있습니다.

배우자 선택이론을 종합해 보면 부부는 다양한 차이점들이 있지만 결국 결혼 전에 맞추어 보고, 서로의 가치관이나 역할을 조정한 후 서로 합의가 되면 결혼하는 것으로 보입니다.

한국사회의 배우자 선택의 특성

세계적으로 한류드라마가 많이 전파되면서 외국인이 갖는 질문 중 하나는 한국에서는 왜 결혼할 때 그렇게 부모의 반대가 많고, 왜 부모에게 허락받으려고 애를 쓰는지에 대한 것입니다. 심지어는 결혼 전 양가 부모의 상견례에서 결혼이 무효가 되는 경우도 있습니다. 사실 드라마에서 보여지는 것만큼은 아닐지라도 우리 사회의 특징 중 하나는 결혼에 있어 가족의 의사를 자주 반영한다는 것이지요. 개인들의 특성에 따라 배우자 선택에서 단계 모델이나 상호작용모델 또는 유전적 형질 등 중 어느 하나가 상대적으로 많이 영향을 미칠 수 있지요. 하지만 다음의 [그림 8-1]에서와 같이 한국의 배우자 선택에서는 가족요인이 중요한 역할과 의미를 갖습니다. 상대방을 선택하고 결혼을 결정하는 것은 모두 여러분 자신이 한 것 같지만, 실제로 가족의 가치관이나 부모님들의 의견은 여러분의 선택에 영향을 미치게 됩니다. 또한 한국의 결혼 문화에서 특징적인 것 중 하나는 결혼 전에 궁합을 보는 것입니다. 이러한 궁합은 보통 부모님들이 봐주시는 것이고 결국 부모님이 결혼의 결정이나 배우자 선택에서 어떤 역할을 하고 있다는 것입니다. 이것은 결혼 후에도 원가족의 영향력이 작용한다는 것이어서, 이것을 지혜롭게 잘 활용하는 것이 건강한 가족으로 가는 길입니다. 그리고 일정부분 배우자 선택에서 가족의 영향은 있지만, 결혼한 후에는 독자적 결정과 생활을 하는 것이 미래 지향적일 것입니다. 어느 정도는 독자적 생활을 하면서 원가족을 부양하고, 양육에 대한 감사를 표현하는 것은 좋으나 제대로 분리가 되지 않을 때에는 또 다른 부작용이 나타날 수 있습니다. 원가족과 적절한 관계를 유지하면서 조절을 잘 해나가는 것이 건강한 가족의 기준이며 결혼생활 후 적응의 방법이 될 것입니다.

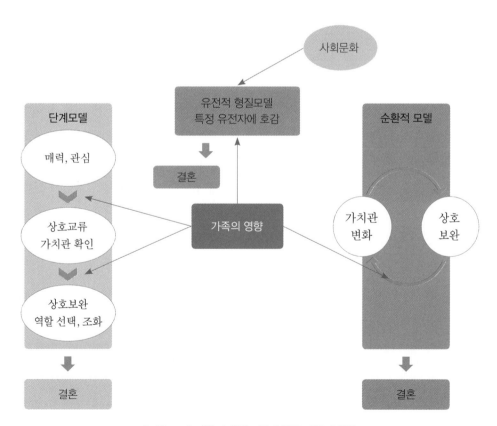

[그림 8-1] 배우자 선택모형과 한국 가족의 영향

배우자와의 성격차이: 결혼 전 유사한 가치관과 역할조화 그리고 성격차이

사람들은 사회문화적 유사성을 가진 상대에게 끌리게 되어 있습니다. 즉, 가치관과 사회경제적 지위, 가정 내 역할관념이 유사한 경우에 배우자로 선택할 가능성이 높은 것이지요. 그런데, 그러면 왜 많은 사람이 부부생활에 있어서 성격차이가 크다고 주장하는지 의문을 가지게 됩니다. 결혼 전 선택모형에서는 어떤 것이든 배우자와의 가치관이 유사해야 함을 강조하고 있습니다. 심지어 동거커플도 가치관이 유사해야 결혼을 할 수 있다고 주장합니다. 사람들은 연애할 때 상대방이 자신과 매우 비슷하다고 생각하고, 유사한 가치관을 가졌다고 생각합니다. 하지만 결혼한 부부들이 말하는 가장 큰 부부갈등의 원인은 '성격차이'입니다. 대부분 '결혼 전에는 몰랐다.' '뭐가 씌었나 보다.' '이 정도인지는 몰랐다.'라고 말하곤 합니다. 자신과 유사한 사람을 배우자로 선택했는데 왜 결혼 이후에는 성격에 차이가 있어 갈등을 겪는다고 말할까요? 가치관은 항상 일치하지는 않습니다. 인간은 원래 하나하나 서로 다른 존재이며, 성격 차이는 당연합니다. 다만, 서로의 성격 차이에 대해 자신의 성격을 변화시키고, 상대방과의 관계에서 적응시키는 것이 중요하지요. 연애과정에서 사람들은 자신의 생각을 주장하기보다는 상대방에게 맞추어 줌으로써 관계를 발전시키고 좋은 관계를 유지하려는 노력을 하게 됩니다. 그래서 성격 차이가 있음에도 불구하고 그것을 심각하게 느끼지 못할 뿐 아니라 오히려 매력으로 느끼게 됩니다. 그러나 결혼을 한 후 그러한 노력을 중단하면서 성격 차이는 그대로 드러나게 됩니다.

성격차이는 언제나 존재하는 것입니다. 다만 '적응'의 성공과 '적응'의 실패의 차이일 뿐입니다. [그림 8-2]와 같이 성격 차이는 부부간에 언제나 발생할 수 있으며, 서로 간의 생각에 차이가 날 때마다 일치시키려고 노력해야 하는 것입니다. 따라서 배우자 선택에서 성격 차이가 있는가는 실질적인 문제가 아니며 중요한 것은 '적응'할 수 있는가입니다. 적응을 위해서는 서로 끊임없이 노력해야 하고, 변화하고 적응하고자 하는 의지가 있어야 가능하지요. 삶의 본질은 '행복'입니다. 배우자와 행복한 삶을 살려면 TSL과 함께 적응해야 한다는 것이 배우자 선택과 결혼생활에 있어

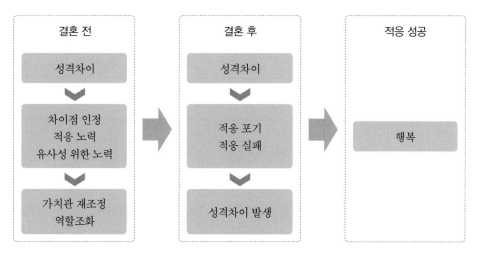

[그림 8-2] 결혼 전후의 적응 과정

가장 중요한 본질일 것입니다.

가족스트레스란 무엇인가

앞서 살펴본 것처럼, 배우자 선택은 배우자와 자신의 성격이 얼마나 일치하는가
가 아니라, 서로 다름에 대해 변화하고 적응하는가가 더 중요한 문제라고 하였습니
다. 사람들은 배우자나 가족과의 관계에서 변화하고 적응하려는 의지를 가지고 시
작하지만 가족은 행복의 근원인 동시에 고통의 근원이 되기도 합니다. 고통의 근원
이 되는 가족은 서로에게 스트레스가 될 수 있지요. 이런 것들을 가족스트레스라고
합니다.

과거에는 가족스트레스는 위기의 측면에서 예기치 못했던 어려움을 일으키는 큰
사건—즉, 가족원의 죽음, 실업 등 가족에게 어려움을 주는 위기사건으로 파악했습
니다. 그리고 이러한 스트레스 사건에 대해 가족이나 개인이 어떻게 반응하는지, 어
떤 가족들이 보다 잘 대처하는지를 중심으로 연구되었습니다. 하지만 최근에는 가
족스트레스에 대한 관점이 변화하여 생활 속에서 발생하는 일련의 생활사건들에
대한 적응을 중심으로 변화되고 있습니다. 즉, 일상적인 생활 그 자체가 스트레스의
근원이 되며, 끊임없이 변화하는 가족은 스트레스를 주는 환경으로 보는 것이지요.

'가족스트레스'란 스트레스 요인으로 인해 가족들이 적응의 요구에 직면하게 되는데, 이러한 적응 요구가 가족이 가지고 있는 자원에 크게 부담을 줄 때 일어나는 긴장상태를 말합니다(Hill, 1949). 가족스트레스는 가족원의 정서적 반응, 가족원 간의 갈등 그리고 경제적 어려움 등 다양한 영역이 포함됩니다.

가족학자 힐(Hill)은 가족스트레스 발생을 설명하기 위하여 ABCX모델을 제안했습니다. ABCX모델에 따르면 가족에 변화를 일으킬 만한 생활사건이 발생했을 때(A) ⇒ 가족들은 위기를 극복할 수 있는 자원이 있는지 평가하고(B) ⇒ 이와 함께 그 사건이 가족에게 얼마만큼 큰 영향을 미칠지 평가합니다(C) ⇒ 이 과정에서 가족자원(B)의 부족과 스트레스 사건(A)이 가족에게 감당하기 힘든 역경이나 어려움이 된다고 인지할 때(C) ⇒ 위기인 X가 나타난다는 것이지요.

예를 들어, [그림 8-3]과 같이 시험이나 자녀의 등록금 납입, 감기 등과 같은 자극이 있을 때 가지고 있는 자원이 그것을 해결할 수 있는지를 평가합니다. 자원의 양과 평가에 따라 자극을 해결할 수 있다면 괜찮지만 해결할 수 없다면 스트레스가 되는 것이지요.

한편, 맥커빈과 패터슨(McCubbin & Patterson, 1983)은 ABCX 위기 모델의 확대 모형으로 Double ABCX 모델을 개발하였습니다. Double ABCX 모델은 가족은 하나의 스트레스 요인보다는 누적된 스트레스 요인을 가지고 있는 경우가 많은 것에 착안하여 제안되었지요. 가족들이 기존에 있던 어려움과 새로운 스트레스 요인에 대해 극복하기 어렵다고 인식하고, 그것에 대응할 자원이 없을 때 스트레스나 가족의 부적응이 증가할 수 있다는 것입니다.

[그림 8-3] 가족스트레스 발전 과정의 예

가족스트레스는 여러 가지 요인으로 이루어져 있다

가족의 스트레스는 예견된 스트레스와 예견되지 못한 스트레스가 있습니다. 예견된 스트레스는 생로병사 및 삶의 과정에서 일어나는 것입니다. 출산, 입학, 입대, 구직, 결혼, 자녀 출가, 부모의 노환과 같이 살면서 생로병사에서 필수적으로 겪어야 하는 스트레스는 예견되는 것이지요. 예견되지 못한 스트레스는 실직, 천재지변, 경제위기, 사고, 자녀의 장애나 질병과 같은 일들입니다. 하지만 어떠한 경로로 스트레스를 경험하든 간에 그것을 인지하고 맞서는 상황에서 충분히 해결하지 못하면 그것은 스트레스가 됩니다. 따라서 그 사건이 여러분 능력 안의 일인가, 능력 밖의 일인가를 평가해야 합니다. 여러분의 능력 안의 일, 즉 여러분이 해결할 수 있는 일이면 적극적으로 개입해서 해결해야 하지만, 능력 밖의 일이라면 그것을 인정하고 거리를 두어야 합니다.

앞서 적응과 관련해 말한 것과 같이 자기의 능력에서 해결할 수 있는 내외적 요구는 개인에게 도전과제가 될 수 있지만, 능력으로 해결할 수 없는 내외부의 요구는 스트레스가 됩니다. [그림 8-4]에서 보는 바와 같이 내부의 요구는 자신의 기대, 희망 등이고 외부의 요구는 직무적 요구, 배우자의 요구 등이 있습니다. 그중에서 자신의 능력 밖에 있는 것이 곧 스트레스입니다. 그중 특히 큰 것이 경제적 스트레스와 배우자 스트레스입니다.

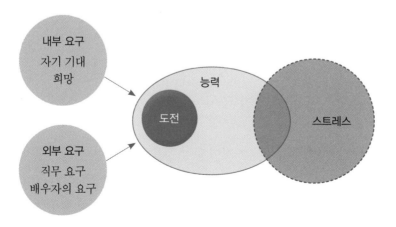

[그림 8-4] 요구에 대한 도전과 스트레스

〈표 8-1〉 스트레스 종류와 가족과의 관계

직업 관련 스트레스, 경제 관련 스트레스	자신과 가족이 잘 살기 위한 것과 연관됨
배우자 관련 스트레스, 양육 관련 스트레스	가족원 간의 관계와 연관됨
건강 관련 스트레스	가족들의 건강문제와 연관됨
법적 스트레스, 대인관계 스트레스	가족과 외부 환경과의 관계와 연관됨

홈즈와 레이(Holmes & Rahe, 1967)는 사람들이 일상생활에서 경험하는 스트레스 사건을 제시하였는데 이들 스트레스 사건은 크게 일곱 가지 원인으로 나누어집니다. 일곱 가지 스트레스 원인은 직업 관련 스트레스, 경제 관련 스트레스, 대인관계 스트레스, 건강 관련 스트레스, 배우자 관련 스트레스, 양육 관련 스트레스, 법적 스트레스입니다. 이렇게 나누어진 스트레스 유형의 특징 중 하나는 이 스트레스 원인들 모두가 〈표 8-1〉과 같이 가족과 관련이 있다는 점입니다.

이처럼 우리가 일상에서 경험하는 스트레스 요인은 모두 가족과 연관되어 있음을 알 수 있습니다. 때로는 가족을 먹여 살리기 위한 스트레스를 받고, 가족원과의 관계에서 스트레스를 받고, 가족원들의 건강이나 법적 문제로 스트레스를 받을 수 있다는 것입니다. 즉, 우리는 가족들과 행복한 삶을 살아가기 위해 노력하지만 실제로는 그 생활 속에서 스트레스를 받게 된다는 것이지요. 가장 큰 가족스트레스를 일으키는 것은 경제적 스트레스와 배우자 스트레스인데, 경제적 스트레스를 많이 느끼는 가족들은 부부갈등이 많고, 폭력적 싸움을 가장 많이 합니다. 그리고 배우자와의 의사소통이 잘되지 않는 사람들이 부부갈등이나 폭력적 사건의 위험에 많이 노출됩니다.

가족스트레스의 해결방법

중요한 것은 가족들과 함께하는 것이 항상 행복한 것은 아니며, 사랑하는 가족이 스트레스가 될 수 있다는 점입니다. 결국, 가족의 스트레스는 언제나, 어느 가정에나 존재하는 것입니다. 그렇다면 가족에게 스트레스가 있는 자체가 문제는 아니겠지요. 예를 들어, 경제적 스트레스는 많은 가족에게 고통을 줍니다. 자녀의 교육비,

의료비, 집안 경조사비, 식사비, 융자할부금 등 매달 돈이 모자랍니다. 갈등부부는 더 많이 벌어 오고 그만 쓰라고 싸우곤 합니다. 하지만 경제적 자원의 확보는 마음 대로 되지 않지요. 때문에 다른 사람들과 비교하지 말고 현재 가지고 있는 것에 감사해야 합니다. 현명한 부부들은 어떻게든 있는 자원을 가지고 어떻게 효율적으로 쓸 것인가를 협의하고 대처해야 합니다.

가족스트레스의 문제는 스트레스가 발생하는 것이 아니라 스트레스 사건에 대해 대처할 수 있는 능력과 자원을 가족들이 가지고 있는가 하는 점이지요. 여기서 스트레스에 대처할 수 있는 가족의 자원은 여러 가지가 있겠지만 무엇보다도 가족원 간의 원활한 의사소통과 믿음이 필요합니다. 가족의 스트레스는 가족 구성원 중 어느한 사람에게만 영향을 미치는 것이 아니기 때문에 가족 전체가 면역시스템을 잘 만들어야 합니다. 스트레스는 가족 내에 공유되는 것이며, 가족의 공동 면역시스템이 필요하고, 이것은 의사소통과 믿음을 바탕으로 하기 때문입니다. 그래야 가족이라는 운명공동체가 건강해질 수 있습니다. 의사소통과 믿음은 지금 여러분이 연습하고 있는 고맙습니다, 미안합니다, 용서합니다, 사랑합니다가 충분히 이루어질 때 만들어지는 것입니다.

즉, [그림 8-5]와 같이 가족에게 스트레스가 발생할 때 가족이 어떤 자원을 가지고 있는가에 따라 그것이 문제가 되기도 하고 그렇지 않기도 하다는 것입니다. 이때 가족이 가지고 있는 자원은 경제적 에너지, 신체적 에너지, 정신적 에너지, 시간을 포함한 사회적 에너지라 할 수 있지요. 이러한 에너지, 즉 자원을 확대할 수 있는 것이 바로 적응과 회복력입니다. 적응은 변화가 있을 때 자원이나 에너지를 증가시키

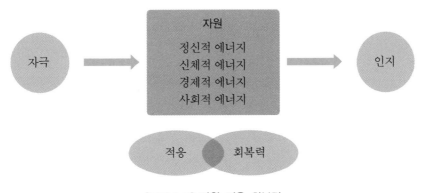

[그림 8-5] 자원, 적응, 회복력

려는 노력이며, 회복력은 스트레스 상황이 되었을 때 빨리 정상으로 돌아올 수 있도록 노력하는 것이지요. 적응력과 회복력이 높을 때 여러분이 가지고 있는 자원이 많아지는 것입니다. 그리고 적응력과 회복력을 높이는 방법 중 하나가 TSL실천이라는 것이지요.

S 인정하기: AS Note 2

지난 한 주간 여러분은 가족들과 함께 두 가지 과제를 수행하셨을 것입니다. 하나는 지속적으로 '고맙습니다'를 얼마나 말로 표현하며 가족과 함께 시간을 보내는 것이었고, 다른 하나는 내가 가족에게 서운했던 일과 가족이 나에게 서운했던 일을 이야기해 보는 AS Note 작성이었습니다.

가족의 존재에 대한 감사는 미안함, 용서함, 사랑함, 신뢰 등의 기초가 되기 때문에 '고맙습니다'는 항상 이루어져야 합니다. 이번 주에도 가족들에게 고마움을 표현하고, 함께 시간을 나누는 계획들을 실천하시기 바랍니다.

기본과제. '고맙습니다' 실천하기

'고맙습니다'를 위한 실천계획(Action Plan)	
누구에게	언제, 어떻게

'고맙습니다' 실천(Activity)		
누구에게	실행 여부	
언제, 어떻게 말했나? 언제, 어떤 활동을 했나?		
상대방의 반응		
나의 반응		

이번에는 지난주에 작성한 AS Note를 점검해 보겠습니다. 여러분은 어떤 일로 가족들로부터 상처를 받거나 화가 났으며, 그것이 여러분에게 어떤 영향을 미쳤나요? 가족들은 여러분 때문에 어떤 점이 화가 나고 상처가 되었다고 하였나요? 실제 참여자들은 이 과정이 쉽지 않았다고 하였습니다. 누군가는 잠잠한 가족에게서 '상처'를 끄집어내어 다시 힘들게 하는 것도 어려웠고, 어떤 이는 가족들이 상처받은 일이 없다고 해서 답을 얻지 못했다고 하였습니다. 어떤 참여자는 가족과 이야기하면서 그들이 자신으로 인해 그런 상처가 있었다는 것을 알게 되고 진심으로 미안하다고 이야기한 사람도 있었지요. 여러 번에 걸쳐 자신의 마음속 분노를 탐색해 보고, 가족들에게 자신으로 인해 받은 상처를 물어보면서 가족들과 긴 시간을 가지고 이야기할 수 있었다고 합니다. 가족들과 해결되지 않은 것들에 대해서 긴 시간을 가지고 이야기하면서, 그때의 각자 입장에서 미안함, 고마움, 죄책감 등을 이야기할 수 있었다고 했습니다. 여러분도 과제를 수행하기 위해 노력했다면 이런 과정을 겪으셨겠지요. 중요한 것은 서운했던 점들을 이야기하면서 서로를 이해하고 말할 수 있는 계기가 되었다는 것입니다. 또한 Practice 7에서 다루었던 메모리 박스의 내용을 통해 여러분들이 가지고 있는 메모리 박스에 대해 이해하고, 어떻게 하면 부정적 메모리 박스를 비울 수 있는지 궁금증을 갖게 되었을 것입니다. Practice 8의 주제는 분노, 화, 좌절, 고통, 서러움과 같은 '부정적인 감정'입니다. 우리는 마음속에 있는 부정적 감정을 더 많이 찾아내어 해소해야 합니다.

부정적 메모리 박스가 커져가는 과정: 토픽 컬렉터 증후군과 실린더 이론

앞서 Practice 7에서는 메모리 도서관과 메모리 박스에 대해 살펴보았습니다. 이러한 부정적 메모리 박스가 커지는 과정은 토픽 컬렉터 증후군과 실린더 이론으로 설명될 수 있습니다. 사람들은 자기가 하던 일을 다음 날 똑같이 반복하는 습관이나 패턴을 가지고 있습니다. 반복적 습관이나 패턴들을 각각 하나의 실린더라고 생각해 보세요. 우리의 하루는 이러한 여러 개의 실린더들로 이뤄져 있어요. [그림 8-6] 처럼 우리가 하는 일, 즉 실린더에 있는 일들 속에는 섭섭하거나 화나는 것들이 늘 들어가 있습니다. 대개 사람들은 자신이 항상 하는 패턴을 70~80% 정도는 채우는 경향이 있습니다.

일, 식사, 이동 등 매일 하는 행동도 있고, 중독성향의 흡연, 음주 등도 반복됩니다. 정신세계도 중독성이 있습니다. 특히 섭섭함, 우울함, 분노 등도 중독성이 있어서, 이런 감정들이 작은 실린더에 가득 차면서 새롭게 '화낼 거리'를 습관적으로 찾게 됩니다. 이러한 것들이 부정적 메모리 박스를 증가시킵니다.

실린더 이론(Cylinder Theory)이란 우리가 매일 일정한 양의 부정적 감정을 실린더에 채워 넣는다는 것입니다. 앞서 언급한 것처럼 사람들의 행동은 아침부터 저녁까지 일반적 패턴을 가지고 있습니다. 예를 들어, 자고, 먹고, 일하고, 운동하고, 이

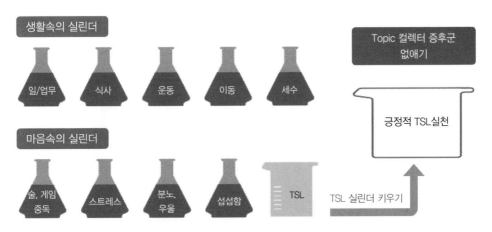

[그림 8-6] 실린더 이론과 토픽 컬렉터 증후군

동하고, TV를 보는 등의 일상생활을 반복적으로 수행하고 있습니다. 대부분 하루에 한 번 이상은 이런 행동을 하게 되어 있습니다. 이 중에서 부정적으로 반복되는 행동은 흡연, 음주 등인데 이런 부정적 행동의 지속적 반복을 중독이라는 말로 표현하기도 합니다. 이것들을 항아리에 물을 담듯이 실린더에 넣어 보겠습니다. 여러분이 하루 하는 일과량 전체를 10리터의 물이라고 합시다. 3리터는 업무에, 3리터는 잠자는데, 1리터는 운동, 1리터는 이동하는 식으로 쓸 수 있습니다. 그런데 우리는 부정적인 것에도 에너지를 많이 사용하고 있습니다. 그 대표적인 예로 음주와 흡연, 인터넷이나 쇼핑중독 등을 들 수 있는데, 중독된 사람들은 반드시 그 실린더에 물을 채웁니다. 그뿐 아니라 우울과 분노와 같은 부정적 감정들도 실린더에 채우게 됩니다. 실린더 자체의 크기는 고정된 것이 아닙니다. 부으면 부을수록 점점 커질 수 있습니다. 부정적 감정은 앞서 말한 것처럼 중독성이 있어서 부정적인 생각을 재생산하는 부정적 감정들에 자꾸만 **빠져**들게 되는 것입니다. 일정한 양의 물을 매일 부정적 감정의 실린더에 부어 넣는 것이지요.

또한 이러한 부정적 실린더를 채우기 위해서는 끊임없이 화낼 토픽이나 슬펐던 토픽을 찾아냅니다. 이렇게 기분 나쁜 토픽을 계속 찾아내서 모으는 것을 토픽 컬렉터(Topic Collector) 증후군이라고 합니다. 토픽 컬렉터 증후군은 화난 일을 되새김질하며 화낼 소재(material)를 계속 찾는 것을 말하지요. 예를 들어, 아내에게 화가 나 있는 남편은 아내의 사소한 행동이나 말실수도 그냥 넘어갈 수 없습니다. 기분이 나쁜 사람은 무엇이든지 화나고 우울할 만한 생각들을 계속할 수 있도록 하는 토픽을 떠올립니다. 그 토픽은 그날은 매우 중요하지만, 다른 날은 중요하지 않을 수도 있습니다. 토픽 컬렉터 증후군은 대개 젊은 사람보다 나이 든 사람들에서 더 많이 발견됩니다. 정신적 힘이 떨어질수록, 자주 타인에 대해 섭섭해하고 비관적으로 생

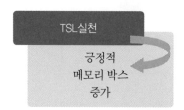
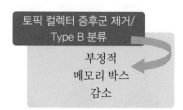

[그림 8-7] TSL실천과 메모리 박스의 변화

각하게 됩니다. 그래서 앞서 설명한 JAGE처럼 더 젊은 생각으로 사는 것은, 토픽 컬렉터 증후군을 줄이는 효과도 가져올 수 있습니다.

화를 많이 내는 사람들의 특징은, 다른 사람들이 중요하지 않게 생각하는 일에 대해 민감하게 반응할 때가 많고, 마치 중독된 것처럼 화를 반복해서 내며 부정적인 감정을 계속적으로 표현한다는 것입니다. 이 사람들은 매일 계속적으로 일정량의 물을 부정적 실린더에 채우고 있는 것입니다. 이것은 자연히 부정적 메모리를 더 증가시키는 것이고 이것들이 우울증, 불면증, 소화장애 등의 신체적 질병으로도 연결될 수 있습니다. 즉, 토픽 컬렉터 증후군을 통해 부정적 실린더를 계속 채우게 되고, 부정적 실린더는 부정적 메모리 박스를 더 증가시키게 됩니다. 따라서 토픽 컬렉터 증후군을 없애기 위해서는 토픽 컬렉터 증후군에 썼던 에너지를 긍정적 감정의 실린더를 채우는 데 사용해야 하지요. 이것이 바로 TSL실천입니다. 우리는 [그림 8-7]과 같이 TSL실천을 통해 토픽 컬렉터 증후군을 없애 부정적 메모리 박스를 비우고 긍정적 메모리 박스로 대체해 가는 것이지요.

Type A 와 Type B 분류

메모리 박스는 어떻게 비워야 할까요? 여러분은 이전 Practice 7에서 AS Note를 작성하였습니다. 다시 한번 AS Note를 꺼내 보세요. 이전 것과 같아 보이지만 자세히 보면 한 칸이 더 늘었음을 발견할 것입니다. 바로 'Type' 칸입니다. 'Type'은 Type A(Able)와 Type B(Beyond)가 있지요. Type A는 여러분이 자원을 통해 해결할 수 있는 것, 대처가 가능한 것입니다. Type B는 지난 일이거나 돌이켜서 여러분이 어떻게 할 수가 없는 것, 예를 들어 사람들이 나에 대해 험담하고 루머가 떠돌고 있어도 여러분이 어떻게 할 수 없는 사건인 것과 마찬가지로, 여러분이 해결할 수 있는 상황이 아니고 해결할 능력이 안 되는 일입니다.

우리는 토픽 컬렉터 증후군을 불러일으키는 토픽 컬렉터들을 상당수 Type A인 것처럼 생각합니다. 그러면서 어떻게 해결할까, 해결이 안 되네, 그리고 화가 치밀어 오르는 것이지요. 해결이 안 되는 것은 Type B입니다. 그래서 인정하고 버려야 하는 것이지요. 우리는 우리의 마음속에 있는 사건들이 Type A인지 Type B를 빨리

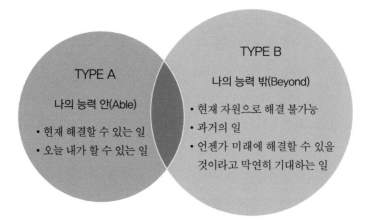

[그림 8-8] Type A와 Type B

결정하고, 그 상황을 수용하는 것이 좋습니다. Type A는 미래의 어떤 날에 여러분이 해결할 수 있는 일이 아닙니다. 다음의 [그림 8-8]과 같이 지금, 여기에서 여러분이 해결할 수 있는 일만이 Type A인 것이지요. 그 외의 것들은 모두 Type B입니다.

우리는 Type B에 몰입하지 말아야 합니다. 사랑, 공부, 일 등 좋은 몰입은 기쁨이 생기지만, 기분 나쁘고 상처받는 일과 같은 Type B의 일은 나쁜 몰입입니다. 스트레스가 상승하고 우울해질 뿐입니다. 예를 들어, 아버지가 유산을 분배하는데 아들들에게 차별적으로 유산을 주었습니다. 유산을 상대적으로 적게 받은 아들이 억울해하며 계속 생각하는 것은 나쁜 몰입입니다. 이것은 그 사람이 해결할 수 있는 일이 아닌 것이지요. 우리를 괴롭히는 일이 Type B라고 결정하였다면, 그것을 빨리 버려야 합니다. 어떻게 버릴 수 있을까요? 그러기 위해서 우리는 상대방을 용서하고 사과해야 하는 것이지요.

상대방이 미안하다고 얘기하는 것은 상대방의 몫입니다. 여기서 중요한 것은 여러분이 상대방에게 미안하다고 말하거나 또는 상대방을 용서하는 것이지 상대방에게서 같은 반응을 기대해서는 안 된다는 것이지요. 사람들은 언제나 상대방으로부터 '미안하다'는 말을 듣고 싶어합니다. 그래서 상대방이 미안해하지 않는데 미안해하도록 설득하려 하는 것이지요. 상대방이 여러분에게 미안해하도록 만드는 것은 여러분이 할 수 있는 일이 아닌 바로 Type B입니다. 상대방이 여러분에게 사과하는 것은 그 사람의 몫입니다. 권력이나 힘으로 상대의 사과를 억지로 받아 내는 것은 가족 내에서는 또 다른 상처일 뿐입니다.

인정하기

　자, 여러분이 가족에게 서운했던 것, 가족이 여러분에게 서운했던 일들은 Type A 가 많습니까, Type B가 많습니까? 다음의 'Type' 칸에 그것이 A유형인지, B유형인 지 적어 보세요.

과제 1. Type A와 Type B 적어 보기

내가 가족에게 준 AS(상처)			
누구에게	어떤 사건	어떤 영향	Type
○○○			
○○○			
○○○			
○○○			
내가 가족에게 받은 AS(화남과 슬픔)			
누가	어떤 사건	받은 영향	Type
○○○			
○○○			
○○○			
○○○			

　참여자들이 작성한 AS Note에서 Type A 또는 Type B의 분류를 살펴보면, 우리 는 일상생활의 소소한 여러 가지 일에서 가족으로부터 상처를 받고, 가족에게 상처 를 주었으며 그 중 상당수는 우리가 해결할 수 있는 능력 밖의 일인 Type B로 볼 수 있습니다.

　앞의 〈사례 8-1〉에서 볼 수 있듯이 우리가 서운했던 일들 중에는 우리가 '지금' 해결할 수 없는 일들이 많습니다. 이런 것들이 바로 Type B의 사건이지요. 아마도

사례 8-1　남, 25세, 대학생

내가 가족에게 준 AS(상처)			
누구에게	어떤 사건	어떤 영향	Type
동생	다른 친구들이나 아는 동생들에게는 따뜻한 모습을 많이 보이는데 동생에게는 유난히 엄하고 무섭게 굴었음	동생과의 사이가 아주 친하지는 않고 동생이 지금도 나를 약간 어렵게 생각하는 경향이 있음	B
내가 가족에게 받은 AS(화남과 슬픔)			
누가	어떤 사건	받은 영향	Type
어머니	어렸을 때 어머니께서 몸이 안 좋으셨고 동생은 집에 있었으나 나만 자주 할머니 댁에 맡김.	나보다 동생을 더 예뻐하시는구나라는 생각에 서운했고 그때부터 동생에게 이유 없는 질투심을 느끼게 됨.	B

사례 8-2　남, 59세, 교직

내가 가족에게 준 AS(상처)			
누구에게	어떤 사건	어떤 영향	Type
아내	부정적인 말을 할 때 자녀 교육 문제로 고민할 때	화가난다	A
첫째 아들	인정해 주지 않을 때	사기가 저하된다	A
큰 딸	대화부족, 무시할 때	기분이 언짢아진다.	A
막내 아들	공부하라는 말을 자주 할 때	공부하기 싫어진다.	A
내가 가족에게 받은 AS(화남과 슬픔)			
누가	어떤 사건	받은 영향	Type
아내	자녀교육에 있어 세세한 부분까지 관심을 갖지 않은 점	화가 나서 말하기 싫어진다.	A
첫째 아들	낭비하는 생활 태도	허탈해 진다.	A
큰 딸	강한 자기 주장	화가 나고 보기 싫어진다.	A
막내 아들	학업에 최선을 다하지 않음	계속 잔소리를 하게 된다.	A

😊 사례 8-3 　여, 31세, 교사

내가 가족에게 준 AS(상처)			
누구에게	어떤 사건	어떤 영향	Type
어머니	부모님의 문제로 어머니가 많이 힘드셨을 때 혼자 저녁차려 드시는 것을 외면함	어머니가 직접적으로 말씀하진 않지만 그때의 서운함을 아버지께 종종 말씀하시는 것 같음. 어머니는 나와 가장 많은 소통을 하는데 그때 충격을 받으셨다고 함	B
아버지	아버지께서 아무리 기분이 안 좋으셔서 하신 말씀인 것을 알았어도 기분이 안 좋았다. 마치 내가 집안 분위기를 그렇게 만드는 것처럼 마음이 슬펐다. 아버지께서 금방 사과하셨지만 그때 기분을 지워버리기 어렵다.	화가 나서 말하기 싫어진다.	B
오빠	저녁을 먹자거나 오붓한 시간을 보내자는 제안을 많이 거절함	오빠는 나를 무척 아끼고 좋아해 주는 것이 느껴지는데 나의 행동으로 오빠는 내게 그다지 관심을 받고 사랑받지 못한다고 생각하는 것 같음	A
오빠	오빠와 엄마 사이가 좋지 않은데 그것에 대해서 오빠가 잘하는게 뭐있느냐며 함부로 말했고, 오빠 역시 가르치는 듯이 말하지 말라며 네까짓게 뭘 아냐고 얘기함	서로에게 큰 영향을 준 것 같음. 둘 다 자존심에 상처를 입음	A

여러분이 작성한 분노, 화, 섭섭함 등의 기억의 상당 부분은 이미 과거의 사건일 것입니다. 즉, Type B가 많겠지요. 여러분이 어떻게 할 수 없고, 고치거나 해결할 수 없는 일들이 지금 여러분에게 고통과 어려움을 주고 있습니다. 이것이 언젠가 해결이 된다면 괜찮지만, 해결되지 않는다면 평생 여러분에게 Type B의 문제로 스트레스를 주며 메모리 박스에 남겨져 있게 될 것입니다. 여러분은 Type B의 사건을 어떻게 하실 건가요? 〈사례 8-2〉에서 참여자는 자신의 부정적 생각을 바꿀 수 있다고 하여 Type A로 분류하였습니다. 〈사례 8-3〉의 참여자는 부모님과 사건은 Type B로 오빠와의 사건은 Type A로 분류함으로 자신이 해결할 수 없는 일과 해결할 수 있는 일을 구분하였습니다. 이번 주의 과제는 AS Note에서 여러분의 기억들이 어떤 'Type'인지 살펴보고, 활동지에 적어보는 것입니다. 그리고 해결되지 않는 'Type

B'를 어떻게 대응하는 것이 좋을지, 그리고 Type A를 해결할 수 있는 계획이나 방법은 무엇일지 다음의 활동지에 적어 보세요. Type B를 해결하는 방법은 능력 밖의 사실임을 인정하고, 부정적 감정을 빨리 치유하는 것입니다. 그래서 TSL실천을 해야 합니다. 즉, 자기가 화낸 것에 대해 미안함을 표현하고 빨리 해소하는 방향으로 진행해야 하는 것입니다. 부정적 메모리의 감소는 토픽 컬렉터 증후군의 감소로 연결됩니다. 그러기 위해서는 자기에게 닥친 일들을 유형에 따라 Type B로 분류하고, 자신의 능력 밖의 일임을 인정해야 하지요.

　우리가 받은 상처에 대해 다시 돌아 보면 상처의 크기가 달리 보일 수 있습니다. [그림 8-9]처럼 상대방이 나에게 준 상처는 사실은 1의 크기였는데, 그것을 받아드린 내가 100의 크기로 확장해 버려서 주관적 상처 크기를 더 키운 걸 수 있지요. 주관적 상처의 크기는 끝이 없습니다. 계속 커져나갈 수 있는 것이지요. 그렇기 때문

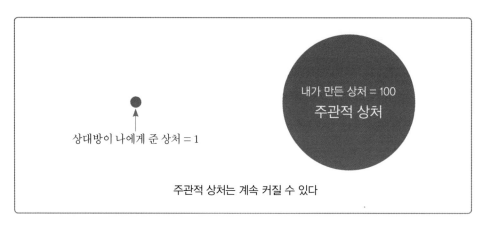

[그림 8-9] 주관적 상처 크기

[그림 8-10] S를 줄임으로써 T, L을 잘 할 수 있음

에 상처에 집중하여 매몰되기 보다는 S의 용서와 사과를 통해 상처와 고통의 무게를 가볍게 덜어 내는 과정을 수행해야 하지요. T의 원활한 실천을 통해 S를 잘 실행할 수 있습니다. [그림 8-10]의 예와 같이 자신이 가진 AS(분노와 슬픔)를 망치로 쳐서 부시거나 줄이는 것 같이 S를 잘 실천해야 합니다. 그럼으로써 진정으로 T의 감사와 L의 사랑을 더 적극적 실천할 수 있습니다. TSL실천으로 상처를 이겨내고 우리가 갖고 있던 부정적 메모리를 비우고 삶을 행복하게 만들어갈 수 있게 되는 것이지요.

'미안합니다' 실천계획(Action Plan)

이번 주의 과제는 Type A와 Type B를 분류하고, 이 중 내가 가족에게 준 AS(상처)를 먼저 다루며 S실천계획을 세워보겠습니다. 먼저, Type B 사건의 경우, Type B를 Type A를 변화시킬 수 있는 계획을 세우고 Type A 사건의 경우는 S실천계획을 세우는 것입니다. 다음의 〈사례 8-4〉에서 볼 수 있듯이 전화를 자주 드리지 않아 서운해 하신 아버지께 자주 전화를 드리는 계획을 세우고 과거 일로 서운함을 갖고 계신 어머니께는 진심으로 용서를 구하고 함께 여행갈 계획을 세움으로 S를 실천해 보는 것이죠. 가족들이 여러분에게 서운하게 느끼는 점에 대해서 어떻게 해결할지 계획을 세워 보는 것이 이번 S실천계획 과제입니다.

과제 2. '미안합니다' 실천계획(Action Plan)

내가 가족에게 준 AS(상처)		
누구에게	어떤 사건	Type
○○○		
Type A 실천계획 또는 Type B를 Type A로 변화시킬 수 있는 방법(지금 내가 할 수 있는 일)		
누구에게	어떤 사건	Type
○○○		

😀 **사례 8-4** 남, 34세, 직장인

'미안합니다' 실천계획(Action Plan)		
누구에게	어떤 사건	Type
아버지	전화를 자주 드리지 않아 서운해 하심	Type A
Type A 실천계획 또는 Type B를 Type A로 변화시킬 수 있는 방법(지금 내가 할 수 있는 일)		
바쁘다는 핑계로 전화를 잘 드리지 못했는데 이제는 점심시간이나 퇴근 시간을 활용하여 좀 더 전화를 드리기로 계획함		
누구에게	어떤 사건	Type
어머니	군대 휴가 나왔을 때 상의없이 친구들과 여행 다녀왔던 일이 계속 서운한 일로 남는다고 하심	Type B
Type A 실천계획 또는 Type B를 Type A로 변화시킬 수 있는 방법(지금 내가 할 수 있는 일)		
죄송하다고 말씀드리고 주말동안 어머니와 함께 여행가는 것을 계획함		

TSL실천이 적응력과 회복력을 높일 수 있다는 것은 실제 조사결과에서도 나타납니다. 가족에게 '미안합니다'라는 말을 할 때 우울이나 자살생각이 감소하는 것으로 나타납니다. 미안하다는 말이 스트레스에 대한 면역력을 키워 주는 것이라 볼 수 있지요. 미안하다는 표현이 면역력과 회복력을 증가시킨다는 것은 연구결과를 통해서도 입증되고 있습니다. [그림 8-11]의 일반인 조사에서 '미안합니다'라는 말을 많이 할 때 우울이나 자살생각을 더 적게하는 것으로 나타났습니다. 배우자에게 '미안

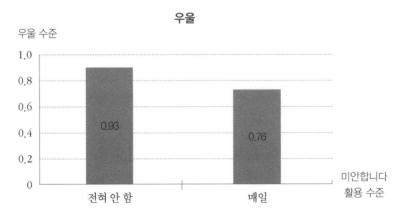

[그림 8-11] 일반가정에서 배우자에게 '미안합니다'를 표현하는 수준과 우울

합니다'라는 말을 매일 하는 사람들의 우울 수준은 0.76인데 비하여, 전혀 하지 않는 사람들의 우울 수준은 0.93으로, 20% 이상 더 우울한 것으로 나타났습니다.

또한 가장 극단적인 심리상태를 의미하는 자살생각에 있어서도 [그림 8-12]과 같이 배우자에게 '미안합니다'라는 말을 매일 하는 사람들의 자살생각 정도는 0.16인데 비하여, 전혀 하지 않는 사람들의 자살생각 정도는 0.32로 나타나, 배우자에게 미안함을 표현하지 않는 사람들이 2배 더 심각하게 자살을 생각하는 것을 알 수 있었습니다.

이러한 연구결과는 여러분이 미안하다는 말을 더 많이 할 때 여러분 자신의 정신적 에너지를 증가시키는 데 도움이 된다는 것을 의미합니다.

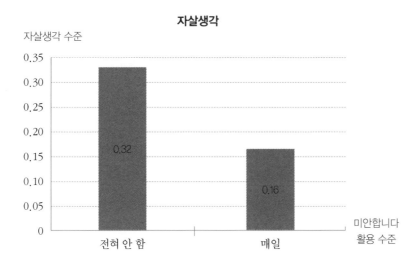

[그림 8-12] 일반가정에서 배우자에게 '미안합니다'를 표현하는 수준과 자살생각

오늘의 과제

기본과제. '고맙습니다' 실천하기

과제 1. Type A와 Type B 적어 보기

과제 2. '미안합니다' 실천계획(Action Plan)

이번 Practice의 목표는 여러분이 가족들에게 상처를 준 일과, 가족들이 여러분에게 준 화남과 슬픔을 인정하고, 진심으로 '미안합니다'를 실천할 수 있는 계획을 세워보는 것입니다. 여러분들이 회상한 '잘못'이나 '상처'를 인정하기 위해서 우리는 메모리 박스와 실린더 이론에 대해 학습했습니다. 또한, 여러분을 힘들게 하는 사건들이 여러분이 '지금' 해결할 수 있는, 여러분의 능력 안의 일인지 아닌지를 Type A와 Type B로 나누어 보며 살펴보았습니다. 이제 여러분들이 가족들에게 진심으로 '미안합니다'를 실행하는 것을 방해하고 있는 메모리 박스와 실린더를 채우고 있는 부정적 감정들을 인정하게 되었나요? 다음 주에는 실제로 '미안합니다'를 실천하고 강화해 보는 연습을 할 예정입니다.

가족권력

대부분의 사람은 권력을 가지고 싶어 합니다. 사회의 각 분야에서 정치권력, 재산의 권력을 얻기 위해서 사람들은 많이 노력하지요. 또한, 일정수준의 권력을 가지면 더 큰 더 많은 권력을 가지고자 하는 것이 사회 권력의 특성입니다. 가족은 친밀한 관계를 기반으로 하지만 다른 여러 사회집단들과 마찬가지로 가족 내에서도 권력의 역학이 존재합니다. 따라서 우리가 가장 자연스럽게 받아들이는 가족원들 간의 인간관계도 자세히 들여다보면 가족 내 권력관계의 영향을 받는다는 것을 발견할 수 있습니다. 어느 가족에든 다양한 권력관계가 존재하지만 중요한 것은 이러한 권력관계가 가족원들에게 갈등이나 스트레스가 되는 상황입니다. 이번 Chapter를 통해서는 가족 내의 권력에 대해 살펴보고 그것들이 어떻게 가족원 간의 갈등을 만들고 서로에게 상처를 줄 수 있는지 살펴보겠습니다.

가족권력

가족권력은 광범위한 사회적 권력의 하위부분으로 볼 수 있으며, 가족권력에는 부부권력, 부모권력, 자녀권력, 형제권력이 포함됩니다. 사람들의 사회적 속성상,

가정에서도 권력을 가지려고 노력합니다.

블러드와 울프(Blood & Wolfe, 1960)는 권력은 상대방의 행동에 영향을 줄 수 있는 잠재능력으로 정의될 수 있으며, 가족권력은 가족생활에 영향을 미치는 의사결정능력에서 나타난다고 하였습니다(조정문, 장상희, 2007 재인용). 스트라우스(Straus)는 가족권력은 가족 내 다른 구성원의 행동을 통제, 제안, 발의, 변화, 수정할 수 있는 행동들이라고 말합니다(Straus, 1964).

이와 같이 가족권력에 대한 연구자들의 정의를 살펴보면 가족권력이라는 것은 가족의 중요한 의사결정을 하거나, 다른 가족원들의 행동에 영향을 미칠 수 있는 힘이라고 볼 수 있습니다. 따라서 이러한 힘이 가족원들에게 잘 나누어져 있는지, 그 힘이 잘못 사용되고 있지는 않은지에 따라 가족 간의 갈등이나 고통에 영향을 미칠 수 있겠지요. 많은 사람의 성격차이나 갈등은 서로 누가 더 권력을 확보하는가에 대한 다툼일 수 있습니다.

권력의 기반, 과정, 결과는 무엇인가

올슨과 크롬웰(Olson & Cromwell)은 가족권력과 관련된 주요 개념을 우선, 권력이 어디서 오는가(권력기반), 그 권력이 어떻게 사용되는가(권력과정), 그 결과 누가 최종결정을 하는가(권력결과)로 나누어 설명했습니다(조정문, 장상희, 2007 재인용). 올슨과 크롬웰의 개념을 기반으로 권력의 중심, 과정, 결과를 이해하기 쉽게 설명해 보겠습니다.

우선 권력기반은 권력의 원천을 말하며, 기본적으로 자원과 같은 의미로 사용됩니다. 따라서 권력의 원천이 되는 자원은 여러 종류가 있겠지요. 기본적으로 권력의 기반이 되는 것은 경제적 자원입니다. 하지만 가족관계에서 경제적 자원만으로 권력이 생기지는 않습니다. 누가 권위를 가지고 있는가 하는 가족문화와 관련된 '규범적 자원', 개성이나 역할, 능력과 관련된 '개인적 자원' 등도 권력의 기반이 되는 자원입니다. 이 외에도 감정적 자원과 인지적 자원, 정치적 자원, 성적 자원 등 다양한 형태의 자원이 권력의 기반이 될 수 있습니다. 하지만 이것은 남성과 여성 모두에게 동일하게 적용되지는 않습니다. 우리 사회에서 일반적으로 남성은 이미 교육,

수입, 직업 등에 있어 더 권력을 가지고 있습니다. 따라서 어느 가정에서 부인의 교육, 수입 등의 자원이 증가한다고 해서 남편의 권력이 감소하고 그 분량만큼 아내의 권력이 잘 증가하지는 않습니다. 대개는 남편의 권력은 감소하거나, 부인의 권력이 증가하는 등의 변화가 일어나지 않을 수 있다는 것입니다. 이는 부계적 규범이 강한 사회적 특성 때문입니다.

다음으로 권력이 어떻게 사용되는지와 관련된 권력과정이 있습니다. 권력과정은 개인이 협상이나 의사결정 과정에서 통제력을 가지기 위해서 사용하는 상호작용 기술입니다. 이러한 상호작용 기술에는 영향력 행사, 설득, 주장, 절충, 양보, 논리적 진술, 위협 등이 포함될 수 있습니다.

마지막으로 권력결과는 앞과 같은 과정을 거쳐 누가 마지막으로 의사결정을 하느냐와 관련됩니다. 가족의 일상생활에서 예를 들면 차량 구입, 이사, 자녀 진로 결정, 생활비 지출 등에서 최종적으로 누구의 결정이 반영되었는가 하는 것입니다. 이것이 권력의 결과입니다. 하지만 누가 결정했는가보다는, 의사결정을 누가 했든 권력을 가진 사람이 내가 원하면 언제든 바꿀 수 있다는 생각에 초점을 맞추는 것이 중요합니다. 실제로 가족의 권력을 누가 가지고 있으며, 어떻게 행사되는지에 관해서는 가족치료자들이 가족들의 역동성을 깊게 관찰해야만 그 역동성을 파악할 수 있습니다. 위임된 권력임에도, 최종 결정은 내가 내릴 수 있다는 생각이 있는 경우가 있는데 이런 것들을 잘 파악해야 합니다. 중요한 것은 자원이 많아 권력을 더 많이 가진다는 것이 아니라, 자원을 나누어 주는 권력이 가족 간의 최고 권력이 될 수 있음을 깨닫는 것이지요. 최종 결정권은 자원을 움직이는 힘이며, 여러분이 더 가질 때 가족들에게 나누어 줄지를 결정할 수 있는 권력이기 때문입니다.

이렇게 권력은 [그림 9-1]에서 볼 수 있듯이 자원이라는 권력기반이 있는가, 그리고 협상을 통해 권력이 어떻게 사용되는가, 마지막으로 최종 결정권이 누구에게 있

[그림 9-1] 권력의 기반, 과정, 결과

는가의 결과로 설명될 수 있습니다.

부부간 권력의 유형들

허브스트(Herbst)는 부부권력을 의사결정영역을 통제할 수 있는 능력이라고 보았습니다(류현수, 이정숙, 김주아, 2007). 이에 따라 활동(activity)과 의사결정(decision)이라는 두 가지 측면으로 부부권력을 4개 유형으로 분류합니다.

부부자율형(Autonomia 또는 divided power)은 남편 혼자 결정하고 행동하는 영역과 부인 혼자 결정하고 행동하는 영역이 있으며, 각자의 영역에 따라 부부 각각이 자율적으로 결정하고 행동하는 유형입니다. 남편우위형(Husband dominant)은 부부가 공동으로 행동하는 것과 부인이 혼자 행동하는 것이 모두 남편의 결정하에 이루어지는 것입니다. 즉, 남편의 지배하에 결정되고 행동하는 부부관계이지요. 전통적 가부장형태를 뜻합니다. 반면, 부인우위형(Wife dominant)은 남편우위형과는 반대로 부인의 결정에 따라서 가족이 행동합니다. 이러한 부부형태는 우리 사회에서는 서구보다 상대적으로 적습니다. 흔히 남성들은 모든 일은 아내가 알아서 한다고 말하지만 앞서 언급한 것처럼 실제 권력이 아니라 아내에게 잠시 위임된 권력의 형태일 수 있지요. 마지막으로 부부공동형(Equalitanian) 또는 합동형(Syncratic)이 있습니다. 이 유형은 부부가 공동으로 결정하고 행동하는 경우를 말합니다. 공동으로 행동한다는 것은 부부가 똑같이 행동한다는 것이 아니라 협조적이라는 것을 의미하는 것이지요. 즉, 부부가 대등한 인간관계를 이루고 협동적 의사결정을 행사하는 것을 말합니다.

우리나라의 경우 부부간의 의사결정은 대체로 성별에 따라 그 영역이 구분됩니다. 경제문제와 대외활동 등은 남편이 결정하고 자녀 문제, 여가나 가사는 부인이 주로 결정하는 형태입니다. 이러한 양상은 부인의 권력이 증가하여 남편과 아내의 권력이 평등한 것처럼 보이지만, 이는 합의하에 결정된 민주적 구조라기보다는 남편이 아내에게 가족이나 양육과 관련된 부분의 결정권을 위임한 것으로 해석할 수도 있습니다. 중요한 것은 부부권력을 어느 한 쪽이 독점했을 경우 그 부부는 행복하기 어렵다는 점입니다. 사회가 변화함에 따라 남성중심 혹은 부계중심의 문화적 배경이 점차 약화되어 가고 있고, 여성의 사회진출의 활성화로 경제적 자원도 이전에 비해 고루 분포되고 있으며, 부부간의 관계나 성별역할도 부부관계에서 중요한 이슈로 떠오르고 있습니다. 이러한 변화들은 부부관계 특히 획일적 부부상을 제시하는 부부관계에 압력으로 작용하게 됩니다. 따라서 남성중심형은 이 사회에서 고통을 더 많이 느끼게 된다는 것이지요.

부모-자녀의 권력관계

가족권력에는 부부뿐 아니라 부모-자녀 간의 권력관계도 포함됩니다. 부모는 자녀에 대한 최초의 사회화 책임자로서 자신이 속한 가족이나 사회에 적합한 방식으로 자녀를 사회화시킵니다. 이러한 과정에서 부모는 국가 또는 지역사회로부터 위임받은 권력으로 자녀가 올바른 사회 성원이 될 수 있도록 훈육합니다. 하지만 자녀의 건강한 성장과 올바른 사회화를 위해서는 부모의 적합한 권력사용과 함께 높은 수준의 부모 온정이 요구됩니다. 부모가 권력을 왜곡되게 사용하는 경우에는 자녀에게 씻을 수 없는 상처를 주고 심리적, 행동적인 문제를 일으키게 됩니다. 가정 내에서 부모가 자녀에게 폭력을 행사하는 것은 사회가 부모에게 위임한 권력을 잘못 사용하는 대표적인 예입니다.

실제로 연세대학교 가족복지연구팀이 2007년 1,140명의 청소년을 대상으로 조사한 결과에 의하면, 부모의 부정적 양육태도는 자녀의 정서와 성장에 악영향을 미치는 것으로 나타났습니다. 부모가 부정적인 양육방법으로 신체폭력을 행사하는 가정의 청소년은 그렇지 않은 가정의 청소년에 비해 정신건강이 더 좋지 않은 것으로 나타났습니다. 김재엽(2007)에 따르면 고등학생을 대상으로 한 조사에서 부모로부터 신체적 폭력을 경험한 청소년은 그렇지 않은 청소년보다 부정적 정서의 점수가 15% 이상 높은 것으로 나타났습니다. 또한, 초등학생을 대상으로 한 조사에서도 부모로부터 신체폭력을 경험한 아동은 그렇지 않은 아동보다 우울 및 불안이 40% 이상 높았으며, 공격성은 25% 더 높은 것으로 나타났습니다. 즉, 부모로부터의 신체적 폭력을 경험한 자녀는 더 우울하고, 불안하며, 공격성이 높다는 것이지요. 이는 감정조절이 어렵고 더 충동적인 사춘기를 보낼 가능성이 높음을 의미할 수 있습니다.

사랑의 매

우리는 흔히 '사랑의 매'를 사용하여 자녀를 훈육한다고 합니다. 하지만 자녀에 대한 체벌은 어디까지가 '사랑의 매'일지 누구나 혼란스러워하지요. 중요한 것은 권력이 동등하다면 '사랑의 매'는 할 수 없을 것이라는 점입니다. '사랑의 매'는 단순히 자녀가 규칙을 위반해서 때리는 것이 아니라, 매를 드는 것으로 인해 여러분 자신이 더 고통스러울 때 '사랑의 매'라 할 수 있습니다.

우리나라 부모 중 상당수가 자녀들이 정말 잘 되기를 바란다면 자식들이 잘못했을 때 따끔하게 혼내야 하고 때로는 체벌도 불가피하다고 생각합니다. 정말 자식을 사랑하기에 자녀에게 매를 들어야 한다고 믿고 있으며 이를 '사랑의 매'라 할 수 있지요. 그래서 아동에 대한 훈육 차원의 체벌, 즉 사랑의 매와 아동학대와는 구별되어야 한다고 주장하는 부모들이 많이 있습니다.

사실 자녀에 대한 훈육차원의 매는 우리나라뿐만 아니라 인류문명 이래 많은 나라에서 사용하여 왔습니다. 회초리는 엄한 교육의 상징이지요. 어머니의 회초리 이후에 자녀들이 많은 반성과 함께 삶이 변화되었다는 이야기는 동서고금에 많이 등장합니다. 하지만 아동학대가 자녀를 반성하게 만들고 올바른 사람으로 성장하게 한다는 말은 없지요. 그렇다면, 자녀 체벌과 학대의 경계는 무엇일까요? 어떤 사람은 체벌규칙의 유무, 또 어떤 이는 체벌 전 정당한 사유의 설명 유무 등에 따라 나뉠 수 있다고 합니다. 이들의 주장에는 설득력이 있을 수 있지만, 어떠한 원칙과 설명이 동반된다 하더라고 오남용을 막을 장치를 찾기는 쉽지 않습니다. 처음의 약한 회초리가 손과 발 그리고 몽둥이와 벨트로 발전하고, 점점 체벌의 빈도와 강도가 강해져 학대가 될 가능성이 높아지기도 합니다.

그렇다면 왜 부모는 처음에 매를 드는가요? 올바른 사람이 되라는 것입니다. 그렇다면 주먹과 몽둥이가 무서워서 하는 행동이 옳은 행동일까요? 그러므로 매를 아끼고 쓰지 말아야 하지요. 가급적이면 자녀를 위한 다른 훈육 방법을 택해야 하는 것입니다. 체벌은 이 회초리를 들지 않으면 우리 아이가 생명에 또는 그에 준하는 위험에 빠진다고 생각할 때 마지막으로 쓰는 것입니다. 예를 들어, 말을 못하는 아이가 기어서 뜨거운 불에 손을 넣으려 할 때 "아기야 거기 넣으면 안 돼, 이런 고통이 있어."라고 따끔하게 손등을 때리는 것처럼 말입니다. 동시에 체벌을 가하는 부모도 체벌의 고통을 느낄 때 회초리의 개념 또는 '사랑의 매'라고 볼 수 있습니다.

부부싸움과 권력싸움

　부부싸움은 상당수의 경우 권력싸움이 됩니다. 권력의 과정 중에 상대 의사를 무시하고 일방적으로 의사전달만을 하려 하거나 혹은 자신의 결정이 무시당했을 때 권력싸움의 형태로 변질되기 쉽습니다.

　사람들은 자원을 많이 가지면 권력을 더 많이 가질 수 있고, 권력을 더 많이 가지면 더 행복할 것이라고 생각합니다. 그래서 권력의 기반이 되는 자원을 확대하기 위해 노력합니다. 더 많은 돈을 벌기 원하고, 더 아름다워지려고 노력하고, 더 가부장적 사고를 갖게 되는 것이지요. 그러나 권력집중은 남을 부릴 수 있는 기회가 많아지는 것처럼 보일 뿐 스트레스가 많아지고, 갈등이 더 높아질 수 있습니다. 또 가족권력의 집중은 곧 권력 남용의 위험에 빠지기 쉽습니다. 실제로 남성우위 가족에서 가족 구성원 간 갈등이 더 높게 발생합니다. 한편, 서구에서는 여성우위형에서도 갈등이 더 높다는 연구결과도 보고되고 있습니다. 이렇듯 한 쪽 성이 권력을 독점할 때에는 가족 구성원들 간에 더 많은 갈등을 유발시키는 것입니다.

　그렇다면 우리는 왜 가족 내에서 권력을 많이 가지고 싶어 하는 것일까요? 가족은 우리가 일상의 대부분을 보내는 공간이기 때문입니다. 회사에서 권력을 가지면 많은 역할을 할 수 있는 것처럼, 일상생활의 공간인 가족 내에서 권력을 가지면 가족들이 나를 더 알아주고 존중해 줄 것이라고 생각하는 것입니다. 결국 존중받고 싶기 때문에 가족 내에서 권력을 가지고 싶은 것입니다. 하지만 자원이 많으면 권력이 많아지고 더 행복해질 것이라는 것은 우리의 생각일 뿐, 실제로는 권력이 집중되면 스트레스와 갈등 상황에 빠지는 것입니다.

　사회 혹은 직장에서 권력을 가지려면 그에 따른 대가를 치러야 합니다. 하지만 가족 내에서는 권력 즉, 자원을 더 많이 갖기 위한 대가를 치를 필요가 없지요. 가족은 자원을 공유하는 공동체이기 때문입니다. 우리는 흔히 사회와 가족의 차이를 잊고, 가족 내에서도 사회에서처럼 권력을 행사하면 무언가 돌아올 것이라고 기대합니다. 이때의 무언가는 존중이지요. 가족 내에서 권력을 가지고 그것을 조금씩 다른 가족들에게 나누어 주면 행복할 것이라고 생각하는 것입니다. 하지만 이것은 사회적이고 표면적인 교환일 뿐입니다. 앞서 말한 것처럼 가족은 그런 관계가 아니며, 사회에서의 관계처럼 간주하여 권력을 더 많이 가지려고 하다 보면 다툼이 발생하는 것입니다. 따라서 가족 내에서 존중을 받으려면 권력이 아니라 사랑에 초점을 두어야 합니다. 자원을 기반으로 존중을 받기 위해 권력을 갖는 것이 아니라, 사랑을 할 수 있기 위해 자원을 많이 갖는다는 관점을 가져야 한다는 것입니다.

결국 가족 구성원 중 누군가 권력을 많이 가지고 있다거나, 권력이 집중되어 있다는 것은 그 가족이 행복하지 않다는 메시지일 수 있습니다. 남성들이 더 고정적 성역할과 가부장적 태도를 가질수록 21세기에는 가족 구성원들과의 사이에서 더 많은 상처를 감수해야 할 것입니다. 그러니 다음의 [그림 9-2]와 같이 권력을 더 많이 가지려는 노력이 아니라, 어떻게 하면 권력을 가족 구성원과 나눌 수 있는가 하는 노력을 해야 합니다.

가족 내 많은 다툼과 갈등의 원인은 결국 권력 때문인 경우가 많습니다. 서로 권력을 더 많이 가지려고 다툼이 발생하고, 가족원 간에 상처를 입히게 된다는 것이지요. 권력과 사랑의 차이는 '나눔'의 의지가 있는가입니다. 권력은 나누지 않으려 하는 속성이 있고, 사랑은 나누려 하는 속성이 있지요. 사람들은 가족 내에서 권력을 가지면 문제가 해결되고 무시당하지 않을 것이라고 생각합니다. 하지만 가족 내에서 무시당하지 않으려면 다른 가족을 사랑하고 배려해야 합니다. 가족은 권력투쟁집단이 아니기 때문이며, 권력은 독점적일수록 갈등을 심화시킵니다. 실제로 남성들이 권력을 많이 가지고 있는 가정에서 더 많은 가정폭력과 부부갈등이 발생합니다.

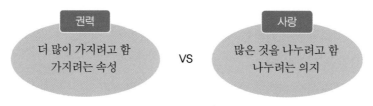

[그림 9-2] 권력과 사랑의 관계

Practice
9

S 실현하기와 강화하기: '미안합니다'의 힘

　지난 한 주간 여러분들은 가족들에게 '고맙습니다'를 표현하는 것과 여러분이 작성하신 AS Note의 내용들이 Type A 인지 Type B인지를 살펴보는 두 가지 과제를 수행하셨을 것입니다. 가족의 존재에 대한 고마움은 여러분이 가족들에게 느끼는 미안함, 용서함, 사랑함, 신뢰 등의 기초가 되기 때문에 '고맙습니다'는 항상 이루어져야 한다고 했습니다. 이번 주에도 가족들에게 고마움을 표현하고, 함께 시간을 나누는 계획들을 실천하시기 바랍니다.

기본과제. '고맙습니다' 실천하기

'고맙습니다'를 위한 실천계획(Action Plan)	
누구에게	언제, 어떻게
'고맙습니다' 실천(Activity)		
누구에게	실행 여부	
상대방의 반응		
나의 반응		

여러분은 가족들이 서운하다고 말해 주기 전에 먼저, 가족들에게 여러분 때문에 힘든 일이 있었는지 물어보아야 합니다. 가족들이 말하는 서운했던 일들에 대해 여러분이 설명할 수 있는 것이 있다면 설명하고 미안하다고 해야 합니다. 상대방이 상처받았다면 여러분은 그런 의도가 아니었다고 꼭 미안하다고 해야 하는 것이지요. 물론, 가족들에게 '미안하다'를 할 수 있기 위해서는 가족들의 존재에 대한 '감사'의 마음이 지속되고 있어야 합니다. 이것이 'TSL치료'의 단계입니다. 그러므로 이제 여러분은 가족에 대해 '감사'의 마음을 갖고, S를 실천을 하는 것이지요. 즉, 감사를 표현하고 그다음에는 미안하다 말하는 것이며, 우리가 매시간 '고맙습니다'를 먼저 말하고 행동하는 이유이기도 합니다.

선택적 사고

우리의 사고는 사실을 기반으로 구성되지 않습니다. 사고는 개인이 관심을 더 갖는 일이나 선호하는 것에 대하여 유리한 쪽으로 기억하는 반면 자신에게 불리한 것은 무시하려는 경향을 보이는데 이를 선택적 사고(Selective Thinking)라고 합니다 (Gilovish, 1993). 여러분은 하루 동안 들었던 모든 이야기를 다 기억하는 편인가요?

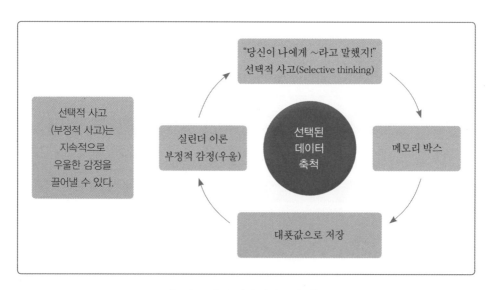

[그림 9-3] 부정적 감정의 악순환

곰곰이 생각해 보면 우리는 하루의 대화 중 필요하다고 생각하는 일부의 대화를 머릿속에 기억해 둡니다. 때로는 그것이 매우 부정적인 한 단어일 수도 있습니다. 많은 칭찬과 격려를 들었지만 그 이야기들은 기억에 남지 않고, '왜 그것밖에 못 했어?'라고 누군가가 툭 던진 한 마디가 마음의 비수로 꽂히기도 합니다. 이처럼 우리 마음에 남은 부정적인 말은 사실 선택적 사고의 과정을 통해 형성된 것입니다. [그림 9-3]에서처럼 부정적 사고는 메모리 박스에 저장되고, 대푯값을 갖게 됩니다. 그리고 실린더 이론에 따라 부정적 감정을 채워 넣어 우울한 상태로 만들게 되지요. 이런 부정적 감정의 악순환을 끊는 방법은 5Re를 지속함으로 TSL실천을 유지하는 것입니다. 5Re를 통해 부정적 감정의 고리를 끊고 긍정적 삶의 태도를 지향할 수 있게 됩니다.

타인이 마음의 상처를 가지게 되는 것도 상당 부분 선택적 사고의 영향으로 볼 수 있지요. 나의 상처와 아픔(AS Note)이 나의 선택적 사고에 의한 것일 수 있는 만큼 실제와 정확하지 않을 수 있습니다. 상대방도 마찬가지입니다. 상대가 가진 상처와 아픔이 상대의 선택적 사고를 통해 기억된 것이기 때문에 실제 사실이나 나의 기억과는 다를 수 있습니다. 그럼에도 불구하고 상대방의 입장을 존중하면서 미안함을 표시하는 것은 TSL의 에너지가 있기 때문이고 S실천 이후 자신의 TSL 에너지가 더 커지는 것을 경험하게 될 겁니다.

다른 가족 마음 인정하기

지난주의 과제를 통해서 여러분은 AS Note의 기억과 사건들이 Type A인지, Type B인지를 살펴보았을 것입니다. 그리고 해결되지 않는 'Type B'를 어떻게 긍정적으로 변화시킬 것인가를 생각해 보았을 것입니다. 이미 느꼈겠지만, 여러분이 가족으로부터 상처받고 힘들어하는 많은 일들은 대부분 현재 여러분이 해결할 수 없는 일들일 것입니다.

만약 가족이 여러분에게 가지고 있는 서운함이 여러분이 해결할 수 있는 Type A의 일이라면 여러분은 바로 가족들이 원하는 행동이나 말을 하고 그 서운함을 없애려고 노력할 수 있습니다. 하지만 그 서운함이 이미 지나간 일이거나 되돌릴 수 없는 일이고 가족이 계속 서운해 한다면 여러분은 어떤 것을 할 수 있을까요? 무엇보다도 여러분은 가족이 나로 인해 상처받는 것에 대해 진심으로 '미안하다'고 사과해야 할 것입니다.

여러분의 가족이 여러분에게 서운하다고 말했던 것을 잘 생각해 보시길 바랍니다. 혹시 여러분의 가족 간에 나누어지지 않은 권력 때문에 서로에게 서운한 마음이 생긴 것은 아닐까요? 남편과 아내의 관계에서, 부모와 자녀의 관계에서 여러분은 자신도 모른 채 가족에게 상처를 입혔을 수 있습니다. 사람들은 흔히 자신의 입장에서 먼저 생각하게 되기 때문에, 상대방이 어떤 상처를 받았는지 생각하기 어렵습니다. 누군가는 '미안하다는 말을 하는 것만으로 문제가 해결될까요?'라고 말할 것입니다.

책 『로봇다리 세진이』로 널리 알려진 양정숙 씨는 선천성 팔다리 장애를 가진 세진이를 입양하여 온갖 역경을 이겨 내고 세진이가 로봇다리로 걷고, 국제적 수영선수가 되도록 키워 냈습니다. 한 강연에서 양정숙 씨는 세진이를 기르면서 화가 많이 나는 일이 있었는데 상대방이 미안하다고 한 번 말하니 해결이 되었다고 하며, 미안하다는 말이 갈등을 푸는 데 중요한 말이라고 자신의 경험을 나누었습니다. 이렇게 '미안합니다'라는 말은 그 말을 상대방에게 직접 표현하는 것만으로도 문제 해결에 도움이 됩니다.

그뿐만 아니라 2007년에 미국 신문 '월 스트리트 저널'에 의사들이 '미안하다' (Sorry)는 말을 배우고 있다는 기사가 실린 적이 있습니다(Hanzel, 2009). 의료진의 실수나 잘못으로 환자와 분쟁이 생겼을 때 의사가 먼저 사과(謝過)를 하도록 교육시키는 프로그램이 미국 병원에서 확산되고 있다는 내용입니다. 물론 이것은 그만큼 의사들이 환자와 그 가족들에게 사과를 거의 하지 않았다는 뜻이기도 하지만 이런 사과의 표현이 불필요한 의료소송을 줄여 병원에 도움이 된다고 보고하였습니다. 사과의 효과는 놀라웠다고 합니다. 미시간 대학병원의 조사에 따르면, 이 프로그램 도입 후 262건에 이르던 의료소송이나 분쟁 제기가 100건 미만으로 줄어들고 평균 법정 소송비용도 4만 8,000달러(약 6,200만 원)에서 2만 1,000달러로 내려갔습니다. 이런 원리는 의료분쟁에서만 볼 수 있는 것은 아닙니다. 부부갈등도, 직장에서의 다툼도 자기 잘못을 일단 인정하지 않는 분위기 속에서 증폭되고 폭발하게 됩니다. 반대로 먼저 사과하는 힘은 그만큼 크다고 할 수 있지요.

미안하다는 말은 그 자체만으로도 관계를 좋게 만드는 힘이 있습니다. '미안하다고 말한다고 뭐가 바뀌겠어?'라는 마음이 아닌, 진심으로 미안하다는 말을 상대방에게 전할 때 상대방도 마음을 열게 된다는 것이지요. 그래서 진심으로 미안함을 느끼고 그것을 표현하는 것은 매우 중요합니다.

미안하다고 말하지 못하는 이유: 부정적 메모리 박스를 지워라

우리는 Chapter 8에서 메모리 박스에 대해 배웠습니다. 메모리 박스는 여러분에게만 있는 것이 아니라 여러분의 가족에게도 있습니다. 메모리 박스 안에 있는 부정적 감정들은 그 사람의 재산이 되어, 화날 때 화를 낼 수 있게 하는 힘이 된다고 하였습니다. 그래서 사람들은 그 감정을 쉽사리 버리지 못하는 것이지요. 여러분 가족에게도 여러분에게 화를 낼 수 있는 힘이 되는 부정적 감정이 메모리 박스 안에 있을 수 있습니다. 가족의 메모리 박스에 들어 있는 여러분에 대한 부정적 감정을 어떻게 하면 없앨 수 있을까요? 그것은 진심이 담긴 '미안합니다'와 여러분이 보여 주는 변화의 노력에서 시작됩니다. 여러분 가족이 메모리 박스 안에 있는 부정적 감정을 없애버릴 수 있다면 가족관계는 훨씬 좋아질 수 있습니다. 그리고 여러분 자신이 행복해지는 것이지요.

물론 미안하다는 말이 쉽게 나오지는 않을 것입니다. 미안하다는 말을 하려면 '내가 잘못한 일이 아닌 것 같은데' '저 사람이 더 잘못한 것 같은데'라는 생각이 먼저 떠올라 미안한다는 말이 입 밖으로 나오지 않을 수도 있습니다. 여러분의 메모리 박스에도 상대방에 대한 부정적 감정이 파일을 계속 만들어 내고 있기 때문이지요.

그것은 충분히 가족의 존재에 감사하지 않고, 그 사람의 처지에서 생각하지 않았기 때문입니다. 상대방에게 부정적 감정이 들면 가족의 존재에 대한 감사함을 느끼며, 그 사람의 처지에서 생각해 보세요. '나도 저 처지라면 저런 요구를 할 수 있구나.'하고 공감하고, 인정해 보는 것입니다. 여러분에게 화가 났다고, 상처를 받았다고 이야기하는 가족에 대해 그들의 처지를 인정하고 미안하다고 표현하는 것은 다른 한편으로는 나의 부정적 감정이 쌓여 재산이 되는 것을 포기하는 '의지'이기도 합니다.

또한 '미안하다'는 잘못했다는 것만을 의미하지는 않습니다. 여러분이 진심으로 미안하다고 느끼는 것은 여러분만큼 힘들었을 그 사람을 이해했기 때문에 '미안하다'고 할 수 있는 것입니다. 그래서 용서하는 것보다 사과하는 것이 더 어렵지요. 나만큼 힘든 그 사람을 그 사람의 처지에서 이해하는 것이 '미안합니다'입니다. 여러분의 너무도 소중한 가족이 얼마나 상처받고 힘들었을지 마음 깊이 느끼고 미안하다고 말할 때 상대방도 그 진심을 받아들일 것입니다. 여러분이 미안하다고 말함으로써 서로의 메모리 박스의 부정적 감정들, 화를 내고 싶을 때 재산이 될 수 있는 부정적 감정들을 버리고 가족관계가 좋아질 수 있다는 것이지요. 이것이 바로 '미안합니다'의 힘입니다.

'미안합니다'라고 말하는 것은 가정폭력과 같이 극단적으로 가족 간의 갈등이 발생하고 서로에게 상처를 준 상황에서도 이들의 회복력을 높이는 데 도움이 되는 것으로 나타났습니다. 연세대학교 연구팀이 진행한 조사결과에서 알 수 있지요. [그림 9-4]를 보면 가정폭력 가정에서 배우자에게 '미안합니다'라는 말을 매일 하는 사람들의 우울 수준은 평균 0.25인데 비하여, 전혀 하지 않는 사람들의 우울 수준은 평균 0.58로, 2배 이상 더 우울한 것으로 나타났습니다. 가정폭력을 경험한 가족에서도 '미안합니다'를 표현하는 것은 상처를 회복하는 방법입니다.

[그림 9-5]와 같이 가정폭력 피해 가정에서 배우자에게 '미안합니다'라는 말을 매일 하는 사람들의 자살생각 정도는 평균 0.18인데 비하여, 전혀 하지 않는 사람들의 자살생각 정도는 평균 0.42로 나타나, 배우자에게 미안함을 표현하지 않는 사람들이 2배 이상 더 심각하게 자살을 생각하는 것을 알 수 있었습니다.

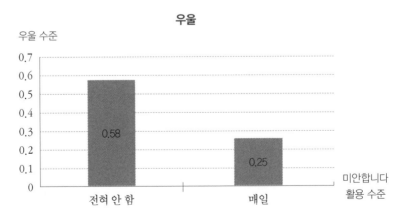

[그림 9-4] 가정폭력 발생가정의 배우자에게 '미안합니다'를 표현하는 수준과 우울

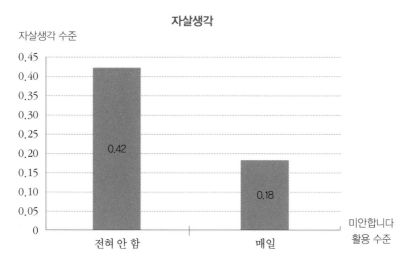

[그림 9-5] 가정폭력 발생가정의 배우자에게 '미안합니다'를 표현하는 수준과 자살생각

'미안합니다' 실천하기

이제 여러분은 '미안하다'의 중요성을 이해하셨나요? '미안합니다'의 단계를 정리해 보면 다음과 같습니다.

1. 여러분의 의식 속에서 충분히 상대방의 상처를 알아야 합니다.
   그 상처가 여러분과 상대방의 관계를 건강하지 않게 만듦을 알아야 합니다. 만약, 상대방 상처가 인정이 안 된다면 어쩔 수 없는 것입니다. 거짓으로 미안하다고 말하기보다는 여러분이 그 감정을 품을 수 있을 때까지 조금 더 기다리는 것이 좋습니다. 필요하다면 다시 처음부터, '감사함'부터 되새겨 보세요.(회상하기)
2. 지금보다 나은 미래를 생각하며, 부정적 감정을 줄이고 변화에 대한 희망을 가지고 상대에게 미안한 사실을 인정하는 것입니다. 내가 과거에 가지고 있는 짐(AS)이 상대방에게 미안하다는 말을 하는 것을 막고 있지는 않은지 살펴보고 Type B를 버리세요. (인정하기)
3. 미안한 것에 대해 진심으로 말할 수 있을지 결정하고 그것을 상대방에게 이야

기해 주어야 합니다. (실현하기)

4. 이것을 유지해야 상대방이 바라는 실제적 행동을 해줄 수 있습니다. 여러분이 이해하고, 인정한 관점을 유지하는 것이지요. 이를 통해 여러분과 여러분 가족의 부정적 메모리 박스는 서서히 비워지고 관계가 더 좋아질 것입니다. (강화하기)

5. '미안합니다'의 힘을 경험하고 내가 기뻐지고 행복해지는 것을 느끼며 유사한 상황에서 다시 '미안합니다'를 실천하겠다는 의지를 가지게 됩니다. (재충전하기)

이번 주의 과제는 여러분이 가족과의 관계를 변화시킬 수 있는, 진심으로 전하는 '미안합니다'를 수행해 보는 것입니다. 앞서 미안합니다를 말하기 위한 단계에서 살펴본 것처럼 그저 하나의 쇼로서 미안하다를 말해서는 안 됩니다. 여러분 마음에 진심으로 미안한 마음이 생겨야 하지요. 단번에 그런 마음이 생기지 않을 수 있습니다. 조급해 하지 말고, 가족의 존재에 대한 고마움부터 다시 떠올려 보고, 상대방의 처지에서 이해하려고 노력해 보세요. 여러분이 진심으로 준비가 되었을 때 미안합니다를 전달하는 것입니다. 진심으로 미안하다는 사과를 하고, 상대방의 반응은 어떠했는지, 그것을 보는 여러분의 마음은 어떠한지, 가족관계에는 어떤 변화가 있는지를 적어 보는 것, 즉 '미안합니다'의 힘을 경험해 보는 것이 이번 주의 과제입니다.

과제 1. '미안합니다'의 힘!: '미안합니다' 실천하기

'미안합니다' 실천(Activity)		
어떤 사건	사과 여부	
언제, 어떻게 사과하였나?		
사과 후 상대방의 반응		
상대방의 반응을 본 후 나의 마음		
가족관계의 변화		

다음의 사례들을 보면, 일상생활에서 발생할 수 있는 일들에 대해, 여러분의 관점이 아닌 가족의 관점에서 보게 되면서 사건에 대한 이해가 달라지고 상대방을 진심으로 이해하게 되고 가족관계가 변화하는 모습들을 볼 수 있습니다. 〈사례 9-1〉은 남편이 운전 중 잔소리하지 말라고 부탁했음에도 아내는 계속함으로 남편에게 불편함과 불안감을 줄 수 있지요. 상대방의 입장을 배려하지 않는 행동이지요. 〈사례 9-2〉처럼 거실에서 자고 있는 아내의 모습이 보기 싫을 때나, 〈사례 9-3〉의 아버지의 말씀이 틀렸을 때 그것은 참여자의 관점에서 본 사건입니다. 하지만 상대방의 입장에서 왜 그랬는지 알게 되면서 참여자들은 진심으로 미안함을 느끼게 되고 말로 표현함으로써, 가족들이 각자 자신의 입장이 아닌 상대방의 입장에서 이해할 수 있게 된 것입니다. 이렇게 관점의 변화는 가족관계의 변화를 이끌기 때문에, 미안하다는 말은 권력을 잃거나 보상을 해야하는 것이 아닌 바로 여러분 자신을 위한 것입니다.

😀 사례 9-1 | 여, 55세, 자영업

'미안합니다' 실천(Activity)			
어떤 사건	남편이 운전을 할 때 옆에서 잔소리를 하지 말라고 부탁했는데 나도 모르게 하고 말았음	사과 여부	○
언제, 어떻게 사과하였나?	또 잔소리를 해서 미안하다고 하고 앞으로 조심하겠다고 함		
사과 후 상대방의 반응	평소에는 잔소리를 하면 한참을 아무 말없이 가곤했는데 사과하고 나니 자신이 조심할테니 너무 걱정하지 말라고 말함		
상대방의 반응을 본 후 나의 마음	이전까지는 남편의 운전이 항상 불만스러웠고 매번 잔소리를 하면서도 그게 큰 잘못이라는 것을 인지하지 못했는데 직접 사과하고 나니 서로 기분도 좋아지고 상대를 더욱 잘 이해할 수 있을 것 같은 느낌이 들었음		
가족관계의 변화	이전까지는 남편의 운전이 항상 불만스러웠고 매번 잔소리를 하면서도 그게 큰 잘못이라는 것을 인지하지 못했는데 직접 사과하고 나니 서로 기분도 좋아지고 상대를 더욱 잘 이해할 수 있을 것 같은 느낌이 들었음		

사례 9-2 　남, 47세, 건설업

'미안합니다' 실천(Activity)			
어떤 사건	아내가 요즘 거실 소파에서 TV를 시청하며 잠이 듦. 그런 모습을 볼 때마다 잔소리하고 짜증을 심하게 냄	사과 여부	○
언제, 어떻게 사과하였나?	내 입장에서만 생각하고 아무데서나 잔다고 짜증내고 함부로 행동한 것에 대해 사과함		
사과 후 상대방의 반응	고등학교 3학년 아이를 둔 엄마의 입장에서 늘 밤늦게 학원에서 아이를 데려오다보니 피로가 누적되어 앉으면 졸리고 그렇게 하지 않으려고 해도 생리적으로 일어나는 일이라 어쩔 수 없었는데 상당히 서운했으나 이해하고, 되려 미안하다는 말을 들으니 민망스럽다고 함		
상대방의 반응을 본 후 나의 마음	아이의 입시 때문에 내가 해야 할 일을 아내가 육체적 고통을 감수하고 피곤해 했다는데 대해 쑥스럽고 미안하고 몸 둘 바를 모르겠음. 그런데 정작 아내는 미안해 할 것 없다고 얘기함. 자식의 일이라 당연하다고 함. 이제부터는 가능하면 내가 아내 대신 아이를 기다려주어야겠다고 결심함		
가족관계의 변화	항상 가족이라는 테두리 내에서 생각하고 세부적으로 일어나는 일에 대해 신경을 못 쓰고 살았는데, 별일 아닌 것처럼 생각한 일들이 크나큰 문제점으로 발생하고 또한 사과하고, 이제부터라도 아내의 하는 일에 신경을 쓰고 미안한 마음을 늘 갖고 살려고 노력함		

사례 9-3 　남, 26세, 공익요원

'미안합니다' 실천(Activity)			
어떤 사건	아버지 말씀을 잘 들어드리지 못하고 아버지 의견에 반박한 것에 대해	사과 여부	○
언제, 어떻게 사과하였나?	아버지께 죄송했다고 말씀드림		
사과 후 상대방의 반응	사과를 들으려고 하신 말씀은 아니지만 동생들 앞에서는 좀 조심해주었으면 좋겠다고 하심		
상대방의 반응을 본 후 나의 마음	늘 강해 보이는 아버지이시시지만 내가 하는 말 한마디에도 상처받으실 수 있다는 것을 깨닫고 마음이 아팠음		
가족관계의 변화	아버지가 하시는 말씀에 더 귀를 기울이며 적극적으로 지지하다보니 아버지와의 대화가 늘어났음		

어떤 사건	어머니가 아침을 차려 주시는데 늦게 일어나서 짜증만 부리고 차려 주신 음식은 먹지 않고 급하게 출근하는 일이 많았음	사과 여부	○
언제, 어떻게 사과하였나?	어머니에게 진심으로 죄송했다고 말씀드림		
사과 후 상대방의 반응	어머니께서는 바빠서 그렇게 했던 것 다 알고 있다고 말씀하시면서 그래도 건강이 걱정되니 더 일찍 일어나서 아침 식사는 꼭하고 출근하면 좋겠다고 말씀해주심		
상대방의 반응을 본 후 나의 마음	아침마다 그렇게 짜증을 내는 날이 많았는데도 항상 내 걱정을 하고 계셨다는 것을 알게 되어 더 죄송해졌음. 앞으로 좀 더 일찍 일어나서 차려 주신 음식을 잘 챙겨 먹고 출근해야겠다고 다짐함		
가족관계의 변화	어머니와의 관계가 더욱 원만하고 부드러워진 듯한 느낌이 들었음. 이제는 아침 식사를 먹지 못하고 출근하게 되는 날이면 먼저 죄송하다고 말씀드리고, 가능하면 아침 식사를 하고 나가려고 노력하게 되었음		

앞의 사례와 같이 참여자들은 미안하다는 말을 먼저 하고 그 내용을 이야기하니 상대방(가족)과의 이야기 진행이 훨씬 수월했다고 하였습니다. 자녀와의 관계에서도 부모가 먼저 자녀에게 미안하다는 표현을 하니 자녀가 너무 좋아하고 마음속에 있는 이야기들을 더 많이 해 주어 좋았다고 평가하였지요.

기억해야 할 점은, 혹시 여러분이 미안하다고 말했는데 상대방이 같이 '미안하다'는 반응을 보이지 않더라도 상처받지 말라는 것입니다. 언젠가는 그 사람이 미안하다고 생각할 수 있겠지요. 하지만, 상대방이 미안함을 느끼는 것은 여러분 능력 밖의 일입니다. Type B의 사건인 것이지요. 여러분이 할 수 있는 일은 미안하다고 말하는 것이며, 이것은 여러분을 위해서 상대방을 이해하고 용서하는 것입니다. 우리는 메모리 박스에서 부정적 감정이 증식하는 고리를 끊어야 합니다. 이것은 꾸준하고 지속적인 연습이 필요합니다. 여러분이 미안하다고 사과할 때 상대방이 같은 반응을 보이지 않더라도 상처받고, 메모리 박스에 부정적 파일을 만들지는 마세요. 상대방도 여러분처럼 준비할 시간이 필요할 것입니다. 여러분의 변화에 따라 상대방도 변화할 것이고 이러한 작은 변화들이 여러분의 가족관계를 변화시킬 것임을 잊지 마세요.

우리는 종종 문제를 해결하지 않고 미안하다고 말하는 것이 중요한가라고 생각하지만, 그것이 중요합니다. 미안하다는 말 자체가 문제 해결의 시작이 된다는 점을 기억하세요.

오늘의 과제

기본과제. '고맙습니다' 실천하기

과제 1. '미안합니다'의 힘: '미안합니다' 실천하기

　이번 Practice는 가족에게 '미안합니다'를 실행하는 것입니다. 상대방의 처지에서 사건을 이해하고, 상대방이 상처받았다는 것을 인정하고, 여러분 마음속의 부정적 메모리 박스를 비움으로써 진심으로 사과할 수 있게 되는 것이지요. 여러분은 정신적 운동인 TSL실천을 통해 상대방의 존재에 대해 늘 감사하고, 부정적 메모리 박스를 비움으로써 이번뿐 아니라 앞으로도 가족에게 사과할 일이 생기면 '미안합니다'를 실천할 수 있어야 합니다. TSL실천을 계속하는 것이 바로 '미안합니다'를 강화하고 재충전하는 방법입니다.

가정폭력: 가정폭력영향이론

앞서 살펴보았던 가족스트레스와 가족권력은 가족을 부적응 상태로 만들거나 가족갈등을 증가시키게 됩니다. 이 책의 초반에 언급했던 것처럼 너무도 감사하고 소중한 가족은 행복의 원천이자 고통의 원천이기도 한 것이지요. 이 Chapter에서는 가족갈등이나 부적응이 가장 극단적인 형태로 나타나는 가정폭력에 대해 살펴볼 것입니다.

가정폭력에 대한 잘못된 사회적 통념들

가정폭력과 관련하여 잘못된 사회적 인식들이 많이 존재합니다. 이러한 잘못된 사회적 인식들은 가정폭력을 제대로 이해하고 개입하는 데 방해가 됩니다. 우리 안에 이러한 잘못된 인식은 없는지 한 번 살펴보고, 만약 잘못된 통념을 가지고 있었다면 올바른 정보는 무엇인지 한번 살펴보도록 하겠습니다.

통념 1. "가정폭력은 가족관계에서 불가피한 측면이 있다."
⇒ 가정폭력은 많은 국가에서 심각한 사회적 문제로 인정되고 있습니다. 가정

폭력이 불가피한 일이라면 유럽 선진국에서는 왜 우리나라와 비교했을 때 상당히 적은 가정폭력 사건이 발생할까요. 대개 이들 국가에서는 가정폭력 발생 비율이 1~5%에 머물고 있습니다. 가정폭력은 불가피한 것이 아니라 가족관계의 암과 같은 존재입니다.

통념 2. "가정폭력의 가해자는 정신장애인이나 정신병자에 국한된다."

⇒ 그렇지 않습니다. 정신병이나 기타 정신질환에 의해서 발생한 가정폭력은 전체 가정폭력의 극히 소수에 불과합니다.

통념 3. "가정폭력은 하층계급에 국한된다."

⇒ 일부 서구 선진국에서는 빈곤가정에서 가정폭력이 높다는 결과가 있으나 우리 사회는 경제사회적 계층에 상관없이 폭넓게 퍼져 있습니다. 배우자 학대와 자녀 학대가 하층계급에 국한된 것이라고 믿는 것은 가정폭력을 극히 일부의 가정의 일로 폄하하여 사회문제로 인정하지 않으려는 태도입니다.

통념 4. "매 맞는 아내들은 맞는 것을 좋아하거나 폭력에 대한 책임이 있다."

⇒ 매 맞는 아내들이 다소 맞을만한 잘못을 했고, 그래서 그들은 떠나지 않는다고 생각합니다. 그러나 어떠한 실수를 하였더라도 맞을만한 실수는 없는 것입니다. 폭력을 당할만한 실수는 없다는 점이 중요합니다. 사회에서 금지하는 폭력을 가정에서는 맞을만하다고 인정한다는 것은 있을 수 없는 일입니다. 폭력 피해자가 사회로부터 보호받거나 갈만한 장소가 마련되어 있지 못하기 때문에 떠나지 못하는 경우가 많습니다.

통념 5. "알코올과 약물남용이 가정폭력의 진짜 원인이다."

⇒ 실제로 가정폭력 가해자들은 그렇지 않은 사람들보다 알코올이나 약물남용이 많다는 연구결과가 존재합니다. 하지만 가정폭력 가해자만이 알코올과 약물을 남용하는 것은 아닙니다. 평소에 아내를 구타해도 된다고 생각하는 사람이 음주 후에 아내를 구타하는 경향이 많습니다.

통념 6. "가정 내에서 폭력과 사랑은 공존하지 않는다."

⇒ 학대받는 아내는 여전히 남편에 대해 깊은 정을 가질 수도 있으며, 매 맞는 아동의 대다수는 학대에도 불구하고 부모를 사랑한다고 보고합니다. 가정폭력의 특수성이 바로 이런 것입니다. 일반 폭력은 폭력 가해자를 다시 만날 일이 거의 없지만 가정폭력은 폭력과 사랑이 공존합니다. 공포감에서 살아가는 피해자에 대한 이해의 부족에서 온 잘못된 통념입니다.

통념 7. "학대받은 아동은 성장하여 학대자가 되거나 피해자가 된다."

⇒ 학대받은 아동이 성장하면서 폭력적 성인이 된다는 연구는 많이 있습니다. 하지만 그렇지 않은 경우가 더 많습니다. 학대경험이 앞으로의 인생을 결정짓는다고 말하는 것은 위험한 생각입니다. 학대받은 아동도 적절한 개입과 치료를 받는다면 폭력성이나 우울증이 사라지게 될 것입니다.

가정폭력의 개념

폭력은 상대방의 의사에 반해서 고의적으로 또는 잠재적인 고의성을 가지고 신체적, 정서적, 성적으로 상대방에게 상처를 주는 행위입니다. 상대방에게 신체적 위해를 가하거나 욕설 및 언어적 정신적 고통을 주는 행위를 말하지요. 폭력은 대상과 형태에 따라 분류됩니다. 가정폭력 중 가장 많이 나타나는 폭력은 배우자에게 고통을 주는 배우자 학대와 자녀에게 고통을 주는 자녀 학대입니다. 그 외에 형제와 부모에게 고통을 주는 형제 학대와 부모 학대도 있습니다. 21세기에는 부모 학대 및 노인 학대가 급증하고 있습니다. 그 외에도 학교폭력과 성폭력에 대한 관심도 높아지고 있습니다.

[그림 10-1]은 아동학대의 종류를 설명하고 있습니다. 아동학대는 정서적 학대와 신체폭력, 그리고 방임으로 나눌 수 있습니다. 다른 폭력과 달리 아동의 양육을 책임지는 보호자가 아동을 제대로 보살피지 않는 방임도 폭력으로 본다는 것입니다.

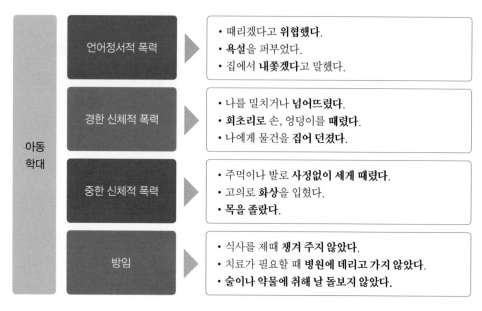

[그림 10-1] 아동학대의 개념

　배우자들 간에 발생하는 폭력을 설명한 [그림 10-2]를 보면 욕설이나 위협 등은 정서적 학대에 포함됩니다. 이를 폭력으로 인식 못하는 커플도 많이 있지요. 「가정폭력방지 및 피해자보호 등에 관한 법률」의 제정과 집행 등으로 21세기에서는 신체적 학대는 줄어드는 경향이 있습니다. 하지만 우리 사회에서 그 위험성은 아직도 높은 편입니다.

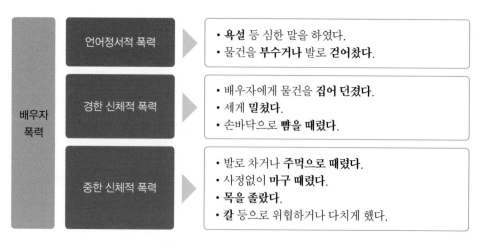

[그림 10-2] 배우자 폭력의 개념

한국의 가정폭력 실태는 어떠한가?

한국의 부부폭력 발생률은 31.4%로 우리나라 전체 인구에 적용하여 살펴보면, 1,300만 쌍의 부부 중 약 480만 쌍의 부부가 1년에 적어도 1회 이상 폭력을 경험한다고 추산됩니다. 여성부의 가정폭력조사(2007)에서는 부부간 신체폭력이 10%로 나타났으나, 실제로 부부폭력률이 이렇게 낮은가에 대해서는 많은 의문이 제기되고 있습니다. 이 수준은 선진국의 부부폭력 발생률과 비슷한 수준입니다. 하지만 Chapter 1에서 언급했듯이 다른 대부분의 조사와 연세대학교 가족복지연구팀의 2008년 조사에서는 부부간 신체폭력률이 30% 내외로 나타나고 있습니다.

외국의 가정폭력발생률과 비교해보면 미국의 스트라우스 전국조사에서 나타난 부부폭력률 16.1%의 2배이며(Straus & Gelles, 1990), 아시아권인 홍콩의 부부폭력률 14.1%(1994)의 2배 이상이라는 점에서 우리나라의 부부폭력 발생률이 매우 높음을 알 수 있습니다.

폭력 주체별 부부폭력 발생률을 살펴보면 남편에 의한 아내폭력은 27.9%, 아내에 의한 남편폭력은 15.8%, 상호폭력은 12.3%입니다. 이 중 상호폭력을 제외한 남편에 의한 아내폭력은 15.6%, 아내에 의한 남편폭력은 3.5%로 일방적으로 아내가 남편에게 행하는 폭력은 남편이 아내에게 행하는 폭력의 1/5에 불과합니다. 부부폭력 발생에서 여성이 남성에 비해 피해자가 될 가능성이 더 높다는 것이지요. 이것을 피해 정도로 비교해 보면 더 줄어들어 1/10 ~ 1/20 정도밖에 되지 않습니다.

특히, 발, 주먹, 물건을 사용하여 때리거나, 사정없이 때리는 경우, 흉기로 위협하는 심각한 폭력은 남편에 의한 아내폭력이 7.9%, 아내에 의한 남편폭력이 2.8%, 상호폭력이 1.6%로 나타나, 우리나라 여성의 가정폭력 피해 위험이 매우 높음을 보여줍니다.

아내폭력에 영향을 미치는 남성들의 인구사회학적 특성

경미한 아내폭력은 상대에게 물건 던지기, 세게 밀치기, 손바닥으로 뺨 때리기가 포함됩니다. 남성의 경우 연령에 있어서는 20대 남성의 아내폭력이 39.0%로 가장 높고, 60대 이상 남성이 20.9%로 가장 낮았습니다. 학력으로 보면 대졸 이상의 학력을 가진 사람들의 아내폭력이 21.5%로 가장 낮고, 고졸은 29.3%, 중졸 이하는 30.3%로 나타났습니다. 직업유형에 있어서는 사무직에 종사하는 남성의 아내폭력은 22.9%, 생산직에 종사하는 남성의 아내폭력은 30.5%로 아내폭력에 있어서 직업유형이 상관관계를 갖는 것으로 나타납니다. 소득과 관련해서는 소득이 전혀 없는 집단의 아내폭력은 27.5%, 소득이 300만 원 이상인 집단의 아내폭력은 28.3%로 소득수준과 경미한 아내폭력은 관련이 없는 것으로 나타났습니다.

심각한 아내폭력은 발로 차거나 주먹으로 때리기, 물건으로 때리기, 사정없이 마구 때리기, 칼(가위)이나 총으로 위협하거나 사용하기 등의 항목이 포함됩니다. 심각한 아내폭력은 남성의 연령, 학력, 소득수준과는 관계가 없는 것으로 나타났습니다.

하지만 여기서 특정 연령, 학력, 소득수준, 직업유형이 아내를 더 많이 때린다고 해석하는 것은 주의를 요합니다. 사회인구학적인 변인들만으로는 심각한 아내폭력을 설명하는 데 불충분하지요. 연세대학교 가족복지연구팀의 1997년 전국조사에서 심각한 아내폭력에서는 생산직에 종사하는 남성들이 아내를 보다 심하게 때리는 경향이 있는 것으로 나타났는데, 이는 이들이 생산직에 종사하기 때문이기보다는 생산직의 특성과 관련된 기타 변수, 예를 들면 장시간 노동, 노동 강도에서 오는 피로 또는 스트레스와 연관이 있는 것으로 추측됩니다. 따라서 아내폭력의 원인은 남성의 인구사회학적 특성이 아니라, 그 특성으로 인해 파생된 다른 것일 수도 있음을 기억해야 합니다.

정서폭력

가정폭력에서 정서폭력이란 폭언, 위협, 협박, 통제 등의 언어적, 심리적, 정신적 폭력을 말합니다. 가정폭력은 학술적으로나 법률적으로 주로 신체적 폭력을 말합니다. 하지만 가족 간의 관계개선과 존중을 강조하면서 정서폭력이 부각되고 있습니다. 여성부의 2007년 전국 가정폭력실태조사에 의하면 한국의 전체 가정폭력 유형 중에서 정서폭력이 33.1%로 여러 유형 중에서 가장 높은 비율로 나타났습니다.

이러한 정서폭력은 피해자에게 장기적으로 심각한 심리적 손상을 입힐 수 있다는 점에서 주목해야 합니다. 정서적인 폭력은 피해자에게 심각한 정신적, 심리적인 고통을 주고 때로는 신체적인 건강도 위협합니다. 특히 이미 신체적 폭력을 경험한 피해자는 신체적 폭력이 다시 발생하지 않더라도 정서적 폭력이 발생할 때 심한 우울, 불안, 공포를 느낄 수 있지요. 신체적 폭력이 중단되었다고 하더라도 정서적인 폭력이 지속되거나 증가했다면 이는 여전히 가정폭력이 계속되고 있는 상황이라고 해야 합니다.

특히 정서적 폭력이 이루어지는 상황과 부부관계의 특성 때문에 그 위험성이 더욱 커집니다. 가해자가 자신의 가해 행동을 외부에 알려지지 않게 숨기고 폭력적인 것으로 보이지 않게 하고 싶은 경우에 정서적 폭력이 신체적 폭력을 대신해서 행해진다고 할 수 있지요. 정서적 폭력은 가정 내에서 상당히 은밀하게 행해질 수 있고, 눈에 보이는 형태의 피해로 드러나지 않기 때문에 피해자가 스스로 밝히지 않는 한, 외부에서 알아차리기가 극히 어렵습니다. 그리고 피해 사실이 알려진다고 해도 신체적 폭력과 달리 가해자를 처벌하기가 매우 어려우므로 피해자가 정서적 폭력에 적극적으로 대처하기가 힘듭니다. 이 때문에 정서적 폭력은 장기화하기 쉽고 피해자의 고통도 지속하게 됩니다(정윤경, 2009).

가정폭력의 가해요인과 가해자 특성

그렇다면 우리 사회에 왜 그렇게 가정폭력이 많은지 그 이유를 살펴보도록 하겠습니다. 가정폭력의 가해요인과 가해자의 특성은 심리사회적 차원, 가정적 차원, 사회구조적 차원으로 구분해 볼 수 있습니다(김재엽, 2007).

첫째, 심리사회적 요인이 있습니다. 연세대학교 가족복지연구팀의 전국 가정폭력 조사를 분석해 보면 가정폭력 가해자의 심리사회적 요인 중 중요하게 작용하는 것은 공격성, 알코올 요인과 폭력에 대한 허용적 태도입니다. 공격성이나 폭력에 대한 허용적 태도가 가정폭력과 관계가 있다는 것을 쉽게 생각할 수 있는 부분이고, 실제로도 높은 수준의 연관성을 보였습니다. 다만, 알코올 요인에 있어서 기억해야 할 것은, 일상적인 음주가 폭력과 직접 연관되는 것이 아니라 폭력에 대한 허용도와 관계된다는 점입니다. 폭력 허용도는 살다보면 부부 사이의 폭력은 일어날 수 있는 일이라고 인정하는 태도입니다. 즉, 전체 폭력에서 일주일에 3~4일가량 소주 한 병 이상을 마시는 남성은 전혀 마시지 않는 사람에 비해 폭력에 대한 허용도가 2배 이상 높습니다. 이것이 가정폭력으로 연결되는 것입니다.

둘째, 가정적 요인입니다. 가정폭력 가해자의 가정적 요인으로는 부부권력 유형, 가사분담 갈등, 의사결정 방식 갈등, 아동기 폭력 피해 경험과 부부폭력 관찰 경험이 가정폭력 행사와 주로 관계가 있습니다. ① 부부권력 유형에서는 남성우위형이 평등형보다, ② 가사분담 갈등에서는 부부간 가사분담 갈등이 높은 집단의 남성이, ③ 의사결정 방식에 있어서는 부부간 갈등이 높은 집단의 남성이 더 폭력을 행사하게 되는 것으로 나타났습니다. ④ 폭력남성은 비폭력 남성에 비해 어렸을 때 부모에게 맞은 경험이 있거나 어머니가 아버지에게 맞는 것을 본 경험이 있어서, 이것이 본인의 폭력 행사와 관계가 있는 것으로 나타납니다. 하지만 이는 앞서 논의한 것처럼 치유될 수 있습니다.

셋째, 사회구조적 요인이 있습니다. 가정폭력 가해자의 사회구조적 요인으로는 사회 스트레스와 계층 요인이 가정폭력 행사와 관계가 있는 것으로 나타났습니다. 사회 스트레스가 높은 집단의 남성이 낮은 집단의 남성에 비해 폭력 행사율이 2배 이상 높게 나타납니다.

가정폭력의 원인을 종합해 볼 때, 가장 중요한 핵심은 상대방을 나만큼 중요하게 생각하지 않는 것입니다. 많은 가해자는 자신이 상대방을 너무나 사랑해서라든가, 가족의 잘못을 고쳐 주기 위해서라는 이유를 들어 가정폭력 가해의 변명으로 삼고 있습니다. 하지만 가정폭력 발생의 핵심은 [그림 10-3]과 같이 가해자가 상대방을 자신만큼 존중하지 않는다는 것입니다. 그래서 폭력행위가 가족을 상대로 가능해지는 것입니다. 너무도 중요한 사람이라면 왜 학교 선생님이나 직장상사에게는 그런 행동을 하지 못할까요? 그들은 어렵고 중요한 사람이며 존중해야 할 사람이라고 규정되어 있기 때문입니다. 가족 구성원도 마찬가지로 존중되어야 할 사람입니다. 그러니 폭력을 행사한 사람은 어떠한 형태로든 상대에게 사과해야만 합니다. 폭력을 행함으로써 상대에게 엄청난 상처를 준 것을 인정하고 사과하는 일은 꼭 필요합니다.

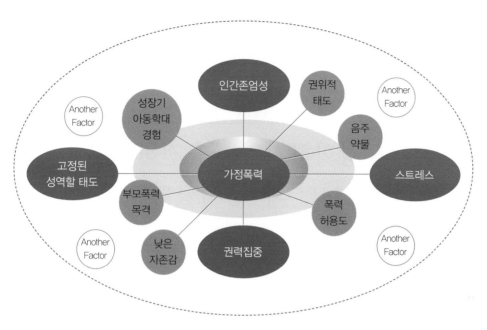

[그림 10-3] 폭력 유발 요인들

가정폭력영향이론

가정폭력영향이론(Domestic Violence Effect Theory)이란 가정에서 신체학대, 정서 학대, 방임 등과 같은 폭력 피해를 당하거나 부모 간 폭력을 목격하게 된 대상들이 심리·사회적 행동에 부정적인 영향을 받아 다양한 문제들을 경험하게 되는 것을 의미합니다. 학습이론은 가정폭력 피해자가 폭력을 학습하여 폭력의 가해자가 될 수 있다는 것인데, 그와는 달리 가정폭력영향이론은 폭력의 피해자가 겪게 되는 전반적인 어려움을 통합적으로 다루고 있습니다. 피해자는 가정폭력의 영향으로 우울, 자살생각, 중독, 공격성 등과 같은 정신건강의 문제를 경험하게 되며, 학교·사회부적응 문제를 겪기도 합니다. 또한, 피해 이후 폭력의 가해자가 되어 학교폭력, 부모폭력, 교사폭력, 자녀폭력, 부부폭력, 성폭력 등과 같은 행위를 하기도 합니다(김재엽, 이지현, 윤여원, 2011; 김재엽, 최권호, 2012; 김재엽, 장용언, 이승준, 2013; 김재엽, 곽주연, 임지혜, 2016). 이처럼 가정폭력의 부정적 영향은 개인 삶에서의 파급력이 크고, 심각한 폐해를 낳기에, 가정폭력의 예방과 해결을 위한 적극적 개입이 반드시 필요합니다.

Practice
10

S 강화하기와 재충전하기:
'미안합니다'와 '용서합니다'의 힘

지난 한 주간 여러분은 다시 두 가지의 과제를 수행하였을 것입니다. 무엇보다도, 진정으로 미안하다고 말하기 위해서는 존재에 대한 고마움이 먼저 이루어져야 함을 기억해야겠지요. Sorry의 마지막 주제인 '용서합니다'에 앞서, 오늘도 '고맙습니다'를 먼저 실천해 보세요. 상대방에게 진심으로 미안한 마음이 드는 것과 마찬가지로 상대방을 진심으로 용서하는 것 역시 그의 존재에 대한 감사함에서 시작합니다.

기본과제. '고맙습니다' 실천하기

'고맙습니다'를 위한 실천계획(Action Plan)	
누구에게	언제, 어떻게
'고맙습니다' 실천(Activity)	
누구에게	실행 여부
언제, 어떻게 말했나? 언제, 어떤 활동을 했나?	
상대방의 반응	
나의 반응	

'미안합니다'의 실천

　우리가 앞서 논의한 것과 같이 가정폭력은 신체적 폭력, 정서적 폭력 등 다양한 측면에서 다른 사람에게 심각한 고통을 줍니다. 그러므로 내가 잠재적 의도를 가지고 행한 공격에 대해 진심으로 사과해야 합니다. 그럴 때 비로소 우리는 새롭게 변화될 수 있는 것입니다. 다음의 [그림 10-4]와 같이 사람들은 자신이 받은 공격, 상처, 스트레스는 잘 기억하지만 자신이 다른 사람에게 준 상처와 공격은 잘 기억하지 못합니다. 여러분에게는 자신의 스트레스만 보이지, 여러분이 가족에게 스트레스의 원인이 되어 자극한 것은 잘 인식하지 못합니다. 이것을 깨달아야 합니다. 우리는 모두 스트레스를 계속 발산하고 있지만, 정작 자신은 모르고 있습니다. 언제나 여러분의 생각만이 옳은 것은 아니지요. 여러분이 모를 수 있는 부분이 있고, 사람마다 다를 수 있음을 인정해야 합니다. 그래서 가정폭력 행위에 대한 진지하고 성의 있는 사과가 필요합니다.

　때로는 여러분이 화가 나는 상황도 분명히 있을 것입니다. 그런 상황에서 화를 절대 내서는 안 된다고 하는 것이 아닙니다. 누구나 화를 낼 수 있습니다. 그러나 여러분이 화를 내면 여러분의 독을 발산하고 해소할 수 있지만, 그것이 다른 사람에게는 독이 될 수 있습니다. 가족관계에서 여러분이 상대방에게 화를 내면, 그것이 상대방의 화를 돋우고 상대방이 다시 독을 발산하여 여러분의 정신건강에 상처를 받게 됩

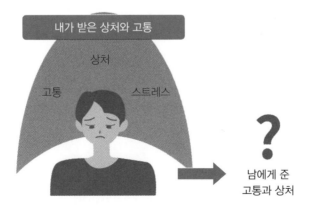

[그림 10-4] 내가 남에게 준 상처 인정하기

니다. 우리는 다른 사람보다 가족들에게서 분노와 상처를 더 많이 받습니다. 그만큼 소중하고 가까운 사람이기 때문입니다. 하지만 앞서 Chapter 7과 8에서 살펴보았듯이 메모리 박스에 저장되는 것은 여러분에게 부정적 자원이 되는 고통과 불만, 불평일 뿐입니다. 그것들이 앞으로 가족들에게 여러분이 화를 낼 수 있는 자원이 되는 것이지요. 그런 감정들이 메모리 박스 안에 남아 있어서 계속 독을 내뿜습니다. 그래서 Type B의 사건으로 인한 상처는 과감히 던져 버려야 합니다. 상처받은 일들에 대해 상대방을 용서하세요. 여러분이 받은 상처에 대해 여러분 마음대로 상대로부터 사과를 얻을 수는 없기 때문에, 여러분의 정신건강을 위해서 용서해야 하는 것입니다.

'용서합니다'의 힘[1]

우리는 'TSL치료'의 두 번째 단계인 'Sorry' 과정에서 처음에 AS Note를 작성하고, 여러분이 느끼는 서운함과 가족들이 느끼는 서운함에 대해 Type A 와 Type B로 나누어 보고, 메모리 박스에 대해 생각해 보았습니다. 여러분이 진심으로 미안하다고 말하기 위해서, 그리고 여러분 가족과의 관계가 진심으로 변화하기 위해서는 메모리 박스의 부정적 감정이 비워져야 한다는 것을 알았지요. 이제, 여러분이 가족 때문에 화나고 상처받은 기억을 살펴보면서 여러분 메모리 박스에도 '상처'가 저장되어 있음을 알게 되었을 것입니다. 이것을 해결하지 않고 방치한다면 '끝나지 않은 사건'으로 계속 성장하게 됩니다. 이 모든 것을 끝내기 위해서는 상대방을 '용서'해야 합니다.

---

1) 이 Practice의 내용은 전적으로 가정폭력 피해자에 관한 내용이 아닙니다. 가족관계에서 자신이 상처받은 일을 용서하는 것을 다루는 포괄적인 내용입니다.

용서의 조건: 정상이 아니었던 상황 이해

여러분이 현재 고통 받고 있는 것들, 사건들을 쭉 떠올려 보세요. 그리고 여러분이 미안하다고 말하기 위해 상대방의 처지에서 이해하려고 노력했던 것처럼, 그 사람의 처지에서 그런 행동을 할 수밖에 없었던 그 사람의 관점에서 공감하고 이해해 보세요. 그 사람이 나에게 그렇게 한 행동에 대해 여러분의 감정을 배제하고, 그 사실만을 수용하세요. 그러면 '용서'가 될 것입니다. 용서는 그 사람을 위한 것이 아니라 부정적 감정을 해소함으로써 여러분이 살기 위한 것입니다.

하지만 용서해야지 생각한다고 용서가 쉽게 되지는 않을 것입니다. 가족이 여러분에게 서운하게 했던, 혹은 상처를 입혔던 심한 사건을 떠올리면 용서한다는 말이 쉽게 나오지 않겠지요. '용서합니다'는 그 사건을 생각할 때, 그 가족원이 나쁜 것이 아니라 그 당시에 그 사람이 정상이 아니었음을 인정하고 이해하는 것에서 시작해야 합니다. 여러분에게 심한 상처를 준 그 사람은 그 당시에는 정상이 아니었다고 이해하는 것이지요. 일반적으로 사회적 관계에서 우리는 정상이 아닌 사람은 만나지 않으면 그만입니다. 하지만, 가족은 계속 만나야 하는 사람들이지요. 용서하지 않고 상처받은 사건은 메모리 박스 안에서 계속 성장하여 여러분을 힘들게 할 것입니다. 비정상 상황을 합리적 방정식으로 이해하기가 쉽지 않지요. 그러니 여러분에게 상처를 준 그 가족은 그 당시에 '정신'이 힘들거나, 아팠던 것이라고, 정신이 정상이 아니었다고 이해해 보세요. 예를 들어, 고3 아들에게 '열심히 해라.'라고 했더니 소리치면서 '내 일에 상관 좀 그만해, 엄마 때문에 되는 일이 없어.'하고 나가 버렸다면 입시의 압박에 시달린 아들의 심정을 이해해 볼 수 있겠지요. 우리는 Chapter 10에서 가족갈등의 가장 극단적인 형태인 가정폭력을 살펴보았습니다. 가정폭력도 마찬가지입니다. 물론, 가정폭력을 없었던 일로 하라는 것은 아닙니다. 더 이상 폭력이 진행되지 않아야 하는 것입니다. 만약 가정폭력이 더 이상 진행되지 않는다면, 가정폭력을 행한 여러분의 배우자가 그 당시 정상이 아니었다는 것도 이해할 수 있습니다. 하지만, 폭력이 지속된다면 '용서합니다'를 실천할 수 없지요. 이런 경우는 여러분이 가진 자원을 활용하고, 자극에 대한 평가를 바꾸어 대처방법을 변경해야 합니다. 전문가와 상의하고 도움을 요청해야 하는 것이지요.

적극적으로 마음을 치료하지 않는다면 이 상처는 상대방에 대한 공격의 기회로 삼을 위험이 있습니다. 미래 공격에 대한 자기합리화의 가능성이 높아지는 것이지요. 용서는 의지입니다. 분노를 포기하고자 하는 의지를 의미합니다. 용서는 체념의 과정이 아닙니다. 체념은 부정적인 방어 자세로 바람직한 선택이 아닙니다. 오래 사용한 컵에 지워지지 않는 얼룩이 생기는 것처럼 마음 속 상처도 자연히 두어서 치유되는 것이 아닙니다. 적극적으로 용서하기로 의지를 갖는 과정이 필요합니다.

가족에는 판사가 없다

우리에게는 말을 안했을 뿐이지 잊지 않은 기억이 있습니다. 그것을 찾아서 미안하다고 말해야 합니다. 가족은 그 존재 자체로 감사한 사람이기 때문입니다. 시시비비를 결정하는 것은 판사의 몫입니다. 하지만 가족에는 판사가 없지요. 많은 사람들은 가족 내에서도 시시비비를 가리고 싶어 하지만, 이는 불가능한 일입니다. 상처를 받았지만 누가 시작했는지 알 수 없는 일들에 대해 누구에게 잘못이 있다고 판결을 내릴 수 있는 사람이 없습니다. 메모리 박스 안에 잘잘못을 가리지 못했던 것들이 모두 남아있지요. 그래서 그 일들을 말하지 않는 것입니다. 말을 하면 싸우게 되기 때문이지요. 잘잘못을 가리지 않아도 될 만큼 중요하지 않은 일이 아니라, 이야기해 보라고 했을 때 말이 나오는 자체가 상처로 남아 있는 중요한 일이라는 의미입니다. 그렇게 상대방의 메모리 안에 존재한 부정적 감정들을 편안하게 하는 것이 미안하다고 하는 것입니다. 상대방은 미안하다는 말을 듣고 싶어 하고, 여러분이 변화하여 그 말을 먼저 이야기해 주는 것이 '미안합니다'의 힘이었습니다.

'미안합니다'를 통해 마음을 정리하지 않으면, [그림 10-5]와 같이 상대방에 대한 부정적 감정은 차곡차곡 쌓여 재산이 됩니다. 우리는 내가 가진 재산에 대해 재산권을 행사하듯이, 가족들에게 그 사람이 여러분에게 준 고통에 대해 재산권을 행사합니다. 상대방이 나에게 잘못한 것에 대해 빚진 사람들로부터 빚을 받아야 하는 것처럼 재산권을 행사하는 것

[그림 10-5] 고통이 재산이 된다

이지요. 오랫동안 모은 재산을 쉽게 포기하지 않죠. 이런 '화의 재산권'이 메모리 박스 안에 있기 때문에 미안하다는 말이 쉽사리 나오지 않고 상대방을 용서하기 어려운 것입니다. 이러한 재산권 행사의 고리를 끊는 것이 TSL입니다.

상대방이 여러분에게 미안하게 생각하고 있는 것이 무엇인지 물어보고, 그 마음의 짐을 해소해 주어야 합니다. 어떤 때는 상대방이 여러분에게 미안해하고 있다는 사실을 알고, 그 사건을 오랫동안 관계에서 사용하기도 하지요. 예로 10년 전 남편이 회사에서 알게 된 여성과 매우 친하게 지냈다고 합시다. 지금은 가정에 매우 충실히 삽니다. 하지만 이런 지나간 사연을 화가 날 때마다 "그 여자가 그렇게 좋았어?"라며 상대의 마음을 힘들게 하죠. 그 재산권을 없애야 하며, 그것이 바로 상대방을 용서하는 것입니다.

'왜 내가 먼저 용서해야 하지'하고 생각할 수 있습니다. 그것은 상대방이 여러분에게 미안하다고 하지 않을 것이기 때문입니다. 상대방은 그의 의지대로 움직이기 때문에 상대방이 미안하다고 사과하기를 기다리기보다는, 여러분의 관점을 변화하는 것이 여러분이 할 수 있는 일입니다. 즉, Type A입니다.

물론 용서하기에 앞서 상대방에 대한 감사함과 미안함을 인정해야 합니다. 이 과정에서 여러분에게는 상대방과의 관계에서 재산이 되어 있는 여러분의 고통을 떠올리게 될 것입니다. 그 재산은 여러분 정신건강에 도움이 되지 않지요. 상대방에게 화를 낼 때는 도움이 되지만, 싸울 때나 우울할 때 외에는 쓰일 일이 없는 재산입니다. 이것이 바로 Type B로 분류되는 사건이며, 여러분의 능력 밖의 일은 메모리 박스에서 지워버리는 방법이 바로 용서하기입니다. '미안합니다'에 대한 상대적 의미는 용서입니다. 상처를 가지고 있는 것이 여러분 자신에게 독이 되니까 버리는 것이지요. 상대방이 여러분에게 화를 주었을 때, 그 사람이 정상이 아니었다고 생각하고, 그 사람의 관점에서 이해해 보세요. 다른 사람에게 용서한다고 말하는 것이 중요한 게 아니라, 여러분 스스로에게 화의 재산권 포기를 약속하는 것입니다.

용서의 단계

용서는 정서와 사고의 변화를 통해 상처를 준 사람을 더 이상은 피하려고 하지 않고, 그에 대한 즉각적인 복수심을 줄이는 것입니다. 복수심은 우리에게 고통을 계속 주면서 부정적 메모리 박스에서 커져 갑니다. 우리는 이러한 사건들을 Type B로 분류함으로써 진심으로 상대방을 용서하고, 메모리 박스에 있는 그에 대한 부정적 감정들을 줄여야 합니다. '용서합니다'는 상대방에게 이익을 주는 것이 아니라 여러분이 가지고 있는 과거의 나쁜 상처를 치유하거나 줄여 주기 때문에 여러분에게 직접 도움이 됩니다.

이미 많은 사람에 의해 용서치료가 이루어지고 있습니다. 용서치료에는 결정모델(Decision Model)과 과정모델(Process Model)[2] 두 가지가 있습니다. 결정모델은 용서를 바로 결정해서 실시하는 것입니다. 결정모델에서는 용서에 대한 개념을 이해하고, 서로를 격려해 주며 이런 내용을 편지쓰기나 글로 표현해 보라고 합니다. 반면에 과정모델은 순차적으로 Recall의 과정을 거치며 행해집니다. 두 가지 모델 모두 참여자의 인지를 중요시하며, 모든 과정을 이해해야 하고 용서라는 것이 어떻게 긍정적인지를 알아야 합니다. 다만, 차이점은 과정모델이 좀 더 오랜 시간, 여러 단계에 걸쳐 진행된다는 것입니다. 인라이트와 비치본즈(Enright & Fitzgibbons, 2000)는 용서치료의 과정모델을 4단계로 상처확인(Uncovering), 용서하기로 결정(Decision), 새로운 관계를 설정하려고 노력(Work), 용서가 나에게 도움이 되고 새롭게 삶을 살려는 단계(Deepening)라고 제시합니다. 많은 연구에서 결정모델보다 과정모델이 더 효과적인 것으로 나타나고 있습니다.

이러한 내용들을 종합해 볼 때 TSL실천에서 용서는 다음의 [그림 10-6]과 같이 6단계로 표현할 수 있습니다. 우선, 용서의 사전단계로 첫째, '고맙습니다'를 통해

---

2) 용서치료에서 과정모델은 Enright, McCullought와 Worthingten 등 많은 치료자에 의해 적용됩니다. 일반적으로 과정모델은 피해자들이 상처에 대해 인식하고, 용서하기로 결정하고, 공격자(가해자)에 대한 생각을 바꾸고, 고통의 의미를 재해석하고 새롭게 사는 과정으로 구성됩니다. 여기서 새롭게 사는 과정이란 부정적 감정을 줄이고 삶의 목적을 새롭게 하며, 용서가 자신의 삶을 윤택하게 한다고 믿는 등의 내용을 포함합니다.

가족에 대해 고맙다는 느낌을 불러일으키고, 고마움을 인정합니다. 둘째, 잘못된 일들에 대해 '미안하다고' 이야기하며 상처 준 것에 대해 미안함을 표현하고 이를 통해 가족관계를 원활하게 합니다.

 세 번째 단계부터는 진정한 용서의 단계라 할 수 있습니다. 셋째, 여러분이 상처받은 고통에 대해서 충분히 떠올립니다. 넷째, 고통이 여러분 자신에게 도움이 되지 않는다는 것에 대해 인정합니다. 즉, Type B로 구분하고, 그 고통이 여러분의 메모리 박스에 남아있는 게 도움이 되지 않는다는 것을 인정하는 것이지요. 다섯째, 이러한 상처와 어려움을 준 상대방이 그 당시 행동을 할 때 정상이 아니었음을 이해합니다. 여섯째, 여러분을 위해 그리고 존재 자체만으로도 고마운 가족을 위해 여러분의 부정적인 메모리 박스에 있는 부정적 감정을 없앱니다. 즉, 용서함을 표현하는 것이지요.

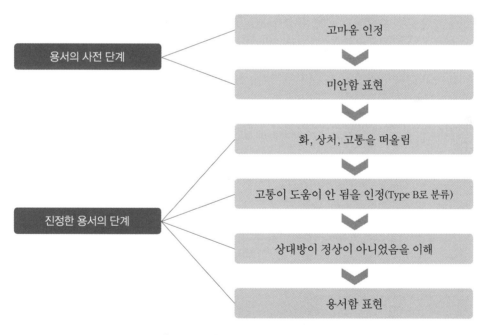

[그림 10-6] TSL에서 용서의 6단계

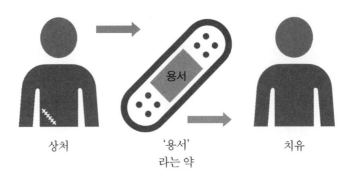

상처   '용서'   치유
                       라는 약

[그림 10-7] 용서: 상처 치료 약

그래서 우리는 'Sorry'의 단계에서 가족에게 감사한 마음을 가지고, 상대방의 입장에서 미안하다고 사과하는 과정을 거쳐 여러분의 마음이 진심으로 변화하고 진심으로 상대방을 용서할 수 있도록 하는 긴 단계를 거쳤습니다. 이번 주의 과제는 가족이 여러분에게 주었던 상처에 대해서, 상대방의 처지에서 생각하고, 그가 그 순간에 정상이 아니었음을 인정하며 진심으로 '용서합니다'를 수행해 보는 것입니다. 중요한 것은 여러분이 진심으로 준비가 되었을 때 용서하는 것입니다. 진심으로 용서를 하고 상대방의 반응은 어떠했는지, 그것을 보는 여러분의 마음은 어떠한지, 가족관계에는 어떤 변화가 있는지를 적어 보는 것, 즉 '용서합니다'의 힘을 실천해 보는 것이 이번 주의 과제입니다. 만약 상황이 허락한다면, 앞서 여러분들의 '고맙습니다'에서 상대방 안아 주기를 실천했던 것처럼 '용서합니다'를 하면서 상대를 안아 주는 것은 더욱 도움이 될 것입니다. [그림 10-7]과 같이 TSL의 용서의 과정을 통해 여러분 자신의 상처가 치유되는 시간을 가지게 될 것입니다. 용서는 상처를 치유하는 '약'임을 기억하시고 용서의 의지를 다지면 좋겠습니다.

과제 1. '용서합니다'의 힘!: '용서합니다' 실천하기

'용서합니다' 실천(Activity)			
어떤 사건		용서 여부	
용서 후 나의 마음			
가족관계의 변화			

　다음의 사례들은 참여자들이 '용서합니다'를 실천한 내용입니다. 용서하기를 어떻게 실천해야 할까 고민되시는 분들도 많겠지만, 어떤 경우는 참여자들이 마음속으로 용서하겠다는 결심을 한 사례들도 있습니다. 실제로 용서한다는 말은 하지 않았지만, 메모리 박스 속의 부정적 사건에 대해 버리기로 결심을 하는 것이지요. 이렇게 다양한 내용과 방법으로 '용서합니다'를 실천할 수 있습니다. 또한 사례에서도 볼 수 있듯이 진정한 용서를 함으로써 가족 간의 관계가 좋아지고, 모든 가족 구성원의 만족감이 높아지는 것을 볼 수 있습니다.

사례 10-1 남, 39세, 자영업

"용서합니다" 실천(Activity)

장모님께서는 우리들의 결혼을 심하게 반대하셨습니다. 심지어 결혼식 당일까지 반대하셨다고 합니다. 그래서인지 결혼 11년이 된 지금까지 장모님이 편하지 않았고 마음속으로 용서가 되지 않았습니다. 그러다 지난주 장모님께서 위암으로 수술을 받게 되고, 아내 혼자서 병간호하는 것이 힘들어 보여 시간이 될 때 제가 장모님의 병간호를 시작하게 되었습니다. 처음에는 서로 불편했고 장모님께서도 불편한 내색을 하셨습니다. 저 또한 편하지 않았지만, 어느 정도 시간이 지나고 제가 먼저 "장모님 처음에 제가 많이 마음에 안 드셨죠?"라고 말문을 열었습니다. 잠시 동안 적막이 흐른 후 장모님께서는 그때의 상황을 설명하시면서 이런저런 이야기를 하셨고 대화가 시작되면서 저도 그동안 마음에 담아 두고 있던 말들을 진솔하게 말하게 되었습니다. 그리고 지금은 장모님을 이해하고, 섭섭하게 생각하지 않습니다. 결국 장모님은 결혼 반대했던 것에 대한 사과의 말을 하셨고 저는 그동안 가지고 있던 마음의 짐이 내려지는 듯한 느낌을 받았습니다. 장모님께서 수술 후 마취가 깨시면서 저를 찾으셨습니다. 그리고 "고맙고, 미안하다."라고 말씀을 하시면서 눈물을 보이셨습니다. 이제는 장모님과의 관계에 놓여 있었던 알 수 없는 거리감이 없어지는 것 같습니다.

 사례 10-2 여, 42세, 주부

"용서합니다" 실천(Activity)

아버지는 아직도 담배를 많이 피우신다. 사실, 아버지가 담배를 피우시는 것으로 인해 그동안 마음에 상처를 참 많이 입었다. 나보다 담배가 더 좋다는 아버지가 밉기도 했고, 오래 안 살아도 된다는 아버지가 야속하기도 했다. 가끔은 아버지가 진짜로 안 아파봐서 그렇다고 더 아파야 되나 하는 위험한 생각도 한 적도 있다. TSL 교과서를 보면서 아버지가 그때는 담배 때문에 정상이 아니시라고, 지금도 아프신 상태라고 생각해 보니 아버지가 밉고 야속하기보다는 아버지를 담배로부터 구해내지 못한 내가 원망스러웠다. 내가 조금 더 잘 했어야 하는 건데, 아버지를 미워하기만 했다. 아버지께 담배를 피우지 말라고 이야기한 지 2년도 더 되었다. 내 마음 다치기 싫어서 모른 척하고 말았다는 생각이 든다. 아픈 아버지를 나 몰라라 했으니 내가 아버지를 용서할 자격이 있는지 모르겠다. 하지만 아버지를 향한 원망을 버리고 다시 한번 아버지를 담배로부터 구하기 위해 용기를 내겠다.

사례 10-3 남, 50세, 대기업

"용서합니다" 실천(Activity)

　가족이 나에게 준 상처 중 Type B에 해당하는 내용들을 정리해 보니 20년 전의 일이 생각났다. 오래 전 일이 기억 속에 있는 것을 보면 당시 아버지에게 무척 서운한 마음을 느꼈던 것 같다. 내가 대학교 입시에서 아버지가 원하는 학과에 진학하지 않았다는 이유로 '축하한다'는 말을 듣지 못했다. 이 사건이 내게 큰 상처로 다가왔고, 친구들에게 하소연도 많이 했었다.

　이제 아버지를 용서해야 한다고 생각한다. 어쩌면 아버지께서는 내가 이렇게 나이가 들어서도 그때의 상처를 기억하고 있으리라고 생각도 못하실 것 같다. 하지만 내가 생각한 결심은 아버지께는 말씀 안 드리고 비밀로 하고 용서를 해 드리고 싶다. 지금 와서 그 상처가 기억에 남는다고 말씀드리면 아버지는 적지 않은 연세에 내가 당시 느꼈던 상처보다 더 큰 상처를 받으실지도 모르기 때문이다. 그러기에 나 스스로 더 이상 그 때의 기억은 떠올리지 않고 당시의 사건은 기억해 내지 않도록 노력하며, 건강한 모습으로 아버지가 곁에 계셔 주시는 것 자체만으로 감사를 드릴 것이다.

 사례 10-4 여, 50대, 주부

"용서합니다" 실천(Activity)			
어떤 사건	일요일에 딸 아이 자취집에 찾아가 점심도 먹고, 청소도 해 준 후 과일과 홍삼을 챙겨 먹으라고 하니 갑자기 아이가 머리가 아프다며 잔소리 좀 그만하라고 신경질을 냈다.	용서 여부	○
용서 후 나의 마음	저녁에 딸 아이에게서 전화가 왔다. 딸 아이에게 먼저 바쁜데 엄마가 잔소리해서 미안하다고 하니 한동안 말을 못하다가 '제가 잘못했어요, 엄마. 죄송해요.'라고 했다. 아이에게 서운한 마음이 없었던 것은 아니나 먼저 힘들어서 그랬을거라고 생각하고 용서하기로 마음먹으니 마음이 한결 편해졌었는데 아이의 미안하다는 말에 아이가 더 안쓰럽게 생각됐다.		
가족관계의 변화	아이를 더 믿고 스스로 잘하리라 생각하며 격려하니 아이와의 관계도 한결 더 부드러워진 것 같아서 기뻤다.		

사례 10-5 남, 27세, 학생

'용서합니다' 실천(Activity)			
어떤 사건	누가가 예전에 나에게 "너는 네 생각만 하지말고 가족 생각도 좀 하면서 살았으면 좋겠다"라고 말한 것이 약간 서운한 감정으로 남아 있었다.	용서 여부	○
용서 후 나의 마음	TSL을 배우면서 서운했던 사건에 대해 다시 생각해보니 크게 서운할 일도 아니었구나 싶어지면서 자연스럽게 용서하는 마음이 생겨났다. 누나한테 찾아가 누나가 했던 말이 좀 서운하기도 했지만 내가 가족에게 많이 신경쓰지 못했던 부분들이 많았다는 생각이 들었다고 이야기하며 오히려 미안했다고 사과를 했다.		
가족관계의 변화	누나는 당황해하며 더 미안해하는 눈치였다. 사실 내가 행복하면 좋겠다고 생각했었다면서 응원의 이야기를 해주었다. 이번 기회로 나를 지지해 주고 깊이 있게 이해해주는 누나에게 더 큰 고마운 마음이 들었다.		

앞의 사례에서 보듯이 용서함으로써 자신의 마음이 편해지는 것을 볼 수 있습니다. 〈사례 10-1〉과 〈사례 10-4〉는 장모님과 딸이 도리어 고맙고 미안하다고 합니다. 〈사례 10-2〉는 상대를 이해하면서 미움이 사라집니다. 〈사례 10-3〉과 〈사례 10-5〉는 용서하면서 상대방에게 다시 고마운 느낌이 들고 있죠. 이렇듯 용서는 고마움과 미안함을 다시 만들어(Reinforcement) 내면서 새로운 관점 또는 의지(Refreshment/Return)를 갖게 되는 것입니다.

여러분이 가족으로부터 받은 상처와 화에 대해 이야기해도 섭섭함이 가셔지지 않을 때가 있습니다. 이때는 진심으로 용서가 안 되고, 표현한 후에도 여러분의 마음속에 있는 것이지요. 우리의 기억은 부정적인 사건을 오랜 시간 되새기며 잘 지워지지 않는 흔적을 만들어 놓았습니다. 그 흔적은 한 번에 없어지지 않습니다. 처음에는 상처받은 사건을 이야기하면 할수록 기억이 새록새록 나고 잊고 있던 섭섭함이 커질 수 있지요. 하지만, 그 섭섭함이 풀려서 여러분 자신이 자기를 안아 줄 정도가 되면, 상당히 힘들었겠지만 그 흔적이 사라진 것입니다.

내가 먼저 변해야 한다: 상대방은 먼저 변하지 않는다

가족은 때로 설명하기 어려운 비합리적 장치입니다. 따라서 누가 잘하고 잘못하고를 따지기 어려우며, 그 끝은 없습니다. 아마도 첫 주의 과제에서 여러분이 가족에게 잘못한 점에 대해 사과를 하라고 했다면 지금보다 훨씬 어려웠겠지요. 가족이 여러분의 인생에서 감사한 존재라는 생각이 수용될 때 변화가 이루어지는 것입니다. '감사하다'를 표현하고, 그것으로 가족 간의 긍정적 교류가 이루어지고 난 후, 서로에게 준 상처를 껴안을 수 있는 것이지요.

여러분은 상대방을 억지로 변화시킬 수 없습니다. 상대방이 먼저 변화하지 않는다는 것을 이해해야 합니다. 그러므로 여러분이 먼저 변해야 합니다. 가족의 존재를 감사하게 생각하고, 그들의 처지에서 공감하고 용서하며, 이러한 변화를 말과 행동으로 표현해야 합니다. 그래야 여러분과 가족이 서로의 이야기에 귀 기울일 수 있습니다. 변화는 표현을 통해 이루어집니다.

'미안합니다' 평가하기

이제 여러분은 'TSL치료'의 두 번째 과정인 '미안합니다(S)'를 마쳤습니다. 거듭 강조하지만 이 과정은 단독적인 과정이 아니며 '고맙습니다(T)'로부터 연속된 과정입니다. 감사함에 대한 인식을 기반으로 관계가 형성될 때에만, 그 관계를 변화시킬 수 있는 진심 어린 사과가 가능함을 잊지 말아야 합니다. '미안합니다'와 '용서합니다'를 실천한 이후 여러분의 가족관계에는 어떤 변화가 있었는지 적어 보고, 가능하다면 가족이나 주변 사람들과 그 경험을 나누어 보세요.

과제 2-1. '미안합니다(S)' 평가하기

어떤 점을 느꼈나요? _____

_____

_____

여러분의 어떤 점이 변화했나요? _____

_____

_____

여러분의 가족관계에는 어떤 변화가 있었나요? _____

_____

_____

😀 사례 10-6 여, 50대 중반, 가정주부

어떤 점을 느꼈나: 작은 일이지만 서로 미안해 하고 용서를 구하는 것이 매우 중요하다는 생각이 들었음. 가끔 서로 좋지 않은 상황에 봉착할 때, 과거의 잘못과 미움이 되살아나 상황을 악화시키는 경우가 발생하는 것 같음. 작은 일이라도 서로의 대화 속에서 사과하고 용서하면 어떠한 상황에서 다시 되살아나는 일은 없어질 것임

나의 변화: 그전에는 작은 일은 그냥 넘어가거나, 나중에 기분이 상할 때 한꺼번에 풀어 버리는 경향이 있었는데 '미안합니다'의 과제를 통해 작은 일도 기분좋게 용서를 구하고 받을 수 있게 된 것 같음. 또한 내가 가지고 있으며 스스로 알지 못했던 상처들도 일부 치유가 된 것 같고, 앞으로 현명하게 가족관계를 유지할 수 있을 것 같음

가족의 변화: 내가 하는 행동을 배우자가 따라하면서 관계가 더욱 좋아진 것 같음. 대화하는 시간도 늘고, 함께 살아가기 위해서는 어떠한 것이 필요한지 함께 고민해 보기도 함. 진지하게 과거를 되돌아 보게 된 것 같음

사례 10-7 여, 42세, 자영업

어떤 점을 느꼈나: 평소에 그냥 지나치며 아무렇지 않게 생각되었던 일과 막연하게 나를 이해해 주겠지 하는 일들이 가족에게는 서운함과 아픔으로 자리 잡고 있어 놀랐음

나의 변화: 나를 되돌아 보고 반성하였으며, 그 반성을 기반으로 가족에게 좀 더 다가서려 노력 하고 있음

가족의 변화: 가족 모두 서로에게 미안해 하는 점이 있으며, 그것들을 이야기하면서 좀 더 가까 워졌고 서로의 입장을 이해하려고 노력하고 있음

사례 10-8 남, 36세, 교직

어떤 점을 느꼈나: 지금까지 '고맙습니다'에 이어 '미안합니다'를 하면서 '고맙습니다'를 처음했 을 때에도 느낀 것이지만 부모님을 기쁘게 해드리고 가족 간의 온기를 불러 일으킬 수 있 는 방법은 생각보다 어려운 것이 아니고, 복잡하거나 큰돈과 선물이 필요한 것도 아니라는 것을 다시 한번 깨닫게 되었다. 따뜻한 말 한마디로도 가족관계는 충분히 변화될 수 있고 따뜻해질 수 있다는 것을 느꼈다.

나의 변화: 단지 과거의 잘못을 뉘우치는 데에만 그치지 않고 똑같은 잘못을 반복하지 않게 계속 노력하게 된 점이 가장 많이 달라진 점인 것 같다. 부모님께 좀 더 애교 있고 사근사근한 아들이 되기 위해 노력하고 있고, 부모님도 나의 이런 변화된 모습에 무척이나 기뻐하시고 계신다.

가족의 변화: 부모님과 전화통화 횟수가 증가하고, 대화에서 묻어나는 따뜻한 기운 등 '고맙습니 다'를 실행하면서 발생한 따뜻한 기운이 '미안합니다'를 하면서 더욱 확대되었다. 부모님과 말다툼이 거의 사라지고, 나의 변화로 부모님 간에도 교류가 더 활발해지는 등 변화가 나 타났다.

사례 10-9 여, 39세, 시간강사

어떤 점을 느꼈나: 상처를 준 사람은 그것에 대해 크게 생각하지 않고 곧 잊어버리지만, 상처를 받은 사람은 아무리 작은 상처여도 쉽게 잊어버리지 않는다는 것을 깨닫게 되었고, 좀 더 민감해져야겠다는 생각이 들었다. 그리고 책에서 말하는 '부정적 메모리'가 어떤 것인지, 다른 사람을 통해서 나의 상처도 유추해 볼 수 있었다.

나의 변화: 마음속의 죄책감 같은 것이 사라지며 오히려 동생과 더 가까워진 것 같고, 그럴수록 진심으로 더 미안해졌다. 또 내 상처는 크게 느껴지고, 내가 준 상처는 작게 느껴지는 원리를 이해할 수 있었다. 아마도 내가 받은 상처는 기억 속에서 계속 재생되는데, 내가 준 상처는 인식하지 못하거나 쉽게 잊어버리기 때문일 것이다. 이 과제에서는 내가 상대방에게 '미안하다'고 한 입장이지만, 과거에 내게 상처를 준 사람도 나를 위해 마음속으로라도 용서해야겠다는 생각이 들었다.

가족의 변화: 성장과정에서 갈등은 자연스러운 것이고, '애들은 원래 싸우면서 크는 거다'고 생각했지만, 그런 갈등들에 대해 이야기를 나누고 사과하는 과정을 통해 나와 상대방 모두 조금씩 성장하게 되었고, 좀 더 따뜻한 정을 느낄 수 있었다.

〈사례 10-6〉에서처럼 작은 일에도 용서를 구하고 받는 것이 상처를 치유할 수 있다고 보고하고 있지요. 미안함을 가족끼리 서로 얘기하면서 가까워졌다고 〈사례 10-7〉에서는 얘기합니다. 과거의 잘못을 뉘우치는 데 그치는 것이 아니라 다시는 잘못하지 않겠다는 다짐을 하게 되는 〈사례 10-8〉을 보면서 진정성 있는 변화의 시작을 보게 됩니다. 〈사례 10-9〉에서 보이는 것 같이 작은 상처도 쉽게 잊어버려지지 않습니다. 다른 사람의 상처를 이해한다는 것은 자신의 TSL 에너지가 커지고 있다는 것입니다. 타인에게 내가 준 상처에 대해 진정으로 미안하다고 먼저 얘기할 때 우리는 용서의 힘도 생기는 것입니다.

'미안합니다'(Sorry) 발달 5단계

S의 성장과정 단계는 [그림 10-8]과 같이 T과정과 비슷한 발달 단계를 보입니다.

1단계: 미확신-2단계: 주저함-3단계: 보상과 기대-4단계: 자연스러운 미안함-5단계: 기쁨으로 구성되지요. 구체적으로 살펴보면, 1단계인 미확신 단계는 상대방이 나보다 더 잘못했다고 생각하며 사과에 대한 확신이 안 생겨서 망설이는 단계입니다. 2단계는 주저함의 단계인데 미안한 마음은 인정하나 상대의 잘못도 있기에 먼저 사과를 한다는 것에 억울한 마음 혹은 아쉬운 마음을 갖는 단계입니다. 또는 사과를 안 하고도 그동안 잘 지내 왔는데 과거의 일을 가지고 군이 이제서 사과한다는 것에 주저하는 마음을 갖는 단계라고 할 수 있습니다. 3단계는 조금 더 발전한 단계로 자신이 인정한 잘못에 대해서는 상대방에게 사과할 수 있는 단계입니다. 하지만 상대방의 반응에 영향을 받아 행동이 강화되거나 위축될 수 있습니다. 이 단계에서는 내가 사과하고 상대도 자신의 잘못에 대해 사과해 주기를 기대하거나 또는 쉽게 나의 사과를 수용해 주길 바라지요. 그렇지 않을 때는 더 이상 미안합니다를 실천하지 않습니다. 일반적인 사회 관계에서 발생하는 미안한 상황에서 미안합니다를 표시하는 정도입니다. '자연스러운 미안함'의 단계인 4단계는 상대방이 서운한 감정을 표현하지 않아도 자신이 준 상처나 잘못이 자연스럽게 떠올라 먼저 미안하다고 진심으로 사과하는 단계입니다. 4단계는 진심으로 상대방을 이해하고 존재에 대한 감사에서 우러나는 진심의 미안합니다를 실천하는 단계입니다. 진심으로 미안하기 때문에 상대방을 위해 무언가 해 주고 싶은 마음이 들며, 다음에는 이러한 일을 반복하지 않겠다는 의사를 표현하게 됩니다. 마지막 5단계는 사과와 용서의 기쁨을 누리는 단계입니다. 즉, '미안함'을 전할 수 있다는 것 자체에 감사하고 기뻐하는 단계입니다. 또한 자신이 받은 상처에 대해 타인의 상황이 이해가 되고 그 상처된 사건이 더 이상 중요한 일로 여겨지지 않고 용서하게 되는 단계입니다. 5단계에 들어서서야 진정으로 자신의 상처에 대해 상대방이 사과하지 않더라도 용서할 수 있는 변화가 일어나는 것이 되며 자신의 성장의 기쁨을 경험하게 됩니다.

[그림 10-8] 미안합니다의 발달 5단계

이제 S과정에서 자신의 발달단계를 표시해 보겠습니다. S과정도 T과정과 마찬가지로 4단계 이상의 발달단계에 진입해야 L과정을 순조롭게 진행할 수 있습니다. 4단계에 못 미친다면 T과정을 더 충분히 실천해야 합니다. 존재에 대한 진정한 감사를 진심으로 깨달을 때 사과와 용서의 기쁨을 누릴 수 있음을 기억해야 합니다.

과제 2-2. S 과정에서 자신의 발달단계 표시하기

check

1단계	미확신	☐
2단계	주저함	☐
3단계	보상과 기대 (인정한 것에 사과)	☐
4단계	자연스러운 미안함	☐
5단계	사과, 용서의 기쁨	☐

🖥 오늘의 과제 🖋

기본과제. '고맙습니다' 실천하기

과제 1. '용서합니다'의 힘! 실천하기: '용서합니다'

과제 2. '미안합니다' 전체 평가하기

　　2-1. '미안합니다(S)' 평가하기

　　2-2. S 과정에서 자신의 발달단계 표시하기

　이번 Practice에서는 '미안합니다'와 함께 여러분에게 상처를 준 가족에게 진심으로 '용서합니다'를 말하는 것이 목표입니다. 여러분이 가족에게 진정으로 미안하다고 사과할 수 있기 위해서는 진정한 용서를 통해 여러분의 부정적 메모리박스를 비우는 과정이 필요하겠지요. '용서합니다'를 통해 상대방을 대하는 여러분의 태도가 변화하고 여기에 '미안합니다'를 병행하면서 여러분이 먼저 변화하는 것입니다. 여러분의 변화를 통해 상대방도 변화할 수 있겠지요. 이렇게 '용서합니다'는 '미안합니다'를 강화(Reinforcement)하고, '미안합니다'를 말할 수 있도록 재충전(Refreshment/Return)해 줄 수 있습니다.

　여러분은 이제 가족을 진정으로 용서하고, 가족에게 진심으로 사과할 수 있나요? 존재에 대한 감사와 진심어린 미안함을 바탕으로 사랑이 완성됩니다. 다음 Practice에서는 TSL실천의 마지막 단계인 '사랑합니다'를 시작할 것입니다. 하지만 앞서 말씀드린 것처럼 '고맙습니다'와 '미안합니다'는 이 단계에서 끝나는 것이 아니며, '사랑합니다'를 실천하면서도 지속되어야 하는 과제입니다.

Part 3

상대방의 방식으로 사랑하라

사랑의 의미

　사랑하지 않는데 행복한 사람이 있을까요? 없습니다. 사랑은 우리 인간 삶에 없어서는 안 될 핵심입니다. 그런데 우리는 '사랑'이라는 말을 일상생활에서 자주 사용하지만 막상 사랑이 무엇인지 정의 내리는 것은 매우 어렵습니다. 사랑은 무엇일까요? 프롬(Fromm)은 사랑이란 우리가 사랑하는 것의 생명과 성장에 대한 적극적인 관심이라고 정의하였습니다. 라이프니쯔(Leibniz)는 사랑한다는 것은 사랑 받는 그 대상을 행복하게 만드는 것에서 기쁨을 얻고자 하는 경향이라고 하였지요(정옥분, 정순화, 홍계옥, 2005 재인용). 이렇게 사랑이란 나만을 생각하는 것이 아닌, 상대방에 대한 관심이나 상대방을 행복하게 해 주고 그것에서 기쁨을 느끼는 것이라 말합니다.

　사랑이라는 것은 독자적으로 느끼는 것이 아니라 상대방이 있기에 느낄 수 있는 기쁨입니다. 상대방이 존재하지 않는다면 사랑이라는 개념은 존재하기 어렵습니다. 혼자만 사는 사회라면 사랑이라는 개념보다는 생존이라는 개념이 더 어울릴 것입니다. 사랑이라는 것은 상대방이 있기에, 상대방에게 무엇을 주고, 교류하는 것입니다. 교류하는 내용이란 곧 상대방을 그리워하고, 상대방에 대해 책임감을 느끼고, 성적인 관심을 가지며, 물질적인 자원 등을 공유하는 것입니다. 상대방과 함께 공유하고 나눌 때 사랑이라는 개념이 생길 수 있는 것입니다. 즉, 사랑은 '나누고자 하는 의지'에서부터 출발합니다.

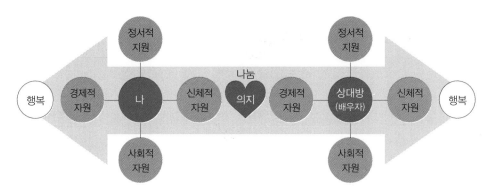

[그림 11-1] 사랑의 의미와 행복

상대방에게 관심을 가지고, 상대방을 행복하게 해 주기 위해서 나만이 아닌 상대방을 생각한다는 것은 어떤 의미일까요? 사람들은 사랑이란 상대방에게 선물을 하는 것, 따뜻한 마음을 갖는 것, 책임감을 갖는 것, 성적인 관계가 포함되는 것으로 생각하고 이것들을 상대방과 함께하는 것이라고 말합니다. 결국 사랑은 '나누고자 하는 의지'라고 할 수 있습니다. [그림 11-1]처럼 사랑이란 경제적인 부분, 정서적인 부분, 관계에 대한 책임감, 신체적인 부분 등 다양한 영역에서의 에너지를 나 혼자만 갖는 것이 아니라, 상대방과 나누려는 의지이며 또 실천하는 것이지요. 그렇게 사랑하면서 우리는 행복해집니다.

사랑은 많은 사람들에게 추억입니다. 추억을 가지고 싶기 때문에 사랑을 하고, 일부는 결혼 후에도 외도를 하게 됩니다. 이건 동물적인 것이지요. 우리가 흔히 말하는 '사랑'은 결혼 전에 가질 수 있는 특권입니다. 사랑은 다양한 의미와 형태를 가지고 있는데, 우리가 흔히 '사랑'이라고 말하는 것은 결혼 전에 배우자를 만나는 과정에서의 사랑만을 주로 지칭합니다. 하지만 사랑은 다양한 의미와 형태를 가지고 있으며, 젊은 시절에는 배우자를 만나기 위한 사랑을 하지만, 그 이후에는 문명적인 사랑을 해야 합니다. 사랑은 행복해지는 것이지요. 그런데 혼자만 행복한 이기적인 것이 아닌 나와 상대방이 서로 행복해지는 것이 진정한 문명적 사랑이라 할 수 있습니다. 문명적 사랑이라는 것은 인간의 삶에 있어서의 사랑입니다. 사회적 책임, 가치 등을 통합하며 끌어가는 힘이며, 여러분이 가지고 있는 것을 나누려고 하는 의지입니다. 인간이 가지고 있는 다양한 신체적, 정서적, 자원 등을 오랜 기간 진심으로 나누고자 하는 의지라 할 수 있습니다. 문명적 사랑으로 넘어가려면, 여러분이 가지고 있는 중요한 에너지를 나누어야 하며 그 기본이 진심으로 '고맙습니다'입니다.

사랑의 기본 전제와 실천

　사랑이 일시적 쾌락이나 즐거움과 별개이기 위해서는 성숙한 사랑의 능력을 갖추어야 합니다. 로스터(Rauster)는 성숙한 사랑을 이야기하며 신체적 성숙, 심리적 성숙, 사회적 성숙이 필요하다고 말합니다(정옥분, 정순화, 홍계옥, 2005 재인용). 성장과 관련된 신체적 성숙, 현실을 지각하고 타인을 받아들이는 자율성과 창조력 등 심리적 성숙, 마지막으로 타인을 이해하는 사회적 성숙 등이 중요하다는 것입니다. 하지만 신체적으로 심리적으로 성숙하지 않은 어린아이라도 사랑을 할 수 있다는 것을 보면, 성숙 중에서 가장 중요한 것은 아마도 사회적 성숙일 것입니다. 프롬(Fromm)은 사회의 모든 구성원들은 사회적 성격이라는 인격요소를 가지고 있는데 사회적으로 성숙된 인격 유형의 사람들은 세계를 사랑과 이성을 통해서 이해하고, 수용하는 사람이라고 했습니다. 이들은 상대방을 위해 수고를 아끼지 않고, 상대방에게 책임감을 느끼며 존중하는 지식을 가지고 있습니다.

　'사랑'에 있어서 사회적 성숙이 매우 중요합니다. 여기서 사회적 성숙이란 타인 존재의 의미, 상대방 존재의 의미를 내가 인정하는 것이며, 그 사람의 존재를 인정하고, 더불어 살기 위해서 노력하는 것입니다. 사회적 성숙감이 있어야 사랑을 잘 할 수 있습니다. 상대의 매력에 끌리는 것은 사랑의 향기일 뿐입니다. 사랑의 본질은 상대방에 대한 책임을 다하고, 소중한 것을 나누려는 의지이지요. 즉, 끌리는 사람과 에너지를 공유하는 것이 사랑의 완성이라고 할 수 있습니다.

　사랑의 기본 전제는 다음의 [그림 11-2]와 같이 설명할 수 있지요.

　첫째, 사랑을 하기 위해서는 상대방이 있어야 합니다. 그것은 배우자, 자녀, 부모, 형제자매, 그리고 직장동료, 또래집단, 지역사회도 그 대상이 될 수 있습니다.

　둘째, 사랑을 하기 위해서는 에너지가 있어야 합니다. 에너지는 인간이 가지고 있는 자원으로 경제적, 신체적, 정서적, 사회적 에너지로 구분할 수 있습니다. 인간은 사랑하면서 에너지를 소모하는 것이 아니라 에너지를 오히려 확보합니다. 이것이 곧 삶의 원동력이 되는 에너지이지요. 자신에게 소중한 에너지를 누군가와 나누려

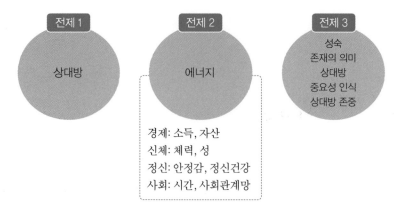

[그림 11-2] 사랑의 기본전제

고 하는 것이 사랑의 시작입니다.

셋째, 사랑을 하기 위해서는 성숙이 필요합니다. 성숙은 상대방을 인정하고 존중하며, 상대방 존재의 중요성을 인식하는 것입니다.

이들 세 가지 전제가 갖추어져야 성숙한 사랑을 실천할 수 있다는 것이지요.

사랑의 실천(사랑의 과정)

우리는 연애할 때 서로를 사랑한다고 생각합니다. 그런데 결혼한 부부, 혹은 부모-자녀 관계에서는 사랑은 감정이 아니라 책임이라고 이야기하곤 합니다. 호감, 혹은 처음에 느껴지는 성적 매력은 사랑의 일부이며, 사랑의 향기와 같은 것입니다. 앞에서 언급한 것처럼 사랑은 상대방의 중요성을 인정하는 것이므로 사랑이라고 하는 것은 단순히 매력에 끌리는 것이 아니라, 훈련을 요구하는 삶의 과정입니다. 그렇기 때문에 우리는 사랑할 수 있는 능력을 개발해야 하고, 사랑하기 위해 노력해야 합니다.

따라서 사랑의 능력을 갖추는 것이 중요하지요. 사랑의 능력은 타고나는 것이 아니라 개발해야 하는 것입니다. 사랑의 능력을 개발하기 위해서는 남성과 여성에 대한 이해도 필요하고, 스트레스에 대한 이해나 스트레스를 어떻게 해결해야 하는지의 방법들로 알아야 하고, 상대방과 원활히 의사소통하는 기술을 배우는 훈련이 필

호감, 혹은 처음에 느껴지는 성적 매력은 사랑의 일부이며, 사랑의 향기

사랑은 단순히 매력에 끌리는 것이 아니라, 훈련을 요구하는 삶의 과정 ∴사랑할 수 있는 능력을 개발해야

How? ① 남성과 여성에 대한 이해 + ② 스트레스에 대한 이해 및 스트레스를 어떻게 해결해야 하는지의 방법들을 아는 것 + ③ 원활한 의사소통을 위한 훈련

[그림 11-3] 사랑의 과정

요합니다. 즉, 사랑은 그냥 한때 즐거운 감정이 아니며, 노력해서 유지해야 하는 것이지요. 이것을 아는 것이 중요합니다.

결국 성숙한 사랑은 성숙한 사람이 할 수 있는 것입니다. 지능이나 신체적 발달은 성숙한 사랑의 일부분일 뿐입니다. 필수조건은 아니지요. 신체발달이 늦거나 지적 발달이 늦은 사람도 사랑을 할 수 있기 때문입니다.

사랑은 자기 자신을 사랑하는 것이 아니라, 상대방을 사랑하는 것이므로 타인에 대해 이해하고 상대방의 중요성을 인정하며, 에너지를 나누는 것이 필요합니다.

다음의 [그림 11-4]와 같이 공유하고 교류하면서 커지는 '에너지'를 통해 사랑의 의지와 사랑의 실천이 이루어집니다. 우리가 고맙습니다(T)와 미안합니다와 용서합니다(S)를 열심히 실천한 이유는 궁극적으로 사랑합니다(L)를 잘 수행하기 위해서입니다. T와 S를 통해 적응력과 회복력을 높이면서 정서적 에너지를 키웠지요. 이제 이 에너지를 L을 실천하는 데 사용해야 합니다. TSL 에너지는 나누면서 소진되는 것이 아니며 교류하고 나눔으로써 더 많아지고 풍성해지는 것입니다. 여러분이 상대방에게 경제적 에너지를 주었을 때 상대방이 정신적 에너지로 되돌려 줄 수도 있으며, 여러분 스스로가 정신적 에너지를 향상시킬 수도 있는 것입니다.

이때 사랑의 의지인 책임감과 사랑의 실천인 에너지의 공유가 이루어지기 위해서는 상대방에 대한 존중, 타인을 이해하려는 끊임없는 노력이 필요한 것이지요. 조건없이 여러분이 가지고 있는 자원을 나누는 가족은 비합리적인 구조입니다. 하지만 가족을 비합리적인 구조라고 생각하면, 결혼을 할 필요가 없습니다. 의지를 가지

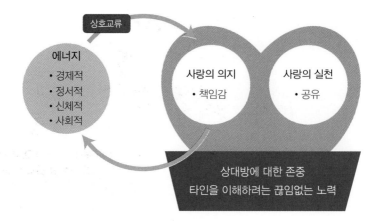

[그림 11-4] 사랑의 요소

고 실천하는 것이 사랑이며, 이것이 사랑의 본질입니다. 누구를 좋아하고, 육체적인 관계를 원하는 것은 사랑의 향기일 뿐이죠. 사랑이라는 것은 실제로 상대방과 에너지를 공유하는 것이지요. 이럴 때 우리는 진정한 행복을 경험하게 됩니다.

이러한 결과는 실제 조사에서도 나타납니다. 가족 구성원으로부터 '사랑합니다'를 많이 들은 사람들은 정신적으로 더 건강한 것으로 나타납니다. 사랑한다는 표현을 하면서 여러분의 에너지가 상대방에게 전달되었고, 상대방의 정신적 에너지가 증가하게 된 것이지요.

[그림 11-5]에서 보는 바와 같이, 일반인 조사에서 배우자로부터 '사랑합니다'라는 말을 많이 들을 때 우울이나 자살생각을 더 적게 하는 것으로 나타났습니다. 배

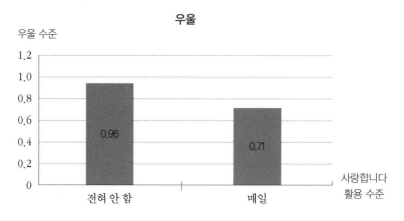

[그림 11-5] 일반가정에서 배우자로부터 '사랑합니다'를 듣는 수준과 우울

우자에게 '사랑합니다'라는 말을 매일 듣는 사람들의 우울수준은 평균 0.71인데 비하여, 배우자로부터 사랑한다는 표현을 전혀 듣지 못하는 사람들의 우울수준은 평균 0.96으로, 30% 이상 더 우울한 것으로 나타났습니다.

또한 [그림 11-6]과 같이, 가장 극단적인 심리상태를 의미하는 자살생각에 있어서도 배우자로부터 '사랑합니다'라는 말을 매일 듣는 사람들의 자살생각 정도는 평균 0.15인데 비하여, 배우자에게 사랑한다는 표현을 전혀 듣지 못하는 사람들의 자살생각 정도는 평균 0.41로 나타났습니다. 이것은 배우자로부터 사랑의 표현을 듣지 못하는 사람들이 3배 가까이 더 심각하게 자살을 생각한다는 것을 의미합니다.

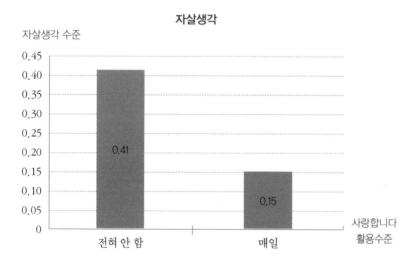

[그림 11-6] 일반가정에서 배우자로부터 '사랑합니다'를 듣는 수준과 자살생각

실제 연구결과에서 볼 수 있듯이 '사랑'은 상대방이 느낄 수 있도록 하는 것이 중요합니다. 그러기 위해서는 사랑한다는 말과 행동을 표현하여 사랑의 감정적 에너지를 나누어야 합니다. 그것이 상대방에게 전달될 때 긍정적 효과가 있는 것입니다. 이렇게 표현되어 전달된 사랑의 감정은 회복력도 가지고 있습니다.

가정폭력 피해가족 조사에서도 이와 유사한 결과가 나타났습니다. [그림 11-7]에서 배우자로부터 '사랑합니다'라는 말을 매일 듣는 사람들의 우울수준은 평균 0.16인데 비하여, 사랑한다는 표현을 전혀 듣지 못하는 사람들의 우울수준은 평균 0.53으로, 3배 이상 더 우울한 것으로 나타났습니다.

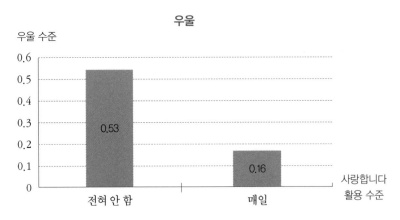

[그림 11-7] 가정폭력 가정에서 배우자로부터 '사랑합니다'를 듣는 수준과 우울

가정폭력 피해가족의 자살생각에 있어서도, [그림 11-8]에서처럼 배우자로부터 '사랑합니다'라는 표현을 매일 듣는 사람들의 자살생각 정도는 평균 0.04인데 비하여, 배우자에게 사랑한다는 표현을 전혀 듣지 못하는 사람들의 자살생각 정도는 평균 0.35로 나타났습니다. 배우자로부터 사랑한다는 표현을 듣지 못하는 사람들이 8배나 더 심각하게 자살을 생각한다는 것이지요.

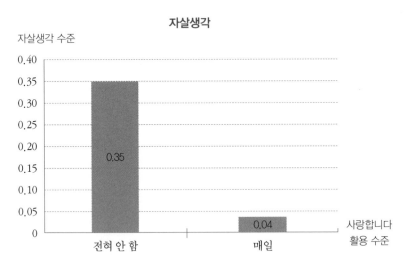

[그림 11-8] 가정폭력 가정에서 배우자로부터 '사랑합니다'를 듣는 수준과 자살생각

이렇게 연구결과에서도 알 수 있듯이 '사랑한다'는 표현은 상처에 대한 회복력 역시 가지고 있습니다. '사랑합니다'라는 말을 전하는 것도 결국은 나의 시간과 에너

지를 나누는 것입니다. 이를 통해서 에너지를 나누었을 때 상대방에게 긍정적 효과
를 미치고, 그것이 자신에게 긍정적 에너지로 돌아온다는 것을 알 수 있지요.

L 회상하고 인정하여 실천하기: 원하는 것을 주는 것이 사랑이다

여러분은 'TSL치료'에서 T(Thank you)와 S(Sorry)의 과정을 거쳤습니다. 이 두 과정을 통해서 여러분은 가족과의 관계가 조금은 변화되었을 것입니다. 이제, 그러한 관계를 기반으로 L(Love)을 표현하는 과정을 실천하게 될 것입니다. 우리가 그동안 T와 S를 열심히 실천한 가장 중요한 이유는 L을 잘하기 위해서입니다. Chapter 1에서 TSL치료의 그림을 보았던 것처럼 여러분은 항상 가족에 대한 고마운 마음을 가지고, 잘못했을 때 가족에게 미안하다고 말하고 가족을 용서해야 합니다. 이를 통해 진정한 사랑이 이루어지는 것이지요. 이제 우리는 '사랑합니다(L)'를 표현하는 과정을 실천하지만 '고맙습니다'와 '미안합니다' '용서합니다'는 계속 이루어져야 합니다. 이번 주에도 실천해 보세요.

기본과제. '고맙습니다' '미안합니다' '용서합니다' 실천하기

'고맙습니다' 실천(Activity)	
누구에게	
언제, 어떻게 말했나? 언제, 어떤 활동을 했나?	
상대방의 반응	
나의 반응	

'미안합니다' 실천(Activity)	
어떤 사건	
언제, 어떻게 사과하였나?	
사과 후 상대방의 반응	
상대방의 반응을 본 후 나의 마음	
가족관계의 변화	
'용서합니다' 실천(Activity)	
어떤 사건	
용서 후 나의 마음	
가족관계의 변화	

　사랑한다는 말은 가장 쉬우면서도 가장 어려운 말입니다. 앞서 살펴본 것처럼 성숙한 사랑은 상대방을 통제하는 것이 아닌, 상대방에게 내가 가진 것을 나누는 것입니다. 나누려는 의지를 갖는 것이 사랑이며, 나누려는 의지를 실천하는 것이 바로 사랑입니다. 이렇게 여러분이 가진 것을 나눌 수 있는 과정이 바로 'TSL치료'입니다. 여러분이 돈을 많이 가지고 있고, 권력을 많이 가지고 있을 때 사랑받는 것이 아니라 여러분이 가지고 있는 돈과 가족권력의 소통이 이루어질 때 사랑할 수 있는 것입니다.

원하는 것 알고 이야기 듣기: 회상하기

　그럼 여러분이 가진 것들을 상대방과 나눌 수 있는 의지를 갖기에 앞서, 여러분은 상대방과 무엇을 나누고 싶은지, 상대방은 여러분과 무엇을 나누고 싶어 하는지 살펴보겠습니다. 내가 가진 것을 일방적으로 나눈다고 해서 그것이 사랑이 될 수는 없겠지요. 사랑은 상대방이 원하는 것을 나누는 것이며, 그러기 위해서는 상대방이 원하는 것이 무엇인지 이야기를 듣는 것도 중요합니다.

　그래서 이번 주의 과제 중 하나는 가족에게 가서 '나에게 원하는 것이 무엇인가?'와 '나는 당신에게 이런 것을 원한다.'를 이야기하는 것입니다. 즉, 가족 구성원이 여러분에게 원하는 것과 여러분이 가족에게 원하는 것을 이야기하는 것이지요. 물론 여러분은, '말하지 않아도 뭘 원하는지 알아요.' '평소에도 잘 알아서 하는걸요.'라고 말할 수 있습니다. 하지만 지금까지의 실천에서 강조했던 것처럼 중요한 것은 말로 표현하는 것입니다. 여러분이 가족에게 해 주고 싶은 것을 주는 것이 아니라, 상대 방이 원하는 것을 해 줌으로써 관계는 변화할 수 있습니다. 여러분의 방식으로 사랑을 아무리 표현한다 해도 그것이 상대방이 생각하는 사랑의 개념과 다르다면, 여러 분이 얼마나 많은 것을 주었든 간에 상대방은 사랑받지 못했다고 느낄 수 있습니다.

　다음의 사례를 잘 읽어 보고, 이후 과제를 수행해 보세요.

　예를 들어, 가사를 분담하는 것이 사랑이라고 생각하는 남편과 이야기를 잘 들어 주고 능력을 인정해 주는 것이 사랑이라고 생각하는 아내가 있습니다. 이 남편은 아 내를 위해 퇴근 후 아내가 음식을 하는 동안 청소와 세탁을 하고, 일주일에 한 번씩 쓰레기 분리수거도 하고, 아이를 어린이집에 데려다주는 일도 합니다. 하지만 아내 의 이야기를 잘 들어 주거나, 칭찬을 자주 하지는 않지요. 어느 날, 아내는 남편에게 자신을 사랑하는 것 같지 않다고 불평을 했습니다. 남편은 가사 분담을 이렇게 열심 히 했는데 그런 아내의 반응을 도저히 이해할 수 없었습니다. 남편은 상처를 받았고, 아내가 원하는 것이 무엇인지 모른 채 가사 분담을 할 의욕마저도 잃었습니다. 아내 는 자신이 불평했음에도 자신의 이야기를 들어 주거나 칭찬을 해 주지 않는 남편에 게 더 화가 났지요. 이들 부부의 관계는 점점 악화되어 갑니다. 과연 누구의 잘못일 까요? 여러분은 이런 오해를 벗어나기 위해 서로가 원하는 바를 확인하여야 합니다.

과제 1. 가족 구성원들이 원하는 것 알아보기

가족이 나에게 원하는 것	
누구	나에게 원하는 것
○○○	
○○○	
내가 가족에게 원하는 것	
누구	나에게 원하는 것
○○○	
○○○	

다음 〈사례 11-1〉은 참여자가 작성한 것입니다. 사례에서 볼 수 있듯이 가족이 여러분에게 원하는 것, 그리고 여러분이 가족에게 원하는 것은 실제로 큰 것이 아닙니다. 물어보기 전에는 좀 어색하고 어려울 수 있지만, 한번 서로의 마음속에 있는 것들을 확인해 보세요.

사례 11-1

가족이 나에게 원하는 것	
누구	나에게 원하는 것
아내	가족에게 좀 더 진지한 모습을 보였으면
아들	주말에 학교 운동장에 가서 축구 함께해 주기
아버지	건강을 위해 늦게까지 야근을 하지 않았으면 함
어머니	집안일에 관심을 가졌으면 함
동생	잔소리를 안 했으면 좋겠음
내가 가족에게 원하는 것	
누구	내가 바라는 것
아내	좀 더 애교 있는 모습을 보였으면
아들	편식하지 않기
아버지	운동을 규칙적으로 하셨으면 함
어머니	동생을 과보호하는 경향이 있는데 그러지 않았으면 함
동생	자기 할 일에 책임을 가지고, 부지런하게 살았으면 좋겠음

의지 만들기: 인정하기

어떤가요? 여러분이 가족에게 원하는 것과 가족이 여러분에게 원하는 것은 서로 같았나요? 어떤 분은 자신이 생각하지도 못했던 것을 가족이 진심으로 바라고 있음을 알았을지도 모릅니다. 이렇게 서로가 원하는 것을 알고, 상대방의 입장에서 이해하며 그 상태에서 내가 가진 것을 나누려는 의지가 필요한 것이지요. 앞서 Chapter 11에서 언급한 것처럼 사람들은 경제적, 신체적, 정서적, 사회적 에너지를 가지고 있으며, 이러한 에너지를 나누고자 하는 의지가 곧 사랑입니다. 여러분은 진심으로 자신이 가진 것 중 상대방이 원하는 것을 나누려는 의지가 생겼나요?

여러분은 경제적인 부분, 가정에서의 의사결정이나 권력, 애정이나 스킨쉽 등 감정의 표현, 시간 등 많은 자원을 가지고 있습니다. 여러분이 가진 것을 가족과 어떻게, 얼마나 나눌 수 있을까요? 한 번만 생각해 보세요.

여러분은 얼마나 나눌 수 있는 준비가 되었나요? 혹시 나누고자 하는 의지가 잘 안 생긴다면, 너무 조급해 하지 마세요. 진심으로 나누려고 해야 상대방도 진심으로 여러분의 사랑을 느낄 수 있습니다. 이런 경우 처음부터 다시, 가족에 대한 고마움을 떠올리고, 미안했던 것들을 사과하고 진심으로 용서해 보세요. 가족에게 진심으로 고마움을 느끼고, 미안함과 용서함을 통해 관계가 개선되었을 때 여러분은 진심으로 그와 모든 것을 나누고 싶은 생각이 들 것입니다. 여러분은 이미 시간 공유를 통해 사랑을 실천하고 있습니다. 하지만 시간 이외에도 다른 에너지 자원을 가족 구성원과 나누어야 합니다. 특히, 가족이 내게서 원하는 자원을 나누려는 의지를 가져야 합니다.

과제 2. '사랑합니다' 의지 만들기

'사랑합니다' 의지 만들기		
가지고 있는 자원의 종류	얼마나 많은가?	누구에게, 얼마나, 어떻게 나눌 것인가?
예: 시간		예: 일주일에 30분, 아들에게, 함께 축구를 하겠다.

다음의 사례는 참여자들의 여러 사례를 모아 본 것입니다. 사례의 내용을 보면, 여러분이 생각하는 것보다 다양한 자원이 있으며, 이미 여러분도 상당수의 자원을 가지고 있다는 것을 알게 될 수 있습니다.

사례 11-2

가지고 있는 자원의 종류	얼마나 많은가?	누구에게, 얼마나, 어떻게 나눌 것인가?
시간	직장생활을 하며 시간이 많지 않지만 가끔의 여유 시간을 나만을 위해 쓰고 있는 것 같다.	한 달에 한 번은 가족과 함께 등산이나 자전거 타기 등 여가 활동이나 함께하는 운동을 하고 싶다.
돈	결혼 준비를 하며 경제적으로 힘들다는 생각에 점점 인색해지는 것 같다.	가족들이 좋아하는 간식이나, 작은 선물을 하는 여유를 가져야겠다.
노동력	밖에서 너무 많은 힘을 소비하여 집에 와서 거의 아무 일도 하지 않는다.	일주일에 한 번은 청소나 설거지 등 가사 일을 돕고, 한 달에 한 번 가족을 위한 요리를 해야겠다.
에너지	하루를 시작하려면 매일매일 새로운 에너지가 충전되어 나의 생각에 따라 더 큰 에너지가 생긴다.	매일 가족들과 함께 밝고 즐거운 대화로 나의 에너지를 나눌 것이다.
젊은	20대인 나는 앞으로 세상을 살아갈 수 있는 날이 많다.	가족들과 함께할 수 있는 시간을 만들어 좋은 시간, 좋은 추억을 만들겠다.
베이킹	웬만하면 레시피를 보고 다 따라 만들 수 있다.	가족 모두에게 일주일에 한 번, 일요일 아침에 빵을 구워서 주말 오후에 가족들과 티타임을 갖겠다.
뜨개질	실과 바늘, 해 주고 싶은 내 마음까지 준비되어 있다.	부모님께 올해 겨울 목도리와 모자를 떠서 드릴 것이다.

'사랑합니다' 의지 만들기

'사랑합니다' 말하기: 실천계획(Action Plan)

앞서 '고맙습니다' 실천에서도 강조했듯이, TSL실천은 언어로 표현하는 것에서부터 시작합니다. TSL을 실천하기 전에 여러분은 가족에게 '고맙습니다'를 말로 직접 표현하지 않고 설거지를 대신 해 주거나, 안마를 해 주는 등으로 표현했었지요. 하지만 '고맙습니다' 실천을 하면서 상대방에게 직접 고맙다는 말로 표현하는 연습을 했을 것입니다. '사랑합니다'도 마찬가지입니다. 이번 Chapter에서 상대방이 원하는 것을 회상하고 그것을 인정하여 여러분이 가지고 있는 에너지를 공유하기 위한 계획을 세우세요. 이렇게 서로가 원하는 것을 알고, 상대방의 입장에서 이해하는 마음을 가지고 상대방에게 '사랑합니다'라고 말해 주세요. 처음에는 쑥스럽고 어색하겠지만 '사랑합니다'를 말로 표현하면 여러분 자신과 상대방 모두 행복감을 느낄 것입니다. 이번 과제는 '사랑합니다'를 말로 표현하는 것입니다.

과제 3. '사랑합니다' 말하기 실천계획(Action Plan) & 실천(Activity)

'사랑합니다' 실천계획(Action Plan)	
누구에게	언제, 어떻게

'사랑합니다' 실천(Activity)		
누구에게	실행 여부	
언제, 어떻게 말했나?		
상대방의 반응		
나의 반응		

다음의 〈사례 11-3〉에서 볼 수 있듯이 태어나서 처음으로 '사랑합니다'를 말로 표현하는 것이 아버지와 자신 모두 쑥스러웠지만, '사랑합니다'를 말함으로써 상대방과 자신에게 기쁨이 되는 것을 알 수 있습니다. 또한 〈사례 11-4〉에서 볼 수 있듯이 사랑한다는 말을 직접 하지 못했지만, 우선 사랑한다는 것을 표현하고, 다음에는 꼭 사랑한다는 말을 할 수 있도록 결심을 할 수도 있습니다. 이렇게 '사랑합니다'를 마음에 담고 상대방에게 다른 행동을 해 주는 것보다 상대방이 확실히 인식할 수 있도록 '사랑합니다'를 말로 표현하는 실천을 하는 것이 중요합니다.

사례 11-3 남, 29세, 대학원생

다소 엄격하고 보수적이신 아버지와는 늘 조금은 어색한 관계를 가지고 있었기에 사랑한다는 표현을 하는 것은 나에게 매우 어려운 과제였다. 사실 문자나 편지로 사랑한다는 표현을 한 적은 있었지만 실제로 마주 보고 사랑한다는 이야기를 해 본 것은 이번이 처음이어서 많이 쑥스럽고 어색했다. 그러나 한번 표현해 보니 아버지께 하는 사랑한다는 표현의 어감이 다르고 마음가짐 역시 다름을 느낄 수 있었다. 아버지께 그동안 표현해 보지 못했던 마음들이 사랑한다는 말로 한꺼번에 표현되는 듯한 느낌이었다. 아버지는 나의 말에 깜짝 놀라시며 쑥스러운 듯 웃기만 하셨다. 그러나 그 모습엔 사랑과 기쁨이 가득함을 느낄 수 있었다. 사랑의 표현은 할 때 어렵지만 하고 나면 정말 마음이 너무 좋은 것 같고 감사한 것 같다.

사례 11-4　여, 23세, 학생

'사랑합니다' 실천계획(Action Plan)	
누구에게	언제, 어떻게
아빠	전화해서 아빠와 이야기를 나누고 "아빠, 제가 아빠 사랑하는 거 알죠?"라고 말하기

'사랑합니다' 실천(Activity)		
누구와	아빠	실행여부　○
언제, 어떻게 말했나?	전화 통화를 오래 하지 못했지만 아빠를 위해 기도해 드리고 나서 "아빠, 제가 아빠 사랑하는 거 아시죠?"라고 말씀드렸다.	
상대방의 반응	쑥스러워 하시면서도 기분 좋아하시면서 "알지~."라고 말씀하셨다.	
나의 반응	사랑한다는 말을 잘 하지 않아서 사실 조금 부끄럽기도 했지만 아빠가 좋아하셔서 앞으로는 종종 말씀드려야겠다고 생각했다.	

TSL실천: 행복 동행의 길

여러분은 인생의 길을 혼자 가고 계십니까? 혹은 누군가와 동행하고 있다고 생각하십니까? 인생을 길에 비유할 때, [그림 11-9]처럼 길을 걸어가는 사람을 옆에서 지켜 보면 마치 혼자 걸어가는 것처럼 보이지요. 하지만 위에서 바라본다고 하였을 때는 두 가지 모습을 상상해 볼 수 있습니다. 실제로 혼자 길을 걸어가는 사람과 타인과 동행하며 걸어가는 사람으로 나눌 수 있겠죠. 혼자 걸어가는 사람은 인생의 길에서 마주하는 아픔과 상처들이 치유받지 못하고 화로 변하게 되고 더 고립되어 길을 걸어가게 될 것입니다. 반면, 타인과 함께 걸어가는 사람은 아픔과 상처 역시 서로 나누고 감싸 주는 과정을 통해 사랑으로 승화되고 힘을 얻게 되겠지요. 이 타인과 함께 걸어가는 행복 동행의 길이 바로 TSL실천을 통해서 이룰 수 있는 길입니다. TSL실천을 통해 타인과 건강한 관계를 맺고, 그 관계를 통해 나의 상처와 아픔을 치유하고 서로의 교류를 통해 사랑을 경험하게 되는 것이지요. 결국 TSL실천은 혼자 살아가는 인생이 아님을 깨닫는 과정이며, 삶을 풍요롭게 만드는 비결입니다.

옆에서 보는 모습

나만의 길
(pavement)

위에서 보는 모습

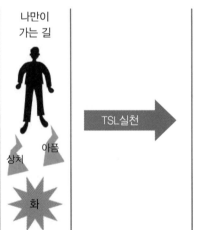

나만이 가는 길에 익숙해져 버릴 경우,
아픔은 화로 변하게 되고 결국 외로운 길을 걷게 됨

TSL실천으로 타인과 동행할 경우,
아픔과 상처 역시 사랑으로 승화되고,
행복 동행의 길을 걷게 됨

[그림 11-9] TSL실천을 통한 행복 동행의 길

🖥 오늘의 과제

기본과제. '고맙습니다' '미안합니다' '용서합니다' 실천하기

과제 1. 가족 구성원이 원하는 것 알아보기

과제 2. '사랑합니다' 의지 만들기

과제 3. '사랑합니다' 말하기 실천계획(Action Plan) & 실천(Activity)

가족에게 사랑한다고 말하기는 참으로 쉽고도 어려운 일입니다. 가족이 원하는 것을 물어보고, 여러분의 에너지를 가족과 공유할 수 있는 계획을 세우면서 가족을 '사랑한다'라고 느끼셨나요? 그러한 마음을 기반으로 '사랑합니다'를 말로 표현할 수 있었나요? 여러분이 가족을 사랑한다는 것을 회상하고 인정하고 실천하는 것이 이번 Practice의 목표입니다. 다음 Practice에서는 '사랑합니다'를 말로 표현할 뿐 아니라 여러분의 에너지를 공유하여 '사랑합니다'를 실천하는 연습을 할 예정입니다.

의사소통

누구도 혼자서 살아갈 수는 없기 때문에, 우리는 끊임없이 누군가와 이야기를 하고 생각과 감정을 나누고 싶어 합니다. 우리는 '의사소통'을 통해서 다른 사람과 상호작용을 하게 되지요. 의사소통은 언어뿐 아니라 몸짓, 표정, 눈빛 등 비언어적 표현도 포함합니다.

의사소통은 다른 사람들과의 관계에서도 중요하지만 밀접하고 친밀한 관계를 요구하는 가족 속에서 그 의미가 더욱 커집니다. 어려움이 있어도 평생을 함께 살겠다는 약속을 한 부부관계뿐만 아니라 부모-자녀 관계, 형제자매 관계에서도 원활한 의사소통을 하는 것은 매우 중요하지요. 긍정적이고 생산적인 의사소통은 가족 구성원에게 용기를 주고 서로의 친밀감을 높이지만 날을 세운 거친 표현은 서로의 마음에 극복하기 어려운 상처를 남기기도 합니다. 따라서 긍정적인 가족관계를 위해서는 가족 구성원 간의 상호작용에 도움이 되는 의사소통에 대해 이해하고 실천하는 것이 매우 중요할 것입니다. 이번 Chapter에서는 친밀한 부부관계와 가족관계를 만들기 위해 반드시 필요한 의사소통에 대해서 이해해 보고자 합니다.

가족 의사소통의 개념 및 특성

의사소통은 우리 생활에서 뗄 수 없는 행위입니다. 우리는 매일 누군가를 만나고 대화를 나누고 있지요. 최근에는 얼굴도 못 보고 목소리도 듣지 못하는 상태에서 인터넷을 통해 의사소통하는 경우도 있습니다. 우리는 의사소통을 통해 상대방과 정보를 교환하고, 자신의 생각을 표현하고, 감정을 나눕니다.

그렇다면 가족 안에서의 의사소통은 어떠한 특성이 있을까요? 일반적으로 타인과의 의사소통은 일정부분 감정을 통제하고 목적 중심적인 대화를 하게 되지만, 가족 간의 의사소통은 정서적 안정과 친밀감을 기반으로 이루어집니다. 인생의 설계를 함께하는 대상과의 교류라는 점에서 일반적인 의사소통과 큰 차이가 있지요. 따라서 가족 간의 의사소통은 결과에 대한 기대가 크고 관계를 유지하고자 하는 의지도 훨씬 강합니다. 그만큼 때로는 가족과의 의사소통에서 더 쉽게 상처받기도 하고, 때로는 아주 작은 부분으로도 큰 행복을 느끼게 됩니다. 이처럼 의사소통은 일상 속에서 다른 사람과의 관계에서도 이루어지는 것이지만, 가족관계 속에서 더 크고 특별한 의미를 지닙니다.

가족 내 구성원과의 의사소통은 의사전달만을 목적으로 하는 것이 아니라 친밀감을 쌓기 위한 것입니다. 상대적으로 남성들은 의사소통의 이런 의미를 잘 모르기도 하고, 의사소통을 잘 하지 못할 때도 많습니다. 때로는 의사소통을 할 시간이 없다고 생각합니다. Chapter 12에서 다루게 될 의사소통은 하나하나가 '고맙습니다'와 '미안합니다'의 표현입니다. 사람들은 일반적으로 '내가 이렇게 하면 상대방이 이렇게 해야지'라는 값을 결정해 놓고 있지요. 그래서 상대방이 예상한대로 행동하거나 말하지 않으면 친밀감에 균열이 생깁니다. 원만한 의사소통은 그러한 균열을 감소시키는 방법이며, TSL의 출발점이기도 하고, TSL의 표현방법이기도 합니다.

대화시간

부부간 의사소통을 어떻게 생각하고 있는지 살펴보면, 남편과 아내 사이에 큰 차이가 있는 것을 알 수 있습니다. 한국 부부의 의사소통에 대한 연구[1]는 남편과 아내 101쌍을 함께 조사한 연구이므로 대화시간에 대한 응답이 같아야 합니다. 하지만 결과에서는 큰 차이가 나타나고 있습니다. 〈표 12-1〉에서와 같이, 남편과 아내가 응답한 하루 평균 대화시간은 무려 40분 이상의 차이가 나타나고 있지요. TV 시청시간을 제외한 대화시간에서도 남편과 아내는 14분의 차이를 보이고 있습니다.

〈표 12-1〉 부부 의사소통 시간 (분, %)

항목	응답자	평균 대화시간(분)	30분 이하	30분 초과~ 1시간 이하	1시간 초과~ 3시간 이하	3시간 초과
대화시간	남편	151	29.7	18.8	25.7	25.7
	아내	109	35.0	27.0	28.0	10.0
TV 시청시간 제외 대화시간	남편	75	41.6	18.8	19.8	19.8
	아내	61	52.5	26.3	15.2	6.1

이는 남편과 아내가 대화에 대하여 서로 다르게 생각하고 있다는 것을 의미합니다. 남편은 일상적인 주제나 사실 전달도 대화로 생각하는 데 비해 아내는 정서적인 표현을 하는 깊이 있는 교류를 대화라고 생각하기 때문입니다. 남편은 어느 정도 아내와 대화를 나누고 있다고 생각하는데, 아내는 상대적으로 대화가 부족하다고 생각한다면, 아내의 불만이 클 수밖에 없습니다.

더욱이 이 분석에서 TV를 보면서 대화를 나누는 시간을 제외하면 대화시간이 더욱 줄어드는 것을 알 수 있습니다. TV를 보면서 대화를 나누는 것은 두 가지 일을 동시에 하는 것입니다. 대화에 집중하기 어렵고 건성으로 이야기하게 되는 것이지요. 절반 가까운 부부가 TV 시청을 제외한 대화시간이 30분에도 못 미친다는 것은 우리나라 부부의 대화시간이 매우 부족하다는 것을 의미합니다. 2007년도 연세대학교 가족복지연구팀이 위기가족을 대상으로 한 조사에서는 TV 시청을 제외한 대화시간이 30분 이하인 경우가 80% 이상이었으며, 절반이 넘는 부부는 대화시간이 10분에도 미치지 못하는 것으로 나타났습니다. 대화시간이 적을수록 부부는 위기

---

1) Chapter 12에서 다루는 한국 부부 의사소통 조사 결과는 김재엽과 이서원의 연구결과(김재엽, 이서원(2002), 한국부부의 의사소통과 가정폭력, 성곡논총 제33집)를 바탕으로 한 것입니다.

를 겪게 된다는 것을 보여 주는 것입니다.

대화 주제

부부간 대화 주제를 살펴보면, 우리나라 부부들에게는 돈 문제와 자녀 문제가 주된 대화 주제입니다. 이것은 부부 두 사람의 관계에 대한 직접적이고 심도 있는 대화를 나누지 않는다는 것을 의미합니다. 서로에 대한 관심과 이해보다 자녀가 더 중요하다 보니 자녀 문제를 중심에 두고 대화를 나누는 경향이 있고, 생활 문제와 직결되는 돈 문제를 중심으로 대화하고 있음을 보여 주는 것이지요. 자녀 문제나 경제 문제도 중요하지만, 부부관계의 성숙을 위해서는 서로를 이해하고 진심을 나누기 위한 심도 있는 대화가 먼저 요구됩니다. 서로 더 잘 알기 위한 노력이 필요한 것입니다.

또한 남편의 경우 집안일과 시댁 일을 대화 주제로 꺼내는 경우가 많은 것으로 나타났습니다. 남편이 아내의 집안일을 하나하나 지적하고, 시댁을 위해 할 일을 남편이 먼저 언급하고 지시하게 된다면, 즐거운 대화가 되기 어렵습니다. 아내가 먼저 집안일과 시댁 일을 주제로 꺼내는 경우가 더 적게 나타난 것이 이를 입증합니다.

의사소통의 어려움

부부가 서로 대화를 나눔에 있어, 자연스럽게 대화를 이어나갈 수 있고 마음속 이야기를 털어놓을 수 있다면, 원만하고 긍정적인 대화가 가능할 것입니다.

우리나라 부부의 경우 대화를 시작하고 이어가는 데 있어서 남편이 더 큰 어려움을 겪는 것으로 나타났습니다. [그림 12-1]에서 80%에 가까운 남편이 아내와 대화를 이어가기에 어려움을 느낀다고 응답했지만, 아내는 절반 수준인 40% 정도만이 어려움을 표현하였습니다.

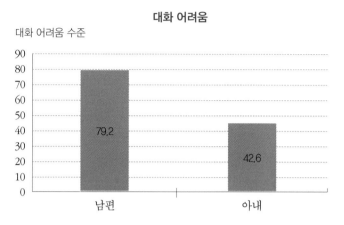

[그림 12-1] 남편과 아내의 대화 어려움 차이

남편이 겪는 어려움이 더 크다는 것은 앞서 살펴본 바와 같이, 짧은 시간에 주된 대화 주제가 자녀 문제와 돈 문제라는 점과 함께 생각해 봐야 합니다. [그림 12-2]와 같이 자녀에 대한 이해와 정보가 상대적으로 부족한 남편은 그만큼 대화에 어려움을 겪을 것이며, 가계를 책임져야 한다는 의식이 강한 한국 남성은 돈 문제가 거론되는 것에 부담을 느낄 것입니다. 돈 문제와 자녀 문제에서 벗어난 부부 중심의 친밀한 대화 주제를 찾는 것은 곧 의사소통 과정을 원만하고 긍정적으로 만드는 지름길이 될 것입니다.

대화 진행에는 남편이 더 어려움을 겪고 있지만, 속마음을 털어놓고 이야기하는 것은 아내가 더 어려움을 겪는 것으로 나타났습니다. [그림 12-3]에서는 55% 정도의 남편이 자신이 하루 동안 겪은 일을 주로 아내에게 이야기하고 마음속 이야기를

[그림 12-2] 남편과 아내가 겪는 의사소통 어려움

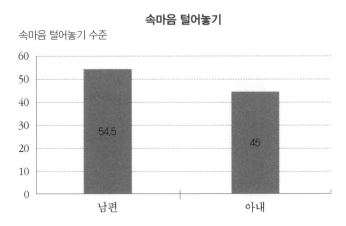

[그림 12-3] 남편과 아내의 솔직한 표현 차이

솔직하게 털어놓는 것으로 나타났습니다. 반면, 놀랍게도 절반 이상의 아내가 남편보다는 다른 사람들에게 자신의 마음속 이야기를 더 많이 하는 것이죠. 하여튼 남녀모두 절반 내외로 자신의 속마음을 상대에게 드러내기 어렵다는 결과는 눈여겨봐야 할 점입니다.

즉, 남편은 아내에게 솔직하게 자신을 표현하려 하지만 아내와 대화하는 과정이 편안하지 않다고 느낍니다. 반면, 아내는 남편과의 대화가 불편하기 때문에 남편에게 속마음을 털어놓기 어려워합니다. 불편함을 줄이고 자연스럽게 대화할 수 있는 방법, 그리고 속마음을 터놓고 나눌 수 있는 원만하고 긍정적인 대화의 길은 결국 대화 방법과 대화 주제를 바꾸는 것과 관련이 있습니다.

의견일치

우리나라 부부는 의사소통을 통해 얼마나 의견이 일치한다고 생각할까요? 앞의 101쌍의 부부를 대상으로 실시한 조사는 부부 모두를 조사하였으므로 의견일치에 대한 부부의 응답은 높든 낮든 같은 수준을 보여야 할 것입니다. 하지만 대화시간과 마찬가지로 의견일치에 있어서도 남편과 아내는 큰 차이를 보이는 것으로 나타납니다.

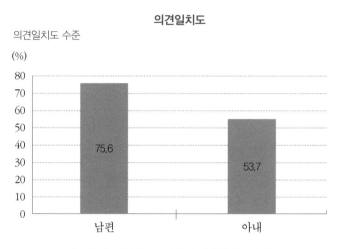

[그림 12-4] 남편과 아내의 의견일치도 차이

　　남편은 아내와 의견이 일치한다고 보는 비율이 일관되게 높았지만, 아내는 남편과 의견의 일치가 이루어지지 않는 편이라고 응답하였습니다. 또한, 의견일치에 대한 만족도에서도 남편이 더 크게 만족하는 것으로 나타났습니다. 이것은 부부간 의사소통에 있어 남편은 별다른 문제없이 의견일치를 본다고 생각하고 만족하고 있지만, 아내는 심각한 불만족과 문제점을 느끼고 있음을 의미하는 것입니다.

　　남편은 만족하고 아내는 불만을 표현하는 동상이몽의 이유는 아내의 불만을 남편은 이해하지 못하고 혼자만의 판단으로 만족하는 것일 수 있습니다. 혹은 남편이 일방적으로 자신의 의견만을 앞세우고 아내가 갖는 생각을 대수롭지 않게 여기기 때문인 것으로도 볼 수 있지요. 이것은 주된 대화주제로 나타난 돈 문제와 자녀 문제에도 비슷하게 나타납니다. [그림 12-4]에서 남편은 네 명 중 세 명 이상이 의견이 일치한다고 보았는데, 아내는 절반 정도만이 의견이 일치한다고 응답하였으니 20% 이상 차이가 나는 것이지요. 가장 빈번히 나누는 대화에서조차 서로 의견일치를 보지 못하는 것은 서로 겉도는 의사소통을 하고 있음을 의미합니다.

의사소통 유형

　　각 개인은 고유의 의사전달방식을 가지고 있습니다. 직설적으로 표현하는 사람,

상대의 이야기나 감정을 잘 들어 주는 사람 등 사람마다 차이가 있습니다. 이러한 차이를 의사소통 유형이라고 합니다. 대부분의 사람들은 부부간에 대화할 때도 특정한 의사소통 방식을 가지게 됩니다. 사람마다 어느 하나의 방식만을 사용하지는 않지만 특히, 부부관계에서 불편하거나 갈등이 있는 상황에서 사람들은 같은 패턴의 의사소통을 반복해서 사용하게 됩니다. 이때 주로 사용하는 의사소통 방식을 그 사람의 의사소통 유형으로 분류합니다. 이러한 의사소통 유형을 의식하는 부부도 있고, 의식하지 못하는 부부도 있지만 계속 반복되면서 하나의 습관처럼 굳어지기 때문에 좀처럼 바뀌지 않는 부부의 대화 특성으로 자리 잡게 됩니다.

여기에서는 사티어(Satir, 1972)의 분류를 바탕으로 우리나라 상황에 맞게 재구성하여 의사소통 유형을 크게 다섯 가지 유형으로 나누어 보았습니다. 첫째, 공격형입니다. 공격형은 배우자를 직설적으로 비난하거나 인신공격, 폭력적인 말과 위협 등을 사용하는 형태입니다. 나의 잘못은 없다고 주장하면서 상대방의 잘못만을 지적하고 책임을 상대방에게만 지우는 것입니다. 둘째, 산만형입니다. 산만형은 대화 주제에 집중을 하지 못하고 주위를 산만하게 하는 행위를 지속함으로써 문제의 본질을 혼란하게 만드는 유형입니다. 셋째, 회유형입니다. 회유형은 자기 생각이나 감정을 숨기고 상대방이 화내지 않도록 맞춰 주는 형태입니다. 늘 참고 견디는 것 같지만, 속으로는 화가 많이 나 있는 상태이므로 언젠가는 폭발하거나 우울증이 될 수 있지요. 넷째, 이성형입니다. 이성형은 감정을 억제하고 상황을 객관적으로 판단하여 조용하고 차분하게 논리적으로 대화를 나누는 유형입니다. 다섯째, 존중형입니다. 존중형은 자신이 갖고 있는 생각을 인정하면서 배우자의 의견도 존중하는 형태입니다. 상호 존중 속에 의견교환에 융통성을 갖게 됩니다.

다섯 유형을 살펴보면, 이성형과 존중형이 더 좋은 의사소통 유형이란 생각이 들지만, 실제 우리나라 부부들이 주로 사용하는 것은 회유형, 공격형, 산만형입니다. 오랜 시간 습관처럼 굳어진 대화 유형이 부정적인 방법이라는 것은 그만큼 우리나라 부부가 나누는 대화가 건강하지 못하다는 의미로 볼 수 있습니다.

특히 주목할 것은 아내의 경우 회유형 사용이 가장 높게 나타났다는 것입니다. 이것은 앞서 살펴본 의견일치에서 나타나는 부부간 차이를 설명해 줍니다. 남편이 화내지 않도록 자신의 생각은 감추고 맞춰 주는 식의 대화를 나누면, 남편은 자신의 의견에 따른다는 생각으로 만족하게 되지만, 실제 아내는 자신의 생각을 표현하지도 않은 것이므로 불만을 갖게 되는 거죠. 더욱이 이 불만이 메모리 박스에 쌓이면 더 큰 분노와 절망으로 표현될 수도 있음을 기억해야 합니다.

서로 이성적으로 대화하고 존중하면서 대화하는 것은 불가능한 것일까요? 회유형과 공격형, 그리고 산만형의 대화 방식은 굳어졌기 때문에 절대로 바꿀 수 없는 것일까요? 담배를 피우는 사람이 담배를 끊는 것은 결코 쉬운 일이 아닙니다. 하지만 노력 끝에 이를 이루는 사람들도 있습니다. 우리의 굳어진 의사소통 방식도 이를 의식하고 노력하면 바꿀 수 있는 것입니다. 가장 친밀한 사람, 가장 가까이에 있는 부부와 가족 간의 노력이므로 서로가 함께 시도한다면 성공 가능성은 그만큼 커집니다.

의사소통 장애요인

우리는 의사소통이 얼마나 중요한지와, 의사소통은 가족 건강과 평안하고 행복한 삶을 위해 필수적이라는 것을 배웠습니다. 하지만 우리가 대화를 하는 과정에서는 매우 많은 장애요인을 마주하게 됩니다. 부부의 원만한 의사소통을 방해하는 장애요인으로 스티네트와 월터스, 케이(Stinnett, Walters & Kaye, 1984)는 문화적 차이, 남녀 이해 부족, 간접 의사소통, 자기중심 대화, 혼자 말하기, 대화거부 등을 꼽고 있습니다.

이를 종합해 보면 의사소통 장애요인의 핵심은 상대방을 이해하지 않고 자신의 의사전달에만 관심이 있는 태도입니다. 즉, 배려하지 않고 너무 자신만 표현하여 대화가 잘 되지 못하는 것이죠. 이러한 태도가 곧 각자의 부정적 의사소통 유형을 만들어 가는 것입니다.

의사소통 유형에서 살펴본 바와 같이, 우리가 바람직하게 생각하는 이성형과 존중형 의사소통을 활용하는 사람들은 부부가 서로 반목하는 경우도 적었습니다. [그림 12-5]에서 공격형과 산만형의 의사소통 유형을 보여 주는 남편들의 30% 이상이 아내를 때리는 것으로 나타났습니다. 이성형과 존중형 남편의 경우보다 2배 가까이 높은 수치입니다.

무조건 힘으로 윽박지르려 하고 대화에 집중하지 못하고 딴생각을 하니 아내의

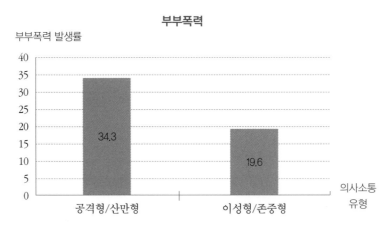

[그림 12-5] 의사소통유형과 부부폭력 발생률

마음을 헤아리지 못하는 것입니다. 아내 역시 회유형으로 대화하는 것은 결국 자기 자신을 감추고 불만만 쌓는 방식임을 기억하고 솔직하게 자신을 표현할 수 있도록 노력해야 합니다. 대화를 나누는 방법은 타고난 특성이라 못 고치는 건데 왜 그것을 탓하느냐고 말하는 사람도 있을지 모릅니다. 하지만 대화 방식도 결국 각자의 경험을 통해 습득된 것으로서 일종의 생존방식으로 굳어진 것입니다. 따라서 더 좋은 대화 방식을 배우고 훈련하고 실천하면 변화할 수 있습니다. 여러분이 그대로 방치한 대화 방식이 결국 부부관계와 가족관계 모두를 병들게 할 수 있으므로 이를 바꾸는 데 힘을 쏟아야 합니다. 여러분이 변화하고, 변화한 의사소통으로 상대방과 교류해야 상대방도 변화할 수 있습니다. 이를 통해 가족 간의 의사소통이 긍정적이고 생산적으로 이루어질 수 있겠지요.

이러한 장애요인을 극복하는 것이 곧 바람직한 의사소통을 할 수 있는 방법이 됩니다. 결혼하기 전까지 서로 다르게 살아온 배우자와의 차이를 먼저 인정해야 하지요. 남녀의 차이를 강조하기보다는 하나 된 파트너임을 기억해야 하고, 분명한 의사소통을 하는 것이 필요합니다. 또한, 선입견을 버리고 솔직하게 배우자를 존중하면서 대화를 나눌 수 있다면 갈등과 어려움은 줄어들 것입니다.

비교의 저주

대화 중 자신의 주장 정당화를 위해서 다른 사람의 예를 활용하는 경우가 많이 있지요. 하지만 잘못된 의사소통 중 하나는 비교입니다. [그림 12-6]처럼 비교는 하향비교(Downward Comparison)와 상향비교(Upward Comparison)가 있습니다(Taylor & Lobel, 1989). 하향비교는 자신보다 불행한 처지에 있는 사람과 자신을 비교하는 것을 말하며, 상향비교는 자신보다 우월한 처지에 있는 사람과 자신을 비교하는 것을 말합니다. 하향비교는 잘못된 우월의식을 낳을 수 있어요. 그리고 상향비교는 특히 열등감과 우울함 등 부정적 정서를 유발하게 됩니다. 우리는 나를 다른 사람과 비교할 뿐 아니라 우리 가족을 다른 가족과도 쉽게 비교합니다. '내 친구 아내는 친정에서 이런 것도 해 주던데' '내 친구 아빠는 용돈도 많이 주던데'와 같은 비교는 결국 가족 구성원에게도 스트레스며 자신은 비교함으로 더 우울해집니다. 다른 사람들의 상황과 에너지 자원 등을 우리가 모두 알 수 없는 상태에서, 잠시 순간에 겉으로 드러난 타인의 일들을 현재 나의 상황과 비교하는 것은 무리가 될 수 있지요. 결국 비교는 나와 상대 모두를 다치게 만드는 저주입니다. 사랑을 실천한다면서도 끝없이 비교하며 비교의 저주의 늪에 빠질 수도 있습니다. [그림 12-7]과 같이 비교를

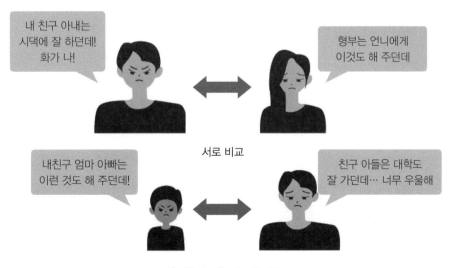

[그림 12-6] 비교의 저주

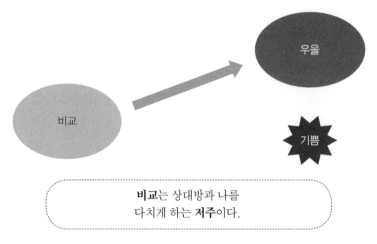

[그림 12-7] 사랑은 비교가 아닌 나눔

계속하면 우울은 더 크게 만들어지고 기쁨은 작아지지요. 하지만 참 사랑은 다른 사람과 비교하는 것이 아닌 나의 나눔일 뿐입니다. 즉, '내가 이만큼 사랑했는데 너는 왜 그래?' '이 정도는 사랑해 줘야 하는 것 아니야'와 같이 사랑을 하면서 비교하는 것이 아니라 고마운 존재에게 나의 사랑을 나누는 것뿐이어야 함을 기억해야 합니다. 자신이 비교를 통해 얻고자 하는 것이 욕심일 수 있어요. 현재 고맙고 소중한 존재와 사랑을 나눈다는 것은 그 자체가 행복입니다.

의사소통 개선방안

긍정적이고 생산적인 의사소통을 실천하는 것은 건강하고 화목한 가족을 형성하기 위해 매우 중요한 요소이지요. 의사소통을 개선하는 방법은 다음과 같습니다.

먼저 충분한 대화시간이 필요합니다. TV를 보면서 건성으로 나누는 대화가 아니라 서로를 존중하며 집중하는 대화를 늘려야 합니다. 충분한 대화시간을 갖는다면 오해를 풀고 서로의 감정을 이해하면서 갈등을 빚는 일이 줄어들겠지요? 앞서 '고맙습니다' 부분에서 다룬 시간의 공유는 바로 이러한 노력입니다. 실제로 대화시간이 적은 사람들은 충분한 대화를 나누는 사람보다 부부간 폭력의 위험이 더 크게 나타났으니, 우리는 대화시간을 늘리기 위해 노력해야 합니다.

매일같이 반복되는 자녀 문제와 돈 문제를 벗어난 부부 두 사람만의 이야기를 시작해 보세요. 대화의 시간이 중요하고 소중해질수록, 그리고 대화의 내용이 두 사람만을 위한 것일수록 의사소통 과정은 달라질 것입니다.

또한 의견일치를 위해 노력하고 서로 갖고 있는 생각을 솔직하게 나누어야 합니다. 의견이 일치하지 않고 일방적인 주장만 펴게 되면 공동의 목표를 갖고 생활하는 가족에서 긴장과 갈등이 쌓이게 됩니다. 이것이 점점 쌓여 불이 붙는 날에는 결국 고함을 치거나 욕설을 하고 서로 씻을 수 없는 상처를 주는 심한 폭력으로 이어지기도 합니다.

배우자와 내가 동등하거나 나의 다른 가족들도 모두 같이 소중하다는 생각을 하는 것이 중요합니다. 또한, 일방적으로 한 사람의 의견만 따르는 것이 아니라, 상대방의 의견이 함께 존중될 수 있는 방법을 찾아야 하죠. 이때 상대방이 무엇을 원하는지를 알기 위해서는 끝까지 잘 들어 주는 것이 중요합니다. 앞서 '사랑합니다'에서 상대방이 원하는 것 해 주기가 바로 이런 것입니다. [그림 12-8]에서 보는 바와 같이 사랑의 실천이 곧 의사소통입니다. 내 의견은 최대한 부드럽게 말하면서 잘못된 부분에 대해서는 곧바로 사과할 수 있는 자세를 갖는다면 분명히 부부나 가족이 함께 만족할 수 있는 해결책을 찾을 수 있습니다.

우리의 오랜 대화 방식을 바꿀 수 있는 길은 어떤 특별한 비법을 배우는 것이 아닙니다. 생각보다 간단하지만 이러한 노력이 꾸준히 지속될 때 우리의 대화 방식도 자연스럽게 바뀔 수 있고 가족과의 대화가 보다 행복해질 것입니다.

나눔의 의지로 갖고 있던 사랑을 구체적으로 표현하는 방법은 의사소통을 통한 실천입니다. 우리가 겪어 왔던 의사소통의 어려움은 바로 태도에서 시작됩니다. [그림 12-9]는 원활한 의사소통을 위한 태도 변화의 필요성을 잘 보여 주고 있습니

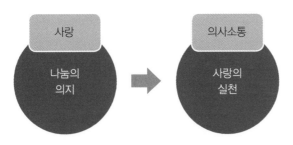

[그림 12-8] 사랑과 의사소통의 관계

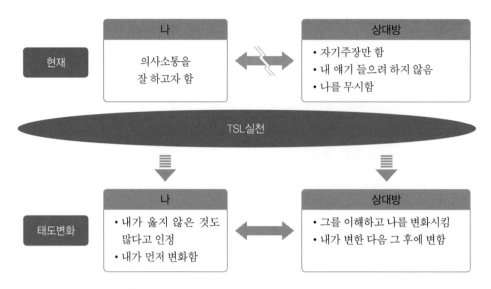

[그림 12-9] 원활한 의사소통을 위한 태도변화와 TSL

다. 의사소통이 안 되는 가정을 보면, 나는 잘하려고 하는데 상대방이 내 얘기를 들으려 하지 않고 자기주장만 하면서 나를 무시하려 한다고 생각하는 경우가 많습니다. 하지만 TSL을 통해 내가 먼저 변화하고자 하고 나의 잘못을 인정하는 태도를 보인다면, 그리고 상대방을 이해하고자 한다면, 나의 변화뿐만 아니라 상대방의 변화도 자연스럽게 이루어질 것입니다.

의사소통 유형을 바꾸거나 의사소통 기술을 습득하는 것도 중요하지만 이보다 더 중요한 것은 상대방에 대한 태도를 바꾸는 것입니다. 태도의 변화는 상대방의 입장에서 생각하고 배려가 바탕이 된 대화를 가능하게 합니다. 핵심은 상대방에 대한 태도의 변화입니다. TSL은 바로 이 점을 강조합니다.

인생의 대화자

배우자는 인생의 대화자(Life Consultant)입니다. 인생 대화자는 여러분에게 힘든 일이 있을 때 여러분의 상황을 솔직하게 털어놓거나, 의견을 구할 수 있는 특별한 주변 사람입니다. 때로는 그 사람에게 이야기하는 것만으로도 부정적인 감정이 풀리기도 하고, 너무 화가 나 있어 잘 보이지 않던 사실들이 그 사람과 이야기하거나 그 사람이 의견을 주어 새롭게 보이게 되는 경우도 경험해 보셨을 것입니다. 인생에는 이처럼 자신의 대화상대가 두 명 이상 있어야 합니다. 이때 인생 대화자는 자신의 배우자, 부모님, 친구, 형제자매, 은사님, 또는 전문 가족상담가 등이 될 수 있습니다. 두 명의 대화자는 배우자가 한 명이 되고, 다른 한 명은 멘토와 같은 사람 또는 성숙한 자녀일 수도 있습니다. 자신의 숨은 이야기를 할 수 있는 사람, 그럼으로써 새로운 시각을 제시해 줄 수 있는 사람이 필요한 것입니다. 인생 대화자는 안경과 같은 존재입니다. 안경을 쓰면 사물이 더 선명하게 보이거나 다르게 보이고, 눈을 보호할 수 있지요. 이렇게 세상을 다르게 보고, 여러분을 보호해 주는 인생 대화자가 필요합니다. 컨설턴트를 통해 여러분의 감정을 정화하고, 다양한 관점으로 이해의 폭을 넓힘으로써 여러분은 가족이나 다른 사람들과의 관계에서 부정적 메모리 박스를 비우고 긍정적 에너지의 교류를 활성화할 수 있습니다. 여러분에게는 몇 명의 인생 대화자가 있나요? 한 번 떠올려 보세요.

L 실현하기와 강화하기: 사랑의 척도

여러분은 지난주에 여러 가지 과제를 수행하였습니다. 우선, 지속해서 가족에 대한 '고맙습니다'와 '미안합니다' '용서합니다'를 실천하였지요. 고맙습니다, 미안합니다, 용서합니다는 습관처럼, 생활 일부가 될 때까지 꾸준히 실천해야 합니다. 이번 주에도 여러분의 가족에게 고마움과 미안함, 진심 어린 이해를 바탕으로 한 용서를 실천해 보세요.

기본과제. '고맙습니다' '미안합니다' '용서합니다' 실천하기

'고맙습니다' 실천(Activity)	
누구에게	
언제, 어떻게 말했나? 언제, 어떤 활동을 했나?	
상대방의 반응	
나의 반응	
'미안합니다' 실천(Activity)	
누구에게	
어떤 사건	
언제, 어떻게 사과하였나?	

사과 후 상대방의 반응	
상대방의 반응을 본 후 나의 마음	
가족관계의 변화	
'용서합니다' 실천(Activity)	
누구에게	
어떤 사건	
용서 후 나의 마음	
가족관계의 변화	

지난 시간의 두 번째 과제는 여러분의 가족이 여러분에게 원하는 것과 여러분이 가족에게 원하는 것을 작성하는 것이었습니다. 또한, 여러분은 여러분이 가지고 있는 것들을 나누려는 의지를 만들어 보고, 계획을 세워 보았을 것입니다. 이제 여러분은 여러분이 해 주고 싶은 것이 아니라 상대방이 원하는 것을 주기 위해 노력할 것입니다. 또한, 상대방이 원하는 것이기는 하지만 그것을 여러분이 자발적으로 해 줄 수 있기 때문에 여러분에게 그 행동이 기쁨이 될 것입니다.

사랑의 척도

오늘은 '사랑의 척도'를 작성해 볼 것입니다[2].

사랑의 척도 작성 방법은 먼저 여러분이 배우자나 가족에 관련된 정답을 적은 후에 상대방의 확인을 거치는 것입니다. 전체 20개 중 16개 이상(80점 이상)이 맞아야 서로 간에 사랑의 교감이 일정부분 통하고 있다고 이야기할 수 있으며, 18개 이상 (90점 이상) 맞아야 서로가 공유하는 부분이 많이 있다고 이야기할 수 있습니다. 어떤 문항의 경우 해당이 안 되는 내용이 있을 수 있습니다. 그런 경우 해당 안 되는 것에 대해 '없다'라고 응답한 것은 맞는 답으로 인정하시면 됩니다. 예를 들어, 인터

---

[2] 사랑의 척도는 가트만의 부부관계 척도(Gottman & Krokoff, 1989)를 참고하여 한국 실정에 맞게 대폭 수정하여 새롭게 작성한 것입니다

넷을 사용하지 않는 사람도 있는데 가장 많이 사용하는 인터넷 사이트에 대해 '사용
안 함'이라고 적었다면 그것도 정답입니다. 자녀, 부모님, 형제와의 사랑의 척도도
작성해 보고 다음의 빈칸에 점수를 적어 보세요.

과제 1. 사랑의 척도 작성하기

사랑의 척도

1) 남편(아내)이 요즘 가장 친하게 지내는 두 사람은?

2) 양가 친척 중 남편(아내)이 가장 싫어하는 사람은?

3) 양가 친척 중 남편(아내)이 가장 좋아하는 사람은?

4) 남편(아내)이 요즘 가장 걱정하는 일은?

5) 지난 1년간 남편(아내)이 가장 기뻐했던 일은?

6) 지난 1년간 남편(아내)이 가장 슬퍼했던 일은?

7) 남편(아내)이 좋아하는 스포츠나 스포츠 선수는?

8) 남편(아내)이 가장 좋아하는 최근의 영화나 드라마는?

9) 남편(아내)이 갔었던 최고의 여행지는?

10) 남편(아내)이 가고 싶어 하는 여행지는?

11) 남편(아내)이 가장 싫어하는 음식은?

12) 남편(아내)이 가장 좋아하는 음식은?

13) 남편(아내)의 주거래 은행과 가장 많이 투자한 금융상품은?

14) 남편(아내)이 가장 사고 싶어 하는 자동차는?

15) 남편(아내)이 가장 이사 가고 싶은 지역이나 살고 싶은 아파트는?

16) 남편(아내)이 향후 5년 내에 이루고 싶은 꿈은?

17) 남편(아내)의 신발 사이즈는?

18) 남편(아내)이 가장 많이 방문하는 인터넷 사이트는?

19) 남편(아내)가 문자나 SNS를 가장 많이 주고받는 사람은?

20) 남편(아내)이 가장 좋아하는 음악은?

[그림 12-10]처럼 사랑의 척도를 작성해 보셨나요? 그 결과는 어떠한가요? 여러분은 배우자에 대해 얼마나 잘 알고 있으며, 얼마나 잘 일치합니까? 아무리 사랑한다고 생각해도 교류하지 않으면 알 수 없는 것입니다. 우리는 Chapter 12에서 의사소통에 대해 다루었습니다. 우리는 일상적으로 가족과 대화한다고 생각했지만, 실제로 서로 교류하고 이해하는 의사소통이 이루어지고 있었는지 생각해 보아야 합니다. 때로, 우리는 열심히 의사소통했지만, 오히려 장애가 되는 의사소통을 하고 있었는지도 모르지요. 사랑의 척도 작성을 통해 여러분은 배우자에 대해 잘 알고 있다고 생각했지만 그렇지 않음을 알 수 있었을 것입니다.

우리는 가족들과 자신이 이심전심일 것으로 생각하지만, 사랑의 척도를 작성한 결과에서도 알 수 있듯이 우리가 상대방에 대해 모르고 있거나 잘못 알고 있는 부분도 많습니다. 그래서 상대방에게 직접 물어보고, 상대방의 이야기를 들어야 합니다. 현대사회에서 사람들은 다양한 정보를 접하고 많은 사람과 교류를 하면서 선호하는 것이나 생각들이 계속 변화합니다. 그러므로 이심전심을 바라지 말고 직접 물

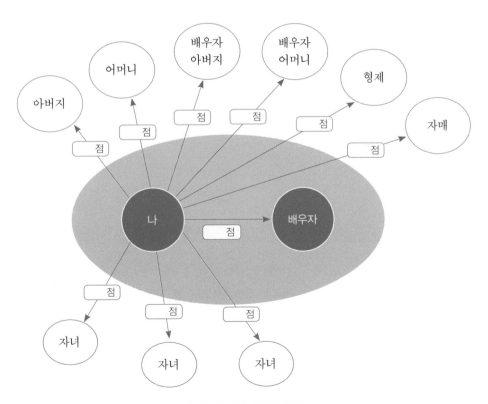

[**그림 12-10**] 사랑의 척도

어 보는 것, 즉 상호작용하고 의사소통을 지속하는 것이 필요합니다.

참여자들 역시 여러분과 비슷한 경험을 했습니다. 가족에 대해 잘 알고 있을 것으로 생각했는데 사랑의 척도를 작성하며 많은 사실을 깨닫고, 가족에게 좀 더 관심을 가지고 교류해야겠다고 생각하게 되었지요. 다음의 사례들은 참여자들이 사랑의 척도를 작성한 후 소감을 적은 내용입니다.

〈사례 12-1〉은 가족의 행복을 위해 스스로 노력한다고 생각했지만 실제로 가족에 대해 많이 알지도 못하고 있었지요. 마찬가지로 〈사례 12-2〉도 그동안 서로에 대한 관심 부족에 대해 놀라고 그 후 변화를 다짐합니다. 〈사례 12-3〉은 남편과 자신이 서로에 대해 많이 알고 있다는 것에 기뻐합니다. 여러분도 가족과 교류하면서 소소한 기쁨을 찾아 보세요. 소중한 사람들과는 사소한 것이 없습니다. 모든 순간이 소중하지요.

😊 사례 12-1 ┃ 어머니: 10개, 아버지: 9개

처음에 사랑의 척도를 작성해 보려고 했을 때, 굉장히 간단한 작업이라는 생각이 들었다. 단순히 부모님에 관한 사항을 적어 보는 것이기 때문이었는데 실제적으로 작성을 함에 있어 내가 부모님에 대해 많은 것을 알지도, 알려고 노력하지도 않았다는 사실을 알게 되었다. 실질적으로 부모님이 무엇을 좋아하시는지 최근에 무슨 일을 하셨는지조차 알려고 하지 않았으면서 가족의 행복을 위해 노력하고 있다는 스스로의 모습이 부끄럽게 느껴졌다. 이 척도를 작성해 보면서 부모님에 대한 이해를 좀 더 넓혀야겠다는 생각을 하였다.

😊 사례 12-2 ┃ 어머니: 14개, 아버지: 6개

일단 어머니와의 관계가 남다르다고 생각했는데, 점수표를 보니 생각보다 그리 높지 않아서 섭섭한 감이 들었다. 내가 타인에게 관심이 적고 생각이 주로 나 자신에 관한 것에 치우쳐 있기 때문이라는 생각이 든다. 아버지는 확실히 평소에 소통이 부족하였고 서로에 대한 관심이 많지 않아서 아는 것이 적었다. 원활한 가족관계를 위해서는 나 자신에 관한 생각을 조금은 줄이고 보다 가족에 대한 관심을 높이는 노력이 필요하다고 생각하게 되었다.

사례 12-3 | 어머니: 14개, 남편: 18개

예전에는 어머니와 많은 이야기를 나누었기 때문에 어머니가 나의 모든 것을 알고 있었는데 결혼 이후에는 아무래도 어머니와 떨어져 지내고 많은 대화를 나누지 못하다 보니 남편에 비해 나에 대해 많이 모르고 계시는 것 같았다. 어머니도 결과를 보시고 서운해 하시고. 나도 죄송한 마음이 들었다. 앞으로는 어머니와 더 많은 이야기를 나누어야겠다는 생각이 들었다. 남편은 나에 대해 많은 것을 알고 있었고, 나도 남편에 대해 거의 모든 것을 알고 있어서 기분이 좋았다.

사랑은 앞서 언급한 것처럼 사랑하는 것으로 끝나는 것이 아니라, 서로 알고, 나누려고 노력할 때 지속해서 완성되어 가는 것입니다. 사랑을 하는 데 있어서, 현재 나의 에너지를 상대와 나누는 것이 중요합니다. 부부간의 교류는 자발적이어야 하며, '사랑'을 기반으로 한 것이어야 합니다. 자발적이고 의도적인 '사랑'의 말과 교류가 이루어진다면 여러분 가족관계의 상호교류는 궤도에 오른 것이지요. 말의 소통이 원활히 이루어진다면 상호교류가 원활히 잘 이루어지는 것입니다.

사랑한다고 말하고 소중한 것 나누기: 실현하기

이번 주의 과제는 '여러분의 가족이 여러분에게 원했던 것을 실천해 보는 것입니다. 여러분은 가족과의 의사소통을 통해 가족이 원하는 것을 알았을 것입니다. 그것을 실천하고, 가족에게 반드시 '사랑한다'라는 것을 말로 표현해 보세요. 그리고 이때 가족의 반응이 어떠한지 작성해 보세요.

사랑은 자신이 가진 것을 나누려는 의지라고 하였습니다. 지난 시간에 여러분은 여러분이 가지고 있는 것들을 가족과 얼마나, 어떻게 나눌 것인지 생각해 보았습니다. 이번 주의 과제는 그것을 실천해 보는 것입니다. 즉, '사랑한다'라는 것을 말로 표현하고 그와 더불어 여러분의 것을 나누는, 사랑을 공유하는 행동을 하는 것이지요. 가족에게 사랑한다고 말하고, 여러분이 가진 것을 나누어 보세요. 여러분이 나누는 것은 큰 것이 아니어도 괜찮습니다. 경제적인 것을 나누어도 되고, 시간을 나누어도 되고, 신체적인 접촉을 나누어도 됩니다.

특히 경제적인 것과 가정 내에서의 권력이나 의사결정을 나누려고 노력해 보세요. 우리는 흔히 사랑은 정신적인 것이라고 말합니다. 하지만 잘 생각해 보세요. 여러분의 일상생활에서 가장 큰 스트레스는 바로 경제적 스트레스일 것입니다. 따라서 경제적인 면에서 서로 이야기하고 나누는 것이 중요하지요.

여러분이 세웠던 계획대로 이번 일주일간 실천해 보고, 가족의 반응을 적어 보세요.

과제 2. '사랑합니다'를 위한 소중한 것 나누기 실천계획(Action Plan) & 실천(Activity)

'사랑합니다'를 위한 소중한 것 나누기 실천계획(Action Plan)	
누구에게	소중한 것 나누기 계획
'사랑합니다'를 위한 소중한 것 나누기 실천(Activity)	
누구에게	실행 여부
실제 표현 방법	
상대방의 반응	
나의 반응	

다음의 〈사례 12-4〉에서 참여자는 자신이 가진 여러 가지 에너지 중 시간과 관심을 가족들과 함께 나누었습니다. 이를 통해 가족들이 기쁨을 느끼고, 참여자에게 긍정적인 에너지를 돌려주는 것을 볼 수 있습니다. 참여자가 가진 에너지를 나눔으로써 가족관계가 좋아지는 것이지요. 이렇게 사랑은 여유가 있거나 남아서 에너지를 나누는 것이 아니라, 자신이 가진 것을 나누려는 의지를 가지고 행할 때 이루어짐을 알 수 있습니다.

😊 **사례 12-4** 여, 35세, 공무원

'사랑합니다'를 위한 소중한 것 나누기 실천계획(Action Plan)	
누구에게	소중한 것 나누기 계획
남편	주말을제외한 주중 하루라도 일찍 퇴근해 남편과 저녁을 먹으며 이야기 나누기
아버지	주 2회 이상아버지께 전화로 안부 전하기
어머니	운동하는 시간을 함께하기

'사랑합니다'를 위한 소중한 것 나누기 실천(Activity)			
누구에게	남편	실행여부	○
실제 표현 방법	야근이 많아 주중에는 시간을 내기가 어려웠지만, 수요일 날 퇴근하자마자 마트에 들러 장을 보고가 저녁을 준비함. 남편이 현관문을 열고 들어오자마자 맛있는 냄새가 난다면 기뻐함		
상대방의 반응	내가 반갑게 맞아 주는 것을 보며 함박웃음을 지었다. 음식을 차려 놓은 것을 보고는 벌써부터 배부르다며 고마워함. 바쁠텐데 이렇게 생각해줘서 고맙다며 행복해함		
나의 반응	당연하다고 생각할 수도 있는 일에 남편이 크게 기뻐하니 나도 기쁘고 행복해졌음		
누구에게	아버지	실행여부	○
실제 표현 방법	TSL실천 전에는 아버지와 안부 전화를 하는 사이가 아니었는데 TSL실천하면서 아버지와 전화하며 이야기 나누는 일이 많아졌음. 이번주는 주 4회 정도 통화를 했던 거 같음		
상대방의 반응	자주 전화하니 아버지께서도 바쁜데 전화해줘서 고맙다고 말씀해주시며 이런 저런 이야기를 먼저 나눠주심. 너무 좋다는 말씀을 직접적으로 안하셔도 아버지의 목소리나 말투에서 좋아하시는 마음이 느껴짐		
나의 반응	아버지와의 통화를 통해 내가 더 힘이 나는 경험을 함		
누구에게	어머니	실행여부	○
실제 표현 방법	어머니 혼자 운동하러 다니셨는데 이번 주에는 시간을 맞춰서 같이 운동하는 시간을 만들었음		
상대방의 반응	혼자 운동할 때는 지루하고 힘들었는데 함께하니 너무 즐겁다며 좋아하심		
나의 반응	운동하니 체력도 좋아지는 거 같고 어머니와 함께라 나도 더 즐겁게 운동할 수 있었던 거 같아서 기뻤음		

오늘의 과제

기본과제. '고맙습니다' '미안합니다' '용서합니다' 실천하기

과제 1. 사랑의 척도 작성하기

과제 2. '사랑합니다'를 위한 소중한 것 나누기 실천계획(Action Plan) &

실천(Activity)

이번 Practice는 가족에게 '사랑합니다'를 말로써 표현할 뿐 아니라, 실제로 여러분이 가지고 있는 소중한 것을 나눔으로써 '사랑합니다'를 실천하고 강화하는 것이 목표입니다. 사랑의 척도를 작성하면서 여러분이 잘 알고 있고, 사랑한다고 생각해온 가족과 얼마만큼 교류하고 있는지 파악하셨나요? 앞서 Chapter 12의 의사소통에서 본 것처럼 긍정적이고 생산적인 의사소통은 가족관계에서 매우 중요합니다. 이러한 의사소통을 통해서 여러분과 가족이 '사랑합니다'를 실천하고 완성해 나갈 수 있지요. 다음 Practice에서는 여러분의 가족에 대한 사랑의 등급을 높이며, '사랑합니다'를 재충전하는 연습을 할 예정입니다.

결혼과 부부관계

연애할 때 그리고 결혼 초기의 여러분 부부관계를 떠올려 보세요. 분명 활력과 사랑이 넘치는 관계였을 것입니다. 지금까지 그런 관계를 유지하고 있는 부부도 있지만, 그렇지 않은 부부도 있겠지요. 우리는 늘 어떻게 하면 결혼을 결심할 때의 사랑과 활력을 유지하고 지켜 나갈 수 있을지 궁금해 합니다. 외모에 대한 매력은 시간이 지나면서 감소하고 사라질 수 있지만 서로 아끼고 사랑하는 마음은 조금의 노력과 정성을 통해 얼마든지 지킬 수 있고 때로는 증가시킬 수 있습니다. 그러기 위해서는 상대방의 존재에 대해 항상 새롭게 생각하고 고마운 마음을 가져야 합니다. 오늘 보는 상대방이 어제의 상대방과 다르다고 생각하고, 새롭다고 생각할 때 노력할 수 있다는 것이지요. 이번 Chapter에서는 생기 있고 활력 있는 부부관계의 유지와 관련된 내용을 살펴볼 것입니다.

결혼의 의미: 예술작품

결혼은 무엇일까요? 결혼은 두 남녀가 자신이 태어난 가족을 떠나 스스로 공동책임을 지는 새로운 가족을 형성하는 것입니다. 한 개인이 지금까지 태어나서 생활해

온 가족을 벗어나 자신이 중심이 되는 새로운 가족을 형성하는 것으로, 인생의 전환점이자 새로운 출발점이지요. 인간은 결혼을 통해 독자적인 삶의 방식에서 벗어나 자기 삶의 파트너를 가지게 됩니다. 그리고 매 순간의 일들을 파트너와 함께한다는 데 그 의의가 있습니다. 결혼 이전에는 여행을 가거나 식사를 하거나 저축을 하거나 일을 하거나 하는 등의 일을 혼자서 처리했지만, 결혼이라는 것은 자기가 자유의지로 선택한 사람과 같이 상의하고 협의하고, 함께 즐기고 함께 난관을 극복하는 파트너십을 형성하는 것입니다.

결혼생활은 이러한 파트너십이 기반이 되어 출산하고, 양육하고, 자신의 삶을 영위하고 가족을 부양하는 것입니다. 그것은 강요되는 것이 아니라 자발적 선택에 의해 이루어지는 것이지요. 구성원들이 서로 일상생활의 많은 일들을 나누어 가는 것, 함께하는 것이 바로 결혼생활입니다. 결혼생활 자체가 하나의 예술이라고 할 수 있습니다. 한 사람의 결혼생활은, 그 이전에 존재하지 않았던 하나의 작품과 같은 것입니다. 결혼이라는 것은 한 인간이 태어나서 삶의 과정을 함께할 파트너를 만나 공동체를 만들어 하나의 예술작품을 탄생시키는 것과 같습니다.

결혼생활 유지유형

결혼은 새로운 생활의 창조이며 사랑의 실천이고, 사랑하는 사람과 성을 나누고, 경제적, 정서적 안정을 추구하는 것입니다. 결혼은 개인적인 선택이기도 하지만 사회적으로 기대되는 바도 있습니다. 물론 개인적인 동기가 가장 크겠지요. 하지만 실제로 우리 사회의 많은 부부들은 결혼생활을 유지하지만 결혼 초기의 동기와 낭만이 그대로 유지되지는 않습니다. 상당수의 부부들이 쿠버와 하로프의 다섯 가지 분류와 같은 결혼생활을 유지하고 있습니다(류현수, 이정숙, 김주아, 2007 재인용).

첫 번째는 갈등이 습관화된 부부(Conflict-Habituated Relationship)입니다. 이들은 긴장과 갈등이 일상적입니다. 잔소리나 말다툼이 둘만 있을 때뿐만 아니라 타인 앞에서도 이루어지고, 상대방을 자주 비난합니다. 이들은 아주 사소한 일상의 지출부터 큰 경제문제 또는 종교, 정치적 관심사까지 다양한 영역에서 서로 의견의 일치를 이루지 못합니다. 이들은 마주치면 서로 싸우는 경우가 많습니다. 갈등이 습관처럼

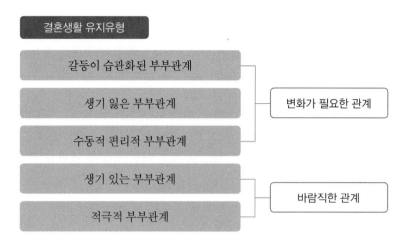

[그림 13-1] 결혼생활 유지유형

되어 항상 서로를 비난하는 관계입니다. 서로를 비난하고 부정하고 사사건건 차이점을 보입니다. 하지만 같이 사는 이유는 결혼 이외에 더 나은 대안이 없기 때문입니다.

둘째로는 생기를 잃은 부부(Devitalized Relationship) 유형입니다. 이들은 결혼생활 초기에는 상대방에 대한 관심과 친근감이 높고 낭만적 사랑을 나누고자 노력합니다. 서로 간에 낭만적 사랑에 대한 교감이 높고 활기차게 두 사람의 감정이나 의견을 주고받고, 동의하고 함께해 나갑니다. 여행이나 쇼핑도 같이 하고 드라마도 같이 보고, 집안 대소사도 같이 이야기하고 즐기고, 파티도 같이하곤 합니다. 하지만 결혼생활이 지속됨에 따라 부부는 상대방에 대한 관심이 적어지게 되고, 권태기에 빠지기 시작하면서 피상적 관계에 머물게 됩니다. 표면적인 갈등은 적지만 결혼생활의 만족감이나 행복감은 지속적으로 감소하는 것입니다. "결혼했으니까 애들 키우며 사는 거지." "결혼생활이 다 그렇지." "그냥 살아가는 거지."하는 식이 되는 거지요. 그럭저럭 결혼생활을 유지하는 부부라 할 수 있습니다.

세 번째는 수동적 편리적 부부관계(Passive-Congenial Relationship)입니다. 이 부부의 특징은 신혼 초부터 상대방에 대해서 깊이 있는 감정교류나 친밀감의 교류가 없이 피상적 관계를 유지하는 것입니다. 부부 각자의 관심사에의 몰두가 가장 중요하지요. 예를 들면, 자신의 직업적 성공, 육아, 사회활동에 더 많은 관심과 애정을 쏟으며, 부부간의 친밀감은 중심이 되지 않습니다. 이들은 서로의 필요성과 편리에 의해 결혼했을 뿐입니다. 이들이 결혼을 유지하는 이유는 결혼생활을 하는 것이 안하는 것보다는 낫다고 생각하기 때문에 하는 것이지, 특별히 결혼을 통해서 행복감을 얻거나 결혼생활에 만족하지는 않습니다. 이들의 부부관계는 감정의 교류 없이 공허하게 함께 있을 뿐입니다.

네 번째는 생기 있는 부부(Vital Relationship)입니다. 항상 서로에 대해 적극적 관심을 가지고 있는 관계입니다. 파트너십으로 '우리'라는 공고한 개념을 공유하고 있습니다. 다양한 방면에서 일을 같이 하고, 함께 즐깁니다. 이들 부부는 부부관계를 삶의 우선순위에 두는 유형입니다. 부부관계에서 항상 서로 격려하고, 두 사람 간의 만족감을 얻으려고 노력하지요. 이 부부는 부부의 관계가 상당히 중요하지만 그래도 어느 정도 자기의 독자적인 사회생활 영역도 가지고 있습니다.

끝으로 적극적 부부관계(Total Relationship)입니다. 이 부부관계는 다양한 측면에서 서로에게 격려하고 만족감을 준다는 의미에서 생기 있는 부부관계와 유사합니다. 하지만 생기 있는 부부보다 더 상대방의 일에 관여하고, 같이 진행하는 일이 많습니다. 이들은 갈등이 있을 때 누가 옳고 그름을 가리지 않고, 긍정적 상호작용을 유지하는 데 더 관심을 둡니다. 독자적 사회생활 영역을 가지고 있으면서도 서로 간에 상대방의 일에 대해 자세히 알고 있습니다. 사랑의 척도에서 거의 100점에 가까울 만큼 상대방에 대해 거의 다 알고 있는 관계라고 이야기할 수 있습니다.

결혼은 파트너십이다

다섯 종류의 부부관계 중에서 결혼의 의미를 그대로 담고 있는 것은 생기 있는 부부관계와 적극적 부부관계를 들 수 있지요. 이들 부부를 긍정적 부부관계라 할 수 있는 것입니다. 갈등이 습관화된 부부, 생기를 잃은 부부, 수동적 편리적 부부관계는 대개 부정적인 부부관계로, 생산적이거나 활기차지 못한 결혼생활이라고 할 수 있습니다. 물론 모든 사람이 행복한 결혼생활을 꾸려 나가고 싶어 합니다. 하지만 섭섭함과 아쉬움, 분노 등 부정적 감정이 쌓이면서 부부는 점점 멀어지게 되는 것이지요. 성공적인 결혼생활을 위해서는 존재의 감사부터 시작해 TSL 관점으로 서로에 대해 관심과 애정을 가지고 생기 있는 대화를 통해 서로를 충분히 이해하고 함께 행동할 수 있는 시간을 늘려야 합니다. 이를 통해 서로 공유하는 삶의 부분을 아름답고 창조적으로 만들어 가야 합니다. 서로를 미워하고, 섭섭해 하고, 관심이 없어지고, 그런 생활이 아니라 충분한 대화와 공유의 시간을 가지고 서로 이해하고 행복을 함께 만들어 가는 파트너십이 필요합니다. 생기 있는 부부관계와 적극적 부부관계가 이러한 파트너십을 만드는 부부생활이라 할 수 있습니다.

결혼만족도

지금 여러분의 부부관계는 어떤 유형인가요? 여러분은 행복한 결혼생활을 위해 어떠한 노력을 기울이고 계신가요? 하루에 대화는 얼마나 하는지, 대화의 내용은 무엇인지, 함께 즐기는 활동과 공유하는 행동은 어느 정도인지, 함께 보내는 시간은 얼마인지에 대한 검토가 필요한 시점입니다. 어떤 사람들이 부부생활을 더 생기 있게 적극적으로 만족하면서 살아가는지 이해하기 위하여 실제 조사 결과들을 살펴보았습니다.

우선 우리가 Chapter 12에서 함께 공부한 원만한 의사소통은 부부생활 만족도를 높이는 중요한 열쇠가 됩니다. [그림 13-2]에서 보는 바와 같이, 실제로 가정폭력 피해 가족 조사에서도 의견일치 수준이 낮은 부부의 결혼만족도는 평균 0.56인데 비하여, 의견일치 수준이 높은 부부의 결혼만족도는 평균 1.98로 무려 4배 가까운

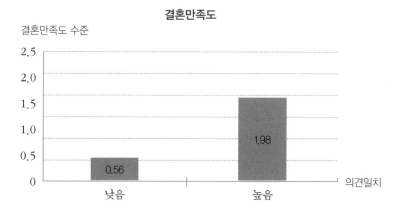

[그림 13-2] 가정폭력 가정에서 의견일치도와 결혼만족도

차이를 보였습니다. 이것은 부부생활 만족에 다른 요인보다 의사소통 수준이 크게 영향을 미친다는 것을 의미합니다. 돈 문제와 자녀 문제를 비롯한 심각한 문제가 많더라도 바람직한 의사소통이 이루어질 때는 부부가 행복하게 생활할 수 있음을 보여 준 것이지요.

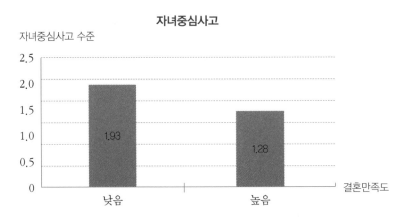

[그림 13-3] 일반가정의 결혼만족도와 자녀중심사고

다음으로 결혼생활에 대한 만족 정도는 자녀에 대한 생각에도 영향을 미칩니다. [그림 13-3]에서 보는 바와 같이, 부부관계에 만족하지 못하는 사람들은 지나치게 자녀 중심적인 생각을 하게 됩니다. 자녀가 부부보다 더 중요하다고 생각하고 자녀가 부부관계를 유지하게 하는 중요한 이유라고 본 것이지요. 결혼만족도가 낮은 사람들의 자녀중심사고는 평균 1.93으로 부부관계에 만족하는 사람들이 보여 준 평균 1.28에 비해 50% 이상 더 높은 것으로 나타났습니다. 결혼생활에서 만족하지 못하는 부분이 결국 자녀에게 부담스러운 관심으로 나타나게 된 것입니다.

부부관계보다 자녀를 더 중요하게 생각하는 부분은 긍정적인 결과로 나타나기 어렵습니다. 자녀에 대한 지나친 관심은 집착으로 이어져 자녀 양육에 있어서도 가장 부정적인 행동인 폭력으로 이어지게 될 수 있습니다. [그림 13-4]에서 보는 바와 같이, 결혼만족도가 낮은 사람들이 자녀에게 폭력을 행사하는 경우는 72.7%로 부부관계에 만족하는 사람들의 18.2%보다 무려 4배 가까이 더 많은 것으로 나타났습니다.

의사소통의 문제가 부부생활 불만족으로 이어지고, 남편과 아내에게서 기대를

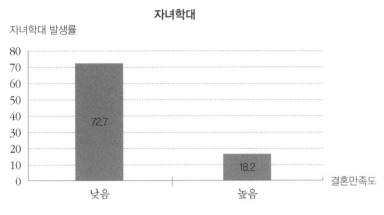

[그림 13-4] 일반가정의 결혼만족도와 자녀학대

저버린 이후에 지나치게 자녀에게 집착하는 모습이 결국 자녀폭력이라는 왜곡된 형태로 나타나게 된 것이지요. 이러한 악순환을 끊기 위해 우리는 TSL을 통해 긍정적인 의사소통 방법을 익히고 결혼만족도를 높임으로서 생기있고 전면적인 부부관계를 유지하도록 하는 것이 중요합니다.

아웃스탠딩 코리아와 아웃스탠딩 패밀리

한국은 2차 대전 이후 산업화와 민주화를 동시에 성공적으로 이룬 극소수의 나라 중 하나입니다. 전쟁 직후에 1인당 GNP는 아프리카나 동남아 일부 국가보다도 못했고, 광화문 앞 미국 대사관을 지을 때도 우리의 건설기술을 믿지 못해서 미국은 필리핀의 건설기술을 이용했다고 합니다. 반세기 전에는 외국의 지원 없이 유지될 수 없던 나라가 세계 10위권의 정치, 군사, 경제, 문화 국가가 되었습니다. BTS나 K-POP을 세계 많은 사람이 사랑하지요. 그만큼 한국은 문화 선진국도 되었습니다. 한국을 표현한다면 아웃스탠딩 코리아(Outstanding Korea)라는 말이 어울리지 않을까 생각합니다. 아웃스탠딩이라는 의미는 '최고의' 또는 '뛰어난'이라는 의미가 있습니다. 근현대사에서의 한국의 발전성과는 놀랍지요. 그리고 이런 성과가 있기까지는 우리나라의 가족의 힘이 크게 작용했습니다. 우리들의 부모와 조부모들의 부단한 노력과 가족을 위한 희생과 헌신이 오늘날 우리의 성공을 가져온 원동력입니다. 우리는 우리 자신이 항상 부족한 것처럼 생각하는 경우가 많지만, 세계적으로는 많은 칭찬과 존경을 받고 있습니다. 미국의 오바마 대통령은 취임 직후 한국을 배워라, 한국 사람같이 공부하라고 했습니다. 블링크의 저자 말콤 글래드웰은 한국의 교육방식은 국민들에게 세계적인 흐름과 지식을 알려 주는 보편적 주입식 교육이 근본을 이루고 있다는 점에서 뛰어난 교육방식이라고 지적하기도 합니다. 물론, 우리 사회도 변화하고 개혁하고 고쳐나가야 할 부분은 많습니다. 하지만 우리가 가지고 있는 것이 얼마나 크며, 우리 국민이 얼마나 위대한가 하는 점도 인정해야 합니다.

아웃스탠딩 코리아를 만들어 낸 우리 가족은 어떤지 생각해 봅시다. 우리들의 가족들, 대개 우리의 아버지나 할머니 세대로 가면 춘궁기에 끼니를 걱정해야 했던 가족이 대부분이었습니다. 그때에 비하면 지금은 많은 사람이 경제적으로 부유하지요. 대학진학률도 세계적으로 높습니다. 물론 우리 사회에는 불안 요소들도 여전히 있습니다. 이혼율은 세계적으로 높고, 가정폭력 발생률도 높은 편인데다 부의 편중과 낮은 여성 인권 등 개선해야 하는 점들도 많이 있습니다. 우리 가족 내에서도 분명 부족한 것이 있을 겁니다. 하지만 여러분이 만든 가족이 최고라는 것은 기억하셔야 합니다. 우리가 현재 가지고 있는 가족을 아웃스탠딩하게 다시 만들어 봅시다. 이것은 절대적 개념이 아니며 상대적 개념입니다. 누가 어떤 대학을 갔기에, 누가 돈을 더 많이 가져서 등으로 행복한 게 아니라, 여러분 스스로가 자기의 기준으로 행복을 만들어 가야 하는 것입니다. 우리 부부가 어떻게 하면 더 행복해질지 고민하고 노력해야 우리는 더 뛰어난 가족, 아웃스탠딩 패밀리(Outstanding Family)를 만들 수 있는 것입니다. 따라서 결혼 초기에 바랐던 꿈, 행복한 가정을 만들려던 꿈을 잊지 말고 꾸준히 노력해야 합니다.

이상적인 부부관계를 맺기 위해서는 서로에 대한 이해와 사랑, 관심이 요구됩니다. 부부간에 에너지의 교류가 충분히 이루어져야 하지요. 에너지를 교류하려면 여러분이 삶을 대하는 태도가 변해야 합니다. 가족의 존재 자체에 감사함을 느끼고, 여러분의 부정적 메모리 박스를 비우며 먼저 진심으로 사과하는 등 여러분의 변화가 먼저 이루어져야 합니다. 이렇게 여러분의 삶의 태도를 바꾸어 가족관계를 변화시키는 데 있어, TSL실천이 도움이 된다는 것을 잊지 말아야 합니다.

현대 우리 사회의 높은 이혼율, 출산율의 저하 등으로 가족은 더는 이전 시대처럼 재생산되지 않을 것이며, 사회적으로 감소기를 맞게 될 것입니다. 이로 인해 개인적으로도 피폐해질 것입니다. 현재까지 아웃스탠딩 패밀리가 현재 우리 사회의 번영을 이끌어 왔으나, 점차 가족의 안정성이 깨지고 있어요. 현명하게 우리 사회문제에 대처하지 못하면 행복한 가족은 다시 만들어지거나 확대되지 않을 것이기 때문에, 아웃스탠딩 코리아가 점점 작아질 것입니다. 사회복지가 생계는 보장하지만, 행복은 보장하지 않기 때문에 개개인의 변화 노력도 필요한 것이지요. 그것이 바로 TSL을 실천함으로써 가족의 안정성을 찾고 아웃스탠딩 패밀리를 만들어 가는 것입니다.

정신적 세금과 사회적 기여

여러분은 각자 소득에 대한 세금을 내고 계실 것입니다. 경제적으로 여러분이 얻은 수익 중 일부분을 세금으로 냄으로써 사회에 환원하는 것이지요. 우리의 삶에서는 경제적인 부분뿐 아니라 정신적으로도 세금이 발생될 수 있습니다.

우선 우리가 경제적인 수익이 아닌 정신적으로 얻게 되는 것들에도 그에 따른 세금, 즉 '정신적 세금(Mental Tax)'이 발생합니다. 정신적 세금의 특징은 받은 것만큼 비율적으로 내는 것은 아닙니다. '정신적 세금'은 가족으로부터 발생할 수도 있고, 사회적으로 발생할 수도 있습니다. 여러분이 가족으로부터 받은 사랑과 지지, 그리고 소중한 가족이 존재하는 것 자체로 여러분은 정신적으로 많은 것을 얻었습니다. 따라서 정신적으로 긍정적인 에너지를 얻은 것에 대한 세금이 발생하게 되지요. 여러분의 수익에 대한 세금을 통해 사회 환원을 하는 것처럼, 여러분의 긍정적인 에너지 수익에 대한 정신적인 세금을 가족에게 환원해야 합니다. 즉, 값비싼 물건을 사주는 것이 아닌 '고맙습니다' '미안합니다' '용서합니다' '사랑합니다'로 돌려 주는 것이지요. 또한, 여러분은 가족뿐 아니라 명성이나 존경, 성공, 신망 등 사회적으로 좋은 것을 얻고, 이에 대한 다른 사람들의 축하와 관심을 받게 될 것입니다. 이렇게 사회적으로 발생한 정신적 수익에 대해 세금이 발생하겠지요. 다른 사람들의 축하와 관심뿐 아니라 시기와 질투, 악성루머나 악의적인 반응 등을 받게 될 것입니다. 이렇게 사회적으로 발생한 정신적 수익에 대한 다른 사람들의 부정적 반응을 세금이라고 생각하십시오. 여러분이 경험하는 고통을 여러분이 얻은 수익에 대한 세금이 발생한 것으로 여긴다면 여러분의 마음이 한결 편해지실 것입니다.

한편, '정신적 세금'은 가족에게 TSL을 하거나 다른 사람의 시기나 악의적 반응을 세금으로 여기는 것뿐 아니라 더 나아가서는 '사회적 기여(Social Giving)'로 발전될 수 있어요. 여러분이 정신적으로 건강하고, 가족이 행복한 삶을 살아가고, 사회적으로도 많은 것을 얻었을 때 그 여유로움을 다른 사람에게 반드시 나누어야 합니다. 즉, 여러분이 자신, 가족, 사회적으로 받은 정신적 수익에 대한 감사를 지역사회, 직장동료, 먼 친지 등 주변 사람들에게 나누어 줌으로써 사회에 환원하여 '사회적 기여'를 하는 것이지요. 우리가 경제적 수익에 대해 정당한 세금을 내면 존중받고 행복해지는 것처럼, 정신적 수익에 대해 정당한 세금을 낸다면 더 존중받고 행복해질 수 있습니다. 여러분이 얻은 정신적 수익을 이웃과 사회에 나눔으로써 더 좋은 사회를 만들 수 있게 됩니다. 이렇게 '정신적 세금'과 '사회적 기여'를 통해서 아웃스탠딩 패밀리 그리고 아웃스탠딩 코리아를 더 잘 만들어 갈 수 있을 것입니다.

L 강화하기와 재충전하기: 사랑의 등급

앞서 살펴본 것처럼 이상적인 부부관계를 위해서는 지속해서 가족에 대한 '고맙습니다'와 '미안합니다' 또는 '용서합니다'를 실천하고, 이를 바탕으로 '사랑합니다'를 진심으로 느낄 수 있어야 합니다. 이번 주에도 여러분의 가족에게 고마움과 미안함, 진심 어린 이해를 바탕으로 한 사랑을 실천해 보시길 바랍니다.

기본과제. '고맙습니다' '미안합니다' '용서합니다' 실천하기

'고맙습니다' 실천(Activity)	
누구에게	
언제, 어떻게 말했나? 언제, 어떤 활동을 했나?	
상대방의 반응	
나의 반응	
'미안합니다' 실천(Activity)	
누구에게	
어떤 사건	
언제, 어떻게 사과하였나?	
사과 후 상대방의 반응	

상대방의 반응을 본 후 나의 마음	
가족관계의 변화	
'용서합니다' 실천(Activity)	
누구에게	
어떤 사건	
용서 후 나의 마음	
가족관계의 변화	

지난주 과제를 통해 가족이 원하는 것을 여러분이 실천하고, '사랑한다'를 말로 표현했을 때 여러분 가족의 반응은 어땠나요? 또한 여러분이 가진 소중한 것을 가족과 나누었을 때 그들의 반응은 어떠했으며, 여러분은 무엇을 느꼈나요? 말뿐인 '사랑한다'에 비해 자발적으로 먼저 실천하는 것은 여러분의 가족뿐 아니라 여러분 자신에게도 기쁨이 되었을 것입니다.

사랑의 등급

사랑은 에너지의 교류입니다. 자신의 에너지를 상대방과 나눔으로써 사랑이 이루어지는 것이지요. 하지만 여러분 자신이 가진 에너지를 얼마나 나눌 것인가는 상대방에 따라 달라질 수 있습니다. 이렇게 에너지를 어느 정도로 나누는가에 따라 사랑은 다섯 등급으로 나뉠 수 있습니다. 가장 낮은 차원의 사랑은 5등급이며 가장 높은 차원의 사랑이 1등급이지요.

앞의 [그림 13-5]에서 볼 수 있듯이 5등급의 사랑은 받은 에너지보다 적은 에너지를 주는 것입니다. 보통 사람들은 자신이 타인에게 주는 것보다, 더 많은 것을 받고 싶어 하지요. 4등급의 사랑은 1:1의 교환원칙에 의해 에너지를 주고받는 것입니다. 일반적으로 사회에서의 인간관계는 에너지 교환의 1:1만 잘 지켜져도 유지됩니다. 자신이 받은 만큼 돌려주는 사람은 이미 '신사'라고 할 수 있습니다. 3등급의 사랑은 내가 어느 정도 손해를 봐도 좋다는 생각이 듭니다. 상대방으로부터 에너지를 1만큼 받는데 상대방에게 1.2만큼 주는 관계이지요. 이것은 우리가 일반적으로 말하는 친

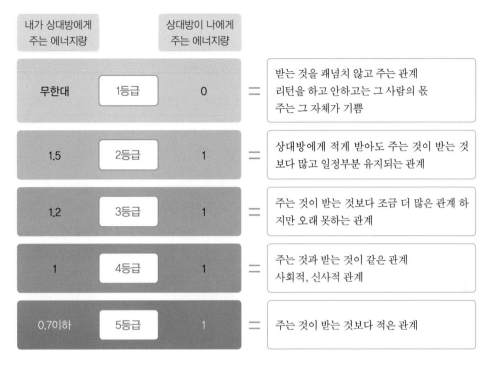

[그림 13-5] 사랑의 등급

한 친구 관계에서 가능합니다. 하지만 이것도 한시적일 수밖에 없습니다. 3등급의 사랑에서 자신이 일방적으로 계속 더 많은 에너지를 상대방에게 주게 되면 그 관계는 오래 유지되기 어렵습니다. 2등급의 사랑은 내가 받은 에너지에 비해 상대방에게 더 많은 에너지를 주면서 그 관계가 어느 정도 더 오래 유지되는 것입니다. 일상생활에서 흔히 사이가 좋은 형제 자매지간이 이러한 관계라고 볼 수 있지요. 2등급까지도 상대방의 태도가 '나' 자신의 등급에 영향을 미치게 됩니다. 하지만 1등급의 사랑은 자신이 받는 에너지가 없을 때도 상대방에게 기쁜 마음으로 에너지를 줄 수 있는 관계입니다. 이것이 바로 최상의 '사랑하는 관계'이지요. 일반적으로 부모가 자녀에게 무엇을 받기 때문에 자신의 에너지를 주는 것일까요? 그렇지 않을 것입니다. 그것은 자유의지에 따라서 무조건 주는 것입니다. 이것이 최고 수준의 사랑입니다. 이러한 사랑이 배우자나 연인에게도 가능합니다. 하지만 자연스럽게 되는 것은 아니며, 노력해야 하지요. 사랑을 유지하고 싶다면 자신의 에너지를 자발적으로 나눌 수 있어야 합니다. 이것이 사랑의 완성입니다.

대개 사랑이라 하면 주고받는 것을 생각하는데, 가족 간의 사랑은 주는 것에 만족하는 사랑입니다. 크든 작든 타인에게 기부하는 사람들, 유명한 예를 들자면 록펠러나 카네기, 빌 게이츠부터 언더우드나 김밥 할머니와 같은 분들, 사회에 환원한 많은 기부자는 얻는 기쁨보다 주는 기쁨이 더 크다고 이야기합니다. 바로 이런 것이 사랑이지요. 돌아오는 몫이란 것은 사실은 받은 사람이 할 몫입니다. 그러므로 우리는 사랑을 주는 것에 만족하고 나누는 것에 만족해야 합니다. 상대방이 나에게 얼마나 해줄까 기대할 수는 있지만, 내가 준 것만큼 돌아오기를 기대한다면 그것은 4등급의 관계밖에 될 수가 없습니다. 그나마도, 자신이 나눠준 에너지의 양이 내 주관적 기준에서의 1이기 때문에 받는 상대방에게는 그보다도 더 작게 느껴질 수도 있습니다. 따라서 가장 친밀한 관계나 진정으로 사랑하는 사람의 관계는 큰 기대를 하지 않고 상대방에게 자기가 더 준다고 생각하는 것입니다. 이것이 가능하다면 좋은 인간관계나 사랑하는 관계를 맺을 수 있을 것입니다.

셋 모드의 전환

1등급의 사랑은 초월적 사랑으로 상대에게 무조건 주지만 나눌수록 더 기쁨이 됩니다. 4등급의 사랑만으로도 우리는 사회생활을 원만히 수행할 수 있습니다. 하지만 초월적인 사랑을 하기 위해서는 자신의 에너지를 끊임없이 기쁜 마음으로 나누어야 합니다.

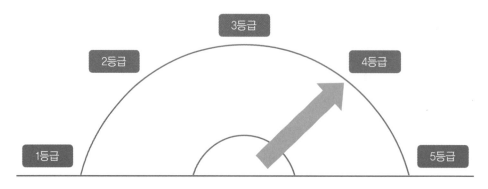

[그림 13-6] 남편과 아내에 대한 고정된 모드(Set Mode)

사람들은 기본적으로 사람을 대할 때 정해진 모드(Set Mode)가 있습니다. 이 사람한테는 얼마나 주겠다는 태도라고 할 수 있지요. 예를 들어, 이 사람은 1등급, 이 사람은 몇 등급 하는 식으로 정해져 있다고 할 수 있습니다. 다음의 [그림 13-6]처럼 우리 마음속에는 어떤 사람은 어떤 등급이라는 태도가 정해져 있는 것이지요.

자기가 상대방에 대해서 가지고 있는 평가나 고정적 관념, 이 사람은 이것밖에 안 돼, 나는 이 사람에게 이만큼만 해야지 하는 식의 고정관념이나 편견을 가질 수 있고 여기에 맞춰서 자기의 에너지를 투입하는 것입니다. 내게 돌아오는 것이 별로 없을 것 같은 사람에게 필요 이상의 에너지를 주려고 하지 않는 것이 일반적입니다. 이것을 바꾸어 나가는 것이 바로 사랑의 실천단계입니다. 4단계나 5단계로 설정된 사랑의 모드를 1단계로 바꾸는 것이 바로 TSL에서 하려는 것입니다. 여기선 '태도'를 바꾸는 것이 중요합니다. 가족에 대한 '태도'의 변화가 가족에 대해 가지고 있는 자신의 모드에 대한 변화로 이어집니다. 자신의 모드를 바꾸어서 가족을 대하면 언젠가는 다른 가족 구성원도 변화할 수 있습니다.

모드를 전환시키고, 자신의 에너지를 기쁜 마음으로 나누기 위해서는 부정적 메모리 박스를 비워야 합니다. 자신의 에너지를 기쁜 마음으로 나누기 위한 첫 걸음은 겉치레가 아닌 진심으로 상대방에 대한 자세를 바꾸는 것입니다. 사랑은 그 존재에 대한 감사입니다. 감사하고, 사과와 용서를 하고, 그런 이후에 사랑한다고 말과 행동을 합니다. 가족에 대한 소중함을 알고, 그 소중한 사람을 위해 미움을 버리고 진정으로 사과하고 용서한 후, 자신의 에너지를 기쁜 마음으로 자발적으로 나눌 때 사랑은 완성되는 것입니다.

사랑 강화하기

여러분은 '고맙습니다' '미안합니다'를 거쳐, 여러분이 가진 소중한 것을 나누는 '사랑합니다'를 실천하고 있습니다. '사랑합니다'의 마지막 과제는 '사랑합니다'를 표현하고 가족의 사랑을 확인하는 것입니다.

자신이 가족을 어떻게 생각하고 있었는지 평가해 보는 워크시트를 하나 만들어 봅시다. 우리의 관계는 몇 등급이었을까 평가해 보는 것입니다. 지금 내가 가장 소중하게 생각하는 가족 구성원을 쓰고, 여러분이 그 사람에게 몇 등급의 사랑을 주고 있는지 써 보세요. 이것은 혼자서만 해 보는 것은 아닙니다. 상대방에게 여러분이 그 사람에게 몇 등급의 사랑을 주고 있는 것 같은지 물은 후 상대방의 대답을 써 보세요. 흔히 사람들은 자기가 상대에게 주는 것에 비해서 상대가 자신에게 애정과 관심을 덜 둔다고 하는 경우가 흔합니다. 과연, 내가 상대에게 가지고 있고 표현하는 애정은 몇 등급이라고 느끼는지도 상대에게 물어 봐야 합니다. 내가 상대방에게 주고 있다고 생각하는 사랑의 등급과 상대방이 느끼는 등급은 일치하나요?

과제 1. 사랑의 등급 작성하기

누구에게	내가 상대방에게 주는 사랑의 등급	상대방이 생각하는 내가 상대방에게 주는 사랑의 등급
○○○		
○○○		
○○○		
○○○		
○○○		

TSL에 참여했던 사람들은 〈사례 13-1〉처럼 사랑의 등급을 매겨 보며 자신이 상대방에게 주고 있다고 생각한 사랑의 등급과 상대방이 느끼는 정도가 다르다는 것을 알고 많은 생각들을 했다고 합니다. 〈사례 13-1〉과 〈사례 13-3〉처럼 자신은 가족들에게 1등급의 사랑을 주었던 것 같은데 가족들은 그렇게 느끼지 않아 반성을 했다는 사람도 있었지요. 어떤 사람은 〈사례 13-2〉와 〈사례 13-4〉와 같이 자신은 1등급이 아닌 사랑을 주었다고 생각하는데 가족들은 1등급의 사랑을 또는 상향 등급을 받았다고 하여, 가족에 대해 감사함을 느끼는 일도 있었습니다. 다음 참여자들의 사례와 소감들을 보면서, 여러분의 사랑의 등급도 생각해 보세요.

사랑의 등급을 작성해 보고, 가족들의 이야기를 들으면서 여러분은 무엇을 느끼셨나요? 가족들이 모두 나와 동일하게 생각하지 않고 있다는 것을, 내가 주고 있다고 생각한 사랑과 에너지가 상대방에게는 그렇게 느껴지고 있지 않았음을 알게 된 분도 있을 것입니다. 우리가 사랑을 표현하는 것은 나 자신이 알기 위해서가 아니

🖤 사례 13-1   여, 21세, 취업준비

가족 구성원	내가 상대방에게 주는 사랑의 등급	상대방이 생각하는 내가 상대방에게 주는 사랑의 등급
아버지	1등급	5등급~2등급
어머니	1등급	3등급

　사랑의 등급을 알아 보면서, 상대가 생각하는 등급을 1등급의 사랑으로 올릴 수 있도록 더욱 노력해야겠다고 생각한다. 내가 가족들에게 주고 있는 등급의 정도를 듣게 되니 충격도 적지 않았다. '진심이 아니겠지' 생각을 하려다가도 진심이 느껴진다. 특히 어머니께 2등급에서 3등급 정도라는 데에 그동안 너무 섭섭하게 해 드려 죄송스러웠다. 지금이라도 가족들의 마음을 확인할 수 있어서 감사하고 끊임없이 노력해야겠다. 당연히 1등급이라고 하실 줄 알았던 아버지, 어머니께서는 예상과 다른 대답을 주셨다. 아버지께 장난 섞인 말투로 5등급이라고 하시자 어머니께서는 "내가 3등급이라고 하면 당신은 적어도 2등급까지는 줘야지" 하시는데 순간 여러 생각들이 스쳐 지나갔다. 그동안 특히 어머니께 너무 서운하게 해 드린 것이 그렇게 많았나? 2등급과 3등급에서 갈등하시는 어머니를 보며 충격 또한 적지 않았다. 좀 더 사랑을 강화해야 할 필요성을 절실히 느끼게 된 순간이었다.

🖤 사례 13-2   남, 28세, 취업준비

가족 구성원	내가 상대방에게 주는 사랑의 등급	상대방이 생각하는 내가 상대방에게 주는 사랑의 등급
아버지	〈5등급〉 이것은 TSL을 시행하기 이전의 생각이었기 때문에 지금은 이보다는 조금 더 상향되었다고 느낀다. 처음 아버지에 대한 부정적인 메모리들을 지우지 못했을 때 아버지에게는 최소한의 매너를 지키는 것이 좋겠다고 생각했으나 TSL을 통해 부정적인 메모리들을 제거해 나가고 용서하면서 지금은 완전한 1등급이라고 할 수 없지만, 그에 거의 근접했다고 할 수 있을 것 같다.	〈1등급〉 내가 현실적으로 주고 있는 에너지량은 사실상 5등급이지만 1등급의 마음을 가지고 있을 것이라고 믿고 계셨다. 그런데 실제로 내가 주고 있는 사랑은 5등급의 사랑이라는 생각이 들었다. 머리로 생각하는 것과 실제로 전달하려는 것과는 차이가 있음을 확연히 인식하게 되었다.
어머니		

😀 사례 13-3 　남, 45세, 자영업

가족 구성원	내가 상대방에게 주는 사랑의 등급	상대방이 생각하는 내가 상대방에게 주는 사랑의 등급
아내	〈1등급〉	〈2등급〉 배려하고 소중하게 대하지만 때로는 자기식대로의 방식을 강요할 때가 있음
아들	〈1등급〉	〈1등급〉 소중하게 여기고 마음을 다 해 사랑해 줌

😀 사례 13-4 　여, 39세, 주부

가족 구성원	내가 상대방에게 주는 사랑의 등급	상대방이 생각하는 내가 상대방에게 주는 사랑의 등급
남편	〈1등급〉 남편에게는 남편의 반응과 상관없이 무 조건 사랑을 베풀기 위해 노력해왔다.	〈1등급〉 아무런 조건없이 무조건 사랑해 줘서 정말 고 맙다며 1등급이라고 말했다.
어머니	〈5등급〉 어려서부터 지금까지 받기만 하고 자라 는 것 같다. 결혼을 하고 나서는 더 그 런 마음이 많이 생긴다.	〈1등급〉 어머니께 여쭤보니 1등급이라고 말씀해 주셨 다. 늘 좋은 것만 주려고 노력하는 딸이 무조 건 고맙다고 하셨다. 별로 해 드린 것도 없는 데 어머니께서 그렇게 말씀해 주시니 마음이 뭉클했다
아버지	〈5등급〉 별로 해 드린 것이 없었는데, 경제적으 로 어려움을 느끼지 않고 자랄 수 있었 던 것은 다 아버지 덕분이다.	〈3등급〉 결혼 이후 아버지께 더 잘하려고 하는 것 같 다고 하시며 3등급이라고 말씀해 주셨다.

라, 상대방이 알 수 있도록 하는 것입니다. 그러므로 여러분의 입장에서 어떤 것을 나누고, 어떤 등급의 사랑을 주고 있다는 것에 앞서 상대방의 입장에서 어떤 것을 원하며 어떻게 해야 1등급의 사랑을 받는다고 느끼는지 검토해 볼 필요가 있겠지요.

　상대방이 자신에게 에너지를 주지 않는다고 생각하거나, 주고 있어도 느끼지 못한다면 상대방에게 분노하게 되고 힘들어질 수밖에 없습니다. 그것은 대개 4등급의 관계입니다. 이것은 시장의 법칙이라고 할 수 있는데, 등가교환의 법칙입니다. 하지만 가족은 시장의 법칙으로 설명할 수 없는, 말하자면 비합리적인 결합체이며 그래서 시장의 원칙인 1:1의 교환관계가 아닙니다. 만약 이것을 억울해 한다면 가족이 유지되기는 어렵습니다. 가족 간의 사랑은 1, 2등급은 되어야 합니다. 그런데 대개는 3등급과 4등급 사이에서 부부관계가 형성됩니다. 좋은 관계가 되려면 1등급으로 발전해야 합니다.

사랑 재충전하기

사랑은 지속적으로 표현하면서 기쁨을 얻는 것입니다. 재충전하기 위해 다시 사랑을 표현하고 확인하세요. 오늘의 과제는 여러분의 사랑을 표현하기 위한 계획을 세워 보고 실행해 보는 것입니다. 이때 반드시 사랑한다는 말과 함께 표현하는 행동을 해야 합니다. 그리고 가족에게 여러분을 사랑하는 느낌이 있는지 물어보세요. 가족이 여러분에게 사랑하는 느낌이 있다고 말한다면 고맙다고 인정하고, 여러분도 상대방을 사랑하고 있음을 확인해 주세요. 이것이 사랑의 완성인 사랑을 확인하는 것이고, '사랑합니다'의 마지막 과제입니다. 다음 일주일간 실행하고 작성해 보세요.

과제 2. 사랑 표현하기 & 사랑 확인하기 실천계획(Action Plan) & 실천(Activity)

사랑 표현하기 & 사랑 확인하기 실천계획(Action Plan)	
누구에게	사랑표현 계획
사랑 표현하기 & 사랑 확인하기 실천(Activity)	
누구에게	실행 여부
실제 표현 방법	
상대방의 반응	
사랑 확인하기	
나의 느낌	

다음의 〈사례 13-5〉와 〈사례 13-6〉에서 볼 수 있듯이 '사랑합니다'를 표현할 때 상대방은 때로 놀라고 쑥스러워 할 수도 있지만 기뻐하는 것을 알 수 있습니다. 또한 사랑한다고 말한 본인 스스로도 행복감을 느낄 수 있지요. 그리고 〈사례 13-7〉처럼 '사랑합니다'를 실천하면서 에너지를 얻고 좋은 경험을 통해 다시 이런 행동을 해야겠다는 다짐과 재충전의 모습이 나타납니다. 이렇게 TSL실천은 나와 상대방을 기쁘게 하고, 이를 통해 가족관계를 회복시켜 줍니다.

😊 사례 13-5 ｜ 남, 31세, 직장인

사랑 표현하기 & 사랑 확인하기 실천계획(Action Plan)			
누구에게	사랑표현 계획		
아버지 어머니	전화로 안부를 여쭙고 사랑합니다라고 말씀드리기		
사랑 표현하기 & 사랑 확인하기 실천(Activity)			
누구에게	아버지	실행여부	○
실제 표현 방법	전화를 드리니 운전 중이셨다. 늦은 시간까지 힘들게 일하시는 아버지께 힘내시라고 말씀드리고 사랑한다고 말씀드렸다.		
상대방의 반응	내 건강을 염려하시며 아버지도 힘낼테니깐 몸 챙기면서 힘내라고 말씀해 주셨다.		
사랑 확인하기	예전에는 나에게 '힘내'같은 말씀은 전혀 하시지 않으셨다. 그래서 아버지의 응원에 힘이 났다.		
나의 느낌	부모님께 사랑한다고 자주 고백하는 편이지만 언제, 어느 곳에서, 어떤 상황일 때 고백하느냐에 따라 늘 새로운 것 같다.		
누구에게	어머니	실행여부	○
실제 표현 방법	며칠 전에 다툰 것을 사과드리며 사랑한다고 말씀드렸다.		
상대방의 반응	"몰라."라고 웃으면서 말씀하시면서 나의 건강을 염려해 주셨다.		
사랑 확인하기	내가 말을 안 듣고 속을 썩일 때는 밉다고 하시지만 그럼에도 사랑함을 느낄 수 있었다.		
나의 느낌	사랑의 고백은 새로운 힘을 만들어냄을 느꼈다.		

😊 사례 13-6   여, 27세, 학생

사랑 표현하기 & 사랑 확인하기 실천계획(Action Plan)			
누구에게	사랑표현 계획		
어머니	전화통화		
동생	옷 선물		
사랑 표현하기 & 사랑 확인하기 실천(Activity)			
누구에게	어머니	실행여부	○
실제 표현 방법	2시간 가량 어머니의 이야기를 들어 드렸다.		
상대방의 반응	매우 만족스러워하셨다.		
사랑 확인하기	"그래. 고맙다. 내가 더 사랑해."		
나의 느낌	너무 어색했지만 오랜만에 이렇게 오래 이야기하고 보니 여러 가지 삶의 조언도 얻을 수 있고, 어머니에 대한 신뢰도 쌓였다.		
누구에게	동생	실행여부	○
실제 표현 방법	같이 쇼핑하자고 제안하자 인터넷으로 주문해 달라고 했다. 조금 화가 났지만 참고 알겠다고 말해 주었다. 옷을 선물하며 내가 많이 아끼고 사랑하는 거 알지라고 이야기해주었다.		
상대방의 반응	매우 좋아함		
사랑 확인하기	"뭐야, 왜 그래 갑자기. 언니가 나 춥다고 옷 사준다고 할 때 나도 느꼈어."		
나의 느낌	너무 쑥스러웠다. 하지만 어색해도 표현하고 나니 동생에 대한 감정이 많이 부드러워짐을 느낄 수 있었고 참 좋았다.		

😊 사례 13-7   남, 50세, 전문직

사랑 표현하기 & 사랑 확인하기 실천계획(Action Plan)			
누구에게	사랑표현 계획		
아버지	생신맞이 저녁 식사 때 사랑한다고 말씀드리기		
아내	수시로 아내에게 사랑한다는 표현이 담긴 문자 메시지 보내기		
사랑 표현하기 & 사랑 확인하기 실천(Activity)			
누구에게	아버지	실행여부	○
실제 표현 방법	처음에는 생신 축하드린다는 말만 나오고 사랑한다는 말이 어려웠다. 하지만 식사를 하는 중에 '사랑합니다. 아버지.'라고 말씀드렸다.		
상대방의 반응	'사랑한다'는 말을 들으시고는 멈칫하시는 것을 느꼈다. 평소에 사랑용지 않는 표현이기에 아버지도 놀라시는 듯했다. 하지만 흐뭇하게 웃으셨다.		

사랑 확인하기	아버지께서는 사랑한다는 말씀은 못하시고, '나도 그렇다.'라며 웃으셨는데 그 마음이 충분히 전해지는 것 같았다.		
나의 느낌	사랑한다는 말을 꺼내기까지 많은 시간이 걸렸고 또 쑥스러웠지만 기분은 좋았고 앞으로 자주 말씀드리고 싶다는 생각이 들었다.		
누구에게	아내	실행여부	○
실제 표현 방법	첫눈이 올 때 당신과 함께 있어 행복하다는 문자를 보냈다.		
상대방의 반응	내가 이제 표현도 자주하고 숙제의 단계를 벗어나 진정으로 사랑하고 있는 것을 느낀다고 말해 주었다.		
사랑 확인하기	주말 저녁 부부 모임 장소에서 아내가 최근의 내 변화된 모습을 사람들에게 이야기하면서 참 행복하다고 했다.		
나의 느낌	진정으로 표현하고 행동하는 사랑은 상대방을 행복하게 하고 모든 일에 자신감을 가지게 함을 느꼈다.		

이제 여러분은 'TSL치료'의 세 번째 과정인 '사랑합니다(L)'를 마쳤습니다. 거듭 강조하지만, 이 과정은 단독적인 과정이 아니며 'T'와 'S'로부터 연속된 과정입니다. 감사함에 대한 인식을 기반으로 관계가 형성될 때만 그 관계를 변화시킬 수 있는 진심 어린 사과와 용서를 할 수 있으며, 이를 통해서만 진심으로 상대방을 사랑할 수 있음을 잊지 말아야 합니다. 여러분의 소중한 것을 나누는 '사랑합니다'를 실천한 이후 가족관계에는 어떤 변화가 있었나요? 한번 그것을 적어 보고, 가능하다면 가족을 비롯한 주변 사람들과 그 경험을 나누어 보세요.

과제 3. '사랑합니다' 평가하기

어떤 점을 느꼈나? _____

_____

_____

여러분의 어떤 점이 변화했나요? _____

_____

_____

여러분의 가족관계에는 어떤 변화가 있었나요? _____

_____

_____

사례 13-8 | 남, 36세, 교사

어떤 점을 느꼈나: 가족끼리는 꼭 말로 표현하지 않아도 서로의 마음을 다 아는 것 아니냐는 생각을 했는데 역시 마음은 말로 표현하고 행동으로 옮길 때 더 서로에게 잘 전달되는 것이라는 생각을 했다. 친하고 스스럼없는 사이일수록 더 마음을 잘 표현해야겠다고 느꼈다.

나의 변화: 가족 내에서 잘 표현하기보다는 묵묵히 할 일을 하는 편이었는데 용기내서 먼저 다가가고 마음을 표현할 수 있게 되었다. 나도 표현을 하려고 하면 잘할 수 있다는 생각도 할 수 있게 되었고, 앞으로도 좀 더 마음을 자주 표현해야겠다고 느꼈다. 사랑한다고 말해 주면 웃는 가족의 얼굴을 보니 내가 더 행복했다.

가족의 변화: 아버지께 오랜만에 사랑한다는 말씀을 드리며 안아 드렸는데 처음에는 부끄럽기도 하고 망설여졌지만, 막상 실천하고 보니 너무 좋았다. 앞으로도 자주 할 수 있겠다는 용기도 생겼다.

사례 13-9　여, 40세, 프리랜서

어떤 점을 느꼈나: 사랑한다는 표현은 평소에도 많이 하던 말처럼 느꼈었는데, 막상 하려고 생각을 해 보니 어색한 것이, 내가 그동안 생각처럼 많이 하지 않았구나 하는 것을 느꼈다. 사랑한다는 표현이 한때는 식상하다고 느꼈던 적도 있었는데 식상하다고 하기엔 사랑한다는 표현은 할 때마다 떨리고, 설레고 내 마음이 먼저 따뜻해지는 것을 느꼈다. 확실히 사랑한다는 표현은 TSL의 완성인 것 같다. 물론 앞의 두 과정이 없다면 사랑한다는 말이 자연스럽게 나오지도, 의미가 색다르게 다가오지도 않았을 것 같다. 하지만 사랑한다는 말을 하면서 내가 가족에게 느끼는 고마움이나 미안함의 과정이 훨씬 이전보다 자연스럽게 받아들여진 것 같다.

나의 변화: 책의 초기에 나왔던 것처럼, 존재 자체에 대한 감사가 이전보다 한층 깊어진 것 같다. 존재에 대한 의미가 새롭게 다가오면서 그냥 가족들이 하는 일들에 대한 불만이 줄고 내 옆에 있다는 사실이 사랑스럽게 느껴지는 것 같았다. 특히 어머니와 한층 더 가까워진 것 같고, 예전에 어머니와의 관계에서 다소 애증의 감정이 있었는데 지금은 어머니가 너무 좋고 옆에 계시다는 것만으로 감사하다.

가족의 변화: 가족들과의 관계는 당연히 좋아질 수밖에 없었다. 평소보다 사랑한다는 말을 자주 나누고 그런 사랑을 교감할 수 있는 시간을 많이 보내서인지 안 좋은 일이 있더라도 금방 회복할 수 있었던 것 같다. 무엇보다 떨어져 계시는 아빠, 늘 외로움을 느끼는 오빠에게는 앞으로도 계속 사랑한다는 표현을 잊지 말고 해야 할 것 같다. 늘 하는 표현이고, 식상할 수 있는 표현이지만 그 안에 가족이 가진 긍정적 에너지를 많이 이끌어 내 주는 것 같다.

사례 13-10　남, 25세, 학생

어떤 점을 느꼈나: 가족은 어떤 조건이 있어서가 아니라 그냥 사랑할 수 있는 세상에서 유일한 집단이라는 생각을 새삼하게 된다. 우리 가족에게 나는 사랑한다고 잘 고백하는 편이지만 말할 때마다 새롭고, 이것이 우리 가족 구성원 각자를 움직이는 것 같다는 생각을 하게 되었다. 사랑을 고백하고, 그리고 그 고백하는 사랑보다 더 큰 사랑을 받는 나는 참 행복한 사람이다.

나의 변화: 내가 세상 어느 누구보다 잘난 것이 없더라도, 세상에서 나를 나보다 사랑해 주시는 부모님이 든든히 버텨 주시는 그것만으로도 나는 힘을 낼 수 있었다. 사랑한다는 고백은 이 사실을 잊고 있다가도 기억나게 한다. 그래서 나도 부모님께 이러한 사실을 자꾸 알려 드리려고 노력하게 되었다.

가족의 변화: 큰 변화보다는 가족 구성원 모두가 사랑한다는 고백 후에, 그 속에 에너지가 생기는 것 같다. '사랑합니다'하는 고백을 하면서는 사랑의 대상이 있음을 감사하여 힘이 나고, 사랑의 고백을 듣고는 내가 사랑받는 사람이라 감사해서 힘이 난다.

🙂 사례 13-11 　여, 22세, 학생

어떤 점을 느꼈나: '사랑합니다'를 실천하면서 가족 간에 사랑한다는 표현이 많이 부족했다는 점을 느낄 수 있었다. 서로를 사랑하면서 살아가는 것은 분명한데 그것을 직접적으로 표현하려는 시도조차 하지 않았던 것 같다. 하지만 표현한 이후에는 어색함이 사라지고 굉장히 간단한 것이었음을 알게 되고 반성하게 되었다. 가장 간단한 것부터 차근차근 시도해 보면 전혀 어렵지 않다는 것을 깨닫게 되었다.

나의 변화: 처음에는 평소에 하지 않던 다른 행동을 하는 것이 굉장히 두렵고 많은 에너지가 소모될 것 같아 꺼려했다. 그러나 막상 시도한 후에 내가 그동안 당연하다고 생각했던 것을 몸소 느껴 보니 어렵지 않고 굉장히 즐거운 일이라는 것을 느낄 수 있었다. 그래서 가족 간에 서로 서운한 일, 즐거운 일, 고민되는 일에 있어서 가족의 눈치를 보면서 비밀로 하는 것이 아니라 자연스럽게 표현하게 되었다. 가족과 이러한 기쁨을 함께 나눌 수 있어서 행복하다.

가족의 변화: 가시적으로 큰 변화는 모르겠지만, 과거에 비해 웃음이 조금 더 많아진 것 같다. 이제 집에 들어가면 각자가 바쁜 와중에도 소소한 이야기를 나누면서 가족들이 서로 웃음을 함께 한다는 것이 가족관계에서 나타난 작은 변화이다. 지금까지 진행해 온 TSL의 가장 좋았던 점은 바로 가족 구성원이 서로 의지할 수 있고 앞으로 더 행복한 가정을 이룰 수 있다는 생각을 갖게 해 준 것이다.

사례 13-12 여, 47세, 교사

어떤 점을 느꼈나: 스스로 마음에서 우러나오지 않는 표현은 불쾌감을 남겼다. 그래서 초반보다
는 내가 마음이 진짜로 움직일 때만 표현을 하게 되었다. 내가 주는 것에 비해서 너무 많은
것을 당연히 받고 살아가고 있다는 것을 느끼게 되어 슬픈 기분이 들었다.

나의 변화: 가족 상대방의 입장에서 생각하게 되었다. 가족이 보는 나는 어떠한가를 생각하면,
내가 행동해야 할 방향을 잡을 수 있었다. 나의 관점에서 윤리적 틀을 가지고 이성적인 계
산을 하는 것보다는 오히려 상대방의 감정과 행복감을 고려하는 것이 결과적으로 더 합리
적인 대안을 낳을 수 있다는 생각을 하였다.

가족의 변화: 급진적인 변화가 있는 것은 아니지만 특히, 어머니와의 관계에서 다른 집안의 자녀
들이 하는 행동의 일부를 흉내 내는 단계에 이른 것 같다. 가장 중요한 것은 나 스스로 그
렇게 하고 싶은 마음이 들었다는 점이다.

 사례 13-13 남, 58세, 건설업

어떤 점을 느꼈나: 눈과 마음으로 표현하는 것보다 말로 표현하는 것의 차이점을 느꼈다.

나의 변화: 조금의 감사한 일과 미안한 일들 앞에도 '사랑해'하며 가볍게 포옹하는 습관이 생겼
다(서로 만병통치약 역할을 함).

가족의 변화: 어떠한 경우에도 경직된 분위기가 해소되는 경우가 많아졌으며, 특히 아내는 그동
안 받아 보지 못한 나의 표현('사랑해 여보')과 행동(가볍게 포옹하는 것)에 오히려 감사한
마음을 갖기도 하고, 아무리 부모님을 모시고 살아도 너무 어른들 눈치에 '사랑해'라는 표
현과 스킨십도 없었다며 아쉬운 지난날을 회상하며 눈시울을 적셨다.

앞 사례들의 대부분은 사랑을 실천하면서 자신이 행복하다고 말하고 있지요.
〈사례 13-8〉은 사랑한다고 말하므로 기뻐하는 가족을 보며 내가 더 행복하다고 합
니다. 사랑을 통해 〈사례 13-9〉는 어려울 때 회복력이 향상되는 에너지의 힘을 느
끼네요. 〈사례 13-10〉은 사랑을 고백하다가 자신이 더 큰 사랑을 받고 있음에 감사
하게 되고 힘이 납니다. 그동안 당연하다고 느끼고 지나가던 것을 '사랑합니다'의 실
천을 통해 기쁨과 행복함을 경험하는 것이지요. 한편, 〈사례 13-12〉는 받는 것을

당연하게 생각하던 자신을 발견하고 슬픈 마음이 들지만, 이것을 바꾸려는 마음을 갖게 됩니다.

끝으로 〈사례 13-13〉처럼 '사랑합니다' 실천은 결혼생활의 새로운 활력소가 되어 배우자도 감동하고 자신도 자신의 삶을 돌아 보는 계기가 됩니다. 이러한 사례들을 보면서 사랑합니다(L)의 말과 행동의 실천을 통해 사랑하는 가족들을 힘이 나게 할 뿐이 아니라 자신이 가장 행복해지게 됩니다. TSL 에너지 이론이 검증되는 것이지요.

오늘의 과제 ,

기본과제. '고맙습니다' '미안합니다' '용서합니다' 실천하기

과제 1. 사랑의 등급 작성하기

과제 2. 사랑 표현하기 & 사랑 확인하기 실천계획(Action Plan) & 실천(Activity)

과제 3. '사랑합니다' 평가하기

이번 Chapter는 '사랑합니다' 실천을 완성하는 단계입니다. 여러분은 상대방이 원하는 것을 알고(Recall), 그것을 인정하여 여러분이 가진 것을 나누려는 의지를 가지고(Recognize), '사랑합니다'를 말로 표현하고 여러분의 에너지를 나누면서(Realize: Action), 상대방에게 '사랑합니다'를 실천했을 것입니다. 이번 Chapter를 통해 여러분이 가족에게 가지는 사랑의 등급을 확인하여 1등급의 사랑이 되도록 노력함으로써 '사랑합니다' 실천을 강화(Reinforcement)하고 지속해서 실천할 수 있도록 재충전(Refreshment/Return)할 수 있었을 것입니다.

TSL치료 총평: TSL의 완성은 겸손

TSL치료란

TSL치료는 'Thank you, Sorry, Love'입니다. 관계에 대한 통찰을 통해, 진심에서 우러나오는 '고맙습니다' '미안합니다' '사랑합니다'를 표현함으로써 가족관계를 바꾸고 나아가서는 인간관계를 개선하는 노력입니다. 살다보면 가족관계에서 혹은 다른 사람과의 관계에서 갈등, 어려움, 화남, 상처 등을 경험할 수 있습니다. 이런 부정적인 것이 마음속에 쌓여 가면 하나의 작은 사건에 불과했던 것이 그 사람과의 관계를 매우 불편하고 어렵게 만들어 버릴 수 있지요. 우리는 불편한 관계를 해소해 보고자 다양한 노력을 하지만 때로는 오해가 생기기도 하고, 상대방이 내 진심을 알아 주지 않아 더 상처받기도 합니다. TSL치료는 이러한 상처를 치료합니다.

TSL치료는 너무도 쉬운 말처럼 보이고, 너무도 당연한 이야기처럼 들릴지 모릅니다. 하지만 우리가 가장 단순하다고 생각하는 말인 '고맙습니다' '미안합니다' '사랑합니다' 이 세 가지 표현은 원만한 인간관계와 행복하고 평온한 삶을 유지하는 강력한 도구입니다. 이 세 단어는 관계를 개선시키고, 친밀감을 회복시켜 주는 놀라운 힘을 가지고 있습니다. 'TSL치료'는 '고맙습니다' '미안합니다' '사랑합니다' 세 가지 단어를 인식하고 말과 행동으로 표현하여 가족관계와 대인관계를 변화시키는 방법입니다. 하지만 보다 더 근본적인 것은 삶에 대한 나의 태도와 상대방에 대한 나의 관점을 바꾸는 것입니다. 관계개선은 결과일 뿐이며, 그 결과를 위한 과정은 내 자신을 바꾸는 것입니다. 나 자신을 바꾼 결과로 관계가 좋아지는 것입니다.

TSL치료의 원리

쉬울 것 같은 표현인 '고맙습니다' '미안합니다' '사랑합니다'를 진심으로 말과 행동으로 실천하는 것은 그리 쉽지 않습니다. 이 책을 읽기 전인 14주 전의 여러분 모습을 떠올려 보세요. 일상적인 것만 같았던 이 세 가지 표현을 가족에게 얼마나 했었나요? 쑥스러워서, 시간이 없어서, 말하지 않아도 알겠지, 상대방이 원하지 않아서, 그 단어가 입 밖으로 나오지 않아서 등의 다양한 이유로 그 표현을 잘하지 않았을 것입니다. 하지만 지난 14주간 주어진 과제를 충실히 실행하고 지켜온 지금, 여러분의 변화 모습은 어떤가요? TSL치료는 단기간에 이루어지는 것이 아닙니다. 우리의 마음속에서 진심으로 가족과 상대방에 대한 가치를 부여하고, 고마움과 미안함, 사랑함의 표현을 자연스럽게 몸에 익혀야 하기 때문이지요.

TSL치료는 가족의 존재에 대한 고마움을 표현하고, 소중한 가족에 대해 그의 입장에서 이해하면서 미안함과 용서를 표현하여 이를 통해 사랑이 완성되는 것입니다. 여러분은 지난 13주간 이 책과 함께하며 변화된 자신과 가족관계를 발견할 수

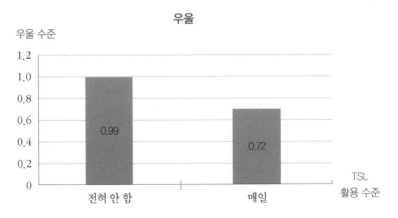

[그림 14-1] 일반가정의 'TSL실천' 활용 수준과 우울

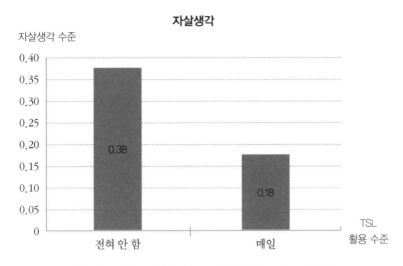

[그림 14-2] 일반가정의 'TSL실천' 활용 수준과 자살생각

있을 것입니다. TSL실천은 다른 사람을 위한 것이 아닌 본인을 위한, 본인에게 도움이 되는 실천입니다. 이러한 TSL실천 여부에 따라 본인의 정신건강 상태라 할 수 있는 우울이나 자살생각에 차이가 나타나는 것을 알 수 있지요.

[그림 14-1]처럼 일반인 조사에서 TSL를 매일 사용하는 사람들과 1년에 한 번도 사용하지 않는 사람들의 우울과 자살생각 수준을 비교해 보았습니다. 조사결과, TSL을 많이 사용할 때 우울이나 자살생각을 더 적게 하는 것으로 나타났습니다. [그림 14-1]에서 보는 바와 같이, 배우자에게 TSL실천을 매일 하는 사람들의 우울 수준은 평균 0.72인데 비하여, 전혀 하지 않는 사람들의 우울 수준은 평균 0.99로, TSL을 실천하지 않는 사람들이 40% 더 우울한 것으로 나타났습니다.

[그림 14-2]에서 보는 바와 같이, 가장 극단적인 심리상태를 의미하는 자살생각에 있어서도 배우자에게 TSL을 매일 실천하는 사람들의 자살생각 정도는 평균 0.18인데 비하여, 전혀 하지 않는 사람들의 자살생각 정도는 평균 0.38로 나타나, 배우자에게 TSL을 실천하지 않는 사람들이 2배 이상 더 심각하게 자살을 생각하는 것을 알 수 있었습니다.

다음의 [그림 14-3]과 같이 TSL실천을 반복함으로써 1차적으로는 삶의 태도와 상대방에 대한 관점이 변화하고 2차적으로는 가족관계가 변화하게 됩니다. 끝으로 나의 삶의 질이 향상됩니다. 나와 가족이 행복한 삶을 살게 되는 것이지요. 이것이

[그림 14-3] TSL의 3단계 변화

TSL실천의 효과라 할 수 있습니다.

TSL치료의 과정

우리는 제일 처음 '고맙습니다'를 표현할 계획을 세우고 실천해 보았습니다. 이때 가장 먼저 했던 것은 '나는 누구인가?'에 대한 질문이었고, 이 질문에 대한 답을 떠올려 보며 여러분은 가족 속에서 존재하고 있음을 깨달았을 것입니다. 때로 가족은 고통과 갈등의 원천이 되기도 하지만 언제나 없어서는 안 될, 존재하는 것 자체만으로도 감사한 사람들임을 깨닫게 되지요. 그래서 상대방에 대한 고마움을 표현할 계획을 세우고 말로 해 보는 것부터 시작합니다. 우리가 꼭 말로 표현해야 하는 이유는 말과 행동을 함으로써 나와 상대방이 그것을 오감으로 인식하기 때문입니다. 이렇게 말로 표현한 고마움을 행동으로 실천하고, 함께 시간을 나누고, 함께 웃을 수 있는 의미 있는 시간을 만들고 이를 지속함으로써 여러분은 가족에 대한 '고맙습니다'를 익숙하게 실천하고 있을 것입니다.

'고맙습니다'를 시작하고 6주가 지나면서 우리는 '미안합니다'를 시작했습니다. 나와 가족이 서로에게 상처 준 일들을 떠올려 보고, 그것이 메모리 박스 안에서 어떻게 자꾸 재생산되는지 살펴보았지요. 하나의 작은 사건은 토픽 컬렉터 증후군에 의해 여러분의 메모리 박스 안에서 자꾸자꾸 부정적 감정을 증가시켰을지도 모릅니다. 우리의 부정적 감정에 대한 이러한 특징을 알고, 그것들을 해결할 수 있는 것인지 없는 것인지를 Type A와 Type B로 나누어 살펴보았지요. 그리고 '미안합니다'와 '용서합니다'가 관계를 치유하는 데 얼마나 큰 힘을 가지고 있는지 실천해 보았지요. 상대방의 입장에서 이해함으로써 진심으로 상대방에게 사과하고, 상대방을 용서하는 말과 행동을 통해 그 누구도 아닌 여러분 자신의 마음과 정신이 건강해졌을 것입니다. 이제 '미안합니다'와 '용서합니다'를 편안하게 실천하고 있겠지요.

이렇게 진심에서 우러나오는 '고맙습니다'와 '미안합니다'는 궁극적으로는 '사랑합니다'를 완성합니다. 우리는 가족의 존재에 대해 진심으로 고마움을 느끼고, 그들의 입장에서 이해해 봄으로써 미안함과 용서를 표현하였습니다. 마음속 깊이 여러분 스스로가 부정적 감정을 치유하고 고마움과 미안함을 느끼고, 이를 몸이 익숙해지도록 표현함으로써 여러분은 가족을 진심으로 '사랑한다'고 느끼고 있을 것입니다. 그래서 우리는 마지막 기간에 '고맙습니다' '미안합니다'와 '용서합니다'를 지속하면서 여러분과 가족의 욕구를 파악하고, 소중한 것을 나누었습니다. '사랑'이란 진심으로 존재에 대해 감사하며 자신이 가진 소중한 것을 나누고자 하는 의지입니다. 따라서 '사랑합니다'는 내가 가진 가장 소중한 것을 나누고 표현하고 확인함으로써 이루어졌습니다.

지난 13주간의 활동을 정리해 보면 다음의 〈표 14-1〉과 같습니다. 이러한 과정을 통해서 자신의 모자람과 가족의 소중함을 의식하게 되면서 자신 스스로가 겸손하게 되는 것입니다.

〈표 14-1〉 TSL실천 과정

	고맙습니다	미안합니다	사랑합니다 에너지의 공유
1주	회상하기: 내 존재 돌아 보기		
2주	가족의 소중함 깨닫기		
3주	'고맙습니다' 실천계획과 말로 표현하기		
4주	'고맙습니다' 실천계획과 말로 표현하기 2		
5주	'고맙습니다'를 말과 행동으로 표현하고 시간 공유하기		

6주	'고맙습니다' 말과 행동으로 표현, 웃음을 나누는 시간 공유하기		
7주	'고맙습니다' 표현하기 (계속)	나와 가족의 'AS Note' 작성하기	
8주	'고맙습니다' 표현하기 (계속)	메모리 박스와 AS Note의 Type A/ Type B 구분하기	
9주	'고맙습니다' 표현하기 (계속)	'미안합니다'의 실천하기	
10주	'고맙습니다' 표현하기 (계속)	'용서합니다'의 실천하기	
11주	'고맙습니다' 표현하기 (계속)	'미안합니다'와 '용서합니다' 실천하기 (계속)	나와 가족의 욕구 알기 '사랑합니다' 의지 만들기
12주	'고맙습니다' 표현하기 (계속)	'미안합니다'와 '용서합니다' 실천하기 (계속)	'사랑합니다'를 말로 표현하 고, 소중한 것 나누기
13주	'고맙습니다' 표현하기 (계속)	'미안합니다'와 '용서합니다' 실천하기 (계속)	사랑 표현하기와 사랑 확인하기
14주 이후~	'고맙습니다' 실천하기 (계속)	'미안합니다'와 '용서합니다' 실천하기 (계속)	'사랑합니다'의 나누기 (계속) 겸손: 자신의 모자람 인정하기

'TSL치료', 이 책의 활용방안

이 책은 다음과 같은 사람 또는 프로그램에서 활용할 수 있습니다.

-개인적으로 가족관계나 대인관계를 개선하고 싶은 사람
-개인적으로 삶이 우울한 사람이나 타인에게서 상처를 많이 받은 사람
-가족관계 개선을 목표로 하는 집단프로그램
-가정폭력 행위자 치료프로그램

혼자서 차근차근 14주간의 단계별 과제를 따라갈 수도 있고, 집단프로그램이나 수업에서 매주 단계별 과제를 수행하고, 집단 구성원들과 그 경험을 나눔으로써 경험과 이해의 폭을 넓힐 수 있습니다.

TSL의 완성: 겸손

TSL실천으로 정신적 에너지를 키우자

우리는 자신이 관심 있는 사람이나 사랑하는 사람을 만났을 때 '사랑에 미쳤다'고 말하는 경우가 있습니다. 실제로 사랑에 빠진 사람들은 여러 면에서 그렇지 않은 사람들과는 다른데, 그것은 호르몬에 있어서도 마찬가지입니다. 사랑에 빠지면 사람을 안정시키는 세로토닌(Serotonin)이라는 호르몬의 분비가 감소되어 쉽게 흥분하는 한편, 페닐 에틸아민(PEA)이라는 기쁘고 활기찬 상태를 불러일으키는 호르몬이 증가합니다. 그래서 사람들은 사랑에 빠지면 정상이 아닌 상태로 흥분하게 됩니다. 이 흥분 상태에서 긍정적으로 상대방을 더 많이 이해하고, 어려움을 버텨낼 수 있는 힘이 생기는 것이지요. 하지만 사랑에 빠지고 6개월~2년이 지나면 더 이상 페닐 에틸아민(PEA)이 분비되지 않고, 옥시토신(Oxytocin)이라는 호르몬이 나옵니다. 옥시토신은 엄마가 자녀를 수유할 때 분비되는 호르몬으로 사람을 오래 사귈수록 옥시토신이 분비되며, 그래서 그 상대방을 생각하면 고맙고 편안한 느낌이 드는 것입니다. 그러나 오래 함께 한 가족들과의 관계에서 옥시토신이 분비되지 않으면 긴장을 유발하는 호르몬인 코르티솔(Cortisol)이 분비되어 짜증이 나고, 긴장을 하며, 스트레스가 높아져 문제 대처 능력이 감소하게 됩니다(Heinrichs et al., 2003; Ditzen et al.,

2009; Gordon et al., 2010).

　하지만 중요한 것은 사랑하는 사람들 간의 다양한 호르몬 분비는 항상 일정하게 유지되거나 영원하지는 않다는 것입니다. 가족관계가 권태기에 직면하면, 가족 구성원 간에 긴장이 높아지고 문제 해결 능력이나 서로에 대해 이해하는 마음이 감소하여 결국 사람들은 해결되지 않는 문제로 계속 싸우고 상처를 받게 되지요. 여기서 부정적 대화의 패턴이 발생합니다. 가족의 관계가 파국으로 치닫지 않기 위해서는 현재 가족과의 관계를 항상 새롭게 감사하고 다시 사랑해야 합니다. 그런데 사랑하기 위해서는 공유할 수 있는 에너지가 있어야 하지요. 에너지는 권력이나 자원과는 다른 것으로 인간이 살아가는 데 있어 총체적인 힘으로서 크게 '정신적(Mental)' '신체적(Physical)' '경제적(Economical)' '시간을 포함한 사회적(Social)' 에너지, 총 네 가지 측면에서 존재합니다. 우리가 지금 가지고 있는 에너지와 가지고 싶은 에너지는 모두 다르며, 개개인이 가지고 있는 에너지도 각각 다르지요. 물론 우리가 일반적으로 가장 가지고 싶어 하는 에너지는 경제적 에너지와 신체적 에너지이지요. 하지만 중요한 것은 우리가 아무리 에너지를 가지고 싶고, 가지려고 노력해도 '정신적 에너지'를 제외한 것은 우리 마음대로 되지 않았습니다. 영원히 사는 것도, 돈을 무한정 버는 것도, 그리고 사회적 관계도 내 마음대로 되는 것은 아닙니다. 우리가 조정할 수 있는 에너지는 오직 하나, '정신적 에너지'입니다. 정신적 에너지를 많이 가지면 신체적 에너지도 건강해지고, 돈도 더 많이 벌거나 더 잘 활용할 수 있을 것이며, 사회적 상호작용도 더 건강하고 활발하게 할 수 있습니다. 우리는 이러한 정신적 에너지를 높이기 위해서 지난 13주 동안 TSL을 실천해 왔습니다. 가족의 존재 자체에 대한 '고마움'으로 부정적 메모리 박스를 비우고 긍정적 감정으로 다시 채웠습니다. 그리고 그 고마움을 바탕으로 사과하고 사랑함으로써 정신적 에너지를 확장할 수 있었습니다. 따라서 여러분 스스로가 신체적·정신적·사회적 측면에서 긍정적 변화를 발견할 수 있게 되었고, 특히 가족관계의 변화를 경험함으로써 기쁨을 경험할 수 있었던 것입니다.

자신의 모자람과 타인의 소중함을 깨닫는 것이 겸손이다

[그림 14-4]와 같이 TSL실천은 정신적 에너지를 상승시킴으로써 여러분의 삶의 여유가 증가하고 또한 가족관계의 변화를 통해 행복을 경험할 수 있었습니다. 그러나 한편 지난 14주간 TSL을 실천하면서 완벽하게 자기 것으로 만드는 것이 쉬운 일이 아님을 느낄 수 있었을 것입니다. 자신의 모자람을 인식하는 기회가 된 것이지요. 동시에 우리가 살아가는 데 있어 타인이 없으면 내가 존재하기 어렵다는 것을 알게 됩니다. 기쁠 때나 슬플 때 나와 시간과 에너지를 나누어 줄 수 있는 소중한 사람이 필요하다는 것을 깨닫게 되는 것이지요. 결국 자신이 부족하고, 타인이 얼마나 필요하고 소중한 존재인지 깨달음으로써 다시 TSL을 실천하고자 하는 의지가 성립되는 것입니다.

이렇듯 TSL에서 말하는 겸손(謙遜, Humility)이란 자신이 가진 부나 지식이 실제 있는 것보다 적은 것처럼 행동하는 것이 아니라 자신에게 '모자람'이 많다는 사실을 깨닫는 것입니다. 자신이 화냄, 불평, 실수, 죄 등 모자람을 많이 가지고 있음을 인식하는 것이지요. 또한 우리가 살아가는 데 있어 타인이 없으면 내가 존재하기 어렵다는 것을 인정하고 소중함을 인식하는 것입니다. 이러한 인식이 바탕이 될 때 TSL 실천을 통해 내부에 축적된 부정적 감정들을 해소하고, 긍정적인 TSL을 실천할 수 있는 동기가 생기게 됩니다.

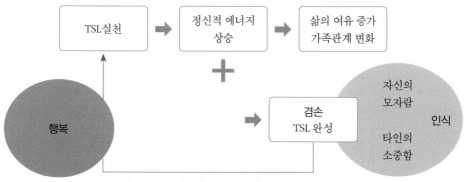

[**그림 14-4**] TSL 완성의 과정

사실 우리는 부와 지식 등을 많이 갖게 되면 은연중에 교만하기 쉽습니다. 부와 지식 등의 '사회적' 혹은 '경제적' 에너지를 더 갖는 데 집착하게 되면 이기심, 욕심, 또는 교만함 등으로 인해 타인과 부조화가 생기게 되지요. 그 결과 부정적 감정들이 메모리 박스에 축적되어 정신적 에너지가 부족해지면 상대방에게 '미안합니다' '사랑합니다'를 표현하는 것뿐만 아니라 다른 에너지를 공유하는 것도 어렵게 합니다. 진정한 TSL의 실천은 사람을 교만하지 않게 하고 겸손을 깨닫게 하지요.

TSL치료는 14주로 종결되지 않고 끊임없이 반복 실천되어야 합니다. 가족도 나만큼 존중받아야 하는 소중한 존재로 인식할 때 비로소 가족의 존재를 감사하고, 가족의 입장에서 미안해 하며, 사랑하는 느낌들을 충분히 표현할 수 있게 됩니다. 결과적으로 지속적인 겸손을 통해 TSL 완성을 이룰 수 있게 되는 것입니다.

'사랑합니다'(Love) 발달의 5단계

L발달의 5단계는 앞서 설명한 사랑의 등급과 닮아 있습니다. [그림 14-5]처럼 1단계는 동등하게 주고받는 관계로 자신은 언제나 공정하게 행동한다고 여기며 내가 해주는 만큼 상대에게도 받아야 한다고 생각하고 행동하는 것입니다. 이를 '받은 만큼 주기'라 하지요. 2단계는 의지(Willingness)를 갖고 더 주고자 하는 단계로 상대보다 더 줄 수 있다는 마음의 여유를 가진 상태입니다. 내가 조금 더 줄 수 있다고 생각하며 상대에게 관대하지만, 꾸준히 이런 자세를 유지하는 것은 어렵습니다. 그래서 이런 관계는 그리 오래가지 않지요. 3단계는 상대방에게 더 많이 주려는 자세로 관계를 지속하려는 노력이 보이는 단계입니다. 2단계 망설임과 달리 더 잘해 주고 관대함을 유지하려고 합니다. 하지만 이는 상대방이 나에게 어떻게 하느냐에 달려 있지요. 상대방의 반응이 기대에 차지 않으면 언제든지 나의 나눔의 의지는 꺾이고 맙니다. 4단계는 자신이 받은 게 없더라도 자신이 줄 수 있다는 의지를 보이는 단계로 4단계부터는 사랑을 실천할 때 힘이 들지 않고 기쁨과 평안을 누리는 성장의 모습을 보입니다. 사랑의 1등급처럼 상대의 반응에 따라 내가 움직이는 것이 아니라 내가 사랑을 나누는 것 자체에 기쁨을 느낍니다. 그래서 상대가 나에게 주는 것은 크게 중요하지 않게 되지요. 상대의 존재가 고맙고 미안함을 가지고 있으며 늘 사랑을 주려고 합니다. 마

[그림 14-5] L의 발달 5단계

지막 5단계는 4단계까지 경험하면서 자신이 타인 없이 존재하기 어렵다는 것 즉, 타인의 소중함과 자신은 완벽한 존재가 아니라는 것을 깨달음으로 스스로 겸손해지는 단계입니다. 사랑하기에 겸손해지는 단계로 자신의 모자람을 인정하고 부족함을 채우기 위해 노력하는 단계입니다. 스스로 존재하는 것이 아니라 상대가 있기에 자신이 존재함을 깨닫고 겸손해지는 과정이기도 합니다. 겸손하기에 TSL을 더 반복해야겠다고 다짐하게 됩니다. 따라서 감사와 미안함, 용서 그리고 사랑을 말과 행동으로 실천합니다. 그리고 그런 과정이 행복합니다. L의 발달단계를 돌아 보면서 여러분은 어느 단계에 이르렀는지 확인해 보면 좋겠습니다.

과제 1. L 과정에서 자신의 발달단계 표시하기

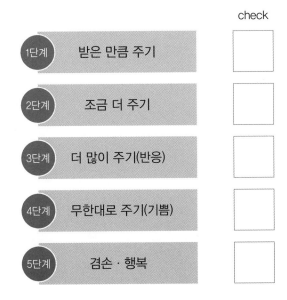

TSL 전체 과정에서의 변화에 대한 평가

여러분은 이제 왜 'TSL치료'의 각 과정을 차근차근 따라오는 것이 왜 중요한지 알게 되었을 것입니다. 이 책을 처음 시작했을 때 여러분의 모습과 지금의 모습은 무엇이 변화하였나요? 여러분의 가족관계는 어떻게 변화하였습니까?

이 책을 시작했을 때 가족에 대한 여러분의 부정적 감정을 100점으로 할 때 현재는 몇 점인지 기록해 보세요. 또한 가족에 대한 여러분의 긍정적 감정을 0으로 했을 때 현재는 몇 점인지 기록해 보세요. 다음의 그래프에 여러분의 배우자, 자녀, 부모님에 대한 부정적 감정과 긍정적 감정을 TSL실천을 하지 않았던 14주 전과 현재와 비교하여 한번 기록해 보세요.

TSL치료의 14주 과정을 모두 마친 후에 참여자들이 T, S, L 각 과정에서 경험한 발달단계를 사례별로 정리한 결과, 총 네 가지 유형으로 분류되었습니다. A유형은 존재의 고마움을 깨닫고 겸손에 이르는 TSL 경험 유형입니다. 이 유형에 속하는 참여자들은 T과정에서 4단계 존재의 고마움을 경험하거나 5단계 감사 자체에 기쁨을 느

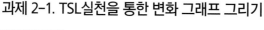

과제 2-1. TSL실천을 통한 변화 그래프 그리기

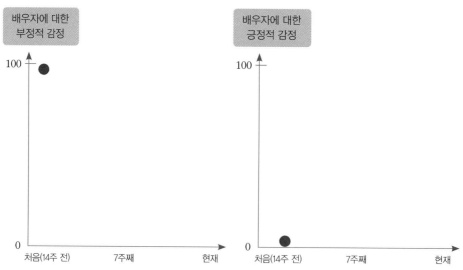

[그림 14-6] 배우자에 대한 나의 감정

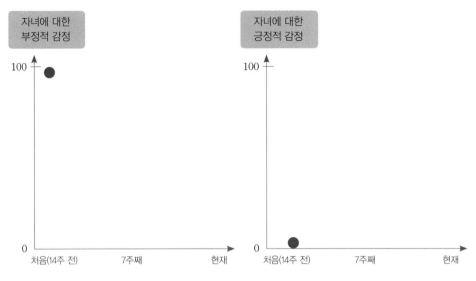

[그림 14-7] 자녀에 대한 나의 감정

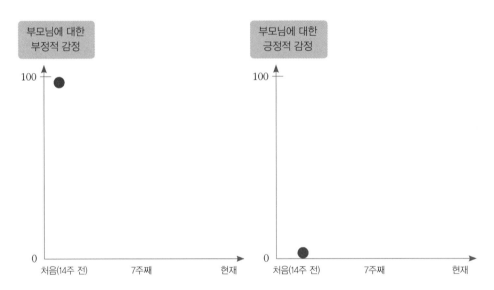

[그림 14-8] 부모님에 대한 나의 감정

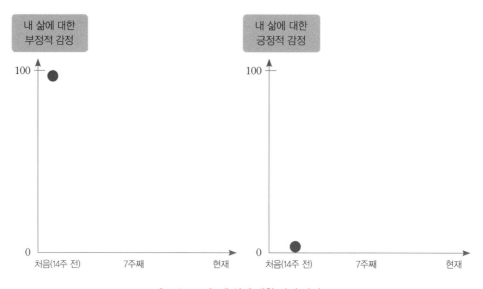

[그림 14-9] 내 삶에 대한 나의 감정

끼며(①) 스스로 표현하는 과정을 경험하였습니다. S과정에서는 T과정에서 경험한 존재의 고마움을 바탕으로 자연스럽게 미안함을 경험하였고 그러한 미안함을 지속적으로 표현하거나 용서가 이루어지는 4, 5단계를 경험하였습니다(②→③). 단, T과정의 4단계까지만 이르는 경우에는 그 효과가 오래 지속되지 못하였습니다. T과정의 5단계를 경험하게 되면(①) S과정의 4단계에 도달하게 되고(②), S에 대한 감정도 작아지게 됩니다. 이후 L과정에서 실천대상을 국한하지 않고 주는 것이 많음과

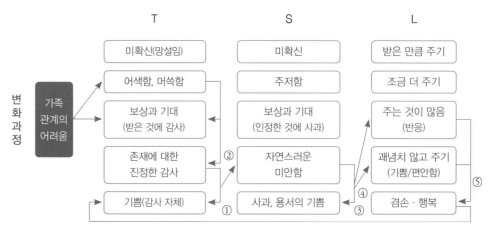

[그림 14-10] A유형의 변화과정

괘념치 않고 주기가 가능해질 수 있는 관대함이 생기게 되고(④) 자신의 부족함을 깨닫는 겸손의 단계를 경험하였습니다(⑤). 결과적으로 감사한 것을 계속 찾게 되고 앞으로도 계속 TSL 지속하겠다는 환류가 이루어졌습니다. 이러한 A유형의 변화과정은 [그림 14-10]과 같이 정리할 수 있습니다.

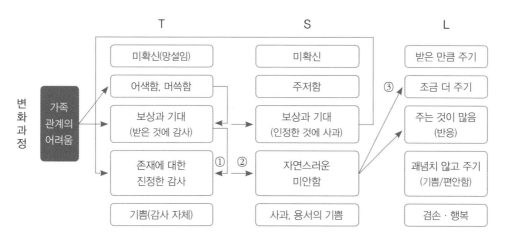

[**그림 14-11**] B유형의 변화과정

　B유형은 존재의 고마움을 깨닫고 미안함에 이르는 TS 경험 유형입니다. 이 유형에 속하는 참여자들은 T과정의 5단계를 경험하지 못하고 4단계에 머문 상태로(①) S과정에서 4단계를 경험합니다(②). 즉, S과정에서 미안함은 자연스럽게 표현하면서도 5단계인 용서의 기쁨을 표현하는 단계까지는 도달하지 못하였습니다. 이후 L과정에서는 4, 5단계에 이르지 못하였습니다(③). 이러한 B유형의 변화과정을 정리하면 [그림 14-11]과 같습니다.

　C유형은 존재의 고마움을 깨닫는 T 경험 유형입니다. 이 유형에 속하는 참여자들은 T, S, L 과정에서 모두 3단계를 경험한 것으로 나타났습니다. 주로 프로그램 초·중반부에는 존재의 고마움을 깨닫지 못하고 단순히 자신이 받은 것에 대한 고마움이나(①) 미안한 일에 대한 사과를 표현하는 것에 그칩니다(②). 그러나 T, S, L 과정을 거치면서 감사, 미안함, 사랑을 표현하면서 프로그램 종반부에 이르러 뒤늦게 존재의 고마움을 깨닫게 됩니다. 그러나 더 많이 주기는 어려운 상태에 머무르게 됩니다(③→④). C유형의 변화과정을 도식화하면 다음 [그림 14-12]와 같습니다.

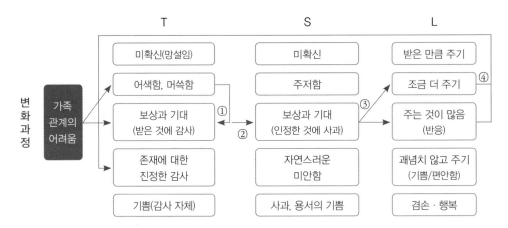

[그림 14-12] C유형의 변화과정

D유형은 받은 것에 고마움을 깨닫는 T의 미완성 유형입니다. 이 유형에 속하는 참여자들은 T, S, L 과정에서 모두 3단계 이하의 경험을 합니다. 프로그램의 종반부까지도 존재의 고마움에 이르지 못하고 자신이 받은 것, 1:1로 주고받은 것에 대한 고마움을 표현하는 것에 그칩니다(④). 전체 진행과정에서 받은 것에 대한 고마움(①), 자신이 상대를 서운하게 했던 행동에 대한 미안함(②→③), 받은 만큼 주거나 조금 더 주는 수준의 사랑을 표현하였습니다(③). 계산적인 유형으로 존재에 대한 감사를 진정으로 느끼거나 진정한 사과, 더 많이 주기 모두 불가능한 것으로 나타났습니다. D유형의 변화과정을 그림으로 나타내면 [그림 14-13]과 같습니다.

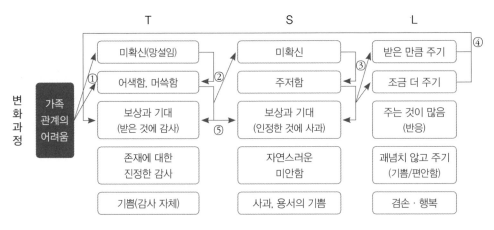

[그림 14-13] D유형의 변화과정

앞에 제시된 네 가지 유형은 수십 년간의 임상 결과를 정리한 결과입니다. A유형은 다른 유형보다 정서적, 사회적, 신체적 측면에서 가장 높은 변화를 나타냈고 B유형은 A유형과 마찬가지로 TSL 발달단계에서 높은 수준을 경험하였지만, 용서의 기쁨은 나타나지 않았습니다. C유형은 뒤늦게 존재의 고마움을 경험하였고 미안함과 사랑을 충분히 경험하고 표현할 시간이 부족함을 보고하였습니다. D유형은 고마움과 미안함에서 모두 보상 수준에 머무는 모습을 보였으며 사랑 역시 낮은 단계에 머물렀습니다. 21명 참여자의 사례를 분석하여 TSL 발달단계 별 유형에 따라 구분한 연구 결과(성신명, 2021), B유형에 속하는 참여자가 총 7명(33%)으로 가장 많은 사례 수가 B유형인 것으로 나타났습니다. 다음으로는 각각 5명(24%)의 참여자가 C, D유형에 속하는 것으로 나타났습니다. 마지막으로 A유형은 전체 참여자의 19%에 해당되는 총 4명의 참여자가 속하는 것으로 나타나 가장 적은 사례 수가 A유형에 포함되는 것으로 분석되었습니다.

〈사례 14-1〉의 경우, A유형의 변화과정을 잘 보여 주고 있습니다. T의 '어색함'과 '받은 것에 감사'에서 더 발전하여 진심으로 존재에 감사를 경험한 참여자는 S와 L의 과정에서도 높은 단계를 실천하며 TSL을 통한 변화를 크게 경험할 수 있었습니다.

이처럼 T, S, L 각 과정에서 4, 5단계를 경험하는 것은 매우 중요합니다. 여러분들도 14주간의 실천 과정을 돌아 보면서 각 과정의 단계를 점검해 보고 결과적으로 어떤 유형에 속하는지 점검해 보시기 바랍니다.

사례 14-1   50대 후반, 여성, 가정주부

남편의 음주 문제로 부부간 갈등으로 어려움을 호소함

TSL 프로그램 참여하며, 남편의 존재에 고마움을 계속 실천하려고 노력한 결과 평온을 찾게 되고, 먼저 사과하고 남편을 이해하며 용서하는 모습을 보이게 됨

"술을 백번 먹어도 감사해요. 있어 줘서 감사하죠. 오래 살다 보니 자꾸 존재의 감사를 잊어버리는데 그러면 문제가 되는거 같아요. 존재의 의미를 배웠기 때문에 잊어버릴 때 잡아 주는거 같아요. 존재의 의미를 배우니 뭐든지 감사할 수 있고 고맙다 표현할 수 있는거 같아요."

참여자의 변화과정

구분	변화과정	변화단계
T	생각만 말고 실천해야겠다고 다짐	
	마음이 간절하게 고맙지는 않지만 과제 실천	T의 2단계
	진심이 되려고 계속 생각하고 노력함	
	문제가 가로막을 때 배운대로 다시 고맙다고 해 보려고 함	
	남편의 고마운 행동에 고맙다고 표현함	T의 3단계
	문제를 떠나 좋은 점을 보려고 계속 노력	
	존재의 감사를 깨닫고 고맙다고 표현	T의 4단계
	계속 고맙다고 표현하니 평온해짐	T의 5단계
S	먼저 미안하다고 말함	S의 4단계
	남편의 입장이 이해되고 용서가 됨	S의 5단계
	존재의 고마움을 생각하니 미움이 작게됨	
L	사랑합니다 표현하니 뿌듯하고 고맙습니다를 자꾸 하고 있음	L의 3단계
	이제야 '내 탓이오'라는 말을 알게 됨	L의 5단계

과제 2-2. TSL 발달단계 변화과정 표시하기

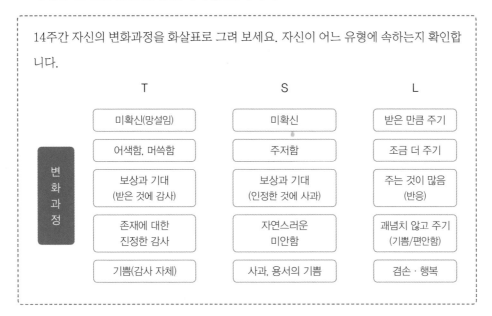

다음의 사례들은 실제로 참여자들이 TSL치료의 14주차가 모두 끝난 후 자신의 변화에 대해 돌아 보고, 가족들이 그러한 변화를 어떻게 느꼈는지를 설명한 내용입니다. 참여자들은 처음에는 '고맙습니다' '미안합니다' '사랑합니다'를 말하는 것이 참으로 어색하고 때로는 이미 자신은 잘하고 있다고 생각하고 있었습니다. 하지만 〈사례 14-2〉처럼 존재에 대한 감사를 떠올리는 것을 시작으로 하여 진심으로 이 세 가지 단어를 사용하면서 자신의 관점과 가족을 대하는 태도가 변화하는 것을 느꼈지요. 〈사례 14-3〉와 같이 가족 역시 참여자들의 변화하는 모습을 보며, 기쁨을 느끼고 자신도 변해야겠다는 의지를 갖게 되는 것을 볼 수 있습니다. 이렇게, 관계를 변화하기 위해서는 나 자신이 먼저 변해야 하는 것입니다. 그것을 통해 가족이 변화할 수 있는 것이지요.

사례 14-2 남, 22세, 학생

자신의 평가

T. 고맙다는 말을 하는 것이 처음에는 어색하고 힘들었다. 하지만 가족들과 시간을 공유하고, 주말 여행을 하며 부모님을 더욱 가까이 느끼고 가족의 소중함을 마음으로 느끼게 되었다. 지속적인 고마움을 표현하면서 내 자신의 에너지의 절대량이 늘어나고 회복력도 올라가게 되어 다시 '감사하다'고 말하는 것이 훨씬 쉽게 느껴졌다.

S. 처음에는 굳이 사건들을 다시 생각해 내서 기분이 안 좋아질 필요가 있을까 생각했다. 하지만 화가 났던 것에 대해 어쩔 수 없는 것은 용서하면서 미련을 버리게 되었고, 지금이라도 미안하다고 할 수 있는 것에 대해서 말을 하면서 응어리져 있던 나의 마음이 한층 더 가벼워짐을 느낀다. '미안합니다'와 '용서합니다'를 계속 실천하면서 나의 마음의 관용의 한계가 확대되는 것을 느꼈다.

L. 정말 언제나 말을 하지 않아도 될 정도로 사랑한다고 느끼고 있었지만 막상 말하려니 정말 어색하고 쑥스러워 말이 차마 떨어지지 않았다. 계속 사랑한다는 말을 하게 됨에 따라 이제는 좀 덜 쑥스러워지고, 여자친구에게는 잘 하면서 가족에게는 왜 하지 못했나 반성을 해 보았다.

가족들의 평가

아버지: 처음에는 다가와서 말을 하는데 어색함을 느꼈으나, 이제는 어색함을 느끼지 않는 듯하다. 평소에 내가 부모교육이나 다른 것들을 통해서 자식들에게 많이 접근했는데, 이번 수업의 효과가 가장 좋은 것 같다. 또한 약간의 강제성이 동반되더라도 일단 실행을 하면 관계가 향상되는 것을 느꼈기 때문에 나도 강제적으로 몇 개를 시행해 보려고 한다. 내려올 때마다 등산 가는 것과 함께 서로의 장단점 10개 이상씩 말하기 등을 해 볼 것이다.

어머니: 아버지에 비해 나에게 말을 하는 데 있어 어색함이 덜 묻어나서 보기 좋았다. 이런 모습을 보면서 아들이 어엿하고 성숙하게 자라나는 것 같아 자랑스러웠다. 건강하고 잘 되는 것을 바라 왔지만, 이렇게 부모의 마음을 헤아려 주고 표현할 수 있는 장한 아들이 되어 기쁘다.

동생: 평소에 내가 집안일을 조금만 게을리해도 화를 내면서 짜증을 내던 형이 이제는 자기 스스로 먼저 집안일을 해 놓으면서 기다리는 침착성을 갖게 되었다. 그러는 형의 모습에 나도 미안해져서 일을 돕게 되어 서로가 고마워하고, 서로가 미안한 부분이 줄어들면서, 형제간의 우애가 깊어지는 것 같다.

사례 14-3 여, 38세, 프리랜서

나의 변화

T. 남편은 나에게 감사하다는 말을 참 잘 하는데, 내가 자연스럽게 감사의 말을 전하는 것까지 발전하지는 못했다. TSL을 시작하고 내가 남편에게 감사의 말을 전하기 시작하며 남편은 더 많은 감사를 한다. 그러면서 부부관계가 더 따뜻해졌다.

S. 남편은 미안하다는 말을 잘 하지 않는다. 나는 어떤 일이 생기면 남편에게 사과하라고 다그치곤 했다. 미안하다는 말은 누군가를 재촉해서도, 강요해서도 되는 것이 아님을 깨달으면서, 나 또한 남편에게 미안하다는 말을 절대 하지 않았다는 사실을 알게 되었다. 미안하다는 말을 하면 지는 것 같아 끝까지 말하지 않고 넘어가려 했던 내 모습을 보게 된 것이다. 쉽지 않지만 내가 변함으로써 남편도 변화할 것이라는 믿음으로 작은 일에도 미안함을 표현하기 시작했다. 처음에 남편은 매우 의아해했지만, 몹시 기분이 좋아 보였고, 왠지 남편에게 진 것 같은 느낌이 들었지만, 남편은 곧 '내가 더 미안해. 당신 마음을 헤아리지 못했구나'라며 본인의 미안한 마음을 전달했다. 그러면서 이제 남편은 감사하다는 말뿐 아니라 미안하다는 말도 매우 잘 표현하는 사람이 되었다.

L. 사랑합니다를 표현하는 것은 매우 쉬운 일이고, 매우 자주 사용한다고 생각하고 있었음에도 불구하고 진심으로, 가슴 깊은 곳에서 남편에 대한 감사와 용서가 뒷받침된 사랑에 대한 표현의 횟수는 매우 적었던 것 같다. TSL을 하며 그저 입으로만 사랑해라고 외치는 것이 아니라 진심으로 사랑하고 있음을 서로에게 전하려고 노력하고 있다. 이러한 사랑 표현으로 남편과 나는 행복한 현재의 생활이 지속될 것 같다는 확신을 얻게 된 것 같다.

남편의 평가

T. TSL을 처음 한다 했을 때 흐지부지 되고, 오랫동안의 습관을 못 고치겠지 생각했다. 하지만 한 학기가 끝난 후 아내는 많은 부분이 변화했다. 특히 감사합니다와 미안합니다의 변화는 만족스럽다. 아내는 진짜 지기 싫어한다. 그래서인지 그런 말들을 표현하는 것을 굉장히 어려워했다. 이제는 작은 일에도 감사하고 기뻐해 주는 것이 참 고맙다. 예전에도 감사함의 표현은 했지만 말로 들으니 더 기분이 좋다. 말하지 않아도 알 수 있지만, 표현하는 것이 더 좋고, 잘했다고 칭찬받는 느낌이 든다.

> S. 내게 늘 미안하다는 말을 강요하면서도, 아내는 절대 사과를 하지 않았다. 절대 사과하지 않
> 고, 그냥 대충 무마해 버리는 아내의 모습이 때로는 서운하기도 했다. 처음 사과하는 아내의
> 모습은 매우 생소했지만 서로의 잘못에 용서를 구하며 작은 일에 다투거나 오해하는 일이 많
> 이 줄게 된 것 같다. 미안하다고 말하는 아내를 보며 나도 변해야겠다는 생각이 들었고, 미안
> 하다고 말하는 것이 왜 중요한지 알게 되었다. 별 것 아닌 것 같지만 그냥 모든 것이 스르르
> 풀려 버린 것이다.
>
> L. 아내의 사랑표현이 연애 때보다 많이 줄어 있었다. 예전에는 사랑한다는 말, 편지, 문자 등등
> 많은 표현을 했는데 요즘에는 내가 사랑한다고 하면 그저 대답하는 것에 그치고 있었다. TSL
> 이후 아내가 과거보다 더욱 더 진심으로 나에 대해 감사해 하고 사랑하고 있음을 느끼게 된
> 다. 그러면서 나도 더 확신과 에너지를 얻고 그것을 아내에게 전해 줄 수 있게 되었다.

TSL 유지하기: 1%의 힘 사용하기와 1일 1감사하기

지금까지 TSL치료를 실천하며 '고맙습니다' '미안합니다' '사랑합니다'를 통해 나와 가족의 관계를 개선했을 뿐만 아니라 우리 자신을 괴롭혀 왔던 부정적 감정을 없애고, 정신적 에너지를 변화시켜 우리 스스로 치유하는 과정이 되었을 것입니다. '고맙습니다' '미안합니다' '사랑합니다'를 진심으로 실천하였다면, 지금 여러분 곁에 있는 가족은 그 어느 때보다 소중하고 사랑스러운 사람일 것입니다. 어제의 그 사람이 아닌, 오늘 더 많이 소중하고 사랑하는 사람인 것이지요. 우리에게 가장 중요한 것은 지금, 여기에서입니다. 과거에 그 사람이 어떠했는지, 미래에 관계가 어떻게 될지보다 현재, 여기에 있는 그 사람이 중요한 것이지요. 고맙고, 미안하고, 사랑하는 지금, 여기에서 곁에 있는 그 사람은 과거의 어느 때보다 소중한 사람일 것입니다. 그래서 TSL치료의 마지막 제안은, 이러한 삶의 태도를 유지하기 위해서는 최소 1%의 힘을 사용하는 것입니다.

'현재' 내가 만나는 사람은 가장 소중한 사람이며, '현재' 내가 겪고 있는 일은 지금까지의 일상에서 가장 기쁜 일이어야 합니다. 미래에 더 소중하고 더 기쁠 수도 있겠지만 그것은 미래가 현실로 되었을 때 느끼는 것이지요. 현재 곁에 있는 사람과 현재 느끼는 것, 현재 내 주변에 일어나는 일에 대해 하루 한 가지씩 감사하세요. 여러분

1%의 힘, 1일 1감사하기	
날짜	감사하는 일
○○월 ○○일	
○○월 ○○일	
○○월 ○○일	
⋮	⋮

의 하루는 24시간, 즉 1,440분입니다. 하루 중 잠들기 전, 산책을 하면서, 이동하는 차량 안에서 15분간 TSL을 실천해 보세요. 여러분의 하루에서 1%인 15분 동안 TSL을 실천하는 것은 정신적 에너지를 바꾸어 놓고, 인생을 바꾸어 놓을 것입니다. 이 것이 1%의 힘입니다. 만약 여러분이 2%를 사용하여, 30분간 가족에게 집중하여 시 간을 공유하고 사랑한다면 인생은 훨씬 더 많이 바뀔 수 있을 것입니다. 1일 1감사는 TSL실천을 시작하고 유지하는 방법입니다. TSL의 꾸준한 실천을 통해 가족관계와 삶을 보다 풍요롭고, 늘 20대와 같은 설렘과 즐거움으로 채워나가시길 바랍니다.

TSL치료 참석 후 가족들의 더 행복해진 삶에 대해서, 때로는 가족 분들이 그리고 자신의 하루 TSL 점수(score)를 점검할 수 있습니다. T.S.L 각각의 단계를 점검하여 각 단계별 5점, 총 15점을 기준으로 합니다. 꾸준한 실천으로 매일 15점을 유지하시 기 바랍니다. 직접 편지를 보내시는 경우가 있습니다. TSL실천의 효과에 대해 다시 일깨워 주고, 때로 감동을 주는, 살아있는 이야기들입니다. 14주간 TSL을 실천하고 자신의 변화에 대해 그리고 가족들의 변화에 대해 실감하고 있을 여러분들과 그 감 동을 함께 나누기 위해 몇 개의 편지를 실었습니다.

〈사례 14-4〉A씨의 사례에서 보면 부인에게 삼강행실도를 사다 준 전형적인 가 부장적이고 엄격한 남편이 변화하여 아내에게 공부를 권유하는 등 따뜻한 남편과 아빠 그리고 아들이 되자, 가족 모두가 행복해졌습니다. 무엇보다 A씨 자신이 기뻐 하는 모습이 보입니다.

〈사례 14-5〉B씨 아내는 남편의 변화를 보면서 TSL은 인간에게 꼭 필요한 교육 이고 가정을 바꿀 수 있다고 말합니다. 또 〈사례 14-6〉에서 C씨의 딸의 변화에 어 머니가 감사해 합니다. TSL로 모녀 관계가 더욱 돈독해졌고 관대해지면서 서로 행

사례 14-4

참여자 A씨의 편지

TSL을 들으며 참 많은 것을 느꼈습니다. 알면서 행하지 못했던 것들을 하나하나 하면서 내 주위에 대한 새로운 느낌과 생각을 가지게 되었고 그것들이 나에게 많은 도움과 행복을 주었습니다. 처음 이 과목을 시작할 때와 지금의 나의 변화는 내가 생각하기에도 많은 변화가 있었습니다. '고맙습니다' '미안합니다' '사랑합니다'가 따로따로인 것 같았는데 시간이 가면 갈수록 이 세 가지가 하나인 것 같았습니다. 고마우면 미안함이 생각나고, 미안함이 생기면 고맙고, 고마움과 미안함이 생기면 사랑스럽다는 것을 느꼈습니다. 이 세 가지는 저에게 꼭 필요한 것이었습니다.

저는 그동안 표현하지 못하고 가슴에 담아 두었던 말들을 가족에게 말할 수 있었으며, 가족들은 저에 대한 오해나 닫혀 있었던 마음의 문을 열 계기가 되었다고 믿고 있습니다. 수업은 끝났으나 저는 앞으로도 저의 가족뿐 아니라 제 주위의 모든 사람들에게 고마움과 미안함과 사랑하는 마음을 계속 가지려고 노력하겠습니다. 저에게 이런 좋은 기회를 주셔서 진심으로 감사합니다.

A씨 배우자의 편지

남편이 배운 '고맙습니다' '미안합니다' '사랑합니다'에 대하여 느낀 점을 글로 써서 달라고 합니다. '당신이 해야 할 것을 왜 저한테 이야기 하세요'라고 하니, 제가 직접 쓴 편지가 필요하다 하여 밀봉하여 보내는 조건으로 쓰기로 했습니다.

제 남편은 전형적인 한국남자의 표본이었습니다. 저에게 결혼하기 전부터 '삼강행실도'를 사 주었습니다. 아시겠지만 그 책 속에는 충신, 효자, 열녀, 효부 등 지금으로 봐서는 아주 오래된 이야기가 주로 적혀 있습니다. 결혼 후 지금까지 근엄한 남편, 근엄한 아빠 그리고 아이들의 실수는 용납을 못하는 사람이었습니다. 아이들에게는 본인이 어렸을 때 했던 나쁜 경험을 아이들이 하는 것을 아주 강하게 막는 타입이었습니다. 하지만 밖에서 일할 때에는 아주 많이 부드러운 사람이었습니다. 가끔 남편이 일하는 것을 도와주러 나가면 세상 어디에 내놓아도 좋을 만큼 부드러운 사람이었습니다. 항상 저의 마음속에는 그런 모습의 남편이 되어 주었으면 하는 바람이 있었습니다.

남편이 수업을 들으면서 처음에는 아무말도 없이 "OO엄마 고마워."라는 표현을 쓰기 시작했습니다. 처음에는 그냥 넘겼지만 고마워하는 표현이 반복되면서 저도 조금은 이상했고 갑자기 변한 남편 모습에 물어보았더니, '그냥 어떤 책을 읽었는데 갑자기 당신이 고마워서'라고 대답하였습니다. 저에게는 좋은 변화라 무심코 그냥 넘겼습니다. 하지만 어느 날부터 아이들한테도 하고, 어머니한테도 하고 계속적으로 표현을 하였습니다. 어머니도 아이들도 변한 아들과 아빠의 모습에 조금은 당황하는 것 같았습니다. 어느 날부터 남편의 입에서는 "당신 미안해."라는 표현이 나오기 시작했습니다. 현재뿐만 아니라 과거의 일까지 끄집어내 미안하다는 표현을 하는 것이었습니다. 우리나라 속담에 사람이 갑자기 변하면……. 저와 어머니는 갑자기 변한 남편 모습에 당황하여 남편에게 묻기 시작했습니다. 처음에는 완강히 아무 일 없다고 버티던 남편이 TSL 수업 과제라는 말을 했습니다. 과제는 해야겠고 미리 이야기하고 하는 것은 본인도 저도 감정을 숨길 수밖에 없다고 생각해서 말을 안 하였노라고, 그러면서 어머니와 아이들한테는 이야기하지 말라고 부탁하여 저도 약속을 지켰습니다.

미안합니다, 이후 사랑합니다. 단계에 들어설 때는 우리 가족에게 조그마한 변화들이 생기기 시작했습니다. 그것은 어머니께서 당신 아들을 저에게 자랑하시는 횟수가 늘었고 아이들도 무서운 아빠에서 다정다감한 아빠로 자리매김하여 가는지, 아빠 이야기가 자주 대화에 등장하였습니다. 남편의 가슴속 깊이 있던 저희 가족들에 대한 사랑이 제대로 가족에게 전달이 된 것 같습니다.

남편은 본인의 대학원 생활이 끝난 다음에 저에게 공부를 권합니다. 처음에는 망설였지만, 지금은 한번 해 볼 생각입니다. 그 이유는 남편의 변한 모습이 단순히 과제를 했기 때문이 아니라는 것을 느꼈기 때문입니다. 예전의 남편은 전화를 받을 때 "OOO입니다."라고 받았는데 요즘은 "감사합니다. OOO입니다"라고 받습니다. 자신에게 전화를 해 주는 것이 고맙다고 합니다. 저의 남편은 고맙습니다, 미안합니다, 사랑합니다를 하면서 100%는 아니지만 100%를 위하여 노력하고 있다고 생각합니다. 개인적으로 남편의 긍정적 변화를 이끌어 주신 점에 감사를 드리고 싶습니다.

 사례 14-5

B씨 배우자의 편지

TSL치료를 다시 한번 더 공부하여 심화하고 싶다는 남편의 말을 들으면서 감사한 마음이 듭니다. 우리나라 속담에 '구슬이 서 말이라도 꿰어야 보배'라는 말을 좀 더 강력하게 표현한 교수님의 '표현하지 않은 것은 Nothing이다' '표현하지 않은 것은 죄악이다'라는 말씀은 가히 현대를 살아가는 무딘 가슴에 충격파를 던지는 명언이라 여겼습니다. 가부장적인 집안에서 자라 온 남편은 가족에게 권위적이고 위엄 있는 아버지 그리고 남편이 되어야 한다고 살아온 사람입니다. 독립심과 의지, 그리고 포부가 남다르게 큰 남편은 목표를 가지고 매사에 열심히 살아왔습니다. 특히, 자식들에게는 한 치의 틈새도 없이 작은 실수도 용서하지 않고 격려보다는 독려, 칭찬보다는 채근하며 엄격하게 양육하였습니다. 그러나 TSL 강의를 들으며 조금씩 유연해지고 있음을 느꼈습니다. 생각이 바뀌면 행동이 달라진다고……. 가족에게 부드럽게 표현해 달라고 자주 주문했던 저에게 마음이 중요하다고 응수했던 남편이 묵묵하게 수용하는가 싶더니 이젠 별 이유 없이 빙그레 웃기도 하고 아들의 의견을 잘 수용하고 큰 딸로부터 아버지가 나한테 잘해 주신다는 말을 듣기에 이르렀습니다. 무조건 말만 하면 복종해야 한다는 태도에서 벗어나 "학기말 업무와 봉사활동으로 바쁜 나에게 웬 숙제를 해 달라는 거냐고 당신이 하세요."라고 말하는 저에게 간지럼을 태우며 평가를 부탁했습니다. 이건 제가 해 줄 수밖에 없는 평가였는데도 말이지요.

또한 남편이 있는 그대로를 보려고 하는 여유가 생겼으며 아내인 나에게 고맙다, 미안하다, 사랑한다고 표현하고 다정하게 이야기하게 되었습니다. 저뿐만 아니라 자식들에게도 고마워하고 인정하면서 가정이 좀더 활기차고 포근해졌습니다. 인간은 탄생과 함께 자연적으로 이루어지는 가족사회의 일원이며, TSL은 인간에게 꼭 필요한 교육인 것 같습니다. 가정을 바꿀 수 있도록 도와주셔서 감사합니다.

 사례 14-6

딸의 TSL실천을 경험하고 나서 어머니의 편지

큰 아이의 문제로 의기소침해 있을 때 막내 아이가 외식을 시켜 주며 엄마가 있어 참 좋고 고맙다고 말해 주었을 때 딸이지만 의지가 되고 정말 고마웠습니다. 결혼한 뒤 처음으로 맞는 명절에 시댁 일 하느라 힘들었을 텐데도 친정에 와 웃으며 나들이 가자는 딸을 보며 딸을 시집보낸 것이 아니라 사위를 하나 더 얻었다는 생각이 들었습니다. 아무리 바빠도 엄마와 많은 시간을 함께하겠다고 딸이 말해 주었을 때와 이렇게 잘 키워 주셔서 정말 감사하다는 말을 들었을 때 제 마음은 말할 수 없이 기뻤습니다. 그리고 자라면서 남편과 싸우는 모습만 보여줘 정말 딸에게 미안했습니다. 딸이 'TSL'과제로 고맙습니다를 실천하는 것이라고 웃으면서 말했을 때 저도 과제는 없지만 TSL을 실천해야겠다고 다짐했습니다. 그래서인지 저도 딸이 고맙다고 표현하는 것처럼 딸에게 고맙다는 말을 자주하게 되었습니다. 늘 딸에게 고마운 마음만 가지고 있다가 입으로 표현하는 것을 들었을 때 제 마음이 따뜻해오고 딸이 더 친근하게 느껴졌습니다. 고마운 딸에게 저도 고운 말로 감사를 표현하겠습니다.

딸이 업무 때문에 바빠 가족 곗돈을 입금하지 않은 적이 있었습니다. 가족끼리 계를 만들어 모두 입금하고 있는데, 그런 적 없는 아이가 날짜가 지나도 소식이 없어 이야기를 했지만 또 깜

박했던 것입니다. 딸이 미안했는지 용돈까지 덤으로 보내 주고 집에 와서 정말 미안하다고 했습니다. 새로운 업무를 맡게 되어 정신이 없다며 그래도 까먹어선 안 되는 건데 정말 미안하다고 했을 때, 제 마음이 더 미안했습니다. 바빠 이리 뛰고 저리 뛰고 있는 딸에게 부담만 준 것 같아서요. 딸이 그냥 전화로 미안하다고 해도 될 것을 직접 집까지 와서 미안하다고 이야기해 주니 정말 딸의 마음이 느껴졌습니다. 저도 앞으로는 미안한 일이 있으면 꼭 표현하는 엄마가 되겠습니다.

딸이 제게 빨간 목도리와 장갑을 사다 주었습니다. 제가 좋아하는 색깔입니다. 목도리를 직접 해 주며 저를 꼭 안아 주면서 엄마 많이 사랑한다고 말해 주었습니다. 저는 생각지도 못했던 선물을 받고 정말 기쁘고 가슴이 벅찼습니다. 여러 가지로 바쁠 텐데 이렇게 챙겨 주다니 전 딸에게 받기만 하는 것 같습니다. 그리고 딸이 다정한 친구처럼 느껴집니다. 딸에게 사랑고백을 받고 저도 딸에게 사랑한다고 말해 주었습니다. 제 마음이 든든했습니다. 딸이 TSL을 실천한 뒤부터 저희 모녀지간은 더 돈독해졌습니다. 예전보다 웃는 일도 많아지고, 마음이 더 관대해졌습니다. 그리고 표현한 뒤 사랑하는 마음으로 충만해졌습니다. 저도 딸처럼 TSL을 실천하고 싶습니다. 아직도 평행선처럼 느껴지는 남편에게 TSL을 실천하려고 합니다. 조금씩이라도요. 딸의 TSL을 받고 제가 행복했던 것처럼 저의 TSL을 통해 남편도 변화되길 소망합니다.

복한 모습이 그려지며 이를 남편에게도 해야겠다고 하네요. TSL은 이렇게 하는 사람과 받는 사람 모두가 기뻐지고 행복해지며 선한 영향력을 넓혀가는 힘이 있습니다.

이제 여러분의 가족도 앞의 사례들과 같이 여러분의 변화에 놀라워하고 있을 겁니다. 여러분의 지금 변화와 지금 의지를 오래 유지할 수 있도록 계속 TSL을 실천하여 여러분의 삶이 날마다 TSL과 함께 행복하시길 바랍니다.

오늘의 과제

기본과제. '고맙습니다' '미안합니다' '사랑합니다' 실천(Activity)

과제 1. L 과정에서 자신의 발달단계 표시하기

과제 2. TSL 전체 과정에서의 변화에 대한 평가

　과제 2-1. TSL실천을 통한 변화 그래프 그리기

　과제 2-2. TSL 발달단계 변화과정 표시하기

과제 3. 1%의 힘 사용하기와 1일 1감사하기

이것으로 TSL치료의 모든 단계가 완료되었습니다. 하지만 TSL의 각 단계를 모두 배운 것이지, 더는 실천할 필요가 없다는 뜻은 아닙니다. 이제 그동안의 변화를 기반으로 TSL을 꾸준히 실천하시길 바랍니다.

별첨 〈TSL치료 효과성 연구〉

학교폭력 · 성폭력 Free-Zone 사업(2010)

■ 대상: 서울과 수도권 중학교 재학 위기 청소년

■ 결과: 자녀와 부모의 긍정적 의사소통 증대, 가족결속력 & 가족응집력 증가 항산화 수치 증가, 스트레스 호르몬 수치 감소 [그림 별첨-1]

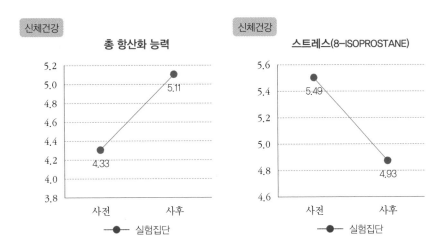

[그림 별첨-1] 위기청소년 대상 TSL치료의 BMS 검증 결과

송향주(2012) '중년여성의 정신건강 및 신체건강 향상을 위한 TSL 프로그램 효과: 뇌생명사회과학적 검증'

■ 대상: 만 45~60세 중년여성

■ 결과: 항산화 능력 향상, 우울 수준이 지속 감소, 부부적응 증가 [그림 별첨-2]

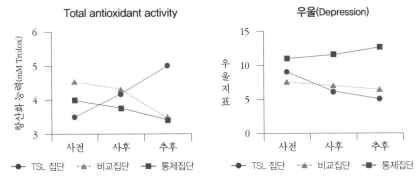

[그림 별첨-2]

이근영(2013) '가정폭력 노출청소년의 정신건강 증진과 공격성 감소를 위한 TSL 프로그램
　　효과 연구: 의생명사회과학적 관점을 중심으로'
■ 대상: 가정폭력 노출경험이 있는 중학교 2학년 청소년
■ 결과: 총 항산화 능력 향상, 우울 및 공격성 감소 [그림 별첨-3]

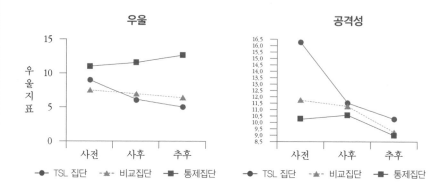

[그림 별첨-3] 가정폭력 노출 청소년 대상 TSL치료의 BMS 검증 결과

이진석(2014) '직장 TSL 프로그램의 다중역할 충실화와 정신건강 및 신체건강 향상효과: 기
　　혼 남성근로자에 대한 의생명사회과학적 검증'
■ 대상: 남성 직장인
■ 결과: 스트레스 호르몬인 코르티솔 수치 감소, 일상 스트레스 감소 [그림 별첨-4]

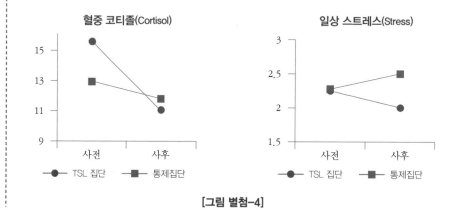

[그림 별첨-4]

김재엽, 김희진, 김동구(2016) '"Thank You, Sorry, Love" (TSL) Therapy With North
　　Korean Refugee Women: A Pilot Study'

■ 대상: 20~40세 탈북 기혼 여성들

■ 결과: 총 항산화 능력 향상, 스트레스 감소 [그림 별첨-5]

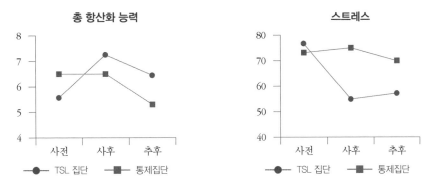

[그림 별첨-5] 탈북 여성 대상 TSL치료의 BMS 검증 결과

장용언(2015) '자활사업 참여자의 정신건강과 자활의지 활성화를 위한 TSL 가족프로그램

■ 개입 효과: 의생명사회과학적 관점을 중심으로'

■ 대상: 자활사업 참여자

■ 결과: 우울정서 감소, 신체적 스트레스 지표인 심박 안정수(SDNN) 수치 개선 [그림 별
　　첨-6]

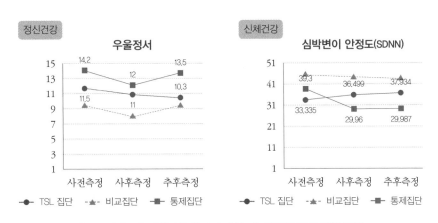

[그림 별첨-6] 자활사업 참여자 대상 TSL치료의 BMS 검증 결과

암과 치매 해결을 위한 학제 융합적 가족 서비스 (2016)

■ 대상 1: 암환자 및 가족

■ 결과 1: 외상후 성장의 증가, 자살생각의 감소, 면역 호르몬인 DHEA-S의 증가 [그림 별첨-7]

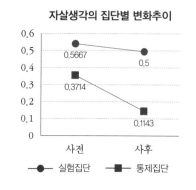

[그림 별첨-7] 암 환자 및 가족 대상 TSL치료의 BMS 검증 결과

■ 대상 2: 치매환자 및 보호자

■ 결과 2: 부양부담 감소, 코르티솔 수치 감소, 면역 호르몬 DHEA-S 증가 [그림 별첨-8]

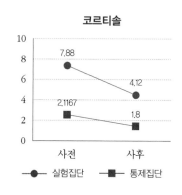
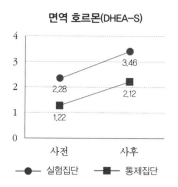

[그림 별첨-8]

이동은(2016) '비행청소년의 정신건강 증진과 자기통제력 향상을 위한 TSL 가족프로그램 개입 효과: 소년원 청소년의 부모–자녀교육을 중심으로'
■ 대상: 소년원 청소년과 그 부모
■ 결과: 우울/불안, 공격성, 폭력허용도 감소, 자기 통제력, 부모–자녀의 개방형 의사소통 증가, 소년원 퇴원 후 6개월 시점에도 변화 지속 [그림 별첨–9]

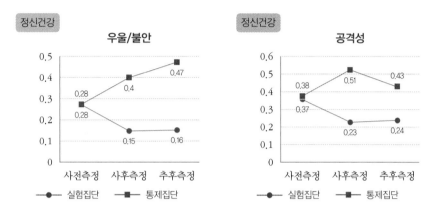

[그림 별첨-9] 비행 청소년 대상 TSL치료의 BMS 검증 결과

최장원(2016) '사회복지생활시설종사자의 대인관계 기술과 직무스트레스가 직무몰입에 미치는 영향 연구: TSL program (for workers in social services ; TSL–JSM) 을 중심으로'
■ 대상: 사회복지생활시설 종사자
■ 결과: 우울, 대인관계 갈등, 직무스트레스, 직장–가정 갈등 등 감소, 신체적 스트레스 지표인 코르티솔 수치 감소, 심박 변이 안정도 수치 향상 [그림 별첨–10]

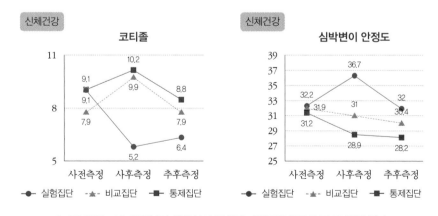

[그림 별첨-10] 사회복지 생활시설 종사자 대상 TSL치료의 BMS 검증 결과

서정열(2016) '군(軍)장병의 폭력성 감소를 위한 TSL-MIL프로그램 개발과 효과성 검증: 의 생명사회과학적 관점을 중심으로'
■ 대상: 육군 소속 군 장병
■ 결과: 공격성, 폭력허용도, 대인관계 갈등 및 우울감 등 감소, 안티 스트레스 호르몬인 DHEA-S 수치 증가 [그림 별첨-11]

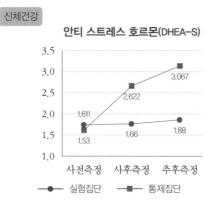

[그림 별첨-11] 군 장병 대상 TSL치료의 BMS 검증 결과

김재엽, 최권호(2018) 'Evaluation of the TSL® Program for Parents of Children With Cancer'
■ 대상: 소아암 자녀를 둔 부모
■ 결과: 외상 후 성장 향상, 스트레스 관련 바이오마커인 코르티솔 감소 [그림 별첨-12]

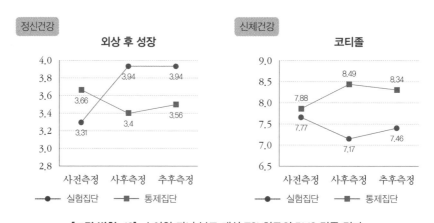

[그림 별첨-12] 소아암 자녀 부모 대상 TSL치료의 BMS 검증 결과

류원정(2019) '탈북가정의 아동학대 예방을 위한 TSL-CPN 프로그램 개발 및 효과성 연구: 의생명사회과학적 관점을 중심으로'

■ 대상: 북한 이탈 부모

■ 결과: 문화 적응 스트레스, 양육효능감, 부정적 양육 행동 감소, 코르티솔 농도 개선[그림 별첨-13]

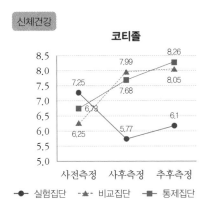

[그림 별첨-13] 북한 이탈 부모 대상 TSL치료의 BMS 검증 결과

이현(2020) '군인자녀의 적응 증진을 위한 TSL 프로그램 효과 연구: 의생명사회과학적 관점을 중심으로'

■ 대상: 군인 자녀

■ 결과: 적응 유연성, 지각된 스트레스, 우울, 가족 기능, 학교적응 수가 개선, 코르티솔 농도 감소, 심박 변이 안정도 향상 [그림 별첨-14]

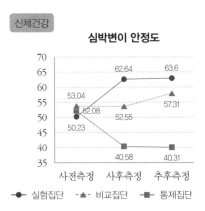

[그림 별첨-14] 군인 자녀 대상 TSL치료의 BMS 검증 결과

주요 용어

※ 이 책에 사용된 주요 용어들은 저자가 만들어 낸 용어 또는 기존의 단어를 재해석하거나 새로운 개념으로 설정한 용어들입니다. 또한 이 외에도 이 책에서 이해를 돕기 위해 사용한 그림들 역시 저자가 고안해 낸 것입니다. 이에 따라 이 책에 사용된 용어와 그림을 사용함에 있어 무단 복제를 자제하고, 출처를 분명히 밝혀 주시기를 부탁드립니다.

※ TSL®치료는 등록된 상표입니다. TSL치료는 영리·비영리 목적으로 무단 사용할 수 없습니다. TSL치료를 원하시는 분은 TSL 홈페이지 또는 애플리케이션을 통해 신청하여 주십시오.

참고문헌

김용환(2007). 모건의 가족 인류학. 살림출판사.

김윤재, 이수영, 김경우, 김정수, 김은혜(2008). 가족복지론. 동문사.

김재엽 외(2010). 학교폭력, 성폭력 Free-Zone 사업. 서대문구.

김재엽 외(2016). 암과 치매 해결을 위한 학제 융합적 가족 서비스. 연세대학교.

김재엽(2007). 한국의 가정폭력. 학지사.

김재엽(2010). Neurobiosocial(NBS-뇌생명사회적) 관점에 근거한 가족 및 아동복지-가정
폭력 및 청소년폭력에 대한 다학제적 접근. 연세대학교.

김재엽, 곽주연, 임지혜(2016). 부모로부터의 신체학대 피해경험이 청소년의 교사관계부적응
에 미치는 영향: 자기통제력의 매개효과. 청소년복지연구, 18(2), 221-245.

김재엽, 김희진, 장대연, 이현(2017). 가정폭력 노출이 청소년의 성폭력가해에 미치는 영향-
유해매체 접촉의 매개효과와 성별차이를 중심으로. 청소년복지연구, 19(2), 111-136.

김재엽, 송아영(2007). 가정폭력노출경험과 청소년의 부모폭력에 대한 연구: 공격성의 매개
효과를 중심으로. 한국아동복지학, 23, 99-125.

김재엽, 송아영, 한샘(2010). 청소년 자녀의 가정폭력목격경험과 자녀학대피해경험 중복피해
에 따른 우울 및 폭력비행행동에 관한 연구. 청소년학연구, 17(12), 1-26.

김재엽, 이서원(2002). 한국 부부의 의사소통과 가정폭력: 빈곤가구 부부 의사소통 유형과 아
내폭력을 중심으로. 성곡논총, 33(3), 1-91.

김재엽, 이지현, 윤여원(2011). 청소년의 가정폭력노출경험이 인터넷 게임중독에 미치는 영
향. 한국사회복지학, 63(4), 59-82.

김재엽, 이지현, 정윤경(2007). 부부폭력가해자의 성장기아동학대경험이 자녀학대에 미치는
영향-부모역할만족도를 중심으로. 사회복지연구, 35, 291-312.

김재엽, 장용언, 이승준(2013). 부모로부터의 방임·정서학대 및 신체학대 경험이 청소년의
자살행동에 미치는 영향. 학교사회복지, 25, 157-183.

김재엽, 최권호(2012). 중복학대 피해 청소년의 우울, 공격성, 비행행동: 신체학대와 방임의
중복을 중심으로. 청소년복지연구, 14(3), 193-213.

김혜경, 도미향, 문혜숙, 박충선, 손홍숙, 오정옥, 홍달아기(2011). 가족복지론(4판). 공동체.

류원정(2019). 탈북가정의 아동학대 예방을 위한 TSL-CPN 프로그램 개발 및 효과성 연구: 의생명사회과학적 관점을 중심으로. 연세대학교 대학원 박사학위논문.

류현수, 이정숙, 김주아(2007). 가족관계와 복지. 동문사.

박민자(2006). 행복가족의 요소와 의미. 가족과 문화, 18(4), 183-205.

박숙자, 손승영, 조명덕, 조은(2003). 가족과 성의 사회학. 나남출판.

보건복지부(2020). OECD Health Data 2018. 보건복지부.

서정열(2016). 군(軍)장병의 폭력성 감소를 위한 TSL-MIL프로그램 개발과 효과성 검증: 의생명사회과학적 관점을 중심으로. 연세대학교 대학원 박사학위논문.

성신명(2021). TSL 가족치료 집단상담 프로그램 참여자의 변화과정에 관한 연구: 질적사례연구를 중심으로. 연세대학교 대학원 박사학위논문.

송향주(2012). 중년여성의 정신건강 및 신체건강 향상을 위한 TSL 프로그램 효과: 뇌생명사회과학적 검증. 연세대학교 대학원 박사학위논문.

여성가족부(2007). 2007 전국가정폭력실태조사. 여성가족부.

여성가족부(2016). 2016 전국가정폭력실태조사. 여성가족부.

유영주(2004). 새로운 가족학. 신정.

이근영(2013). 가정폭력 노출청소년의 정신건강 증진과 공격성 감소를 위한 TSL 프로그램 효과 연구: 의생명사회과학적 관점을 중심으로. 연세대학교 대학원 박사학위논문.

이기숙, 김득성, 공미혜, 김은경, 전영주, 손태홍, 오경희(2009). 결혼의 기술. 신정.

이동은(2016). 비행청소년의 정신건강 증진과 자기통제력 향상을 위한 TSL 가족프로그램 개입 효과: 소년원 청소년의 부모-자녀교육을 중심으로. 연세대학교 대학원 박사학위논문.

이진석(2014). 직장 TSL 프로그램의 다중역할 충실화와 정신건강 및 신체건강 향상효과: 기혼남성근로자에 대한 의생명사회과학적 검증. 연세대학교 사회복지대학원 박사학위논문.

이현(2020). 군인자녀의 적응 증진을 위한 TSL 프로그램 효과 연구: 의생명사회과학적 관점을 중심으로. 연세대학교 대학원 박사학위논문.

이화연(2004). 한국의 여성언어를 통해 본 여성의 사회문화적 위치에 대한 연구. 사회연구, 2, 237-259.

장용언(2013). 자활사업 참여자의 정신건강과 자활의지 활성화를 위한 TSL 가족프로그램 개입 효과: 의생명사회과학적 관점을 중심으로. 연세대학교 대학원 박사학위논문.

정옥분, 정순화, 홍계옥(2005). 결혼과 가족의 이해. 시그마프레스.

정윤경(2009). 남편의 정서적 폭력과 아내의 우울과의 관계: 가정폭력 교정·치료프로그램 이수자의 아내를 대상으로 분석. 연세대학교 대학원 박사학위논문.

조정문, 장상희(2007). 가족사회학: 현대사회에서 가족은 무엇인가. 아카넷.

최외선, 현은미, 전귀연(2003). **결혼과 가족**. 정림사.

최장원(2016). 사회복지생활시설종사자의 대인관계 기술과 직무스트레스가 직무몰입에 미치는 영향 연구: TSL program(for workers in social services: TSL—JSM)을 중심으로. 연세대학교 대학원 박사학위논문.

통계청(2009). 2009년 이혼통계 결과. 통계청.

통계청(2015). 2015 인구주택총조사. 통계청.

통계청(2019). 2019년 인구주택총조사. 통계청.

통계청(2020a). 2019년 다문화 인구동태 통계. 통계청.

통계청(2020b). 2019년 사망원인통계결과. 통계청.

통계청(2020c). 2020년 사회조사. 통계청.

한국가정법률상담소(2021). 한국가정법률상담소 2020년 가정폭력행위자 상담통계. 한국가정법률상담소.

홍승아, 성민정, 최진희, 김진욱, 김수진(2018). 1인가구 증가에 따른 가족정책 대응방안 연구. 한국여성정책연구원.

황현주(2018). 연예인의 정신건강 증진을 위한 TSL®—CEL 프로그램 개발 및 효과성 검증: 의생명사회과학적 관점을 중심으로. 연세대학교 대학원 박사학위논문.

KBS뉴스(2010. 5. 19.). 부부관계 망치는 열 가지 언행.

경향신문(2009. 5. 25.). 유전자 다를수록 사랑에 빠지기 쉬워.

내일신문(2009. 1. 13.). 미국, '베이비부메랑 세대' 확산.

동아일보(1997. 12. 7.). [웃음의 건강학]웃는동안에 고통—스트레스 줄어든다.

메디컬투데이(2009. 1. 30.). 유방암 등 만병통치약은? "많이 웃으세요".

문화일보(2000. 3. 18.). 美 '부부는 멀고 父子는 가깝다'.

연합뉴스(2010. 9. 9.). '여보 사랑해' 매일 말하면 암 예방 효과.

연합뉴스(2021. 3. 30.). 결혼 안 한 30대 '캥거루족' 54.8%…"부모에게서 독립 못 해".

조선일보(1998. 3. 2.). 국내 부부폭력 미국의 2배.

한겨레21(2000. 7. 19.). 호르몬 축제, 웃음의 비밀.

한국가정법률상담소(2021). 2020년도 상담 통계 보도자료. http://lawhome.or.kr

Andersen, M. L. (1983). *Thinking About Women: Sociological and Feminist Perspectives*. 이동원, 김미숙 공역(1987). **性의 사회학**. 이화여자대학교출판부.

Becker, G. S. (1991). *A Treatise on the Family* (Enlarged Edition.). Harvard University Press.

Block, J. H., & Block, J. (1980). The role of ego-control and ego-resiliency in the organization of behavior. In W. A. Collins (Ed.), *Development of cognition, affect and social relations: The Minnesota symposia on child psychology, 13*, 39-101.

Blood, R. O., & Wolfe, D. M. (1960). *Husbands and wives: the dynamics of married living*. Free Press.

Brizendine, M. D. (2007). *The Female Brain*. Broadway Books.

Choi, J. K., & Kim, Y. J. (2009). Intrinsic variability of gene expression encoded in nucleosome positioning sequences. *Nature genetics, 41*(4), 498-503.

Choi, K., & Kim, J. Y. (2018). Evaluation of the TSL® Program for Parents of Children with Cancer. *Research on Social Work Practice, 28*(2), 146-153.

Ditzen, B., Schär, M., Gabriel, B., Bodenmann, G., Ehlert, U., & Heinrichs, M. (2009). Intranasal oxytocin increases positive communication and reduces cortisol levels during couple conflict. *Biological Psychiatry, 65*(9), 728-731.

Enright, R. D., & Fitzgibbons, R. P. (2000). *Helping clients forgive: An empirical guide for resolving anger and restoring hope*. American Psychological Association.

Fishkin, J. S. (1983). *Justice, equal opportunity, and the family*. Yale University Press.

Germain, C. B., & Gitterman, A. (1980). *The life model of social work practice*. Columbia University Press.

Gilovich, T. (1993). *How We Know What Isn't So: The Fallibility of Human Reason in Everyday Life*. Free Press.

Gjerde, P. F., Block, J., & Block, J. H. (1986). Egocentrism and ego resiliency: Personality characteristics associated with perspective-taking from early childhood to adolescence. *Journal of Personality and Social Psychology, 51*(2), 423.

Goode, W. J. (1963). *World revolution and family patterns*. Free Press. DOI: 10.1016/j.physbeh.2010.08.008

Gordon, I., Zagoory-Sharon, O., Leckman, J. F., & Feldman, R. (2010). Oxytocin, cortisol, and triadic family interactions. *Physiology & Behavior, 101*(5), 679-684.

Gottman, J. M., & Krokoff, L. J. (1989). Marital interaction and satisfaction: A longitudinal view. *Journal of Consulting and Clinical Psychology, 57*(1), 47-52. https://doi.org/10.1037/0022-006X.57.1.47

Hanzel, M. J. (2009). Sorry Works! Disclosure, Apology, and Relationships Prevent Medical Malpractice Claims. *In Mayo Clinic Proceedings, 84*(5), 484. Mayo Foundation.

Heinrichs, M., Baumgartner, T., Kirschbaum, C., & Ehlert, U. (2003). Social support and oxytocin interact to suppress cortisol and subjective responses to psychosocial stress. *Biological Psychiatry, 54*(12), 1389-1398. https://doi.org/10.1016/S0006-3223(03)00465-7

Hill, R. (1949). *Family under stress*. Harper & Row.

Holmes, T. H., & Rahe, R. H. (1967). The social readjustment ra ting scale. *Journal of psychosomatic research, 11*(2), 213-218.

Hurh, G. G. (2009). *We married Koreans*. Llumia press.

Kerckhoff, A. C., & Davis, K. E. (1962). Value Consensus and Need Complementarity in Mate Selection. *American Sociological Review, 27*(3), 295-303.

Kim, H. J., Kim, J. Y., & Kim, D. G. (2016). "Thank You, Sorry, Love"(TSL) Therapy With North Korean Refugee Women: A Pilot Study. *Research on Social Work Practice, 26*(7), 816-824.

Kim, J. Y., Kim, D. G., & Nam, S. I. (2012). TSL family therapy followed by improved marital quality and reduced oxidative stress. *Research on Social Work Practice, 22*(4), 389-399.

Lundahl, B. W., Taylor, M. J., Stevenson, R., & Roberts, K. D. (2008). Process-based forgiveness interventions A meta-analytic review. *Research on Social Work Practice, 18*(5), 465-478.

Marianne, N. (2003). Angolul és németül tanuló diákok nyelvtanulási attit űdje és motivációja. *Iskolakultúra, 13*(8), 61-73.

McCubbin, H. I., & Patterson, J. M. (1983). The family stress process: The double ABCX model of adjustment and adaptation. *Marriage & family review, 6*(1-2), 7-37.

National Association of Social Workers(NASW). (1999). *Statement on family policy*. NASW.

Rosenbaum, A., & O'Leary, K. D. (1981). Marital violence: Characteristics of abusive couples. *Journal of consulting and clinical psychology, 49*(1), 63.

Satir, V. (1972). *Peoplemaking*. Science and Behavior Books.

Stephen, T. D. (1985.). Fixed-Sequence and Circular-Causal Models of Relationship Development: Divergent Views on the Role of Communication in Intimacy. *Journal of Marriage and Family, 47*(4), 955-963. https://doi.org/10.2307/352339

Stinnett, N., Walters, J., & Kaye, E. (1984). *Relationships in marriage and the family*. MacMillan Publishing Company.

Straus, M. A. (1964). Power and support structure of the family in relation to socialization. *Journal of Marriage and the Family, 26*(3), 318-326.

Straus, M. A., & Gelles, R. J. (1990). *Physical Violence in American Families: Risk Factors and Adaptations to Violence in 8, 145 Families.* Routledge

Taylor, S. E., & Lobel, M. (1989). Social comparison activity under threat: downward evaluation and upward contacts. *Psychological review, 96*(4), 569.

Taylor, S. E., Klein, L. C., Lewis, B. P., Gruenewald, T. L., Gurung, R. A., & Updegraff, J. A. (2000). Biobehavioral responses to stress in females: tend-and-befriend, not fight-or-flight. *Psychological review, 107*(3), 411.

Weber, M. (2009). *The theory of social and economic organisation.* Simon and Schuster.

Worthington Jr, E. L. (1998). The pyramid model of forgiveness: Some interdisciplinary speculations about unforgiveness and the promotion of forgiveness. *Dimensions of forgiveness: Psychological research and theological perspectives, 50*, 107-137.

INDEPENDENT (2009. 5. 25.). The secret to finding true love may lie in genetic differences.

저자 소개

김재엽(Kim, Jae Yop)

연세대학교 사회복지학과 학사

University of Connecticut 사회복지학 석사(M.S.W.)

University of Chicago 사회복지학 박사(Ph.D.)

언더우드 특훈교수 역임

연세대학교 사회복지대학원장 역임

연세대학교 사회과학대학장 역임

현 연세대학교 사회복지학과 교수

TSL 가족치료와 가족복지(2판)
고맙습니다·미안합니다·사랑합니다
TSL Family Therapy and Family Welfare (2nd ed.)

2014년 9월 15일 1판 1쇄 발행
2018년 3월 20일 1판 2쇄 발행
2023년 10월 30일 2판 1쇄 발행

지은이 • 김재엽
펴낸이 • 김진환
펴낸곳 • ㈜ **학지사**
　　　　　04031 서울특별시 마포구 양화로 15길 20 마인드월드빌딩
대표전화 • 02-330-5114　　팩스 • 02-324-2345
등록번호 • 제313-2006-000265호

홈페이지 • http://www.hakjisa.co.kr
인스타그램 • https://www.instagram.com/hakjisabook

ISBN 978-89-997-2867-9　93330

정가 22,000원

출판미디어기업 학지사

간호보건의학출판 **학지사메디컬** www.hakjisamd.co.kr
심리검사연구소 **인싸이트** www.inpsyt.co.kr
학술논문서비스 **뉴논문** www.newnonmun.com
교육연수원 **카운피아** www.counpia.com